献给随我登山的

薇之和 Jack（韩通）

銘石為景

早期至中古中國的摩崖文字

[美] 韓文彬 著

王磊 霍司佳 譯

The Landscape of Words:
Stone Inscriptions from
Early and Medieval China

著作权合同登记号 图字：01-2018-5977

图书在版编目（CIP）数据

铭石为景：早期至中古中国的摩崖文字 /（美）韩文彬著；王磊，霍司佳译 . —北京：北京大学出版社，2024.5
ISBN 978-7-301-34510-8

Ⅰ.①铭… Ⅱ.①韩… ②王… ③霍… Ⅲ.①摩崖石刻—研究—中国 Ⅳ.①K877.494

中国国家版本馆CIP数据核字（2023）第183879号

The Landscape of Words: Stone Inscriptions from Early and Medieval China by Robert Harrist
© 2008 by the University of Washington Press
All rights reserved

书　　名	铭石为景：早期至中古中国的摩崖文字 MINGSHI WEIJING：ZAOQI ZHI ZHONGGU ZHONGGUO DE MOYA WENZI
著作责任者	［美］韩文彬（Robert E. Harrist, Jr.） 著　王　磊　霍司佳 译
责任编辑	赵　阳
标准书号	ISBN 978-7-301-34510-8
出版发行	北京大学出版社
地　　址	北京市海淀区成府路205号　100871
网　　址	http://www.pup.cn　新浪微博：@北京大学出版社
电子邮箱	编辑部 wsz@pup.cn　总编室 zpup@pup.cn
电　　话	邮购部 010-62752015　发行部 010-62750672 编辑部 010-62707742
印　刷　者	天津裕同印刷有限公司
经　销　者	新华书店
	720毫米×1020毫米　16开本　23.25印张　600千字 2024年5月第1版　2024年5月第1次印刷
定　　价	198.00元

未经许可，不得以任何方式复制或抄袭本书之部分或全部内容。
版权所有，侵权必究
举报电话：010-62752024　电子邮箱：fd@pup.cn
图书如有印装质量问题，请与出版部联系，电话：010-62756370

中文版自序

在本书初次出版以后的岁月里,围绕中国石刻的研究取得了极大的进展,这得益于新的发现以及众多学者和考古工作者的努力,他们往往有着紧密的协作。最为显要的协作成果大概是著录佛教石刻的系列图书——《中国佛教石经》,由杭州的中国美术学院出版社与德国威斯巴登的哈拉索维茨出版社联合出版。以中文、日文或者西文写成的专著、文章、考古报告和博士论文均推进了石刻研究,其贡献远超大约于25年前开始的拙作所体现的尝试。

我相信,所有关注中国摩崖石刻的研究者都认同这一点,即刻铭文字是中国文明的独特产物。石刻的书法之美及其所处景观之美持续吸引我们走进山水间。尽管人们出于永久保存文字的愿望而刻下诸如泰山《金刚经》这样的宏伟石刻,但是,自然的力量和人类的干预还是抹除了无数文本,就像来自过去的微弱声音终归沉寂。记录和解读幸存的铭文,尤其是那些新近发现的材料,成为重要的工作;而我对本书中文版最大的期待,则是它能或多或少地激起青年学者的兴趣,在我称作"文字的风景"(the landscape of words)的世界里开展他们自己的研究项目。

于初版近20年后重阅此书,最令我感到欣悦的是"致谢"。这是因为,该部分让我又一次回想起许多人的名字和面庞,他们曾在本书撰写过程中给予我帮助,然而遗憾的是,其中有些人已经离我们远去。除了多年前使我心怀感恩的人之外,现在我还要由衷致谢北京大学出版社,感谢他们有意推出中文版,以及扬州大学的王磊和复旦大学的霍司佳,感谢他们细致而优雅的翻译。

最后,再次谨以此书献给我的妻子卢薇之和儿子韩通(Jack Harrist)。

韩文彬 Robert E. Harrist, Jr.
2023年10月 纽约

目录

序　章　书写于天地之骨　/ 1
　　　　开展于山水内外的石刻研究　/ 6
　　　　"就其山而凿之"　/ 11
　　　　四景与余论　/ 17

第一章　石门的公共书作和公共书写　/ 19
　　　　蜀道　/ 24
　　　　鄐君功绩与书作帝国　/ 29
　　　　杨孟文的美德和石刻公共书作的扩散　/ 48
　　　　作为纽带的犍为　/ 62
　　　　石门之景：一段插曲　/ 69
　　　　石门新路与新声　/ 73
　　　　水位抬升与石门消逝　/ 86

第二章　随云峰山的群仙遨游 / 89
　　　　　荥阳郑道昭 / 95
　　　　　大基山与礼仪空间营造 / 97
　　　　　天柱山上的碑铭和石室 / 112
　　　　　云峰山 / 124
　　　　　石诗：真实和虚构的地形 / 128
　　　　　石室与郑道昭的角色 / 133
　　　　　双阙与名字的力量 / 134
　　　　　游仙之境 / 141
　　　　　仙界的象征、书写和图像 / 147
　　　　　为生者和逝者书写 / 151
　　　　　重返云峰山 / 157

第三章　铁山的模拟石碑与尺度的意义 / 159
　　　　　邹城及其他地区的铭文和捐资者 / 166
　　　　　繁盛与迫害 / 183
　　　　　佛经的力量 / 191
　　　　　山水与书作 / 199
　　　　　礼赞僧安道壹 / 203
　　　　　山岩书写 / 208
　　　　　模拟石碑与尺度悖论 / 217
　　　　　巨大与无穷 / 223

第四章　帝王书作与泰山登临 / 233
　　泰山上的帝王行迹和书作 / 237
　　玉牒与石碑：泰山书作在汉代的发展 / 243
　　刻铭中的政治风云 / 250
　　亲书纪念碑与唐代帝王石刻 / 259
　　重返泰山 / 267
　　泰山书作和仪式 / 272
　　帝王之手 / 282

第五章　余论 / 295
　　题名和题景 / 299
　　山水间的阅读和书写 / 305
　　主礼者、皇家游客和同志 / 309

参考文献 / 320

原版致谢 / 358

译后记 / 362

序章

书写于天地之骨

信步攀登泰山大约需要六个小时。从地面到山顶，沿途遍布牌坊、关口、亭阁和祠庙，它们改变了这座神圣山岳的面目，使其表面遍布不朽的标志，表明了此山在中国文化地理中的重要意义。然而，最为常见和古老的人与山的互动痕迹并非建筑作品，而是作为地形的一部分雕刻在巨型岩石和崖面之上的文字（图0-1）。[1]这些千百年间的石刻被称作"摩崖"或"摩崖石刻"，形成了庞大的书作集群。在现实情境下，造访者不只是攀登泰山，还在阅读这座山——破译着在此之前抵达这里的人们写下的痕迹，复原古代石刻辞句曾经发出的声音。

泰山只是中国无数天然面貌为书迹所改变的地点之一。在两千余年的历史上，摩崖石刻遍布中国，并且它们像书写体系本身那样，成为中华文明的一种显著特征。从粗识文字的观者即能辨认的地点、人物和神灵名称，到引经据典的长篇礼仪祷辞，这些石刻是面向所有人的不限时间的公共展示形式。铭刻摩崖的人群包括皇帝和文化精英中的当权者，以及籍籍无名或仅在当地享有微名的人士——低级官员、佛教僧侣、信众以及旅人，他们有着不同的社会和经济背景。

本书介绍了摩崖石刻的早期历史，横跨1—8世纪。这一时期，汉帝国

---

[1] 泰山石刻缺乏完整的详目。泰山风景区估算的数字是"1830余处"，未区分石碑记文与石柱、自然山体等其他载体上的题刻。泰山风景名胜区管理委员会编：《中国泰山》，北京：文物出版社，1993年，第26页。

图 0-1 泰山题刻,山东泰安市,著者摄影

崩溃,佛教在中国崛起;非汉族入侵者征服中国北方,而后于 6 世纪晚期国家再度获得统一,奠定了有唐一代军事与文化盛世的基础。在此种历史背景下,贯穿中国近世王朝史直至现代的各种摩崖石刻类型首度出现,且以陕西和山东地区为中心。笔者把石刻理解为这一段历史的组成部分,这是关于中国人如何以文字书写为媒介,将地理构造转变为带有文学、思想和宗教意涵的山水景观的历史。[1]

与书作本身一样,风景不是一种自然现象,而是人类文化的产物。它们产生自西蒙·沙玛(Simon Schama)所说的我们对自然原生物的"形塑认知"(shaping perception)。[2] 在他的描述里,当从地球无差别的连续表面里划分出独立片段,并

---

[1] 笔者的研究排除了难以认定为文字的中国史前岩画。有关这一主题的介绍参阅陈兆复:《古代岩画》,北京:文物出版社,2002 年。

[2] Simon Schama, *Landscape and Memory*, New York: Knopf, 1995, 10(中文译本见[英]西蒙·沙玛著,胡淑、陈冯樨译:《风景与记忆》,南京:译林出版社,2013 年)。

构建其面向观者的意义时，山水之景（landscape）就形成了。[1]这一过程出现在我们凝视地貌以找寻自然世界的秩序，或者通过命名使山丘、岩石、瀑布等具备身份的时候。在本书中，笔者关注了所谓的将空间转变为地方的有形而恒久的干预。[2]用罗伯特·波格·哈里森（Robert Pogue Harrison）的话说，地方"由其边界、内在的范围以及确切指示本地的'此处'定义，它们固存于空间中，即使时间流逝也保持不变"[3]。在哈里森看来，人类存在的标志创造了一个地点，围绕着这些标志，空间因变得有序而获得意义。这样的标志可以是一座建筑、一堆土壤，乃至一团火焰，它们在永恒的自然秩序里留下了"地球上短暂停留的人类"的记号。[4]

生也有涯的人类留下其标记，组成了"文字的风景"——公共工程项目的石刻记录、讴歌美好德行的颂辞、诗文、神灵名号，以及献给不可见的神祇或灵魂的祷文。这些石刻表现为石作工匠的有形作品，或者语言的具象化身，二者都有待于阅读和解释，并且提出了可以面向任何一件书作的问题：谁写下了它？它属于何种文本类型？它为谁而写？为什么它以这种形式、尺寸、字体写成，而不是其他？身处山水中的石刻还促使我们提出更多疑问：为什么它写在这里？书作与选址之间的关系又是怎样？

劳伦斯·凯皮（Lawrence Keppie）在对古罗马石刻的研究中提醒我们："关于任何一件罗马石刻，最重要的是记住它是刻在某个物体之上的。"[5]参照凯皮对载有石刻拉丁文字的拱门、祠庙等建筑的论述，我们可以断言，关于中国的任一摩崖石

---

[1] 北美景观与环境学前辈杰克逊（J. B. Jackson）谈到，每一位尝试为"landscape"一词给出定义的人都需保持谨慎和谦逊。在这个领域进行写作和研究达二十五年后，他发现仍然难以界定何为"landscape"。"The Order of a Landscape: Reason and Religion in Newtonian America," in *The Interpretation of Ordinary Landscapes: Geographic Essays*, ed., D. W. Meining, New York and Oxford: Oxford University Press, 1979, 153-163.（译者注：为适应该词在不同语境中的含义，书中兼用"风景""山水""景观"等译法。）
[2] Tuan Yi-fu, *Space and Place: The Perspective of Experience*, Minneapolis: University of Minnesota Press, 1977, 3-7（中文译本见［美］段义孚著，王志标译：《空间与地方：经验的视角》，北京：中国人民大学出版社，2017年）.
[3] Robert Pogue Harrison, *The Dominion of the Dead*, Chicago: University of Chicago Press, 2003, 18.
[4] 同上书，第19页。
[5] Lawrence Keppie, *Understanding Roman Inscriptions*, Baltimore: Johns Hopkins University Press, 1991, 11.

刻，最重要的是记住它是被铭刻于某个地方的，它位于大地本身的表面而不是某个人造结构之上。如同所有类型的石刻一样，山川中的石刻与通过手写或印刷形态进行传播的文字有本质上的不同。便携形式使得文本可以走向任何地点的读者。石刻则相反：由于不能移动，读者必须走向它们。本书所讨论的石刻案例中，读者需要穿越河谷，找到散落在羊肠小径上的巨石，或者攀上高峰，抵达石刻之所。虽然从内容和书法形式上来说，自古以来这些地点的石刻文本都可能经由誊抄、传播得到广泛阅读，但是笔者关注的是在原始空间语境下阅读它们的体验。石刻铭文的撰写者和刻制者期望它们在这些地点被人读到。若要从这一角度研究石刻，就需要使用迥然不同于大多数既有研究的分析方法。

开展于山水内外的石刻研究

与所有的中国石刻研究一样，本书建立在由宋以降金石学家推进的古器物学和碑铭考据的基础上。借助对青铜酒食器、石碑、兵器、乐器和其他古物的细致审察，金石学家的著录和文章使存世的万千古代中国文物有秩序可循。早期金石学家欧阳修（1007—1072年）、赵明诚（1081—1129年）和洪适（1117—1184年）等最先记录了本书涉及的许多摩崖石刻。他们对研究对象的物质形式和视觉属性饶有兴趣，但最关注的仍是文字——比之史载与文学材料，铜器或石刻的铭文足以证经补史。通过发现和传播古代书法典范，金石学对艺术史和美学研究也影响良深。清代，一场名为"碑学"的重要的知识和美学运动促使基于石刻研究的书法新风开启。[1] 当18与19世纪的书法家跳脱艺术经典，不限于宗法冠名王羲之（303—361

---

[1] 关于清代的石刻研究，参阅 Bai Qianshen, *Fu Shan's World: The Transformation of Chinese Calligraphy in the Seventeenth Century*, Cambridge, MA: Harvard University Asia Center, 2003（中文译本见白谦慎：《傅山的世界：十七世纪中国书法的嬗变》，北京：生活·读书·新知三联书店，2006年）。

年）的往往可疑的非正式手迹时，他们在6世纪乃至更早的普通书者或佚名人物的石刻中发现了变革艺术风格的根基。[1]

无论是致力于证史的学者，抑或是有志于临摹古代书体与书风的艺术家，对他们而言，没有比拓本更重要的必需品了。[2]将一张宣纸覆在石刻上，用墨包轻拍，就能制作一张充分忠实地反映石刻文本或图案设计的拓片。折叠存储或装裱成卷轴、册页的拓片可在书斋或图书馆里方便地展阅，而金石学先驱则需要数以百计的案例来支撑他们的碑铭研究。此外，拓印技术还因能够生产易于获得的文字复本而具有巨大魅力，这些复本可被视作毋庸置疑的原始资料，免除了令古代抄本、刊本失色的笔误或全然伪赝。在石刻表面被侵蚀或破坏之前制作的早期拓本尤其受到重视，会被当成独立的艺术品来看待。

拓片以黑色墨底衬出白色字形，通常比任何照片都能更清晰地再现刻面。从本书展示的诸多拓片就可以看出，离开这些必不可少的图像，早期书法研究将无从进行。拓片固然精美且容易获取，但毋庸讳言，对它们的使用也会不时造成误读与错解。在视觉上，拓片将三维形式压缩为二维平面，原本三维的石刻铭文可借助光影变化显现出来，在许多案例里，人们还会通过附加的嵌饰或颜色强调文字。[3]在制作拓本的过程中，随着三维形式向二维轮廓的压缩还会出现更大的失真，也即将铭文自原本的空间语境移出，使文本脱离石刻表面。拓本对石刻资源的疏离较少受到金石学家的关注：一旦通过拓片得到文本，固定在空间中的石头就可以被忽略。

---

[1] Lothar Ledderose, "Aesthetic Appropriation of Ancient Calligraphy in Modern China," in *Chinese Art, Modern Expression*, eds., Maxwell K. Hearn and Judith G. Smith, New York: Metropolitan Museum of Art, 2001, 234-235.

[2] 对拓本的简要介绍可参考马子云:《碑帖鉴定浅说》，北京：紫禁城出版社，1986年；王壮弘:《碑帖鉴别常识》，上海：上海书画出版社，1985年；Wu Hung, "On Rubbings," in *Writing and Materiality in China: Essays in Honor of Patrick Hanan*, eds. Judith T. Zeitlin and Lydia H. Liu, with Ellen Widmer, Cambridge, MA: Harvard University Asia Center, 2003, 29-72（中文译本见［美］巫鸿著，梅玖、肖铁、施杰等译:《时空中的美术：巫鸿中国美术史文编二集》，北京：生活·读书·新知三联书店，2009年）。西方关于拓片最全面的研究见Kenneth Starr, *Black Tigers: A Grammar of Chinese Rubbings*, Seattle: University of Washington Press, 2008。

[3] Hui-wen Lu, "A New Imperial Style of Calligraphy: Stone Engravings in Northern Wei Luoyang, 449-534," Ph. D. diss., Princeton University, 2003, 141.

相似地，对于旨在临写古代书法的人而言，对他们有用的正是拓本而非凹凸不平、漫漶难辨的石面。[1]

然而，碑铭研究者乃至偶然出现的游人的确曾经实地造访石碑及其他石刻。我们将看到，本书第二章讨论的云峰山石刻得益于赵明诚的考察活动而进入了学界视野。在清代，带着研究古物的兴味和追忆前朝盛事的怀古之情，金石学家顾炎武（1613—1682年）、黄易（1744—1802年）和阮元（1764—1849年）不知疲倦地在田野工作中搜求碑碣和摩崖石刻。尽管他们的远行通常记录在日记和"访碑图"一类的绘画里，但是黄易等学术旅行家仍主要为书法之美及石刻蕴藏的历史信息所吸引。黄易与其他金石学家，包括曾在原址做仔细研究的学者在内，都较少关注石刻文本组群间的关系或者其山水环境的意义。实际上，制作拓片以便深入研究通常是他们寻访古物之旅的首要目的。例如，在山东的一次考察中，黄易显然无意花费力气攀登徂徕山，而是派遣工匠去拓印山顶的佛教刻经。[2] 他了解这些文本的方法呼应了几百年前赵明诚的方式，如《金石录》所述，赵明诚曾派人去寻找和复制他本人不能目睹的一处天柱山石刻。[3] 当拓本到手后，野外收集来的数量可观的着墨纸张就可用于案头研究，或与更多无心无力克服险阻、亲近石刻的书斋型学者分享。

人们无法据拓片得知，铭文的原初所在地以及其与相邻石刻、建筑或自然地形的位置关系。在嵌入大地的摩崖石刻的案例中，文本和原境的分离极具误导性。[4] 洪适对173年的一则题记的误读就能说明这个问题。这则题记记录了献给四川犍为的杨淮、杨弼兄弟的文字。根据石刻，刊刻者是一位"过此"的同郡人士。洪适仅仅通过拓片（也可能是手抄的录文），便断定"此"指的是杨氏兄弟

---

[1] Wu Hung, "On Rubbings," 57.
[2] Cary Y. Liu, Michael Nylan, Anthony J. Barbieri-Low, *Recarving China's Past: Art, Archaeology, and Architecture of the "Wu Family Shrines,"* Princeion: Princeton University Art Museum; New Haven: Yale University Press, 2005, 479.
[3]（宋）赵明诚撰，金文明校证:《金石录校证》卷21，上海：上海书画出版社，1985年，第390页。
[4] 以拓本研究摩崖石刻的例子见 [日] 牛丸好一:《摩崖を学ぶ》,《東洋芸林論叢：中田勇次郎先生頌寿記念論集》，东京：平凡社，1985年，第74—76页；[日] 牛丸好一著，杨耀禄、李星译:《摩崖之研究》,《成都大学学报（社会科学版）》1989年第1期，第103—110页。

二人之一的墓地；事实上，这则题记位于陕西的石门隧道内部，毗邻将近三十年前为二杨祖父而作的题刻。[1]恰是由于早期石刻的存在，后来的铭文才会出现，但这是洪适掌握的拓片不能提供的信息。就像从某位佩戴者身上掉落的名签，他在拓本上读到的"此"脱离其所指，导致这处石门书作所纪念的家族的纽带以及本郡的纽带被掩盖了。[2]

摩崖石刻的规模也会为金石学家带来特殊的麻烦。石碑的拓片，一方面多被切割成条或装订成册，另一方面，即使碑体硕大，其拓片也很少超过三米高，可以很方便地展示在书斋的墙上，使书作的整体布局一览无余。巨型摩崖的拓片也常被分割成小块观看，但是如果想让它们保持完整，就不适合在室内观览。[3]因而，用拓片重构超长铭文的整体布局几乎是不可能的，例如6世纪的山东刻经或唐玄宗（712—756年在位）的御制泰山石刻。时至今天，观看大幅拓片的难题仍未解决，博物馆的保管者有时需要在其部门的走廊里展开它们，供人参观（图0-2）。

图0-2 展示拓片，山东石刻艺术博物馆，著者摄影

---

[1]（宋）洪适：《隶续》卷11，北京：中华书局，1985年，第397页。对石刻位置及其含义的困惑同样影响了当代石刻研究。在一本中国书法史近著中，作者认为写有"石门"两个大字的拓片来自"去往四川省的道路旁的石头"。事实上，拓片复制的字迹刻在陕西的石门隧道之内，见本书第一章。参阅 Yu-Ho Tseng, *A History of Chinese Calligraphy*, Hong Kong: Chinese University Press, 1993, 30, fig. 6.22.
[2] 书作的位置是其含义的关键元素之一，当任何人见到标有"出口"的门或通道时，都能领会这一点。马丁·尼斯特兰德（Martin Nystrand）用这个极其平常的例子说明文字的指示性。他指出，标志的言下之意即"在某些使用情境下与共存物产生具体的联系"。Martin Nystrand, with contributions by Margaret Himley and Anne Doyle, *The Structure of Written Communication: Studies in Reciprocity between Writers and Readers*, New York: Academic Press, 1986, 31.
[3] 本书第三章将对该问题作进一步讨论。

当摩崖文字离开原始环境，由此产生原有设计和意义的丢失，一如将佛教石窟中的作品从其空间和图像语境里抽离出来，作为独立雕刻陈列于博物馆时的状态。此种做法使参观者难以获知造像曾出现在何处，而这与它们所代表的神灵的图像志含义一样，对其意义而言必不可少。尽管如此，将摩崖与其语境分开的习惯不仅突显于早期金石学家的工作中，还为中国书法的现代研究者延续。与其他类型的书作一样，刻在山水之间的文字已经融入金石学和书法风格的总体史，而这一过程的发生几乎完全凭借拓片形式。讨论该问题的突出案例是日著书法汇编《书道全集》中外山军治的一篇耐人寻味的短文。这篇文章对摩崖石刻的语言文字及作者问题做了精辟的介绍，并完全用拓片细节来配图。[1] 在一篇包括6世纪摩崖研究的重要的中国书法史简介中，方闻（Wen C. Fong）述及泰山《金刚经》的所在地，但该研究的目的是阐述研习过摩崖石刻的北宋大书法家黄庭坚（1045—1105年）的风格，而非说明山间巨大刻字的原本价值。[2] 毕来德（Jean François Billeter）虽在其独到的研究中仅展示了两个例子，但简明地指出了摩崖石刻与山水形势的关系。他说道："刻在岩石上的字似乎象征着一个点，在这里，所有周围的自然事物，实际上是所有可见的现实存在，均出现了。在有些例子里，整个山川都为之改变了，故而这些题刻是中国智慧最有分量的体现。"[3]

对于中国和日本学者的近著，笔者尤其需要表达感谢。惟有他们将摩崖石刻视为语境化个案研究的主角，摆脱了文献学意义上的金石旨趣以及现代艺术史学者对风格史的专注。赖非、李一、钱荫榆、桐谷征一等人试图把石刻作为景观环

---

[1]［日］中田勇次郎编：《書道全集》，东京：平凡社，1954—1961年，卷6《中國 南北朝II》，第23—30页。
[2] Wen C. Fong, et al., *Images of the Mind: Selections from the Edward L. Elliott and John B. Elliott Collections of Chinese Painting and Calligraphy at the Art Museum, Princeton University*, Princeton: The Art Museum, 1984, 77-82（中文译本见方闻著，李维琨译：《心印：中国书画风格与结构分析研究》，上海：上海书画出版社，1993年）.
[3] Jean François Billeter, *The Chinese Art of Writing*, Geneva: Skira; New York: Rizzoli, 1990, 259-260. 石听泉（Richard E. Strassberg）对山水石刻传统有精彩的简介，见 *Inscribed Landscape: Travel Writing from Imperial China*, Berkeley and Los Angeles: University of California Press, 1994, 5-7.

境不可分割的组成部分来理解。[1]在几乎未引用西方论述的条件下，这些学者阐述了中国书作和文本生产的历史，补充了诸如罗杰·夏蒂埃（Roger Chartier）和麦肯齐（D. F. McKenzie）等人的理论建构——在内容之外，文本的物质表征是其所有符号功能中永不缺席的一个方面。[2]根据夏蒂埃的说法，"无论它们是怎样的，文本的意义，或者更准确地说，文本特定的历史学或社会学意义，都依赖媒材条件和物理形式而存在，这是它们被读者看到的前提"[3]。换言之，虽然文本的尺寸、字体、布局、媒材和位置与它以视觉形式表现语言的基本功能无关，却不可避免地决定了其内容如何被识读。在此种观点的引导下，《铭石为景》的首要目的不仅是理解石刻文字的语义内容和书法形式如何传达意义，还包括探究它们如何通过在自然世界的选址和与自然世界的互动，在中国大地上烙印历史记忆，并唤醒超越日常生活经验的神圣世界。

"就其山而凿之"

在地理原貌和历史语境中研究摩崖，需要了解石刻何以生成以及它们与其他形式书作的关系。在中国，直到1世纪前后，将石头用作书写媒材方才成为普遍做法——晚于埃及、近东、希腊和罗马的古代文明。然而，很可能到12世纪时，中国已经积累了数量超过全世界其余任何地区的各式各样的石刻书作，看起来同样毋

---

[1] 最早尝试联系摩崖石刻文本内容与其所处山水环境的研究，可能是道端良秀对岗山刻经的分析。见［日］道端良秀：《中国の石仏と石経》，东京：法藏馆，1972年，第19—28页。
[2] 这些学者的主要作品有 Roger Chartier, *Forms and Meanings: Texts, Performance, and Audience from Codex to Computer*, Philadelphia: University of Pennsylvania Press, 1995；D. F. McKenzie, *Bibliography and the Sociology of Texts*, Cambridge: Cambridge University Press, 1999. 对于理解中国文化中书法的物质性，良有贡献的资料有 Judith T. Zeitlin and Lydia H. Liu, with Ellen Widmer, eds., *Writing and Materiality in China: Essays in Honor of Patrick Hanan*。
[3] Chartier, *Forms and Meanings*, 22.

庸置疑的是，中国拥有比其他文明更多的直接出现在自然岩石表面的石刻。[1]

中国应用最广的石刻铭文种类是碑、墓志铭（墓志）和造像记。[2]其中，碑尤为常见（见图 1-14）。碑一般由雕成巨龟形状的趺座和立于其上的青石板组成，形成承载赞语、颂辞或皇家活动记录，乃至寺观、官署历史和宗教文字的宏伟的公共纪念物。墓志起源于载有逝者姓名的石头或砖块，后来逐渐定型为正方形石板，且多用石灰岩，它刻记着墓主人的世系、生平与个人品性，用于随葬（见图 1-31）。造像记出现在可移动的佛教或道教造像上，有时也与石窟中的浮雕或近乎独立的造像相邻，如5—6世纪的河南龙门石窟等实例（见图 3-34）。

"碑""墓志铭"和"造像记"几个词语，可以兼指书作形式和文本类型。然而，"摩崖"一词仅指向一种特殊媒介——留存原地的未经开采的山岩。古代书法理论提到，中国文字的发明受到了自然界各种图案的启发——鸟的足迹、龟背上的纹理以及天上的星辰。[3]这些有关文字起源的观点带有神话色彩，但摩崖石刻确实在某种意义上使书作回归自然。其他书写载体都依赖于系统的制作或严苛的准备：青铜需要铸造，丝帛需要纺织，竹简或木牍需要切削，单体石碑所用石材需要开采和加工。但崖壁或岩石上的题刻仅仅需要大自然本身提供的材料，也就是山水画家郭熙（活跃于1067—1084年）所说的"天地之骨"[4]。不但刻字所用的石面无须花

---

[1] 其他文明中与中国概念"摩崖"相符的石刻见于伊朗，所谓贝希斯顿铭文刻于离地百米的悬崖之上。结合了浮雕图像的文字庄严地纪念着大流士一世（Darius the Great，前522—前486年）领导的对敌战争的胜利。虽然大部分希腊、罗马石刻依附于建筑、祭坛、雕塑基座等纪念物，但是仍有一些刻在巨石及山崖上。其中包括斯洛伐克特伦辛地区军团士兵留下的179—180年间的石刻，以及里海旁边巴库地区的另一处军事石刻。Keppie, *Understanding Roman Inscriptions*, 88-89. 美国新墨西哥州"莫鲁山国家纪念碑"（El Morro National Monument，译者注：实际是一座山）的台地上有17世纪的西班牙语铭文和19世纪的英语铭文，大多由记录途经这里的探险者、士兵和殖民地长官名字的句子组成。感谢艾米丽·布劳尔特（Emily Breault）提醒笔者关注她家乡的这组特殊石刻。尽管以上案例表明天然岩石上的石刻并非仅存于中国，但就笔者所知，没有任何文明在其数量或延续时间上超越中国。
[2] 每种石刻形式都将在后面的章节里得到具体探讨。对中国石刻常识的介绍见赵超：《中国古代石刻概论》，北京：文物出版社，1997年。
[3] 关于这一文字起源观点的系统论述见《说文解字》的序言。（汉）许慎：《说文解字序》，崔尔平选编、点校：《历代书法论文选续编》，上海：上海书画出版社，1993年，第2—3页。还可参看 Jonathan Chaves, "The Legacy of Ts'ang Chieh: The Written Word as Magic," *Oriental Art*, n.s., 23, no. 2 (Summer 1977): 200-215。
[4] （宋）郭熙：《林泉高致》，俞剑华编：《中国画论类编》第1册，台北：河洛图书出版社，1975年，第639页。

费金钱，而且几乎人人都能来到铭文聚集的地方。

天然石面上的题刻可以追溯至汉代，但是直到11世纪欧阳修首次使用"摩崖"这一称谓，该概念才得以延传。这两个字的字面含义是"磨平崖面"或"被磨平的崖面"[1]，涉及打磨石头以便进行刻字的过程。位于经过这种处理后的平面之上的石刻，例如《纪泰山铭》（见图4-17），使人想起碑的形制，而且也常常被命名为碑。摩崖会模仿石碑的做法，在线刻的界格内整齐地排布尺寸统一的文字。"摩崖"一词也用来指代刻在未经处理的石面上的铭文，尽管听起来有些不合逻辑（见图1-5）。

摩崖的制作至少包含两个步骤：用笔书写文字，然后刻之于石。在被称为"书丹"的最简单也是最古老的方式下，书写者直接用朱砂在石头上写字，以求字迹明显。[2] 刻工随后将笔画转刻为刀口，完成题刻。当然，在这一过程中书写者必须来到现场，理想情况下助手会带上他的书写工具。该行为见于中国的绘画艺术作品，并且在1609年出版的明代类书《三才图会》里有所反映。其木版画图像名为《题壁图》，但"壁"实际上是崖面（图0-3）。[3] 不同于在案前坐着或站着以躬身书写，摩崖的书者要像画中展示的那样直立，他的躯体与书写平面平行。现代学者郭荣章将这种书写过程描述为山水与书者身体的对话。[4] 这样的对话比纸上或绢上的书写需要更多身体活动，因为纸或绢在书写过程中可被上下左右移动。为了在户外的

---

[1] 欧阳修在有关颜真卿（709—784年）《大唐中兴颂》的条目中，提到这篇石刻的创作是"磨崖石而刻之"。《集古录跋尾》卷140，《欧阳文忠全集》，《四部备要》本，第3a页。赵明诚论及天柱山和云峰山上纪念郑羲的石刻时，使用了类似的词汇："（郑道昭）为其父磨崖石刻二碑焉。"《金石录校证》卷21，第390页。将摩崖石刻视为碑的习惯同样始于这两位金石学先驱。需要注意，尽管两个字的意思是一样的，欧阳修、赵明诚、洪适等宋代金石学家使用的是"磨"而非"摩"，后者在清代才被普遍使用，直至现在。《書道全集》卷6《中国 南北朝Ⅱ》，第23页。宋代学者还习惯将"崖"写作"厓"，去掉声旁上的山字头。
[2] 在准备刻碑时，书写者也使用这种方法，即在现成的石面上手书朱笔字迹。见王壮弘：《碑帖鉴别常识》，第6—9页；马子云：《碑帖鉴定浅说》，第28页。
[3] 题壁的过程参阅 Judith T. Zeitlin, "Disappearing Verses: Writing on Walls and Anxieties of Loss," in *Writing and Materiality in China: Essays in Honor of Patrick Hanan*, 73-132。
[4] 郭荣章：《石门摩崖刻石研究》，西安：陕西人民美术出版社，1985年，第16—17页。

图0-3 《题壁图》,1609年,木刻版画,采自《三才图会》,美国哥伦比亚大学史带东亚图书馆藏

大型石面上题写,书者本人须行动起来,必要时还得登上梯子或脚手架。[1]另外,在接近地面的位置写字时,书者则要蹲在石头前,而他的身体动作也预示了沿着铭文竖列阅读的读者会做出相应的行为。

根据清代金石学家冯云鹏(活跃于19世纪后期)的定义,"就其山而凿之,曰摩崖"[2]。虽然石刻书写者很少亲自参与凿刻,但冯氏暗示了旅行的必要性,这也是理解摩崖的一个角度——它是由立足户外的书法家完成的作品,为将会来到同一地点的读者而写。[3]不过,书写者直接落笔于行将刊刻文字的岩石,往往并非必要或可行。他们会以纸上挥毫代之,继而把纸交付专业工匠,匠人则使用类似刻碑的方法把书作转刻至石面。其间,一张半透明的纸被用来摹写墨书的原始字迹,然后人们在其背面以朱笔勾勒;接下来,忠实的复制品被覆在即将凿刻的平面上。[4]刻工循着岩石上的朱笔印记完成石刻,一如直接在石面上书写所实现的那样,即使拼接纸张写出的超大字迹也能用此法复制。

---

[1] 书写题记时对脚手架的利用参阅(清)方苞《游雁荡记》,转引于Strassberg, *Inscribed Landscape*, 401。
[2] (清)冯云鹏、冯云鹓编:《金石索》卷1,《四库全书》本,第1a页。
[3] 过去,一些书写者或自行操刀,或令其助手勾刻字形。颜真卿和米芾(1052—1108年)被认为曾经亲自凿刻自己的书迹。见王壮弘:《碑帖鉴别常识》,第13页。
[4] 同上书,第8—10页;马子云:《碑帖鉴定浅说》,第28—29页。

中国人使用所有的字体来书写摩崖石刻——篆、隶、草、行、楷。汉代的绝大部分石刻以隶书写就，而稍晚成熟的楷书自5世纪以后成为石刻书写的"默认"字体。这两种字体都具备清晰易读的优点，因而适合展示供公众阅读的文本。与图形设计颇为类似，隶书和楷书笔画间断、结体紧凑，传达出连笔和略写的草书无法展现的井然有序。

许多摩崖文字，特别是石面平整者，其视觉表现和内容与碑文无异，但有时它们在书法上的灵活性的确不见于其他石刻。至少在一些例子里，这一点归因于粗糙的石面令规整的文字组合难以达成。书写

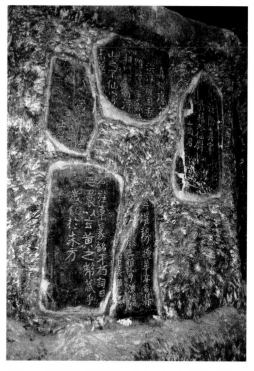

图0-4 修复后的《瘗鹤铭》，约512年，江苏镇江市焦山，薛磊摄影

者亦会故求奇态。极致案例即6世纪前期的著名石刻《瘗鹤铭》。[1] 该石刻在11世纪之前就已损毁，今天能见到的是早期拓本和打捞自长江底的碎片。根据历史记载，坠落缘于雷击（更有可能是地震）。其字态时开时合，似乎依循着石面的起伏（图0-4）。在书法评论家和理论家看来，这种摩崖石刻的自由、不羁之态可称"雄浑""天然"和"古朴"。径直刻在原生石面上的文字还被比作天然形成的结构。[2] 然而，金石学家所能欣赏的书法革新也是有限度的。洪适谈及四川的一处汉代石刻

---

[1] 参阅笔者论文"Eulogy on Burying a Crane: A Ruined Inscription and Its Restoration," *Oriental Art*, Autumn 1998, 2-10。
[2] 刘正成等编：《中国书法全集》，北京：荣宝斋出版社，1991年起，卷8《秦汉刻石二》，第468页。

时，批评道："笔札亦拙，又崖石增长，字体失真，无可取者。"[1]

　　不管采用何种书法形式，受风雨侵蚀、气温的巨大变化乃至地震影响，户外的裸露石刻从完工之日起即开始消亡。文字刻得越深，越容易留存；可是令人惊讶的是，由于打磨给石头"表皮"带来无数的细微裂缝，平整石面上的字迹剥蚀更快，故刻字对天然石面的改变越小，就越利于保存。[2] 人的干预同样左右着石刻的耐久性和辨识度。在现代文化机构采取多种保护手段之前，知名的石刻对于拓片制作者而言都是开放的。拓印看似对作品无害，实际上人们需要用墨包拍打石面，钻孔以安设脚手架，或在横卧于地的石刻表面行走，从而造成严重破坏。巫鸿指出，每张拓片都是石刻持续毁伤的记录。[3] 和石碑一样，摩崖石刻也是被蓄意破坏的对象。宋真宗（997—1022年在位）留在泰山的一处石刻在明代遭到野蛮的冒犯，受到涂鸦式的破坏（见图5-5）。[4] 书写者固然希望石刻长存原地，但命运并不总是如此。有的石刻从天然岩壁上被切割下来，放在博物馆里展出。[5] 在第一章的主角石门石刻的例子里，人们把摩崖文字移出河谷，以免被水库淹没。

　　无论保存情况如何，为石刻填充颜料都能使字更加突显且华美有增。[6] 很难确定这一做法始于何时；相关记载最早可溯至13世纪，本书第四章讨论了这一史料。迨至明代，颜色的使用已相当普遍。[7] 今天，醒目的红、白、绿和蓝等色装饰着中国各地的题刻。色彩的选用和颜料的恢复关乎石刻清晰与否，具体做法取决于

---

[1]（宋）洪适：《隶释》卷4，北京：中华书局，1985年，第3b页。
[2] 王思礼等编：《云峰刻石调查与研究》，济南：齐鲁书社，1992年，第140—142页。
[3] Wu Hung, "On Rubbings," 39.
[4] 崔秀国、吉爱琴：《泰岱史迹》，济南：山东友谊社，1987年，第53、77页。
[5] 参阅米芾的焦山石刻，现藏于镇江市焦山碑刻博物馆。"Eulogy on Burying a Crane," 6, fig. 9.
[6] 石刻成品的色彩填充不能与凿刻前的"书丹"相混，对石刻颜色运用的探讨见本书第四章。古希腊石刻也会着色，至今部分作品仍存痕迹。见 A. G. Woodhead, *The Study of Greek Inscriptions*, 2d ed., Cambridge: Cambridge University Press, 1981, 27. 关于老普尼林（Pliny the Elder）提到的罗马石刻中的颜色运用，参阅 Keppie, *Understanding Roman Inscriptions*, 15.
[7] 本书第五章涉及对过度装饰石刻的批评。

遗址管理方。以泰山为例，当下重要石刻每四五年就会重描一次色。[1]

四景与余论

正如统治者令臣民向他致敬，摩崖石刻也向读者提出类似的诉求：它们不仅是文本，而且是要求人们进行游走式阅读（peripatetic reading）的目的地，唯有穿行于空间才能到达。[2] 本书的核心包括四章，这些章节以旅程的形式带领读者去往四种类别相异的铭文的所在地，回顾石刻书作史上的不同瞬间。

在第一章，本书仔细讨论了发现于陕西石门隧道的中国最早的石刻组群。这些1—6世纪的铭文代表了一种始于汉代的书作形式，它允许所有公众读者进行阅读。石刻的内容纪念了政府官员的行为及个人德操，他们督修了连通陕西和四川的要道。虽然石刻的修辞和文学形式使人想起碑志，但是它们并不标识墓址，而是装点着风景壮美之地，那里因铭文所述之人的介入而更改了样貌。和独立石碑的文字一样，这些石刻反映了聚拢撰文者、刻制者的政治与地域集团。

郑道昭（约455—516年）刻在山东北部群岭的诗歌和地名基本无涉官方或公共事务，这些石刻是第二章的主题，它们旨在模拟神仙世界里以方位象征和想象中的超自然存在界定的地理事物。云峰山是题刻最密集的地方，在这里，文字引导读者向山顶攀登，逐渐将可以观看、攀爬和触碰的真实山岳转化为具象的仙境。经过转化的景观在功能上类似墓葬空间，乃为已故的郑氏父亲所设立。这种宏大的象征不是用建筑或景观营建实现的，而是仅仅依赖书写的力量。

---

[1] 依据与岱庙管理者刘慧的对话，1998年7月20日。
[2] "游走式阅读"的概念借鉴自汪悦进（Eugene Y. Wang）讨论中古佛教艺术时所用"游走的眼光"（peripatetic vision）。见 "Watching the Steps: Peripatetic Vision in Medieval China," in *Visuality before and beyond the Renaissance: Seeing as Others Saw*, ed. Robert S. Nelson, Cambridge: Cambridge University Press, 2000, 116-142。

6世纪下半叶以大字刻成的佛教石经和佛名位于山东诸山,同样改变了其所在地点。本书在第三章中围绕铁山,论证佛教的神圣文本寓意佛的存在;在此种信仰下,山上的刻经具有类似圣物和偶像的崇拜价值。刻经以气势撼人的规模从视觉上体现了佛教思想中弥足关键的关于宏大的概念。和同时代的巨型造像一样,经文的鸿篇巨制代表佛法的无边灵力,也体现了主持者和捐资人的虔诚奉献。

与6世纪的皇皇刻经相似,帝王命人刻在泰山上的文字意欲令观者折服。8世纪,唐玄宗登临岱岳之巅,雄心勃勃地举行封天大典。他亲书的长篇铭文《纪泰山铭》记录了此事。作为第四章的主角,玄宗的文字标志着中国摩崖石刻早期历史的高潮。在古代中国,为君主服务或御制的艺术里,石刻可被视为一种亲力亲为的纪念碑。这种政治象征由唐太宗(626—649年在位)在7世纪创造,而后得到其重孙在泰山的响亮回应。

陈元龙(1652—1736年)在针对桂林龙隐洞内外石刻的短评里说道:"看山如观画,游山如读史。"[1]这一观察适用于中国数以千万计的石刻遗迹,及至清代,早已形成刻制摩崖的全国性风尚。在一些敏感的旅行者眼中,山水间的石刻文字是对风景的丑恶破坏,出自粗俗的游人和自以为是的官员之手。余论(第五章)简要地梳理了前文所论在地石刻的近世历史,并指出虽有批评之声,但摩崖石刻就如同山水画中的款识和题诗,成为中国视觉文化不可或缺的一部分,而且依然是政治和文化权力所有者喜好的公共艺术的主要形式。

---

[1](清)陈元龙:《龙隐洞》,《广西通志》卷125,《四库全书》本,第7a页。

第一章

石门的公共书作和公共书写

对于任何一位旅者而言，从四川盆地向东北行进，经由陆路去往陕西腹地，迎面而来的秦岭都是令人骇怖的屏障。如今铺设平整的高速公路穿越了这组山岭，而截然不同的路径曾从此翻越——木结构的栈道架设在崖壁之侧，凌驾于没有平地可供筑路的狭窄河谷和沟壑之上。褒斜道就是其中的一条栈道，其南端附近的一处地点为行人提供了奇观的渊薮，并非因为道路依附于险峻的崖面，而是由于它洞穿了褒河西岸的坚硬石壁（图1-1）。[1]这条隧道被称作石门，开通于66年，虽然仅有16米长，但在中国却是史无前例的。在后来的几个世纪里，石门被视为进入秦岭以南的古蜀地，也即今天的四川地区的战略要塞。[2]

6世纪初，石门隧道引起了旅行家和地理学家郦道元（卒于527年）的注意。他所著的《水经注》包含了对自然环境和建筑的调查，其中一则记

---

[1] 这条道路的名字可以读作"Baoxie"或"Baoye"。见中国文化研究所：《中文大辞典》第4册，台北：中国文化研究所，1982年，第6234页。陕西本地学者，包括石门石刻最重要的研究者郭荣章，都将这个词读作"Baoxie"，笔者采用此种读音。

[2] 左思（约250—约305年）在《蜀都赋》里提到了石门，见（南朝梁）萧统编，（唐）李善等注：《增补六臣注文选》卷4，台北：汉京文化事业有限公司，1980年，第20a页。据郦道元记载，这条隧道位于汉中。见（北魏）郦道元著，王国维校：《水经注校》卷27，上海：上海人民出版社，1984年，第881页。"蜀"，指的是四川西部以成都平原为中心的地理区域，延伸至今陕西境内的汉江河谷。它也可以指生活于此的古代人，或是在青铜时代晚期的公元前316年被秦国击败的古代政权，又或是秦汉帝国的一个行政单位——蜀郡，还可以指汉朝瓦解后由刘备（161—223年）建立的号称"蜀汉"的政权。大多数情况下，蜀代表今天的四川省。截至汉代灭亡的四川早期历史，参阅Steven F. Sage, *Ancient Sichuan and the Unification of China*, Albany: State University of New York Press, 1992。这一地区的艺术与考古材料，参阅Robert W. Bagley, ed., *Ancient Sichuan: Treasures from a Lost Civilization*, Seattle: Seattle Art Museum, 2001。

图1-1 石门旧影,陕西汉中市,采自郭荣章编著:《石门石刻大全》,西安:三秦出版社,2001年,图4

载详细介绍了石门的情况。[1]在郦道元编写该书的时代,石门的意义已经超越了简单的工程奇迹。穿行于石门的任何人都能见到隧道两端的光亮,但配备火把的人则能目睹更多东西——其内部有着成百上千的文字,在1世纪隧道完工后不久,这些文字开始被集中刊刻于此(图1-2)。隐藏在隧道内的题记,与俯瞰褒河的崖壁铭文一起,将褒斜道的节点转变为每一位穿越大山的人都可以阅读的文字宝库。[2]这些文字不仅跻身中国最古老的题刻之列,还代表了一种逐渐流行的中国视觉文化现象的肇始:在耐久的石材媒介上排布面向公众读者的大规模文本。

石门石刻开启了笔者所说的"公共书写"在中国的早期历史。自汉代起,公

---

[1]《水经注校》卷27,第881页。又见施蛰存:《水经注碑录》,天津:天津古籍出版社,1987年,第296—297页。
[2] 笔者对石门石刻的研究受惠于汉中市博物馆前任馆长郭荣章的成果。除郭荣章提供的独特资料和解释之外,笔者还借鉴了其工作中已确立的有关石刻历史的总体框架,由此本书第一章得以完成。笔者还要感谢2002年秋季米凯(Michele A. Matteini)在哥伦比亚大学工作坊中撰写的关于石门石刻的杰出文章。

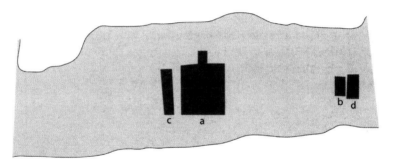

图 1-2a 石门隧道西壁题刻位置示意图,皮拉尔·彼得斯(Pilar Peters)制图,底图采自《石门石刻大全》,第 3 页
(a)《故司隶校尉犍为杨君颂》,也称《石门颂》,148 年;(b)《武阳李君表》,155 年;(c)《杨淮杨弼表记》,173 年;(d)"石门"题刻,年代不详

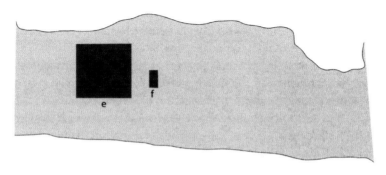

图 1-2b 石门隧道东壁题刻位置示意图,皮拉尔·彼得斯制图,底图采自《石门石刻大全》,第 3 页
(e)《石门铭》,509 年;(f)《石门铭小记》,509 年

共书写快速扩散,当时各种文本和书写都富于变化。石刻题记的出现还表明,社会的发展和知识的积累促使汉代文化精英创造了向同时代及后世读者表达自我的新形式。就像桥梁、大坝等现代公共工程的题名或标志一样,石门的早期题刻记录着官方出资赞助的行政和工程伟绩。它们可被视为庞大的文本系统的冰山一角,而这个系统对于汉帝国的运转颇为必要。但在这些题刻里,国家的意志是次要的:虽然包含石门隧道在内的褒斜道的修建与维护得到了公共财力的资助,受到政府、军事和经济需求的推动,并影响了大量民众,但是人们只刻下了讲述个人行为的文字。就

措辞而言，这些石刻与记载逝者社会行为和个人美德的碑文十分近似。不过，石门石刻的符号性意义仍有所不同：文中记录的地点不是逝者的埋葬地，而是人们生前实现重大成就的场所。这些在数百年时间里逐渐积聚起来的铭文，不仅纪念着个人事迹，还展现了连接起石刻撰文者、监造者与出资者的政治性和地区性纽带。

  石门的题刻融入隧道开凿所凭依的同一片地理岩面，和所有摩崖石刻一样，它们旨在供人进行在地的阅读，直接指涉着周围那些由铭文所赞颂的人群塑造的物质环境。不同于独立的石碑，隧道和外部山崖的壁面为后世题刻的选址提供了几乎无限的空间。那些晚出的石刻或在内容上，或在视觉形式上，都与此地已有的作品存在联系。一处山水间的题刻，看起来就像是吸引了其他铭文，这是由于它们因空间相邻、媒材共享、文本关联或书风相似而联结在一起。直至今天，该现象还在中国各地持续发生。

  遗憾的是，当下历史学家研究石门石刻时面临着更甚于以往的困难，不再像尝试选择合适的动词时态来描述艺术品在过去的制作流程（"技艺高超的匠师凿刻了这些铭文"）或当下展现的视觉形式（"字形向右上方倾斜"）那样简单。因为石门的石刻已经不复存在，我们只能对曾经位于石门的石刻铺陈笔墨。20 世纪 60 年代后期，人们建造了一道横截褒河的大坝，水库的水面淹没了包括隧道在内的褒斜道遗迹。在堤坝建成之前，人们将最重要的书法作品从隧道内壁和周边崖面等环境中切割出来，运送到汉中市区，保存在汉中市博物馆。本章末尾对这一巨大工程做了简要描述。千百年前，雕凿岩石的行动带来了隧道和石刻，而这最后的凿刻行为却是对其讽刺性的回应。

蜀道

  秦岭群峰海拔自 1000 米至 3000 米不等，在陕西和四川之间形成一道天然屏障。不过，在描述它时，气候比高度更加形象。山脉以北，坐落着中国北方黄土堆积的干旱地带，自古以来称作"关中"，冬寒夏热；山脉以南，是温暖湿润的四川盆地，气候受印度洋季风环流的影响。秦岭北坡的河流灌注向黄河水系，南坡的河水则汇入长江支流。[1] 在中国早期历史上，这座山岭以北的国家或政权一直致力于掌控肥沃的四川大地；同时，南侧的人们总是试图翻越围绕故土的大山，向外输送农业产品与工艺，乃至政治力量。[2]

石门及其石刻成了隧道所贯穿的境地里不可或缺的组成。这个故事应该从战国晚期开始讲起，那时，人们第一次修通了越过秦岭的道路。与罗马帝国相似，道路建设在早期中国同样是重要的政府工程。[3] 优良的路况有利于行军，也加快了传递书面命令的速度，同时通过高效的货物运输刺激着经济。公元前316年，秦国军队进击蜀国，这堪称中国道路营建史上的一次关键事件。石牛道的开辟使这次战役成为可能。相传它是秦惠文王（前337—前311年在位）用来击败蜀王的妙计之一。[4] 这条路至少与后来为人熟知的褒斜道部分重合。史载延伸约470里的褒斜道总长度近251千米，从褒城向北，取道南流的褒水的狭窄河谷，然后向东顺着北流的斜水谷地度过群山到达眉县（图1-3）。[5]

---

[1] Chiao-min Hsieh, and Jean Kan Hsieh, *China: A Provincial Atlas*, New York: Simon and Schuster, 1995, 131. 又见 Sage, *Ancient Sichuan and the Unification of China*, 175-176。
[2] 古代四川与秦岭以北地区之间的国家和人民的动态关系是 *Ancient Sichuan and the Unification of China* 一书最主要的论题。又见杨伟立：《褒斜道是蜀人走向关中、中原的通道》，《成都大学学报（社会科学版）》1989年第1期，第31—35页。
[3] 在湖北云梦秦墓出土的文书中，道路建设被列为政府官员必须履行的职责之一。参阅《睡虎地秦墓竹简》，北京：文物出版社，1978年，第281—293页；转引自 Mark Edward Lewis, *Writing and Authority in Early China*, Albany: State University of New York Press, 1999, 22. 关于古代中国修路的情况，参阅 Joseph Needham, et al., *Science and Civilization in China*, Vol. 4, *Physics and Physical Technology,* Part 3: *Civil Engineering and Nautics*, Cambridge: Cambridge University Press, 1971, 1-38（中文译本见[英]李约瑟：《中国科学技术史·第四卷 物理学及相关技术·第三分册 土木工程与航海技术》，北京：科学出版社、上海：上海古籍出版社，1999年）。道路建设也是古罗马铭文中的一个主题，比如刻在奥尔绍瓦的多瑙河铁门峡谷中的例子。参阅 Lawrence Keppie, *Understanding Roman Inscriptions*, Baltimore: Johns Hopkins University Press, 1991, 67-68。
[4] Sage, *Ancient Sichuan and the Unification of China*, 108-109.
[5] 对褒斜道总长度有多种估算，参阅郭荣章：《石门摩崖刻石研究》，西安：陕西人民美术出版社，1985年，第5—7、27页。

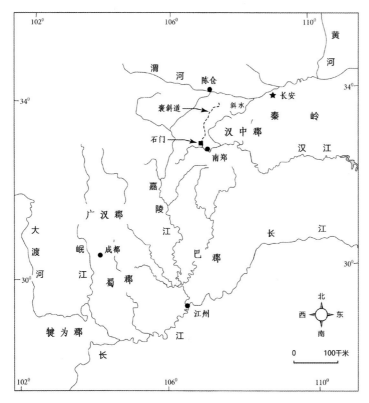

图 1-3 汉代褒斜道路线示意图

如同秦汉时期其他几条穿越秦岭的道路一样,褒斜道最引人注目的部分就是栈道。[1] 在最早提到这种建筑形式的《战国策》中,记载了秦昭王(前 306—前 251 年在位)时期修建的一条栈道,它从位于今天陕西境内的秦国疆域绵延千里到达蜀国。[2] 据司马迁的《史记》,这条路的建成"使天下皆畏秦"[3]。早期文献并未

---

[1] 秦汉时期,穿越秦岭的四条主要路线是子午道、褒斜道、傥骆道和陈仓道。参阅 Joseph Needham, et al., *Science and Civilization in China*, Vol.4, *Physics and Physical Technology*, Part 3: *Civil Engineering and Nautics*, 19-22. 以田野考古为基础的新近研究,见黄邦红:《蜀道考察拾零》,《四川文物》1988 年第 1 期,第 11—14 页。《四川文物》同一期还载有数篇讨论四川古道的文章。
[2] 刘殿爵、陈方正编:《战国策逐字索引》卷 5,《先秦两汉古籍逐字索引丛刊》本,香港:商务印书馆,1992 年,第 37 页。
[3] (汉)司马迁:《史记》卷 79,北京:中华书局,1987 年,第 2423 页。

说明栈道是如何建造的,但基本方法或许与唐代诗人欧阳詹(757—802年)的描述大同小异:

> 立巨衡而举迮氏,缒悬绋以下梓人,猿垂绝冥,鸟傍危岑。凿积石以全力,梁半空于木栅。[1]

欧阳詹的记述清楚地表明,修建栈道需要在坚硬的岩石上凿孔以架梁,而铁质工具的使用有助于此。在梁下方,倾斜或垂直的支柱有时会插进溪水或河流的石岸以提供支撑,置于这种结构之上的木板就构成了路面。[2] 著名画作《明皇幸蜀图》表现的正是这种建筑类型。该画被归到唐代画家李思训(651—716年)或其子李昭道(675—约758年)名下,但它可能是一幅年代较晚的摹本(图1-4)。画面左上方的旅人看起来步履从容,然而道路其实岌岌可危,令人胆寒。[3] 由于木材腐烂和岩石滑坡,抑或出于战时阻断交通的目的,栈道随时可能被毁,需要时常加以维护。

凿入岩石的褒斜道柱洞直至20世纪仍留存可见[4],而这条古道上最耐久的遗存是石门隧道本身,在其永久淹没于褒河水库前始终可供通行。一位现代工程师和隧道史专家曾经写道:"无论在何时何处,只要有隧道出现,都能证明一个繁荣的经

---

[1](唐)欧阳詹:《栈道铭》,(清)董诰等编:《全唐文》卷598,台北:文友书店,1972年,第6a—7b页;转引于唐寰澄编著:《中国古代桥梁》,北京:文物出版社,1987年,第93—109页(英文提要见第269—272页)。

[2] 有关栈道的建造方法,见 Joseph Needham, et al., *Science and Civilization in China*, Vol.4, *Physics and Physical Technology*, Part 3: *Civil Engineering and Nautics*, 19-22。这种道路在欧洲也有修建,对其技术的描述见 M. G. Lay, *Ways of the World: A History of the World's Roads and the Vehicles That Used Them*, New Brunswick, NJ: Rutgers University Press, 1992, 257。

[3] 在中国知识分子心目中,其中一种沿着栈道进入四川的旅行场景是唐代诗人李白(701—762年)的《蜀道难》构建起来的。其英文译文见 Wu-chi Liu, and Irving J. Lo, trans and eds., *Sunflower Splendor*, Garden City, NJ, and New York: Anchor Books, 1975, 105。

[4] 详细的考古报告参阅陕西省考古研究所:《褒斜道石门附近栈道遗迹及题刻的调查》,《文物》1964年第1期,第25—42页;黄邦红:《蜀道考察拾零》,《四川文物》1988年第1期,第11—14页。

图 1-4 佚名《明皇幸蜀图》,约 9—10 世纪,绢本设色,立轴,55.9 厘米 ×81 厘米,台北故宫博物院藏

济体曾遇到了巨大障碍,以至于到了常规方法无力解决的程度。"[1] 石门隧道所化解的难题是,如何将褒斜道修过褒城这座小城以北的险恶地带,而七盘山正是从那里突入河谷并且几乎完全阻断了栈道的蔓延。修路者只有凿穿这座大山,才能将北边的道路与南边的隧道口所在的两个区域贯通起来。

根据 20 世纪 60 年代初的考古报告可知,石门隧道长约 16 米,高 3.5 米,宽 4.3 米。这样的空间足够容纳汉代的马车,它们可以从木构栈道的水平路面直接驶入隧道。[2] 至于隧道如何开凿,这个问题困扰着慕名而来的参观者和后继修路人。在纪

---

[1] Gösta E. Sandström, *Tunnels*, New York: Holt, Rinehart and Winston, 1963, 2.
[2] 隧道的详细尺寸如下:东壁,长 16.5 米;西壁,长 15 米;北入口,高 3.75 米,宽 4.1 米;南入口,高 3.45 米,宽 4.3 米。参阅郭荣章:《石门摩崖刻石研究》,第 94 页。

念褒斜道1662—1668年间的局部整修的《石门歌》(《贾大司马修栈道歌》) 中，梁清宽认为过去的人们通过架设木柴来火烧岩石，使石头"凿刻起来就像削豆腐一样（锤凿既加如削腐）"[1]。他所设想的过程即"火烧水激"，通过先加热石头再对其泼水的方式使之崩裂。[2]以这种简单而高效的方式施工时，每当石头开裂，隧道的建造者便在缝隙中嵌入金属楔子和凿子。他们的工作或许并不如削豆腐那般轻松，但较之直接敲凿石头显然更为省力。在1世纪主持了如此工程的人，若非其成就被刻记于石门，将为后世所遗忘。

鄐君功绩与书作帝国

石门只是漫长的交通要道中短短的一段，但恰恰是在这里而非其他地方，刻记下了褒斜道监修者的名字。最早的石刻位于隧道南入口以南约250米的下临褒河的崖壁上（图1-5），该题刻本无标题，在各种金石著录中常以不同的名称出现，此处采用最简洁的一种——《开通褒斜道》[3]（《鄐君开通褒斜道刻石》）：

---

[1]（清）罗秀书等著，郭鹏校注:《褒谷古迹辑略校注》，西安：西安美术学院，1996年，第151页；转引自郭荣章：《石门摩崖刻石研究》，第95页。
[2]《后汉书·虞诩传》（虞诩，约活跃于114年前后）简要地提及了这项技术。在武都郡（在今甘肃省）下辩道南部，岩石阻断了水路，过往船只无法通行，连马车和役畜也难以沿河岸前进。为解决这一障碍，虞诩"烧石翦木，开漕船道"。(南朝宋) 范晔:《后汉书》卷58，北京：中华书局，1965年，第1869—1870页；转引自郭荣章:《石门摩崖刻石研究》，第95页。在同样的地方，官员李翕使用类似的方法开通了穿过武都郡西狭的道路，这一事迹在171年的石刻《西狭颂》(《汉武都太守汉阳河阳李翕西狭颂》) 中有所记载。参阅高天佑:《西狭摩崖石刻群研究》，兰州：兰州大学出版社，1999年，第46页。醋在欧洲用于"火烧水激"过程的说法，可能来自对某种气味的误解：人们为加热石头而点燃树木，汁液燃烧会产生气味。参阅Sandström, Tunnels, 28-30。"醋激"的观点也出现在对石门隧道开凿方法的解释中，见郭荣章:《石门摩崖刻石研究》，第95页。
[3]此处依据《石门摩崖刻石研究》对文本的补正，见郭荣章:《石门摩崖刻石研究》，第23—24页。石刻的最末三十字今已佚失，但可见于（清）王昶:《金石萃编》卷5，《石刻史料新编》第1辑，台北：新文丰出版公司，1977年，第12b—17页；（清）翁方纲:《两汉金石记》卷13，《石刻史料新编》第1辑，第14a页。这些文献还录出原本位于石刻下方的南宋金石学家晏袤（约活跃于1190—1194年）的漫漶严重的释文。见郭荣章编著:《石门石刻大全》，西安：三秦出版社，2001年，第81—83页。

图1-5 《开通褒斜道》，66年，高0.8—1.25米，宽2.76米，原位于陕西汉中市石门，现藏于汉中市博物馆，郭荣章供图；这张模糊的照片是《开通褒斜道》已知的唯一原址图像，石刻下方是晏袤对其文本的释文，晏氏题刻细节见图5-4

永平六年，汉中郡以诏书受广汉、蜀郡、巴郡徒二千六百九十人，开通褒斜通。[1]太守钜鹿鄐君、部掾治级、王弘、史荀茂、张宇、韩岑第典功作，太守丞□□杨显将陨用。[2]始作桥格六百二十三间[3]，大桥五，为道二百五十八里，邮亭、驿置、徒司空、褒中县官寺并六十四所。凡用功七十六万六千八百余人，瓦卅六万九千八百四器[4]，用钱百四十九万九千四百余斛粟。九年四月成就。益州东至京师去就安稳。

若是跨越时间的鸿沟，置身于两千年前，我们可以从多角度理解这段

---

[1] 提供劳力的三个郡都位于今四川（含重庆）境内。
[2] 晏袤释文中提及杨显的家乡为广汉，见郭荣章：《石门摩崖刻石研究》，第30页。郭荣章对现存石刻的录文中，此处只见"汉"字。而在《石门石刻大全》第73页收录的录文中，他却去除了这个字。对这段文字的其他释读参阅刘正成等编：《中国书法全集》，北京：荣宝斋出版社，1991年起，卷7《秦汉刻石一》，第468页；高文：《汉碑集释》，开封：河南大学出版社，1985年，第6—10页。鉴于原石的保存状况不佳，对此文的所有释读都仅供参考，包括笔者的版本在内。
[3] "桥格"与"栈阁"同义，见郭荣章：《石门摩崖刻石研究》，第27页。
[4] 虽然刻文中提到2690名工人来自巴郡、蜀郡和广汉，我们却对为道路建设施工的数量极大的766800余人缺乏了解。对于在此场劳役中建成的建筑的功能，见张传玺：《释"邮亭驿置徒司空，褒中县官寺"》，《考古与文物》1980年第4期，第96—99页。

简单的文本：把它当作汉代官僚制度的产物；视之为一种公共纪念碑的形式，即当时在中国仍处于肇始阶段的摩崖题记；还可以将其解读为一件承载文本内容、呈现特殊视觉形式的书法作品。按照以上任意一种说法来解释该题刻，都需要联系汉帝国在1世纪时的行政程序和政治地理。[1]这一时期的汉朝都城位于洛阳（在今河南洛阳东），很可能正是在这座城市里，汉明帝（57—75年在位）下达了开始重修褒斜道的诏令。[2]史书并未记载汉明帝为何做此决定，不过，只有获得中央政府的指令和拨给该项目的国家资金，这个庞大的工程才得以开展。从洛阳发出的诏令文书将送达汉中郡太守鄐君的手中，他管理的区域包括如今由陕西、湖北分治的汉水谷地。汉中的郡治，即太守驻守之地南郑（在今汉中市东南）。广汉郡、巴郡、蜀郡在更加靠南的四川盆地中（见图1-3）。褒中县是一个更小的行政单位，中心位于现褒城镇附近，即褒斜道的南端。益州的地域则大约相当于现在的四川省。虽然东汉的皇家都城是洛阳，但题刻中指涉的"京师"却可能是长安（即今西安），它是西汉时期的都城，时至东汉仍然起到中国西部经济和政治中心的作用。经由褒斜道翻越秦岭的旅者，能够很容易地抵达这个地方。

作为一篇散文，《开通褒斜道》并未显露出文学方面的丝毫雄心，末尾二字"安稳"已是其辞章文采的极限。余下的记文采取了列举事实的方式：道路工程负责人的名字及其官衔、雇佣的劳动力数量、道路长度和已完成的相关建筑数量、消耗的材料，还有以粮食单位计量的资金支出。文中没有撰写者和出资者的名字，语言也并未反映石刻背后的诉说者的个性。根据石门及该区域其他地方的后世石刻制作条件来判断，很可能是记文提到的某位基层官员监管了文字刻制，或许还经过太守鄐君的亲自批准。令人惊讶的是，虽然开凿隧道是一项前所未有的成就，但记文

---

[1] 笔者对汉代行政系统的描述，基于Hans Bielenstein, *The Bureaucracy in Han Times*, Cambridge and New York: Cambridge University Press, 1980。
[2]《后汉书》中并未记载明帝的诏令。《石门颂》记载该诏令颁布于永平四年，即61年。诏书颁布与动工（63年）之间的两年延迟，可能归因于庞杂政务带来的压力，诸如组织人员和为其提供施工时的食宿等。郭荣章曾论及该问题，见《石门摩崖刻石研究》，第25页。

在列举鄐君及其下属监修的工程时，并未提及隧道本身，尽管刻字之处就在其外侧，表明这里是长达三年的劳役中极其重要的地点。此后的石门石刻也证实了隧道完工于永平年间（58—75年），即《开通褒斜道》所载的工程实施时间。[1]题刻详细阐明，除了258里的栈道（约合108千米），该项目还包括营建汉代官僚机构中的地方驿站，用来负责传递信息和辅助官员出行。此外还有褒中县官署的建设。

道路、驿站和记文提到的其他建筑，是庞大的官僚体系中相辅相成的元素，其联系因文书的传递而得以实现。作为这个官僚体制的成员，太守鄐君与其下属称得上是"书作帝国"的代理人。[2]从文化和意识形态上说，这个"帝国"建构在历史、哲学与文学作品的基础之上，它们是鄐君和其他官员所受教育的核心。尽管从当地人口中选拔出的低级书吏和官员或许学识有限，但是他们只需熟读经典便可求得仕进。从更加直白和具体的方面来看，"书作帝国"涵盖了帝王诏令、纪念石刻、法律记录、执法报告、兵卒登记、行旅日志、物品清单等，还有无数其他类型的文书，它们是汉帝国行政系统的命脉。[3]

关于文本如何促进汉帝国运转，在《开通褒斜道》所记的事件里可见端倪。道路营建项目始于一份文书的遣送，即汉明帝的诏书，它很可能以木牍或竹简的形式送达太守鄐君手中。而另一则文本——隧道外刻文的制作则标志着项目的完成。前者下令动工，后者确认了该命令的执行。对于各郡官员来说，工作中最重要的文书是刺史的奏书，这类报告在每年年初按时送往洛阳。[4]66年的一份刺史奏书里，记录着太守鄐君在汉中的行政工作，必然包括修建栈道和隧道的工程，连同《开通

---

[1]《石门颂》和《石门铭》都提及隧道开凿于永平年间。对隧道建造时间的困惑大多源自郦道元的误判，他认为杨孟文监管了该工程。参阅《水经注校》卷27，第881页。郭荣章提出《开通褒斜道》可能刻于隧道完工前，即便如此，石刻所在的位置也表明隧道选址已经确定。《石门石刻大全》，第55页。
[2] 这个词取自Lewis, *Writing and Authority in Early China* 第八章的标题。十分感谢这部著作。
[3] 对汉帝国文书体系的简要介绍，参阅 Michael Loewe, "Wood and Bamboo Administrative Documents of the Han Period," in *New Sources of Early Chinese History: An Introduction to the Reading of Inscriptions and Manuscripts*, ed. Edward L. Shaughnessy, Berkeley: Society for the Study of Early China and Institute of East Asian Studies, 1997, 161-192。
[4] Bielenstein, *The Bureaucracy in Han Times*, 92.

褒斜道》记载的事项在内。并没有条文规定鄐君应当采用在地的形式公布这些信息，以总结执行明帝指令所需的资源和时间，但这一处石刻做到了今人或许会称之为"政务公开"的事情。它也明白无疑地表明了项目的责任人。

石刻的指称逻辑由其内容和位置决定，这与印章、款识以及早期中国官私作坊附加在物品上的生产记录有相似之处。雷德侯（Lothar Ledderose）指出，监制守护秦始皇（前247—前210年在位）陵墓的等身陶兵俑的工头，需要将他们的名字题写或印制在俑身上。这不是为了显示他们独有的创造才能，而是一种控制质量的方法：顺着物品留有的制作者的姓名，可以找到并惩罚手艺不精者。[1] 皇家青铜器和漆器上的题名也有同样的功能，它们记录了这些奢侈用具的生产日期及各个制作步骤中的负责人姓名。[2] 我们可以把《开通褒斜道》想象成一份生产记录，虽然它不是刻记于一件物品表面，而是位处一项巨大公共工程的现场，附着在大地表面最能明显标示项目圆满完工的地点。如此，在数不胜数的现存汉代行政、官僚和政府管理文书中，该题刻就占据了一席之地。如果道路工程实施不当，抑或浪费了时间或资金，太守鄐君和那些留名于题刻的属官就要对此负责。显然，没有任何事情可以隐瞒；而对工程之成功的公开宣示，恰恰体现了相反的一面——责任人足以堂堂正正、充满骄傲地面对他们监修的隧道和迂回的栈道等建筑。

《开通褒斜道》与书写在简帛上的公文，以及小件铜器、漆器或其他私人物品上的生产记录内容相似，其预设的读者却与上述材料迥然不同，这取决于它的材质、体量和布文方式。就像罗马纪念碑上的拉丁文题刻，或穆斯林世界的清真寺等

---

[1] Lothar Ledderose, *Ten Thousand Things: Module and Mass Production in Chinese Art*, A. W. Mellon Lectures in the Fine Arts, 1998, Bollingen Series 46, Princeton: Princeton University Press, 2000, 70（中文译本见 [德] 雷德侯著，张总等译：《万物：中国艺术中的模件化和规模化生产》，北京：生活·读书·新知三联书店，2012年）。陆威仪（Mark Edward Lewis）举了齐国都城出土的早期陶俑的例子，陶俑上刻有工匠名字、作坊位置和他们所属的行政单位。*Writing and Authority in Early China*, 26. 更多关于汉代作坊生产的研究，包括对众多漆器、青铜器记文的翻译，参阅 Anthony J. Barbieri-Low, *Artisans in Early Imperial China*, Seattle: University of Washington Press, 2007（中文译本见 [美] 李安敦著，林稚晖译：《秦汉工匠》，上海：上海三联书店，2023年）。
[2] Ledderose, *Ten Thousand Things*, 78-79.

建筑外部的阿拉伯文字一样，它们使读者置身于公共空间中，任何偶然经过这里的人都可以看到。[1] 石刻所处的位置确保它能与诸多个体读者在历史的不同时间点相遇，而且由于尺幅硕大，这些文字对于同时观看的人群而言也清晰易读。[2]

由史书的只言片语和有限的考古证据可以了解到早期中国，尤其是东汉之前的服务于公共阅读的书写方式。过去，仅有小部分人有途径接触到如今我们最为熟知的书作，不仅因为只有少数人受过教育，还缘于文本的写作格式以及它们起到的宗教和政治功能。中国已知最早的书作，或刻于甲骨，或铸于铜器。和写于易腐材料、现已无迹可寻的文本一样，这些铭刻只有庙堂之上的人才能读到，而宗庙和宫殿正是商周时期陈列和储存相关器物的场所。[3] 如柯马丁（Martin Kern）所言，在周王室的礼仪中，文本的展示和在场是神圣事件的必要元素，但只有出席者才能看到那些铸造或墨书的文字。[4] 历史、宗教和哲学文本，以及竹帛上的行政文书，在东周剧增。不过，限于它们的材质，这些文书仅供极少一部分学者、主礼者和官员阅

---

[1] 据比尔曼（Irene A. Bierman）的观点，与具有宗教意义的空间不同，公共空间是任何人或者说所有人都能在任何时刻经过的。*Writing Signs: The Fatimid Public Text*, Berkeley and Los Angeles: University of California Press, 1998, 4.

[2] 在印刷术发明以前，除了文字的公共展示外，各种文本相同而版本相异的批量手抄本也造就了大量的阅读者；文字可通过钤印或戳印的方式，附着于土陶、纸张或丝绸之上；亦或铸造在金属上，如中国早期钱币。关于以上中国早期书作类型的案例，参阅 Tsuen-hsuin Tsien, *Written on Bamboo and Silk: The Beginnings of Chinese Books and Inscriptions*, 2d ed. Chicago: University of Chicago Press, chap. 3（中文译本见钱存训：《书于竹帛：中国古代的文字记录》，上海：上海书店出版社，2006年）。

[3] 以英文写作的商代书作概述，有 David Keightley, *Sources of Shang History: The Oracle Bone Inscriptions of Bronze Age China*, Berkeley and Los Angeles: University of California Press, 1978. 贝格利（Robert W. Bagley）的观察非常重要：虽然我们关于商代书作的知识局限在甲骨和铜器铭文上，但是包括书吏习字在内的更加多样的书写形式，必然支撑了现存书作的生产。"Anyang Writing and the Origin of the Chinese Writing System," in *The First Writing: Script Invention as History and Process*, ed., Stephen D. Houston, Cambridge: Cambridge University Press, 2004, 217-222. 关于周代铜器铭文，见 Edward L. Shaughnessy, ed., *Sources of Western Zhou History: Inscribed Bronze Vessels*, Berkeley and Los Angeles: University of California Press, 1991 以及 Lothar von Falkenhausen, "Issues in Western Zhou Studies," *Early China* 18 (1993): 139-226。罗泰（Lothar von Falkenhausen）的文章论及青铜器铭文和易腐材质上的档案文书之间的关系。

[4] Martin Kern, "The Performance of Writing in Western Zhou China," in *The Poetics of Grammar and the Metaphysics of Sound and Sign*, eds., Sergio La Porta and David Shulman, Leiden: E. J. Brill, 2007, 109-175.

读。[1]写有盟誓的玉牌或其他石刻，也同样属于供少数读者阅读的文本类型，例如在山西侯马和河南温县发现的公元前5世纪初的盟书。在被埋入祭祀坑前，这类石制品曾展示给结盟众人，其内容会被大声读出；而埋藏之后，它们的读者就只有神灵了。[2]

在早期中国，人们曾千方百计地把文本呈现给尽可能多的人看。不晚于公元前2世纪编纂的《周礼》叙述了理想国度的章程，规定大宰等六卿在新年伊始时把写好的法令悬在宫殿门外的阙楼上，令万民观瞻。[3]使文本展示行之有效的条件是文化教育的广泛推行，而这一假设又正是《周礼》描绘的理想社会图景的要素之一。若法令的公示得以实现，其作用大概是树立一个好政府的代表形象，而非借助文本本身传达信息。将文字置于城门处供公众阅读的行为，与一个关于《吕氏春秋》的故事有着共通之处。这部简短的论著于公元前239年著成时，被公开展示在秦都咸阳的市门处，宣称"有能增损一字者予千金"，可见其文之完美。[4]在早期中国于宫阙、城门公示文本的这些例子里，没有明确指出书写所用的材料和格式。或许，写在木牍上的文书复件被悬挂于与视线齐平的位置，就像时下的公共阅览栏一样。以这种方式展出的文本能够被很多人读到：一个人看完离开后，另一个人便能上前浏览细小的墨书文字。不同于一次只能供一两人展阅的简牍或帛书，其他的汉代书写形式可以通过在公共空间的展示，向众人呈现清晰的大字，同时面

---

[1]关于近期发现的多种不同媒介上的东周文字，参阅马几道（Gilbert Mattos）、罗凤鸣（Susan R. Weld）以及夏尔柏（Donald Harper）的文章，载 Edward L. Shaughnessy, ed., *New Sources of Early Chinese History: An Introduction to the Reading of Inscriptions and Manuscripts*, Berkeley: Society for the Study of Early China and Institute of East Asian Studies, 1997。关于汉代文字形式的的祖先神位，参阅 Kenneth Edward Brashier, "Evoking the Ancestor: The Stele Hymn of the Eastern Han Dynasty (25-220 C.E.)," Ph.D. diss., Cambridge University, 1997, 23-24。笔者从白瑞旭（Kenneth Edward Brashier）的研究中受益良多，本章许多注释都表明这一点。戴梅可（Michael Nylan）教授热心地借给笔者该篇论文。
[2]《春秋左传正义》孔颖达（574—648年）疏："将歃，则戎右执其器，为众陈其载辞，使心皆开辟。"转引自 Susan R. Weld, "The Covenant Texts from Houma and Wenxian," in *New Scources of Early Chinese History*, 157.
[3] Lewis, *Writing and Authority in Early China*, 43. 另外，可参阅陆威仪对希腊公共场所的讨论。这些场所用于展示法律文件，供所有市民监察，标志着"国王或专制者控制权的废除"（同前书，第2页）。有关古罗马法律文本的仪式性陈列，见 Calle Williams, "Monuments on Bronze: Roman Legal Documents on Bronze Tablets," *Classical Antiquity* 6, no. 1 (Apr. 1987): 163-183。
[4]《史记》卷85，第2510页。感谢来国龙教授在这则史料上提供的帮助。

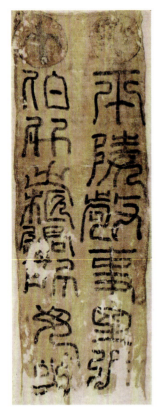

图1-6 张伯升柩铭，西汉（前206—8年），麻布墨书，120厘米×41厘米，甘肃武威市磨嘴子23号墓出土，甘肃省博物馆藏，采自启功主编：《中国美术全集·书法篆刻编 卷1 商周至秦汉书法》，北京：人民美术出版社，1987年，图版48

对更多读者。这些书写形式包括军旗等各种旗帜，以至于写有亡者名字、常置于棺旁或张挂在送葬队伍中的铭旌。[1] 在甘肃汉墓的发掘中，几幅有题记的铭旌重见天日（图1-6）。[2] 由于便于移动，它们能被许多人看见。固定于某处的文字也能获得公众读者，其中一种是带有建筑名称或吉语的瓦当。现存的汉代铭文瓦当数量庞大，但某些曾经最为庞大且引人注目的公共书写——悬在楼阁等建筑上的牌匾或题识，却未能留存。书法史上的一则有名的趣闻里就出现了这样的牌匾。尽管事情发生在汉朝覆灭后数十年，但是它可能反映了一种由来已久的做法，即在重要建筑上安设牌匾：当凌云台在魏明帝（226—239年在位）的命令下建成时，"误先钉榜而未题"。著名书法家韦诞（179—253年）被装在笼子里，用滑轮升到离地面54米的高处（"榜去地二十五丈"），在那里奉旨题字。[3] 如此折磨人的事情使得韦诞警告其子不要熟习书法，以免他们也因精于笔墨而蒙受公开羞辱。

在以上受到宗教和政治权力认可的早期公共书作之外，还应补充说明一些非官方的、有违常规的题

---

[1] 铭旌可能是墓志的前身，关于它们的讨论见 Brashier, "Evoking the Ancestor," 80-83。根据《周礼》，这类旌的另一种用法是将功臣的名字写在王的旗帜上。《周礼注疏》卷25，李学勤主编：《十三经注疏》，北京：北京大学出版社，1999年，第676—677页；转引于 Tsien, *Written on Bamboo and Silk*, 129。
[2] 有关铭旌的研究见李学勤：《谈"张掖都尉棨信"》，《文物》1978年第1期，第42—43页。
[3]（南朝宋）羊欣：《采古来能书人名》，《历代书法论文选》，上海：上海书画出版社，1996年，第45—46页。该故事的英文译文见 Lothar Ledderose, *Mi Fu and the Classical Tradition of Chinese Calligraphy*, Princeton: Princeton University Press, 1979, 31。

写,即当代学者所称的"涂鸦"(graffiti)。[1] 172年,一些洛阳的太学生被逮捕,因其在朱雀阙上书写文字,指责宦官逼死了窦太后。184年,黄巾叛军张角的追随者在墙上写下"甲子"二字。这个词语宣告了新一轮干支周期和黄巾之乱的开始,张角的追随者们期盼在他的领导下开辟新制度。[2]

前面列举的几个例子,时代都在石门的第一处石刻之后,仅能暂且勾勒出《开通褒斜道》原初读者所知的公共书作形式和塑造他们对石刻文字认知的事物。他们见过铭旌、瓦当、牌匾或墙上涂写的可能性,比直接了解石刻文字的可能性更大,因为石刻书写形式在1世纪相当罕见,尽管它在接下来的几百年间变得无处不在。事实上,在《开通褒斜道》刻成不久后来此的士人旅者有充分的理由对铺陈眼前的巨大文字感到惊奇。即使不识字的人也有可能感觉出这些文字不但奇特而且陌生,同时极其重要,意在长存永固。

在1世纪,像鄐君及其下属这样的知识分子,即我们假定的做出刻石决定的人们,即使没有见过任何石刻文字,也应当读到过相关资料。最早提及石刻书写的是战国晚期成书的《墨子》,书中的一段文字表明古代圣人以"书于竹帛,镂于金石,琢于盘盂"的形式将智慧传遗后世。[3]然而,柯马丁相信《墨子》和《礼记》《左

---

[1] 有关早期的墙上涂写见 Judith T. Zeitlin, "Disappearing Verses: Writing on Walls and Anxieties of Loss," in *Writing and Materiality in China: Essays in Honor of Patrick Hanan*, eds. Judith T. Zeitlin and Lydia H. Liu, with Ellen Widmer, Cambridge, MA: Harvard University Asia Center, 2003, 73-132. 本书第五章将再次谈到涂鸦的问题。

[2] 关于反抗宦官的涂写,见 Mark Laurent Asselin, "'A Significant Season'—Literature in a Time of Endings: Cai Yong and a Few Contemporaries," Ph.D. diss., University of Washington, 1997, 31;Rafe de Crespigny, "Political Protest in Imperial China: The Great Proscription of the Later Han," *Paper on Far Eastern History*, no. 1 (Mar. 1975): 31-33. 关于黄巾军的墙上涂写,见 Asselin, "'A Significant Season,'" 39;Howard S. Levy, "Yellow Turban Religion and Rebellion at the End of Han," *Journal of the American Oriental Society* 76, no. 4 (1956): 214. 在甘肃敦煌以西64千米的悬泉置遗址的一面墙上,也发现了文字,不过其并非涂写。墨书文字的内容是5世纪的皇帝"月令诏条",应是为了教育汉帝国边地的士兵而书于墙壁。参阅中国文物研究所、甘肃省文物考古研究所编:《敦煌悬泉月令诏条》,北京:中华书局,2001年。感谢来国龙教授在这则材料上提供的帮助。悬泉置发现的题写,似乎是用于向众人展示的。一件藏于英国国家图书馆的简牍上提及的书作类型可能与之相关。该简牍为公元前1世纪或1世纪遗物,显示出对驿站传达信息的指示:"扁书亭隧显处,令尽讽诵知之。"见 Michèle Pirazzoli-t'Serstevens, *The Han Civilization of China*, trans. Janet Seligman, Oxford: Phaidon, 1982, 125.

[3] (清)孙诒让撰,孙启治点校:《墨子间诂》卷4,北京:中华书局,1986年,第111页;英文译文见 Martin Kern, *The Stele Inscriptions of Ch'in Shih-huang: Text and Ritual in Early Chinese Imperial Representation*, American Oriental Aeries 85, New Haven: American Oriental Society, 2000, 50-51(中文译本见[美]柯马丁著,刘倩译:《秦始皇刻石:早期中国的文本与仪式》,上海:上海古籍出版社,2015年)。有关《墨子》及其他文献中石刻文字早期记载的详细分析,见 Brashier, "Evoking the Ancestor," 62-67.

传》一样,其中提及的"金石"指青铜器、编钟和石磬,而非石碑或自然岩石。而石刻的确出现在一个年代无考的传奇中,该故事与周穆王(前976—前922年在位)的神秘旅行有关,大约从东周早期开始流传。据说周穆王巡行西部边疆时,曾在两座山上刻下自己的功绩。[1] 穆王勒石纪功的故事令人想到《史记》里管仲所说的"古者封泰山禅梁父者七十二家",他们曾以石刻铭文的方式留下踪迹,可是山上并未发现相关遗存。[2] 司马迁对于秦始皇在泰山及中国东部其他山峰刻石的记录,应是关于古代石刻铭记最早的正史记载。秦始皇在公元前219—前210年间的巡游中所立的七件石刻无一完好保留,所幸司马迁录有铭文,且后世人记述了观看经历。目前尚存的只有几件翻刻作品和秦二世(前210—前207年在位)续作石刻的残片。[3]

石门石刻的书写者和阅读者,可能借由诸如上述神话传说、文学叙述或历史资料,乃至更有甚者,通过直面位于遥远东部的秦始皇刻石,对公共书作形式的先例有所了解。在汉中附近的秦岭另一侧,即以今天的陕西为中心的先秦秦国领地,或许也能见到带有铭文的石制品。这些石制品中,最为后世熟知的当属可以上溯到公元前5世纪的石鼓。[4] 这是十件刻有大篆文字的鼓状石头,铭文内容为歌颂秦公游猎之事的韵诗(图1-7)。另一个先秦秦国石刻的例子是《诅楚文》,年代可至公元前4世纪末。如今,我们只能经由拓片和金石著录认识其面貌。铭文被刻在至少三块独立的石头上,每块文本相同,但却是献给不同神灵、放在不同地点的。《诅

---

[1] Kern, *The Stele Inscriptions of Ch'in Shih-huang*, 54. 郦道元曾记录庐山的一则石刻,据传为上古圣王大禹所刻。至今无人宣称见过此石。见施蛰存:《水经注碑录》,第426—427页。欧阳修认为河北檀山的四个刻字是穆王之迹。见赵超:《中国古代石刻概论》,北京:文物出版社,1997年,第81—82页。
[2]《史记》卷28,第1363—1364页。(译者注:提及石刻制作的是《后汉书·志第七 祭祀上》刘昭注:"庄子曰:'易姓而王,封于泰山、禅于梁父者,七十有二代。其有形兆垠堮勒石,凡千八百余处。'"见《后汉书》卷17,第3162页。)
[3] 本书第四章以泰山为主题,将会再次讨论秦始皇对石刻文字的运用。
[4] [日] 中田勇次郎编:《書道全集》,东京:平凡社,1954—1961年,卷1《中國 殷、周、秦》,第131—134页。石鼓的年代目前仍有争议。以英文写作的重要研究有 Gilbert L. Mattos, *The Stone Drums of Ch'in*, Nettetal: Steyler Verlag-Wort und Werk, 1988. 该书所引文献均不早于7世纪,大致接近它们被发现的时间。这些石鼓现藏于故宫博物院。

图 1-7 石鼓，约公元前 5 世纪，高 85 厘米，故宫博物院藏，薛磊摄影

《楚文》比石鼓文表达出更加明显的政治意图，历数楚王罪孽并祈求神明襄助以击败秦国这一仇敌。[1]

若将目光从圣贤石刻的传奇和秦国刻铭的威严，转到汉代早期的石刻书写案例上来，我们会发现铭文数量的增加十分有限。11 世纪，古器物学和金石学的开拓者欧阳修称"欲求前汉时碑碣，卒不可得"[2]。其后的发现证明欧阳修之言有误，但西汉和新莽时期（9—23 年）的例子仍限于几件文字简短、直陈事实的石刻。不过，它们预示了后来摩崖石刻的书写逻辑，即直接指涉所在地与此地发生

---

[1] Kern, *The Stele Inscriptions of Ch'in Shih-huang*, 51-52. 还有一件西方学术界较少提及的先秦石刻发现于河北中山王𰯼（前 323—前 313 年在位）墓附近。它形似后世的石碑，却是未经雕琢的石头。这处篆书短文写到一个名叫公乘得的人，他掌管中山王𰯼的渔猎地。它的用途仍然是个谜。关于此石的简要介绍及其他被一些学者认为可能早至先秦的石刻，见赵超：《中国古代石刻概论》，第 77—83 页。又可参阅 Kern, *The Stele Inscriptions of Ch'in Shih-huang*, 44-50；Brashier, "Evoking the Ancestor," 60；Dorothy C. Wong, *Chinese Steles: Pre-Buddhist and Buddhist Use of This Symbolic Form*, Honolulu: University of Hawaii Press, 2004, 28（中文译本见王静芬著，王秋瑾译：《中国石碑：一种象征形式在佛教传入之前与之后的运用》，北京：商务印书馆，2011 年）。

[2] (宋) 欧阳修：《集古录跋尾》卷 1，《欧阳文忠公全集》，《四部备要》本，上海：中华书局，1936 年，第 20a 页。一个真实性无考的故事指控篡权者王莽下令毁掉了西汉石刻。见 Tsien, *Written on Bamboo and Silk*, 75。

之事。[1] 已知最早的汉代石刻之一位于河北永年，年代可至公元前158年，标识了群臣为赵王献酒祝寿的场所。[2] 鲁国灵光殿所出石刻发现于山东曲阜城外，刻有对应于公元前149年的纪年，表明它来自"鲁六年九月所造北陛"[3]。其他石刻还包括买地券和地界石。四川巴县（今重庆市巴南区）出土的公元前68年石刻的铭文，记录了名为杨瞳的人买下"直钱千百"的山地，还告诫子孙"永保其毋替"。[4] 山东邹县（今邹城）曾发现一件16年的长方形石刻，世称"莱子侯刻石"，也载有相似的文本，说明一座被称为"封"的礼仪性土台建造于该石所在地，同时警示后辈务必保护好它。[5]

西汉和新莽时期的石刻大小不一，有的仅稍作修整，刻出装饰性边框，此外如鲁灵光殿北陛刻石，则是建筑所用的长方形石块。麃孝禹刻石预示了后世最常见的独立石碑的形制，这是一块高度略超过1.5米的石灰岩板，圆首之上刻出房檐形的装饰与双鹤（图1-8）。两行文字中，包括"河平三年"（前26年）纪年、麃孝禹的名字以及居住地。这块早期石碑出土于山东平邑附近，可能是麃孝禹的神位或墓葬封土的标记。[6] 出自浙江余姚客星山的一块长方形石头，尺寸为90厘米×45厘米，是另一件预示后来石碑形制的早期石刻。其铭文被刻线分成五个版块（左

---

[1]《中国书法全集》卷8含石刻要目，虽未能详尽，但西汉至新莽时期与东汉时期石刻数量的对比——24件与379件，似能明确反映石刻在这一阶段激增的史实。见《中国书法全集》卷8，附录第19—43页。亦可参阅华人德《中国书法史·两汉卷》（南京：江苏教育出版社，1999年）第245—276页中的两汉石刻文字目录。《中国书法全集》和华人德的分类都是基于现存石刻或拓片的。在一个以著录文本为基础的统计表格中，很多项目与现存实物重合，伊佩霞（Patricia Ebery）统计出314种东汉石刻。"Later Han Stone Inscriptions," *Harvard Journal of Asiatic Studies* 40, no. 2 (Dec. 1980): 325-353. 有参考价值的汉代石刻图表，还可参阅Miranda Brown, "Men in Mourning: Ritual, Human Nature, and Politics in Warring States and Han China, 453 B.C.-A.D. 220," Ph.D. diss., University of California, Berkeley, 2002, 266-299。
[2]《中国书法全集》卷7，图版5；卷8，第461页。另有一方在1191年修缮曲阜孔庙时出土的石刻，出自同一座宫殿，铭文表明该建筑落成于公元前56年（《書道全集》卷2《中國 漢》，图版58）。另外，曲阜城外有两方7年的石刻，自宋代以来便为世人所知，标记着建于孔子家族墓前的祭坛所在（《中国书法全集》卷7，图版13；卷8，第464页）。霍去病（前140—前117年）墓的石雕上也有铭文，参阅赵超：《中国古代石刻概论》，第84页。
[3]《書道全集》卷2，图版57，第177页。
[4]《中国书法全集》卷7，图版8；卷8，第462页。
[5] 同上书，卷7，图版14；卷8，第464页。有学者认为这件石刻标记着一座墓的位置，另一些学者则提出，它是莱子侯家族购地的纪念性石刻。见《書道全集》卷2，第178页。
[6]《中国书法全集》卷7，图版12；卷8，第463页。

边一个和右边上下排列的四个），记载了名"通"之人的子孙后辈的名字。此人卒于52年，享有"三老"的名誉头衔，汉代政府以此称号授予超过五十岁且在当地担当道德模范的人。[1]

比独立石刻更为稀少的，是西汉和东汉早期刻于巨石或崖壁上的摩崖文字。1994年，内蒙古阿拉善盟发现的一处石刻纪念着汉武帝（前141—前87年在位）时期的一场胜仗，近200个残泐严重的文字共占2.25平方米。[2] 1987年，江苏连云港一座岛屿的海岸边发现了标记东海郡和琅琊郡的分界的摩崖。一些学者将其断代为西汉早期，但其字体已是成熟的隶书，年代似应更晚，或近于1世纪早期。[3]另一处89年的摩崖石刻位于内蒙古燕然山上，人们在那里筑起土台以庆贺大破匈奴，该纪功石刻由史学家

图1-8　麃孝禹刻石，公元前26年，162厘米×44厘米，原位于山东平邑县，现藏于山东博物馆，陈立伟供图

---

[1]《中国书法全集》卷7，图版23；卷8，第467页。毕汉思（Hans Bielenstein）注意到，"三老"的家门上会悬挂牌匾，以资辨识，见 The Bureaucracy in Han Times, 104.（译者注：据该书所引《后汉书·志第二十四　百官志》原文"三老掌教化，凡有孝子顺孙，贞女义妇，让财救患，及学士为民法式者，皆扁表其门，以兴善行"，可知家门上有匾的并不是"三老"。）

[2] 王大方：《阿拉善盟发现汉武帝时期石刻铭文》，《中国文物报》1994年9月18日，第18页。华人德反对将此石刻断为武帝时期，因为文中出现"汉武帝"一词，因此不可能写于其统治时期。见《中国书法史·两汉卷》，第175页，注释10。狼居胥山上所筑封土，也是武帝时纪念公元前119年胜仗的刻石之地。见（汉）班固《汉书》卷6，北京：中华书局，1962年，第178页；转引于Brashier, "Evoking the Ancestor," 66。

[3]《中国书法全集》卷7，图版18；卷8，第466页。亦可参阅赵超：《中国古代石刻概论》，第192页；周锦屏：《连岛西汉界域刻石及其书法价值》，《书法丛刊》1997年第4期，第45—47页。

班固（32—92年）撰文。[1]

西汉至新莽时期，早于《开通褒斜道》的石刻大多数集中在中国东部，尤其是今山东省境内。在随后的东汉时期，这里比中国其他任何地方都产生了更多石刻书作。其中有一件56年的石碑，用于纪念光武帝（25—57年在位）的泰山之行以及在此举行的封禅典礼（本书第四章有所讨论）。然而，以石刻纪念路桥工程的行为却首次出现在四川。在《开通褒斜道》之前的所有石刻铭文中，有三件四川的作品在形式和内容上与之最为接近。第一件作品早得出人意料，刻于公元前2年，发现于靠近成都的郫县。虽然原石佚失，但是12世纪时洪适曾以《建平郫县碑》为题录下其文：

> 建平五年六月，郫五官掾范功平、史石、工毅、徒要本，长廿五丈，贾二万五千。[2]

据洪适所言，范功平监修的工程开展于名叫蚕崖的地方，位于今荥经县。石工在那里的崖面上敲凿，并不是为了营建隧道（此处未发现任何隧道遗迹），而是

---

[1]《后汉书》卷23，第817页。又见Brashier, "Evoking the Ancestor," 66.（译者注：2017年，中蒙合作考古项目确认了位于今蒙古国杭爱苏木境内的一处石刻为班固《封燕然山铭》。）

[2]《隶续》卷3，第1a—2a页。同许多汉代石刻一样，该铭文的年号是过时的。公元前6—前3年为哀帝建平年间，官方纪年中并无"建平五年六月"。正确纪年应为"元寿元年"（前2年）。洪适猜测，铭文刻凿时，变更年号的命令仍未传至蜀郡。《隶续》卷3，第1b页。毕汉思讨论了此类年代差异，见"Later Han Inscriptions and Dynastic Biographies: A Historiographical Comparison",《"中央研究院"国际汉学会议论文集·历史考古组》，台北："中研院"，1981年，第577页。这件石刻的铭文线描图见高文、高成刚编：《四川历代碑刻》，成都：四川大学出版社，1990年，第5页。刘怡玮（Cary Y. Liu）和戴梅可都注意到洪适《隶释》《隶续》在传播过程中产生的问题，并提醒读者对这两部作品和其他金石学著作所录文本的可靠性需加以质疑。他们还提出一种推测，即某些刻有汉代纪年的石刻是晚于汉代的作品。参阅Cary Y. Liu, Michael Nylan, and Anthony J. Barbieri-Low, *Recarving China's Past: Art, Archaeology, and Architecture of the "Wu Family Shrines,"* Princeton: Princeton University Art Museum; New Haven: Yale University Press, 2005. 尤其需注意的是戴文"Addicted to Antiquity," *Recarving China's Past*, 513-559. 接受上述建议的同时，笔者注意到，如果与现存摩崖石刻比对的话，洪适录文总体上颇为准确。当然，可能会有诸如此类的观点：今天我们所见的石刻是根据洪适的文本重刻的。对于这种由循环论证引发的问题，笔者尚未得出令人满意的答案。

为了在石质路基上开辟一小段路面。[1] 五十多年后，同样在蜀郡这个地方，人们制作了类似的石刻来纪念两次道路建设。第一个工程实施于57年，铭文为洪适及后来的金石学家所录。这件长久以来被认为已经不存的石刻（图1-9），2004年重新现身于荥经县[2]：

图1-9 《蜀郡太守何君阁道碑》，57年，拓本，原刻位于四川荥经县

> 蜀郡太守平陵何君遣掾临邛舒鲔将徒治道，造尊楗阁。袤五十五丈，用功千一百九十八日，建武中元二年六月就道。史任云、陈春主。[3]

舒鲔，这位受命监修道路的下属，一定出色地完成了任务。根据58年的石刻可知，一年后太守何君指派了同一人去监管另一项工程：

> 汉永平元年四月朔初六日，蜀郡太守平陵何君遣掾临邛舒鲔到此营

---

[1] 河南三门峡市存在这种开凿于黄河两岸崖壁上的道路，相关图片见中国科学院考古研究所编：《三门峡漕运遗迹（黄河水库考古报告之一）》，北京：科学出版社，1959年，图版15、17。
[2] 关于该石刻的重新发现，见郭荣章：《尊楗阁摩崖题记重见于时的点滴感悟》，《书法报》2004年10月11日。又可参阅李炳中：《新发现何君尊楗阁刻石及考释》，《中国书法》2005年第1期，第43—44页。
[3] 洪适以《蜀郡太守何君阁道碑》为题录下该铭文，见《隶释》卷4，第1a—2a页。中国国家图书馆藏有此碑的一件拓片，基于1887年重新摹刻的版本制作。参阅《北京图书馆藏中国历代石刻拓本汇编》第1册，郑州：中州古籍出版社，1989年，第23页。这件石刻的铭文线描图见高文、高成刚编：《四川历代碑刻》，第4页。

功，徒万八千四百人。毕其事，因记。[1]

　　虽然我们无从得知太守鄐君或第一处石门石刻的其他负责人是否注意到这些邻近的蜀郡石刻，但是可以确定三篇更早的文本与《开通褒斜道》同属一个官僚文书语言的系统，它们记载着性质几乎完全相同的事项，如列出因石刻而留名的工程责任官员的名字、雇佣的劳动力数量，以及项目所花费的时间和开销等。[2]记录修路的三处四川石刻与《开通褒斜道》相像的地方还有文中直接指涉的现场位置。类似圣保罗大教堂的克里斯托弗·雷恩（Christopher Wren）爵士墓志铭——"来宾，如果你在寻找他的纪念碑，请看周围"，中国的铭文含蓄地引领读者"看周围"那些可触及的丰功伟绩的痕迹。[3]在《开通褒斜道》的例子中，读者的目光从文本移开并扫视右侧，就能发觉石门隧道的南入口，而在左侧，远去的栈道消失于崖壁附近——这正是鄐君监修的劳动成果。

　　石门石刻的意义源自它的位置、媒材和表达的内容，但如同所有书法作品那样，它通过具体的视觉形式，即能够传达自身信息的字体和书风向观众进行讲述。刻出《开通褒斜道》的岩石表面十分粗糙，以至于铭文的某些地方难以分辨雕刻痕迹和天然石纹，而拓片又保留了这样的混淆性（图1-10）。正是这种自然印记带来的书写效果，促使清代金石学家杨守敬（1839—1915年）做出"天然古秀，若石

---

[1]《北京图书馆藏中国历代石刻拓本汇编》第1册，第24页。拓本模糊难辨，因此笔者参考了铭文的墨书摹本。包括自题汉代的石刻在内的纪年石刻的断代问题，见本书第42页，注释［2］。
[2] 这些石刻和汉代其他记录修路者名字的石刻，与罗马刻铭形成强烈对比。在后者文本中，道路建设最终归功于皇帝。见Keppie, *Understanding Roman Inscriptions*, 66-68。
[3] 标记工程地点的铭文发挥作用的方式，类似于语言学和符号学理论中具有指示性的转换语。例如英语中的"this""that""here"和"there"等词就是转换语，其意义取决于它们在使用时的上下文语境。为了易于理解，在此举例说明"这是我的哥哥"这一陈述句，说话者附近需要站立一位男性，或存在来自语境提供的其他指示，才能表明说话者希望确认身份的对象。借助罗曼·雅各布森（Roman Jakobson）提出的概念——"强制参照物"（compulsory reference），边界标识或墓地石刻通过空间中的位置获得其意义：它表示"这里是分界线"或"这里是墓地"，即使这些话可能未被直接陈述。纪念战争胜利、祝酒仪式场所，或是道路建设工程的纪念碑以同样的方式实现功能。转换语概念的经典解释，见Roman Jakobson, "Shifters, Verbal Categories, and the Russian Verb," in *Selected Writings*, The Hague: Mouton, 1962-1988, 2: 131-147。

纹然"的评论。[1]

汉代的书写是如何呈现在人们面前的呢？不同于可以纯粹通过图像打动、警醒或娱乐观者的再现性艺术，书法在视觉现象的世界里没有指称对象。尽管某些中国文字原本就包含象形元素，能够使人联想到所指事物的形象，但是文字的再现属性从来都不甚清晰，并且随着书体的发展而逐渐消失。[2] 结果就是，无论媒介为何物，一件书法作品被人们感知的时候，都只能与其他书作而非真实世界中的物体相联系。所有1世纪中国读者有途径接触的书作形式中，数量最丰富的是木牍或竹简。[3] 它们比丝帛廉价，人们将其切割成标准长度之后，从上至下书写文字，制作多片简牍组成的文本时，则需用绳索把它们固定在一起。大量年代接近《开通褒斜道》刻写时间的简牍，使我们重建起早期石刻读者最有可能熟悉的书写形式，即以草书或隶书书写。在这两种书体中，隶书是行政文书最为常见的选择，它诞生于汉代官僚系统，目前已发现诸多以这种字体写成的简牍

图1-10 《开通褒斜道》，拓本局部，采自陕西汉中市褒斜石门研究会、汉中市博物馆编：《石门汉魏十三品》，西安：陕西人民美术出版社，1988年

---

[1]《中国书法全集》卷8，第468页。
[2] 参阅 William G. Boltz, *The Origin and Early Development of the Chinese Writing System*, American Oriental Series 78, New Haven: American Oriental Society, 1994, 32-33。
[3] 关于木牍和竹简的介绍，见 Michael Loewe, "Wood and Bamboo Administrative Documents of the Han Period"。更深入的研究见 Loewe, *Records of Han Administration*, New York: Routledge-Curzon, 2002。

（图1-11）。

在传统的书法史里，隶书是一个名叫程邈（约活跃于前221—前206年）的人发明的，据说他在得罪秦始皇后入狱，在狱中设计出该书体。[1] 考古发掘表明，隶书在秦始皇时代之前就作为篆书的简化形式开始发展，而秦代和汉代早期的行政工作的需要促进了这种新书体的传播。[2] 顾名思义，"隶书"是官僚的工具。据许慎（约58—约147年）言，"官狱职务繁，初有隶书，以趣约易，而古文由此绝矣"[3]。隶书的书写速度更快，因为它取代了篆书曲折圆转的复杂形态，代之以横竖笔画占主体的直线结构。隶书使书写加快的同时，也通过探索毛笔提按造成的粗细变化效果，带来了新的视觉多样性，并突出体现于捺画向右下方运笔时形成的波磔。[4]

对于熟知此种书体并由此形成书写经验的1世纪读者来说，《开通褒斜道》是一份十分

图1-11　居延遗址墨书简牍，公元前56年（左），28年（右），甘肃金塔县出土，采自启功主编：《中国美术全集·书法篆刻编 卷1 商周至秦汉书法》，图版54（6-3）

---

[1] 关于隶书发展过程的介绍，见 Adriana G. Proser, "Moral Characters: Calligraphy and Bureaucracy in Han China," Ph.D. diss., Columbia University, 1995。戴梅可曾从文化史和社会史角度讨论隶书的兴起，见 Michael Nylan, "Calligraphy, the Sacred Text, and the Test of Culture," in *Character and Context in Chinese Calligraphy*, ed. Cary Y. Liu et al., Princeton: The Art Museum, Princeton University, 1999, 17-77。
[2] 刘永：《汉隶的发生和发展》，中国书法家协会山东分会编：《汉碑研究》，济南：齐鲁书社，1990年，第65—66页。
[3]（汉）许慎：《说文解字序》，《历代书法论文选续编》，第7页；转引于 Zeng Youhe, *A Historie of Chinese Calligraphy*, Hong Kong: Hong Kong University Press, 117。
[4] 隶书中夸张的捺画早在西汉时期就已出现，中山怀王刘修（卒于前55年）墓所出竹简上的文字可作为证据。见华人德：《中国书法史·两汉卷》，第50页。

清晰易读的文本;而对于参与"书作帝国"运转的读者、鄐君及名列刻文之下属的同僚而言,铭文通过它的书体和内容,与熟悉的官僚行政文书系统产生了联系。但这仍然异于日常书写。题刻的面积达4平方米,这样的尺寸令它与众不同,且赋予其文本特殊地位,就像石刻这种新媒介带来的效果一样。《开通褒斜道》的书写者不再拘泥于简牍的狭窄宽度与一卷丝帛的有限高度,可以在崖面上自由地排文布字。石头表面粗糙,无法轻易反映简牍书写的提按变化和笔迹方向,书写者为了让文字适应岩石,精减笔画,统一粗细。此种做法在四川荥经发现的57年的石刻中也能见到。最后达成的是近于观看篆书的视觉效果:笔力均匀,中锋运毫,不事修饰(图1–12)。书法家面临的另一个挑战是,如何将硕大的文字合成和谐、连贯的视觉作品。一种方法是把文字纳入规整的界格中,常见于不久之后兴起的石碑。但他没有采用整齐的格子,而是循着石头的不规则态势,允许纵向排列的字有长短广狭,打破了各列自上而下的"脊"的感觉。因此,这处书作既有严肃的纪念意义,

图1–12 《开通褒斜道》(左)、张伯升柩铭(右)字迹比较

又展现了随意性——它融合了两种貌似矛盾的视觉效果,而这即将成为中国后世难以计数的山水石刻的特征。

杨孟文的美德和石刻公共书作的扩散

鄐君治下的数千工匠营修栈道、开通石门,但只给行旅者带来了短暂的便利。工程结束五十余年后,这条穿越秦岭的路线就无法通行了。石门隧道内部的第一处石刻铭文即讲述了道路如何被毁,而后又重新开通的坎坷历程,这处石刻作于148年,位于距南入口5米的隧道西壁(图1-13)。铭文题为《故司隶校尉犍为杨君颂》,其简称《石门颂》广为人知,文曰[1]:

图1-13 《故司隶校尉犍为杨君颂》(《石门颂》),148年,2.61米×2.05米,题额54厘米×35厘米,原位于陕西汉中市石门,现藏于汉中市博物馆,郭荣章供图

---

[1] 本书采用《石门摩崖刻石研究》的录文与注释,见郭荣章:《石门摩崖刻石研究》,第40—41页。英文译文总体上基于该书及高文《汉碑集释》中的注释,见《汉碑集释》,第88—104页。对不循常理或难以通过传统方式解读之处的翻译,本书参酌了郭荣章、高文二人的释意。感谢柯马丁先生为润色译本提出众多精彩建议,此外,戴梅可也给予笔者有价值的参考意见。

惟坤灵定位[1]，川泽股躬，泽有所注，川有所通。斜谷之川，其泽南隆。八方所达，益域为充[2]。高祖受命，兴于汉中。道由子午，出散入秦，建定帝位，以汉诋焉[3]。后以子午，途路涩难，更随围谷，复通堂光[4]。凡此四道，垓隔尤艰。至于永平，其有四年，诏书开斜，凿通石门。中遭元二，西夷虐残。桥梁断绝[5]，子午复循。上则悬峻，屈曲流颠。下则入冥，倾泻输渊。平阿淖泥，常荫鲜晏。木石相距，利磨确磐。临危枪砀，履尾心寒。空舆轻骑，滞碍弗前。恶虫弊狩，蛇蛭毒蟆。未秋截霜，稼苗夭残。终年不登，匮喂之患。卑者楚恶，尊者弗安。愁苦之难，焉可具言？[6]于是明知故司隶校尉犍为武阳杨君厥字孟文[7]，深执忠伉，数上奏请。有司议驳，君遂执争。百僚咸从，帝用是听。废子由斯，得其度经。功饬尔要，敞而晏平。清凉调和，蒸蒸艾宁。至建和二年仲冬上旬，汉中太守犍为武阳王升字稚纪，涉历山道，推序本原，嘉君明知，美其仁贤，勒石颂德，以明厥勋。其辞曰：君德明明，炳焕弥光。刺过拾遗，

---

[1] 铭文所用的是"坤"字的另一种写法。关于铭文文字不同写法的简介，参阅郭荣章：《石门摩崖刻石研究》，第41—42页。
[2] "益域"通常指益州，是位于今四川省的行政区域。这里的益州大体指的是蜀地，即以四川为中心的古国所在地。
[3] 这一段暗指高祖刘邦（前202—前195年在位）开创汉朝之事。在称帝前，刘邦曾被封为"汉王"，此处"汉"指汉水流经的河谷地区，位于今陕西与四川。其封国都城在南郑，即汉中郡郡治。见 Sage, *Ancient Sichuan and the Unification of China*, 162-163。子午道是连接四川和秦岭以北的中原的一条古道。散关在今陕西宝鸡西南。
[4] "围谷"指的是一条向北注入渭水的河流；一条沿此河而建的道路与傥骆道相连，可达汉中。"堂光"的位置不明，不过，郭荣章曾提出，这个地名指向汉水某支流的源头一带。见《石门石刻大全》，第43—44、56页；亦可参阅 Joseph Needham, et al., *Science and Civilization in China*, Vol.4, *Physics and Physical Technology*, Part 3: *Civil Engineering and Nautics*, 22。
[5] 《后汉书》对107年和108年的夷人入侵有许多记载。在涉及褒斜道地区的侵袭中，最具破坏性的由先零羌发起，他们可能就是《石门颂》提及的"西夷"。见《后汉书》卷5，第206—211、221—222页。这场暴乱直至十余年后才平息。
[6] 在对《石门颂》的研究中，汉元认为描述四川栈道之险的语句是前揭李白著名诗作的先声，虽然并没有证据表明李白知晓这则汉代铭文。参阅汉元：《汉〈石门颂〉在文学史文献学上的价值》，《成都大学学报（社会科学版）》1989年第1期，第170页。
[7] 犍为郡坐落于四川中部，将在后来的石门石刻历史中变得至为关键。见本书图1-3。武阳乃其郡治，位于今彭山东部。在多种文献中，出于对字义的错误理解，杨孟文的名字被误读为"阙"，而此字实乃助词。参阅郭荣章：《石门摩崖刻石研究》，第38页。

厉清八荒。奉魁承朳[1]，绥亿衙强。春宣圣恩，秋贬若霜。无偏荡荡[2]，贞雅以方。宁静烝庶，政与乾通。辅主匡君，循礼有常。咸晓地理，知世纪纲。言必忠义，匪石厥章。恢弘大节，谠而益明。揆往卓今，谋合朝情。醳艰即安，有勋有荣。禹凿龙门，君其继踪[3]。上顺斗极，下答坤皇。自南自北，四海攸通。君子安乐，庶士悦雍。商人咸僖，农夫永同。春秋纪异[4]，今而纪功。垂流亿载，世世叹诵。序曰[5]：明哉仁知，豫识难易。原度天道，安危所归。勤勤竭诚，荣名休丽。五官掾南郑赵邵字季南，属褒中晁汉强字产伯，书佐西城王戒字文宝主。王府君悯谷道危难，分置六部道桥，特遣行丞事西城韩朗字显公，都督掾南郑魏整字伯玉，后遣赵诵字公梁，案察中曹卓行，造作石积，万世之基，或解高阁[6]，下就平易，行者欣然焉。伯玉即日徙署行丞事，守安阳长。[7]

铭文叙述了四个事件：石门隧道的开通及《开通褒斜道》所记永平年间开展的褒斜道工程；107—108年间羌人对道路的破坏；125年，汉顺帝（125—144年在位）应杨涣之请下诏重修道路，铭文中的"孟文"即杨涣的字；148年，汉中太守王升下令刻制铭文。借助被铭文以自我指涉的方式提及的铭石行为，逝去的事件得以排序并获得意义；同时，名列文中的人们通过跨越世代与阶层的共同纽带联结了起来，

---

[1] 孔子将圣明的君主比作北极星，"居其所而众星共之"。见 James Legge, trans., *The Chinese Classics*, 3d ed., Hong Kong: Hong Kong University Press, 1960, 1: 145. 在此，北斗的典故暗示杨孟文的行为与皇帝的期望一致。
[2] 这一句典出《尚书》："无偏无党，王道荡荡。"参阅 Legge, trans., *The Chinese Classics*, 3: 331。
[3] 据传，圣王大禹开凿了陕西韩城附近的龙门。这段话道出杨孟文和禹之间以及二者开展的工程之间的相似性，容易使人误解为杨孟文在开通褒斜道和开凿隧道一事中扮演了重要角色。实际上，在杨孟文向皇帝上奏的几十年前，隧道就已贯通。见郭荣章：《石门摩崖刻石研究》，第35—37页。
[4] 高文认为"春秋"一词指代孔子所著《春秋》，虽然该词在此可能仅指史书。《汉碑集释》，第102—103页，注释57。
[5] 颂文中的"序"在英文里常被译作"序言"（preface），但高文指出，它并非用来指代开篇部分，而是指代结尾部分，类似《楚辞》中的"乱"。《汉碑集释》，第105—106页。据此说，（原著）英译本末尾采用"结语"（coda）而非"序言"一词，以免误会。
[6] 这里描述的工作可能是把栈道的木质梁架改成石构道路。参阅《石门石刻大全》，第57页。
[7] 汉中郡包括12个县，其中南郑是郡治。褒中和西城分别是晁汉强和王戒、韩朗的故乡，他们都是铭文提及的属官。而魏整被指派前往的安阳则是汉中郡的另外一个县。

铭于贞石，传之后世。[1]

随文本广泛流传的标题《石门颂》，其实具有误导性：铭文本意非在纪念营建工程，而是杨孟文的个人经历。杨孟文原籍犍为郡（位于今成都附近），职掌颇具威权的司隶校尉部，负责监察、劾奏含旧都长安一带在内的地区的官员。[2]功业显著的杨氏名字未见于《后汉书》，我们仅能通过一部四川早期史志《华阳国志》的记载和石门石刻来了解他。[3]虽然《石门颂》将重修褒斜道的行动归因于他固有的智慧与美德，但是存在充分的其他实际因素，使这位犍为郡人对疏通四川盆地和长安之间的要道情有独钟。重开褒斜道不仅能促进旧都与犍为郡所在的益州地区的商贸沟通，该提案的实现还能为杨孟文个人和家族的名誉增光添彩。

铭文没有明确指出某位特定的作者，同时如我们所见，文中可以读出多种声音。独有一人绝好地理解了杨孟文行为的特殊意义，他就是下令在隧道内刻《石门颂》的人——同为犍为郡人的王升，时任汉中太守，负责监督褒斜道的修缮工程。[4]虽然王升颁布了制作石刻的命令，而且是杨孟文最主要的颂扬者（至少铭文有此暗示），但是在石门隧道中书写和刻制铭文的任务却落到他的属官身上，这些人都来自汉中郡本地各县。他们的声音出现在铭文末尾——以对郡太守的尊称"府君"来称呼王升，并且记录下王升作为行政长官和道路建设者的功绩。这班人马虽官位较低，却也以不逊于杨孟文和王升的方式，被"写"入石门的历史中。

与《开通褒斜道》相比，《石门颂》对读者的文化水准要求更高。铭文所属的文学体裁已在题额中标明——颂，在英文中可被译作"eulogy""ode"或"hymn"。[5]在中国早期的数个世纪里，先后有多种不同的文章形式被称作"颂"。

---

[1] 笔者对礼仪性文本的自我指涉特征的理解受益于柯马丁的研究，参阅 Kern, *The Stele Inscriptions of Ch'in Shih-huang*, 140-147；"*Shi jing* Songs as Performance Texts: A Case Study of 'Chu Ci' (Thorny Caltrop)," *Early China* 25 (2000): 49-111；"The Performance of Writing in Western Zhou China"。
[2] Hans Bielenstein, *The Bureaucracy in Han Times*, 85.
[3]（晋）常璩撰，刘琳校注：《华阳国志校注》，成都：巴蜀书社，1984年，第472页。
[4] 除了石门石刻外，没有任何历史文献提及王升或其下属官员。
[5] 对《石门颂》文学性的分析，见汉元：《汉〈石门颂〉在文学文献学上的价值》，《成都大学学报（社会科学版）》1989年第1期。

《诗经》中的"颂"诗是中国最古老的文学形式之一,系为祭礼中伴有乐舞的表演而作。这些作品不可忽视的口语和表演性质,在周代青铜器铭文中就已存在,它们预示了赞颂秦始皇功绩的韵文石刻。在东汉文学语境里,"颂"一词涵盖的内容更广,包括叙述历史事件和人物生平的诗歌、散文或如《石门颂》般合二为一的作品。《毛诗序》曰:"颂者,美盛德之形容,以其成功告于神明者也。"[1] 几个世纪后,刘勰(约465—约532年)在《文心雕龙》中回应了这一定义,他写道:"颂者,容也,所以美盛德而述形容也。……颂主告神,义必纯美。"[2] 尽管《石门颂》预设的读者或许包括无形的神灵,但是其内容和位置并未显示出此铭文具有明确的仪式或宗教功能。

不是所有的"颂"都被刻在石头上,但这种写作类别与独立石碑的联系变得越来越密切,这反映于相关碑刻铭文中的"立碑颂"等语。[3]《石门颂》中的"颂"也用作动词:在全文的核心部分即对杨孟文的赞颂之辞开始前,铭文提到王升"勒石颂德,以明厥勋"。

当"颂"被刻到标记墓葬的石碑上时,它保存了逝者的身份且彰显其成就。而称为"颂德碑"的石刻有着同样的文学形式,被立于宗庙、官府或其他和被表彰者以各种方式关联的场所。《石门颂》就属于此类纪念物。虽然杨孟文可能在石刻制作时已经去世,但是铭文没有刻在他的墓前,而是刻在褒斜道的某处,缘于正是杨孟文的奏议促使皇帝下令修缮和重开这条道路。

《石门颂》除了起到纪念和赞颂的作用,还可以纳入一个数量渐增的石刻系统里观察:这些石刻集中于益州地区,均刻于东汉时期,用于表彰营建或修治路桥的

---

[1]《毛诗正义》卷1,《十三经注疏》,第18页。参阅 James R. Hightower, "The *Wen Hsüan* and Genre Theory," *Harvard Journal of Asiatic Studies* 20, nos. 3/4 (Dec. 1957): 521n47。关于颂与诵的关系,以及颂的音韵特点,参阅 Kern, *The Stele Inscriptions of Ch'in Shih-huang*, 143。

[2](南朝梁)刘勰著,周振甫注:《文心雕龙注释》,北京:人民文学出版社,1981年,第95页;英文译见 Vincent Yu-chung Shih, trans., *The Literary Mind and the Carving of Dragons: A Study of Thought and Pattern in Chinese Literature*, New York: Columbia University Press, 1959, 50(有所修改)。

[3] 白瑞旭的文章对此有所提及,Brashier, "Evoking the Ancestor," 90。亦可参阅《后汉书》卷52,第1731页。

人。它们的前身是上一节述及的蜀郡短篇铭文，当然还有刻在石门外的《开通褒斜道》。不过，后来的石刻不再仅是简单记录营造工程的完成，而是发展为赞颂工程责任人的美德的长段散文或押韵诗篇。96年，南安长王君的几位下属出资制作石刻，纪念一年前王君所监修道路的告成。像《开通褒斜道》和《石门颂》一样，这也是一处摩崖题记，同样刻在嵌入崖壁的路旁。铭文记载了工程涉及的范围，并与早期青铜器刻铭的常见段落呼应，陈述了刻制者的意图："恩及子孙，去危就安，万世无患，永永无穷。"[1] 另一处刻于112年的摩崖石刻，纪念了蜀郡青衣县尉赵孟麟主持的修路工程。[2] 第三处石刻超过 320 个字，作于 129 年，标记了汉安长陈君监修栈道的所在。序的末尾表明出资者赞助该题刻的目的："故勒此石，以示后贤。"[3] 其后接续的四言韵文，洪适称之为"颂"。所有这些石刻，没有一件提到被颂扬的官员就是监造石刻的负责人。为了在铭文中含蓄地表达纪念行为的庄重，需由他人牵头开展刻铭制作。或许这一切都经过了仍然在世的被称颂者的默许，并且伴随着礼貌性的拒绝："勒石？为我而作？不，你们不必这么做……"

犍为郡是杨孟文和王升的故乡，南安和汉安都在其境内。两地和邻近蜀郡的系列石刻指向一种区域性石刻传统的存在。它聚集于路桥工程，而东汉时期中国的其他地区很少出现类似的作品。[4] 此外，《石门颂》还属于一个更为广泛的现象，

---

[1]《南安长王君平乡道碑》，《隶续》卷 11，第 8a—9a 页。

[2]《青衣尉赵孟麟羊窦道碑》，《隶释》卷 4，第 2b—3b 页。董慕达（Miranda Brown）的研究表明，铭文提及的赞助这件纪念性石刻的王留不可能是赵孟麟的下属。与董慕达仔细探讨的其他案例一样，该案例必将更新学界对汉代石刻中被纪念者与制作者之间关系的认识。感谢董慕达教授赠予笔者尚未付梓的书籍初稿 *The Politics of Mourning in Early China*（实际出版信息为 Albany: State University of New York Press, 2008）。

[3]《汉安长陈君阁道碑》，《隶续》卷 15，第 4b—6a 页。石碑出资者或即铭文作者，是一名"道桥掾"，他所在的道桥曹是某些郡县治下的行政部门。参阅 Hans Bielenstein, *The Bureaucracy in Han Times,* 97, 102; Charles O. Hucker, *A Dictionary of Official Titles in Imperial China*, Stanford: Stanford University Press, 1985, 489。

[4] 不过，当时中国其他地方仍存在类似的纪念公共工程的石刻。1925 年洛阳发现的一块石刻记载了 98 年张仲有对水道（译者注：实际包括陆路）的治理。遗憾的是，仅有一半铭文留存，因此无法对其内容展开更多讨论。见《中国书法全集》卷 7，图版 36；卷 8，第 472 页。一块载有 138 年河渠修造事件的石碑立于河南荥口附近名叫石门的地方（勿与陕西石门隧道混淆）。见施蛰存：《水经注碑录》，第 47 至—48 页。此石门位处建于 62—70 年间的一个运河口。郦道元曾将发现于此地的 171 年的墓葬所用黄肠石误认作与修渠相关的纪念性石刻。同前书，第 45—46 页。此外，郦道元还记录了一处难以寻访、时代不明的摩崖石刻，位于今陕西旬阳县的某座山上。施蛰存猜测铭文标示着栈道的位置，而栈道在铭文刻成后遭遇毁弃。同前书，第 303 页。

这种现象也表现在 2 世纪时汉帝国的其余疆域，即石刻数量的激增。虽难免存在统计缺漏，但汉代石刻的列表显示了两汉之间惊人的数目对比。华人德编纂的《两汉刻石文字目录》收录了 13 件西汉至新莽时期的纪年石刻，和另外 12 件依据体例或其他证据归入这一时段的作品；而在东汉时期，华人德记录了 235 件纪年石刻和 153 件无纪年石刻。[1] 不单是石刻数量大幅增加，铭文的长度、种类和形式也在扩展。除了界石、买地券和墓志，铭文还出现在石雕、祠堂、墓前石阙之上。然而，东汉时期最引人注目的石刻形式是独立的石碑。[2] 正是在这一阶段，如刘勰所言，石碑"云起"[3]。

尽管石碑在晚期中国历史中扮演了重要角色，但是这种纪念性石刻的物质和礼仪起源却相当模糊不清。[4] 研究者们提到过的石碑原型，包括用于栓束牺牲的柱子、原始的日晷、社神信仰中的崇拜用石、穿绳以引棺入墓的辘轳架以及写有逝者名字的木牌（此时石头这一媒介尚未应用）。早期石碑多表现为磨平的长方形石板，部分有尖状圭首，而圆首并饰有交龙纹的经典样式定型于 2 世纪。石碑的一些其他特征也在此时出现，并与整个帝制中国的历史并存，包括常以篆书大字题写的碑额，还有雕成巨龟形状的碑座——人们相信这种神灵能背负重物（图 1-14）。[5]

无论石碑的起源为何，这种纪念物和其他石刻形式迅速流行开来，其原因错综复杂。可以明确的是，石刻铭文的蔓延与一个更大的变革同时发生，即书

---

[1] 华人德：《中国书法史·两汉卷》，第 243—276 页。
[2]《汉碑研究》所集论文是介绍汉碑的最好的文章，见中国书法家协会山东分会编：《汉碑研究》。亦可参阅 Brashier, "Evoking the Ancestor," 72-84；Dorothy C. Wong, *Chinese Steles*, chap. 2。
[3]《文心雕龙注释》，第 128 页；英文译文见 Shih, *Literary Mind*, 67。刘勰写道："自后汉以来，碑碣云起。"部分学者尝试区分碑、碣，认为碑是竖立的长方形石块，而碣是圆顶巨石。然而，白瑞旭的研究表明，"碣"字"在汉代似乎并不代表一种定义清晰的石刻种类"。Brashier, "Evoking the Ancestor," 73.
[4] 关于石碑起源的各种说法的概述，参阅 Brashier, "Evoking the Ancestor," 72-84；Wong, *Chinese Steles*, chap. 2。更深入的讨论，以及可能用于引棺入墓的石柱的示意图，见 Cary Y. Liu, "Reconfiguring the 'Wu Family Shrines,'" in *Recarving China's Past: Art, Archaeology, and Architecture of the "Wu Family Shrines,"* 564-565。
[5] 带有龟趺的早期石碑有 183 年所立王舍人碑，发现于山东平度汉墓群。见令鑫、下坡：《山东新发现的两汉碑碣及有关问题》，《汉碑研究》，第 346—347 页。另外还有位于四川的 205 年樊敏碑，见 Ann Paludan, *The Chinese Spirit Road: The Classical Tradition of Stone Tomb Statuary*, New Haven: Yale University Press, 1991, 51, fig. 46。

写文本地位的变化,以及通常被译作"culture"的"文"这一概念的转变。柯马丁和戴梅可的研究均表明,直到西汉晚期,"文"仍主要指自然界中的纹理,以及言辞典范,抑或规范社会秩序的礼仪。[1]据戴梅可所言,1世纪时爆发了一场无声的革命——"认为'文'是与宇宙秩序相通的行为模式的旧观念得到了新观念的补充,而后为其所覆盖,新的观念将'文'视为对国家有益的文本生产。"[2]尽管古代中国被看作由文字主导的文明,但"中华文化之'文'坍缩为文章之'文'"的情况,至东汉才出现。[3]这种变革在柯马丁述及的众多现象中都有所体现:文章的搜集与分类,皇室藏书目录的汇编,文学典籍的形成和随之而来的训诂传统。[4]与此同时,对文书的掌握成为追求仕进的必要条件。[5]100年左右,许慎在其

图1-14 樊敏碑,205年,2.48米×1.3米,四川芦山县,安·帕卢丹(Ann Paludan)供图

---

[1] Nylan, "Calligraphy, the Sacred Text, and the Test of Culture," 34-41; Martin Kern, "Ritual, Text, and the Formation of the Canon: Historical Transition of *wen* in Early China," *T'oung Pao* 87 (2001): 48-61.
[2] Nylan, "Calligraphy, the Sacred Text, and the Test of Culture," 36.
[3] Kern, "Ritual, Text, and the Formation of the Canon," 44.
[4] Martin Kern, "Western Han Aesthetics and the Genesis of the *Fu*," *Harvard Journal of Asiatic Studies* 63, no. 2 (Dec. 2003): 434.
[5] Nylan, "Calligraphy, the Sacred Text, and the Test of Culture," 39.

书中称文字是正统政权的基石。[1]在官员任用方面，汉顺帝于132年下令要求已经因"孝廉"名声而得到正式举荐的男子，需通过书面考试展示他们对经典文本的了解和起草文书的能力。[2]

东汉时期，人们日渐重视书写和文字学习，从中获益的人，成为被称作"士"的文化精英。伊佩霞将"士"定义为"具有读写能力的人，对传统和礼仪的意义有所理解，知道从书籍中获取何种内容"[3]。"士"阶层的一些成员是官员，其余大部分则不是。"士"包含着不同层次的人，如国家官员、当地豪杰、世家子弟以及因熟习文书而见用的新贵，这些人认为自己从道德或文化上来说是有资格参与公共生活的，同时也希望别人如是看待自己。此外，他们还是公共石刻的主要出资者和创作者。诚然，可以说组成"士"这一阶层的人，包括所有层级的官吏、退休学者、学生以及一些个人，确认并展示自我地位的一种方式就是制作石质纪念物。抄本固然便于文本的交换，"士"的观点和见解即通过这样的方式得以传播；不过，将石刻铭文放置在可被任何读者看到的场所，是一种更强大而有效的手法。借此，富于声势、经久耐磨的媒介带来广泛的观览。这些铭文传达的观点，被包华石（Martin J. Powers）比作现代社会中的声音——"舆论"。它常常拐弯抹角地掩藏在褒扬个人伟绩的华丽辞藻之下。[4]颂扬大人物只是假托的目的，除此之外，石刻的出资者可以为他们自己发声，以展示其与被颂扬者的政治或地域纽带，同时表达奉行同一价值观念或理想目标的决心。董慕达指出，在始于166年的派系斗争（史称"党锢之争"）时期，石刻的政治含义和制作数量都急剧增加，我们将在第四章再次提

---

[1]（汉）许慎：《说文解字序》，《历代书法论文选续编》，第11—12页。
[2] 同上书，第34页。这项考试可能需要考察读写技能，与对皇家秘书机构里的尚书的要求一致。他们必须通过一个9000字的测试，展示书写不同形式文书的能力。参阅 Bielenstein, *Bureaucracy in Han Times*, 48, 136。
[3] Patricia Ebrey, "Toward a Better Understanding of the Later Han Upper Class," in *State and Society in Early Medieval China*, ed. Albert E. Dien, Stanford: Stanford University Press, 1990, 60.
[4] Martin J. Powers, *Art and Political Expression in Early China*, New Haven: Yale University Press, 1991; Brown, "Politics of Mourning".

到此事。该事件导致大量人员被边缘化，但他们似乎在石刻这种媒介中找到了一种别样又不具颠覆性的方式来宣扬他们的观点。[1]

《礼记》阐释了青铜器铭文的突出价值，它写道："是故君子之观于铭也，既美其所称，又美其所为。"[2] 同样的话也可用于描述石刻铭文。如同所有公共纪念物一样，石刻文本既颂扬了其礼敬之人，又使制作它的人获得威望。作为反映此种特质的典范，《石门颂》包含多个层次的纪念功能。通过记录杨孟文的事迹，太守王升将自己和这位犍为同乡的品性联系起来，尤其是杨孟文在其提议受到朝中反对者抨击时所表现出的勇敢。同时，监管铭文刻制的王升部下——赵邵、晁汉强和王戒也使自己与杨孟文的遗泽产生公开的关系。还有魏整和赵诵这两位官员，他们奉太守之命维修路桥，功绩也得到彰显。如此，这些人被整合到了关于功业的一场叙事当中，而该叙事在铭文的刻制过程中臻于极致。《石门颂》列举了由各层次官员扮演的不同角色，反映了这些人员与石刻所在地之间的多重关联。[3] 被汉朝廷任命为汉中太守的犍为人王升，只与这个地区有暂时的行政联系。但等级在他之下的官员，多是汉中本地人，在王升离开本郡后的很长一段时间里，下级官员或他们的子孙后代仍将继续生活于此。通过参与刻铭，这些本地人使尽可能多的观者知道，他们有获得更多任职或升迁机会的潜力。观者不仅包括他们自己的邻居，还有未来的郡太守或县令，对于曾在王升手下证明过行政及工程组织能力的汉中人，后者有权为其赢得利益。

《石门颂》在铭文和纪念功能上接近东汉石碑，类似地，这处摩崖石刻的设

---

[1] Miranda Brown, "The Wu Stelae in Context: Can We Trust Them? How Should We Read Them and Why We Should Care," Forthcoming.（会议论文，未刊）

[2]《礼记正义》卷49，《十三经注疏》，第 378a/1362 页；英文译文见 Kern, *The Stele Inscriptions of Ch'in Shih-huang*, 145-146. 蔡邕也认为青铜器铭文的纪念功能与石刻文字相似。参阅 Kenneth Edward Brashier, "Text and Ritual in Early Chinese Stelae," in *Text and Ritual in Early China*, ed. Martin Kern, Seattle: University of Washington Press, 2006, 269.

[3] 在汉代职官选任系统中，一般不会任命当地人为区域行政长官，低等级官员则多从当地人口中选任。见严耕望：《秦汉地方行政制度》（台北："中研院"历史语言研究所，1990年），转引于 Anthony J. Barbieri-Low, "The Organization of Imperial Workshops during the Han Dynasty," Ph.D. diss., Princeton University, 2002, 354-355.

计和布局也源自独立碑刻。石碑铭文的正文之上通常有碑额,例如143年的《北海相景君铭》(图1-15)。与碑额对应,《石门颂》的题额也位于正文上方,处在一块54厘米×35厘米的石面中(图1-16)。文字尺寸巨大,且位置高于其余铭文,显示着它们的重要性,并把读者的目光吸引到标题上来。其下,铭文布满一片宽阔的横展平面,面积超过5.3平方米——已知中国石刻中截至当时最大的完整平面。如果将铭文字体缩小、竖列间距缩近,而不是使它们在水平方向

图1-15 《北海相景君铭》,143年,拓本,220厘米×79厘米,原碑发现于山东济宁市,济宁市博物馆藏,陈立伟供图

图1-16 《石门颂》题额,著者摄影

上散开，或许它看起来会更像一通耸立的长方形石碑。尽管如此，铭文长度和约 3.5 米的隧道高度，决定了横向延伸更加可行，这样能保证读者看见每列最高处的字。

三位监管《石门颂》刻制的负责人——五官掾赵邵、属官晁汉强和书佐王戎，无一人被冠以文本书者的称谓。执石门石刻研究牛耳的郭荣章，推测铭文乃三人中官职最低的王戎所书，因为担任书佐之职须起草和缮写文书，要求写得一手好字。[1]王戎的相关上级也确有可能选择他来承担此事，原因是在隧道墙壁上书写实属苦差，而石刻完成于 148 年 11 月 29 日至 12 月 8 日间，当时隧道中的寒冷情形势必让此项工作更为艰辛。无论这位书法家是谁，他都是一位谨慎的书者。在铭文第一个字"惟"的右边，有一个更小的"惟"字，似乎是书写者最先写下的，大概是为了在陌生的岩面材料上测试墨书效果。随后，不知名的刻工把它也刻了下来。[2]磨平的碑面的小字多以双刀刻出，留下"V"形的横剖面，与之不同的是，《石门颂》的铭文以单刀完成刻制，其技法有如割松树皮。[3]

《石门颂》与《开通褒斜道》的书体都是隶书，这是一种在汉帝国官僚系统中比比可见的字体。然而，铭文每字高 6—8 厘米，比日常写在简牍上的字要大许多。这里的隶书显然是名副其实的"公文书体"。除了文字的硕大尺寸外，笔画分割平面形成的几何规律性、横向元素之间均匀的间距，以及笔画末端轻微上扬这一反复出现的视觉特征，都赋予这件作品一种统一的程式（图 1-17）。就像韵脚和书面用语能使铭文有别于日常对话一样，这件石刻的视觉设计以不逊色于媒材的力量，将其从日常书写中剥离。在论及诸如此类的东汉石刻隶书的展示时，溥若诗（Adriana G. Proser）注意到，书吏们原本通常随意而实用的书体发生了转变。公开展示的书体的美化，与铭文颂扬对象形象的理想化同时发生。若

---

[1]《石门石刻大全》，第 57 页。
[2] 同上。
[3] 华人德：《中国书法史·两汉卷》，第 140 页。

图 1-17 《石门颂》,拓本局部,采自《石门汉魏十三品》

以这种方式理解,石刻铭文可被视为这些官吏的象征,他们依靠建立在书写之上的行政技能使天下井然。[1]尽管溥若诗的说法需要审慎对待,因为所有中国早期的书体都可归入文化精英的领域,但是隶书确实在参与或期望参与政事的人们的生活中扮演了特别角色。书体与文官生活之间的这种联系,在河北望都一座东汉佚名官员墓葬的壁画榜题中得到了很好的体现。画中存在据称为墓主人下属的人物的肖像,旁边以苍劲隶书题写的不是他们的名字,而是官职(图 1-18)。

作品的媒介、体量和整体的规则感使得《石门颂》成为一座庄重而雄伟的纪念碑,但其铭文的排布较大多数独立碑刻更显松弛,虽然文字对齐于长列,却未在水平方向上严格地有序分布。隧道墙壁的凹凸不平使毛笔很难呈现微小细节和运笔痕迹,不过我们也不应该把石面的粗糙视为局限:书法家探索着书写平面的不规则,创造出异乎寻常的效果,还尝试融合视觉形式与内容意义。通过延长"高祖受命"中"命"字的最后一画(图 1-19),书法家避开了下方的一条石面裂隙,因为在石缝上写一个完整的字是很困难的。权宜之计的结果是营

---

[1] Proser, "Moral Characters," 132.

图 1-18 所药村 1 号墓壁画中的官吏形象，176 年，河北望都县出土，采自《汉唐壁画》，北京：外文出版社，1974 年，图 8

图 1-19 《石门颂》中的"命"字，拓本，采自《石门汉魏十三品》，第 69 页

造了引人注目的视觉形式，它出现在叙述汉帝国创建者事迹的文句中，可被解读为一声惊叹。

和许多汉代文书一样，这件生气勃勃的石刻字形不够规范，写法也有怪异之处。第一列中的"坤"字被写作三竖，笔画末端向右上回勾。该字形虽不常见，却也在其他汉代石刻中出现过，如 168 年的衡方碑和 169 年的史晨碑，它们都刻制于遥远的山东。其他字形变化如"灵"字，看起来像是书法家的独创，或是一种不见于汉代中国其余区域的地方性变体。[1]

作为纽带的犍为

石门隧道处于今陕西省西南部中心——汉中郡的管辖范围内。不过,现代省界的存在不应使我们忽视其南侧四川地区对石门石刻产生的文化、经济和政治"引力"。前文说到,纪念路桥工程的石刻构成了四川早期石刻的一种特殊类别,其中至少有两件刻于犍为郡。若在阅读时对汉帝国的政治地理加以留意,石门石刻铭文便会将读者的注意力导向成都平原这一区域。得益于某些现已无从考证的影响力或赞助关系的网络,或是来自洛阳的行政任命,七个犍为郡人或者供职于汉中(其中两人是郡太守),或者成了铭文的致敬对象。石门石刻囊括了褒斜道的修缮历史,被一同织入其中的是这些人的生涯。并非可能位于犍为郡的其人墓葬,而是成为永恒的纪念碑,令他们芳名永垂。

关于犍为郡与石门的联系,记载首见于《石门颂》,该文由犍为郡人王升所作,赞颂的是其同郡人杨孟文。不到八年后,又有一位来自犍为郡武阳县的李禹走进了石门地区的石刻史,他出现在西壁靠近隧道北入口处的一则短文中(见图1-2a)。铭文正文之上有一个大字"表",这个字用于"华表"或"墓表"等词,指的是石柱,从东汉时起亦可等同于石刻中的"碑"。[2] 铭文残损严重,只可试作释读:

---

[1] 郭荣章:《石门十三品探踪述略》,陕西汉中市褒斜石门研究会、汉中市博物馆编:《石门汉魏十三品》,西安:陕西人民美术出版社,1988年。
[2] 在刻于186年的《张迁碑》中,题额称此碑为"表颂",碑文也提到"树表""立表"等行为。在"表"字的这些用法中,其含义似与"碑"相同。见《中国书法全集》卷8,第512页。

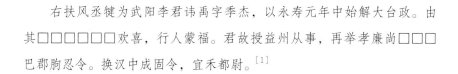
右扶风丞犍为武阳李君讳禹字季杰，以永寿元年中始解大台政。由其□□□□□欢喜，行人蒙福。君故授益州从事，再举孝廉尚□□□巴郡朐忍令。换汉中成固令，宜禾都尉。[1]

石刻保存状况虽不佳，但可以推断出它纪念的行为：在155年后的某个时间，李禹监管了褒斜道的部分维修工作，成果使"行人蒙福"。李禹主持的修缮工程未见于任何传世文献，工作范围也不清楚。尽管如此，他的成就足够激发某些人（铭文的撰写者或出资者未被记录）创作这件石刻，并将它刻在隧道里，作为对李禹的永恒铭记。

173年，又一位犍为郡人经过石门，把一段文字刻在了隧道中。它位于《石门颂》以南半米的地方，有多个不同的名称，其中最常见的是《故司隶校尉杨淮表记》。铭文实际上颂扬了两个人，即杨淮及其从弟杨弼（见图1-2a，图1-20），因此该文又称《杨淮杨弼表记》。[2] 从对二人生平的概述中，可知他们曾"举孝廉"。铭文写道：

二君清廉，约身自守，俱大司隶孟文之元孙也。黄门同郡卞玉字子珪，以熹平二年二月廿二日谒归过此，追述勒铭，故（赋？）表纪。[3]

铭文所赞颂的杨淮、杨弼两兄弟正是犍为郡人杨孟文之子孙。杨孟文曾力主重修褒斜道，不仅成功地重开道路，还触发了文本的连锁反应，导致《石门颂》的刻制和卞玉表记的产生。无人知晓卞玉留下这则铭文的目的，他是希望借此奉承杨氏家族

---

[1]（原著）英文译文基于《石门摩崖刻石研究》第46—47页的考释。
[2] 洪适似乎是通过拓片了解到这件作品的，他误以为该石刻位处杨淮墓地。见《隶续》卷11，第11b页；又见本书序章中的讨论。
[3]（原著）英文译文基于《石门摩崖刻石研究》第49页的录文。

图 1-20 《杨淮杨弼表记》石刻、拓本，173 年，216 厘米 ×67（上部）厘米 / 50（下部）厘米，原位于陕西汉中市石门，现藏于汉中市博物馆，郭荣章供图

吗？若果真如此，他不会是第一个寻求杨氏支持的同郡人。杨氏家族是犍为郡最为显贵的住民，其地位可从《华阳国志·先贤士女总赞》之《犍为士女》中知悉。书里对杨孟文的介绍很短，记载他曾历任台郎、相、尚书、中郎，以及《石门颂》也提及的司隶校尉。这篇简介以指出杨孟文"甚有嘉声美称"作结，位于石门的铭文只会更加有助于其声名远播。[1] 杨孟文之孙杨淮的传记更长，记载着他的详细官职，与卞玉刻下的内容相符。文中特别指出，杨淮上奏痛斥一班太守的子弟、仆从做出

---

[1]《华阳国志校注》，第 773 页。

淫逸行为，而且将其他名士成功举荐至较高的官位。[1]《华阳国志》未收录杨弼的个人传记，但我们可从他母亲的传记中获知他的个性特征。他的母亲可能是家族中最不同寻常的成员：

> （阳）姬，武阳人也。生自寒微，父坐事闭狱。杨涣始为尚书郎，告归，郡县敬重之。姬为处女，乃邀道扣涣马，讼父罪，言辞慷慨，涕泣摧感。涣愍之，告郡县，为出其父；因奇其才，为子文方聘之。结婚大族，二弟得仕宦，遂世为宦门。后文方为汉中太守，以赵宣为贤，将察孝廉，函封未定，病卒。姬密不发，先遣孝廉上道乃发丧。宣得进用，姬之力也。后文方兄子伯邳为司隶校尉，时姬长子颖伯冀州刺史，仲子頍二千石。伯邳以禀叔母教，迎在官舍，每教伯邳政治。伯邳欲举茂才，选有二人。伯邳欲用老者，嫌以其耄；欲举五方，而其年幼，以咨叔母。劝举方。后赵宣为犍为，五方为广汉，姬尚在。故吏敬之，四时承问不绝。[2]

阳姬传展现了汉代的家庭和政治纽带如何塑造人们的生活。通过嫁入杨孟文家族，她为自己赢得了荣耀和富足，而通过干预两位男性的官职选任，她在二人高升之后受到他们的长期尊重。阳姬的丈夫即杨孟文之子杨文方，曾任汉中太守，阳姬传中的另一非凡事件就与她丈夫主管的部门有关。我们注意到卞玉所作表记涉及三位杨氏家族成员，奇怪的是他没有提到关于杨文方的事情，而杨文方在隧道所属的郡担任太守。或许是因为如其遗孀传记所记，杨文方过早地病故于任上，以至于尚未在短暂任期中有任何成就。

尽管有所遗漏，卞玉定然熟知武阳杨氏的相关事迹，以及他们曾如何帮助他

---

[1]《华阳国志校注》，第774页。
[2]同上书，第785页。

人在仕途中更上层楼。他是否希望借助公开宣示与杨氏家族的联盟关系，从其石刻所赞颂的三人的亲属及后代那里获得某种未来的便利？无论动机为何，卞玉将铭文刻于隧道内的决定必然与《石门颂》的存在有关，这也是他选择在此处刻文唯一可能的原因。以由左向右的顺序，按隧道的空间关系来说是由南向北，能依次读到148年与173年的铭文分别赞颂杨孟文和他的孙辈，如同家族祠堂中排列的神位一般，这令读者的思绪跨越世系，向南方四川腹地的犍为郡飘去。

《石门颂》和《杨淮杨弼表记》在文本与视觉上的连贯性，因二者书体的样式而加强。虽然《石门颂》文本更长，且整体排布更紧凑，仿佛有看不见的界格存在，但是它每字7厘米的字径基本与《杨淮杨弼表记》相同。与《石门颂》一样，《杨淮杨弼表记》呈现以圆笔中锋写就的隶书，这种相似性使杰出的书法家和思想家康有为（1858—1927年）认为它"出于《石门颂》"[1]。

对艺术史家而言，两件作品在书法形式方面的视觉相似性暗含一种潜在的致敬关系，《杨淮杨弼表记》的佚名书者期望读者由此发觉他的书作和前人作品风格相符。虽然这个阐释不够完满，但是一种同样有效的理解方式会将这种相似性视为时代风格的表征，它共存于同一地区间隔三十年的书法作品中。近年来，华人德对此有进一步的讨论，他认为东汉四川存在较为明显的地域书风。[2]四川历史上其他材质的作品为确定该地的独特书写方式提供了旁证。四川的艺术发源于令人震撼的三星堆青铜雕塑——头像和立像，可追溯至约公元前1200年，尽管四川艺术与中国其他地区有明显的联系，但是它却因鲜明的地域特征而富有活力。[3]具体来说，汉代的四川绘画对现实世界中的事物投入浓厚兴趣，并在画面空间里以复杂的形象再现它们，而这种兴趣不见于中国其他地区。[4]在书法史上，能说明东汉四川地域

---

[1] 康有为：《广艺舟双楫》，《历代书法论文选》，第798页。
[2] 华人德：《中国书法史·两汉卷》，第147—148页。
[3] 关于四川的早期艺术，参阅 Bagley, ed., *Ancient Sichuan*。
[4] Michael Nylan, "The Legacies of the Chengdu Plain," in *Ancient Sichuan*, 309-325.

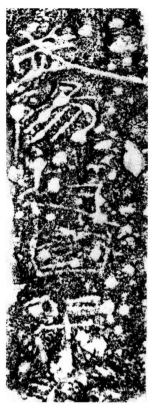

图 1-21 《樊敏碑》,205 年,拓本局部,采自刘正成等编:《中国书法全集》,北京:荣宝斋出版社,1991 年起,卷 8,图版 143:5-3

图 1-22 赵国羊墓题记,约 2 世纪,拓本局部,乐山市博物馆藏,采自《中国书法全集》卷 8,图版 172:2-1

风格的证据没有那么充分。事实上,要想收集风格各异的例子依然相当容易。这一时期的四川地区,既有间距紧凑、字形方正、笔法精微的作品,如立于四川芦山县的 205 年《樊敏碑》(图 1-21),又有刻于崖墓石面上的流畅的即兴之作,如乐山一带的作品(图 1-22)。

诚然,如华人德所言,崖墓题记构成了书法作品里一个四川特有的小门类。这些题记包含墓主名字,有的还带有纪年,其中许多作品看起来像是直接刻石而成,没有预先以毛笔书写的步骤。在一些石刻上,文字融入与之一致的纹理图案,几乎难以辨识。乐山附近发现的一件无纪年石刻中,留下了"武阳赵国羊"(见图1-22)的名字,可见此人来自犍为郡。当代学者何应辉认为,这件墓葬石刻展现出与《石门颂》相同的"宕逸奇纵"[1]。书者拉长"武"字斜钩时的自由放逸,使人想起《石门颂》中"命"字最后一画夸张的延长,但除此之外,很难看出何应辉设想的二者间的近似风格。

犍为书法"流派"可能存在的一个更具说服力的证据是97年的石阙残石,该石阙标识着犍为江阳长王君平的墓葬。让我们仔细考察一下这件石刻和《石门颂》中的"为"字(图1-23):右侧横折钩曲线紧绷,左侧长撇则无所顾忌地延伸,与竖直的界格相交,其末端转而向上提起,反映出关于如何书写该字的共识。[2] 如前所述,郭荣章提出《石门颂》的书者应为王戒,系太守属下的汉中本地人。即便如此,《石门颂》和早大约五十年的犍为书作之间的风格相似性还提示了另一种可能性,即当王升选择书者来完成此文时,他邀请了某位来自犍为郡的人士,该人曾师从多位书家,他们在刻制王君平石阙题记时或许年纪尚轻。试图确认犍为书法"流

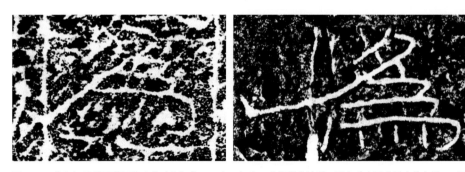

图1-23 (左)王君平墓石阙上的"为"字,97年,拓本,成都博物馆藏,采自《中国书法全集》卷7,图版35:2-1;(右)《石门颂》中的"为"字,拓本,采自《石门汉魏十三品》

---

[1]《中国书法全集》卷8,第521页。
[2] 当代学者邓代昆讨论过王君平石刻与《石门颂》的相似性,见《中国书法全集》卷8,第472页。

派"存在，我们需要掌握更多实例，但若考虑到该区域与石门石刻的各种其他联系，就不会惊讶于隧道中的挥毫者曾在犍为郡学习过书法。正是犍为郡这个地方养育了杨孟文及其孙辈，还有王升、卞玉，以及将这条隧道变成乡党纪念碑并铭刻姓名的其他犍为郡人。

石门之景：一段插曲

汉末的连年战争之后，帝国崩溃，天下三分，各方竭力争夺中国的控制权。在纷乱中，褒斜道的部分路段被反复摧毁和重建。其中主持修治过该道路的一位军事领导者是蜀汉丞相诸葛亮（181—234年）。诸葛亮在写给他兄长的信件中，描述了悬于河岸上的道路结构及其建造方式："其阁梁一头入山腹，其一头立柱于水中。"[1] 诸葛亮修复的道路在其去世后很快就毁掉了，领兵撤退的蜀汉将领魏延烧毁栈道，以阻碍魏国军队进攻，减缓其南侵四川的进程。[2]

在这段战争时期，没有一次史书记载的重修工程被石刻记录下来。263年，石门处于曹魏统治之下，当时名叫李苞的人组织开展了一次重大的维修行动，此事见载于石门隧道北入口上方崖面的题刻中：

> 景元四年十二月十日，荡寇将军浮亭侯谯国李苞字孝章，将中军兵、石木工二千人，始通此阁道。[3]

这条简洁的题记仅存残损严重的少数字迹，让人想起石门历史上的第一处石刻——

---

[1]《诸葛亮集》卷1，北京：中华书局，1974年，第25页。
[2]（晋）陈寿：《三国志》卷40，北京：中华书局，1995年，第1003—1004页。
[3]（原著）译文依照了《石门摩崖刻石研究》的题记复原，见该书第72页。

图1-24 "石门"题刻,年代不详,82厘米×50厘米,汉中市博物馆藏,郭荣章供图

66年的《开通褒斜道》。不过,约在隋唐时,曹魏题记被重刻于隧道南端,其原因仍是个谜。在重刻的铭文旁边,是一则原刻今已佚失的铭文的翻刻版本,二者书法似出同一人。原刻已佚的铭文叙述了西晋潘宗伯和韩仲元两人在270年主持维修该路的事迹。[1]接下来的二百年间,石门隧道仿佛被世人遗忘,不再有旅者经行。[2]

在汉魏时期或稍晚的年代里,石门或附近的几处无纪年石刻以文字的形式介入该地景观,这些石刻与具体的人和事无涉,只起到标识地名或景物的作用。石门隧道里,刻有两个字径35厘米的大字——"石门"(图1-24)。郭荣章提到,这两个字的结构与《石门颂》中同样出现的"石门"二字十分相似,尤其是"门"字左边强烈外张的竖画。他还认为

---

[1] 在郭荣章新近出版的著作中,他认为这件石刻是3世纪的原刻。见《石门石刻大全》,第80页。关于郭荣章的早期观点与为何带有潘宗伯、韩仲元之名的石刻被认为是重刻作品的讨论,见《石门摩崖刻石研究》,第82—86页。根据已佚的280年的题刻,随着石门以北褒河上游的栈道修复工程的开展,有关褒斜道的石刻书写和刻制告一段落。见郭荣章:《晋太康修栈道石刻厘正》,《成都大学学报(社会科学版)》1991年第2期,第88—90页;《石门石刻大全》,第192—194页。

[2] 1983年,汉中市博物馆入藏了一件出处不详的石碑,其上有相当于442年的纪年。石碑铭文记载了刘宋军队在栈道上进攻北魏军队的一场胜仗。不合时代的文字写法及其他疑点,使得这件石碑受到真伪方面的质疑。见《石门石刻大全》,第197—199页。

图 1-25 （左）"石虎"题刻，年代不详，拓本，字径 30 厘米，石刻原位于陕西汉中市石门附近，现藏于汉中市博物馆；（右）石虎远景，位于陕西汉中市石门附近，采自《石门石刻大全》，第 76 页

那位佚名书家学习过《石门颂》，从而将其中两个字放大成巨幅石刻作品。[1]无论书者的方法或动机是什么，置于北入口附近的大字就像地图上的榜题一样，告诉旅者他们即将走进的这条隧道的名字。

与石门相对的褒河对岸，刻有另一个地名"石虎"，使人注意到名为石虎峰的山上有一块巨石（图 1-25）。从远处看，巨石形如猛虎攀崖。[2]若"石虎"题刻的确成于汉魏，它将是某种摩崖石刻的最早实例，这种类型的石刻在数百年后无处不在。通过直接刻写在它们所代表的地点，具有隐喻性的地名引导人们由自然地貌联想到相似的现实或神话人物、动物乃至器物。[3]另一处具有隐喻性的景物名称刻于石门附近褒河岸边的巨石之上，北距隧道约 1500 米（图 1-26）。王象之于 1227

---

[1]《石门摩崖刻石研究》，第 70 页。
[2] 在总高度达 90 厘米的两个大字旁边，刻着"郑子真"落款，据传此人是曾经生活于褒谷的隐士。该落款被认为是好事者刻意为之，用以增添其地的历史价值。原石毁于宝汉高速修建时期。见《石门石刻大全》，第 75—76 页。
[3] 相关讨论见笔者论文 "Mountains, Rocks, and Picture Stones: Forms of Visual Imagination in China," *Orientations*, Dec. 2003, 39-45。

图 1-26 "玉盆"题刻,年代不详,字高 30—35 厘米,原位于陕西汉中市石门附近,现藏于汉中市博物馆,郭荣章供图

年刊行的地理志书《舆地纪胜》中,将此石作为一个条目收录进来:"有白玉盆在水中,大石光白,其中可实五斗。"[1]"玉盆"二字每字高 30—35 厘米,横布于一块盆状岩石上,后来在一本辑录当地古迹的 19 世纪的书中,其名列"褒谷二十四景"。[2] 第三件石刻的时代被判定为曹魏,由两个隶书大字"衮雪"组成,书于石门隧道以南约 10 米的一块石头上,褒河河床在这里的骤降造成了湍急的激流(图1-27)。此地也是"褒谷二十四景"之一,并成了一首晚清绝句的灵感来源:

> 滚滚飞涛雪作窝,势如天上泻银河。
> 浪花并作笔花舞,魏武精神万顷波。[3]

"魏武精神"影射了一个古老说法,即"衮雪"二字为枭雄曹操(155—220 年)行至汉中时所书。这一无法证实的传言启发某人把曹操的封号"魏王"加在大字旁

---

[1](宋)王象之:《舆地纪胜》卷 183,《续修四库全书》第 585 册,上海:上海古籍出版社,1996 年,第 13b / 407 页。
[2]《褒谷古迹辑略校注》,第 214 页。由于河流冲刷,字迹早已剥蚀不清。在宋代,它们被以垂直书写的方式重刻于一块更小的石头之上。见《石门石刻大全》,第 104—105、108—109 页。
[3]《褒谷古迹辑略校注》,第 210 页。

图 1-27 （左）"滚雪"景观，位于陕西汉中市石门附近，郭荣章供图；（右）"滚雪"题刻及拓本，年代不详，字高35—36厘米，原位于陕西汉中市石门附近，现藏于汉中市博物馆，郭荣章供图

边。石刻中的"衮"字无三点水作偏旁，本义代表礼仪服饰。偏旁的缺失曾被人以戏说文字的方式加以解释：石刻下方的褒河提供了它遗失的"水"。[1]曹操是著名书法家和诗人，但将褒谷中的这件书法作品归于其名下缺乏历史依据。然而，这并不妨碍清代的一位金石学家惊叹道："昔人比魏武为狮子，言其性之好动也，今观其书，如见其人矣。"[2]

石门新路与新声

石门与褒斜道的历史，在3世纪的晋代维护工程之后逐渐湮灭。隧道及其周边的汉中郡所属的梁州，其控制权于几十年里在短命王朝中间反复转移，直到它成为东晋的一部分。南北朝时，汉中一度处在南朝皇帝的统治之下，定都于遥远建康（今南京）的皇帝对道路修建兴趣索然。然而，其疆土的这一西北角落具有关键的

---

[1] 郭荣章提到，杜甫的一首诗中也有"衮"与"滚"通用的情况，诗中的"衮"显然代表"滚"的意思。见《石门摩崖刻石研究》，第67页。
[2] 同上书，第68页。

战略意义，因为少数民族政权频繁用兵，此外由鲜卑拓跋氏于386年建立的北魏也发出军事入侵的威胁。在北魏向南齐治下的南方地区发起大规模进攻的过程中，汉中从495年开始遭到北魏军队的反复攻打。504年，新创建的梁朝遇到疆土之灾，汉中太守叛离并将领地献给了北魏。

数年之间，尽管与梁朝的轻微冲突持续发生，还有少数民族氐人叛乱带来的动荡，大规模的道路营建仍在汉中正常开展。石门的铭文刻制活动又重新开始了。刻于509年的《石门铭》（见图1-2b，图1-28）由一位下层官吏王远撰文，位于隧道内部东壁，在视觉和文学形式上呼应了正对面的《石门颂》。[1] 不过，接下来我们将看到，《石门铭》偏离了石门早期铭文的修辞方式，它没有把修路当作行政工作的成果，而是视为工程方面的奇迹，并明确地将观者目光导引至褒斜道沿途风光中去：

《石门铭》

此门盖汉永平中所穿，将五百载。世代绵回，戎夷递作[2]，乍开乍闭，

---

[1] 几乎所有学者都将"王远书"几个字理解为：王远既是这篇铭文的作者，也是书写者。文中"书"字的意思可以是"撰写铭文"或"书写铭文"。在这个时期或更早的少数案例里，有可能同时确定铭文的撰者和书者。对此，两个稍早于《石门铭》几年的例子确定无疑地证实了这一点。龙门古阳洞的一件498年佛龛题记《始平公造像记》以"朱义章书，孟达文"作结。同一窟的另一件题记《孙秋生造像记》记载："孟广达文，萧显庆书。"中国书法编辑组编：《龙门二十品》，北京：文物出版社，1980年，第195、199页。一些汉代石碑留有书者姓名，尽管动词"书"的多重释义使人很难辨别它指撰写文章还是提供书作。或许有记录的最早实例来自147年《武斑碑》，出自著名的山东嘉祥武氏家族墓地。碑文倒数第二句写作"纪伯允书此碑"。这句话的可靠性受到质疑，新近讨论见 Nylan, "Addicted to Antiquity," 521-523。

名为郭香察的人165年书写了《西岳华山庙碑》，见高文：《汉碑集释》，第271页。205年《樊敏碑》的书者是石工刘盛，见《中国书法全集》卷8，第514页。168年《衡方碑》的碑文以"门生平原乐陵朱登字仲希书"作结，见《中国书法全集》卷8，第496页。唯一清楚地指出撰者、书者和刻工的是172年的汉代石刻《析里桥郙阁颂》；虽然碑文尚存，这些人的名字却只能通过洪适的录文得知，见《隶释》卷4，第12b页。又见高天佑：《西狭摩崖石刻群研究》，第304—308页；高文：《汉碑集释》，第399页。6世纪早期，含书者姓名的石刻依然少见。有关北魏石刻书者的研究，见 Hui-wen Lu, "A New Imperial Style of Calligraphy: Stone Engravings in Northern Wei Luoyang, 449-534," Ph. D. diss., Princeton University, 2003, 184-195。

[2] 这里指的是107和108年发生的袭击事件，当时褒斜道的部分道路为羌人所毁，而距离此文书写时间更近的侵袭则是氐人的叛乱。

通塞不恒。自晋氏南迁，斯路废矣。其崖岸崩沦，涧阁湮褫，门南北各数里车马不通者久之。攀萝扪葛，然后可至。皇魏正始元年，汉中献地，褒斜始开[1]。至于门北一里，西上凿山为道，峭岨盘迂，九折无以加，经途巨碍，行者苦之。梁秦初附[2]，实仗才贤，朝难其人，褒简良牧。三年，诏假节龙骧将军督梁秦诸军事梁秦二州刺史泰山羊祉[3]，建旆嶓漾[4]，抚境绥边，盖有叔子

图1-28 《石门铭》及其细节，509年，1.75米×2.15米，原位于陕西汉中市石门，现藏于汉中市博物馆，郭荣章供图

---

[1] 504年，梁朝军队攻打梁州时，夏侯道迁向北魏投降，献出了汉中地区。见（北齐）魏收：《魏书》卷8，北京：中华书局，1974年，第198页。
[2] 包括汉中郡的梁州以及秦州两个行政单位，与北魏控制下的某些地区名称相同（在今甘肃省）。这种复制敌国行政区名称的政策称为"侨置"，使今人难以厘清处在南北朝间不断变化的边境线上的地区。
[3] 羊祉生平见《魏书》卷89，第1923—1924页；（唐）李延寿《北史》卷39，北京：中华书局，1974年，第1431—1432页。羊祉及其夫人的墓志1964年出土于山东新泰市宫里镇北。舟子：《羊祉与〈石门铭〉初考三题》，《文博》1989年第3期，第56—92页。
[4] "嶓漾"指的是嶓冢山和漾水。嶓冢山在陕西宁强县。漾水发源于陕西勉县，系汉水支流。参阅《水经注校》，第639页；《褒谷古迹辑略校注》，第69页。在《石门铭》中，"嶓漾"指的是汉中地区。

之风焉[1]。以天险难升,转输难阻,表求自回车以南开创旧路,释负担之劳,就方轨之逸[2]。诏遣左校令贾三德,领徒一万人,石师百人,共成其事。三德巧思机发,精解冥会。虽元凯之梁河,德衡之损蹑,未足偶其奇[3]。起四年十月十日,讫永平二年正月毕功。阁广四丈,路广六丈[4],皆填溪栈壑,砰险梁危。自回车至谷口二百余里,连辀骈辔而进。往哲所不工,前贤所辍思,莫不夷通焉。王生履之,可无临深之叹,葛氏若存,幸息木牛之劳[5]。于是畜产盐铁之利,纨绵罽毼之饶,充牣川内,四民富实,百姓息肩,壮矣!自非思埒班尔,筹等张蔡,忠公忘私,何能成其事哉?[6]乃作铭曰:龙门斯凿,大禹所彰[7]。兹岩迺穴,肇自汉皇。导此中国,以宣四方。其功伊何,既逸且康。去深去阻,匪阁匪梁。西带汧陇,东控樊襄[8]。河山虽险,汉德是强。昔惟畿甸,今则关疆[9]。永怀古烈,迹在人亡。不逢殊绩,何用再光。水眺悠皛,林望幽长。夕凝晓露,

---

[1] 叔子是西晋名臣羊祜(221—278年)的字,他是羊祉上溯七代的叔父。羊祜因用计退吴国兵而闻名,事见《晋书·羊祜传》。(唐)房玄龄等:《晋书》卷34,北京:中华书局,1974年,第1013—1025页。
[2] 回车在今陕西凤县。
[3] 元凯是西晋名臣杜预(222—284年)的字。杜预曾向皇帝提议在富平津(孟津)建桥于黄河怒涛之上。起初,该提议遭到朝中官员反对,但最终他成功了,且皇帝十分赞许其成绩。见《晋书》卷34,第1028页。德衡是曹魏朝臣马钧(约活跃于3世纪30年代)的字。他曾任博士一职,以各种技术发明著称,如提高织布机的效率。参阅《三国志》卷29,第807—808页。
[4] 这时的1丈约合2.45米。
[5] 这里似乎指的是王阳(约活跃于前48年),他曾被任命为益州刺史。赴任途中,行至险要的九折阪,他叹曰:"奉先人遗体,奈何数乘此险?"后来他以疾病为由辞去了职位。见《汉书》卷76,第3229页;卷30,第1717页。亦可参阅 Loewe, *Biographical Dictionary*, 527-528。葛氏即诸葛亮,他于231年发明了形似牛的木质车具(即木牛流马)。见《三国志》卷33,第896页;卷35,第925—928页。
[6] 鲁班,也称公输子,是鲁国著名匠师,据说为孔子同时代人。见 D. C. Lau, trans., *Mencius*, London: Penguin Books, 1970, 117。王尔也是春秋时的能工巧匠。见(战国)韩非子著,陈奇猷校注:《韩非子新校注》卷8,上海:上海古籍出版社,2000年,第542页。张衡(78—139年)是一位诗人、天文学家和政治家,据传他发明了早期的地动仪。蔡伦(约62—121年)则一直以来被认为是纸的发明者。
[7] 关于禹凿龙门的事迹,见本书第50页,注释[3]。
[8] 汧水源出甘肃,流经陕西陇县,注入渭河。樊城和襄城位于湖北襄樊。见《褒谷古迹辑略校注》,第72页。
[9] 汉代都城尚为长安时,石门可被视为处于王朝京畿的范围之内。到了创作《石门铭》的时候,北魏都城设在遥远的洛阳,石门成为帝国边缘的一个点。

昼含曙霜。秋风夏起,寒鸟春伤。穹隆高阁,有车辚辚。灭夷石道,驷牡其骊。千载绝轨,百辆更新。敢刊岩曲,以纪鸿尘。魏永平二年太岁己丑二月己卯朔卅日戊申,梁秦典签太原郡王远书。石师河南郡洛阳县武阿仁凿字。[1]

504年,北魏得到汉中后走向实力顶峰,这为王远的记述奠定基础。此时,新都洛阳的朝廷已经建立,孝文帝(471—499年在位)的汉化政策也已实施,即便受到拓跋贵族成员的反对,这一政策仍然良好地推进了。[2]征服南方的壮怀始自孝文帝,并为嗣君宣武帝(499—515年在位)继承。恰是在宣武帝主政时,龙骧将军羊祉被任命为梁州和秦州刺史,其辖区包括汉中和石门所在地。羊祉发现,褒斜道的部分道路在504年北魏控制汉中后被重新使用,石门隧道却无法通行。旅者无可选择,只能走北侧一里以外的危险路径。《魏书·世宗纪》记载,羊祉在正始四年(507年)九月奏请重修褒斜道。一个月后,项目动工。[3]

《魏书》将这次行动称作"开斜谷旧道","斜谷"是褒斜道的简称;然而,羊祉提议开展的这项工程含有更具野心的内容,远远超过修复旧栈道的损毁部分。路线经过重新规划,它依旧沿褒水延伸,却在留坝(今姜窝子)折向西北,随后直奔回车(在今凤县),并在那里与通往今宝鸡市的古陈仓道相接。"褒斜道"的名称保留了下来,这条路却不再穿过斜水河谷,其总里程约为115千米,连接汉中与回车。[4]新规划的路线要求在留坝和回车之间修建全新的栈道,而两地距离不少于39千米。

---

[1](原著)英文译文基于《石门摩崖刻石研究》录文,见该书第88—89页;同时也得益于郭鹏对罗著的注解,见《褒谷古迹辑略校注》,第67—73页。
[2] 有关孝文帝的政策和人们对该政策的抵抗,见 Stanley Abe, *Ordinary Images*, Chicago: University of Chicago Press, 2002, chap. 3.
[3]《魏书》卷8,第204页。《魏书·世宗纪》载,正始四年(507年)九月,"甲子,开斜谷旧道"。虽然这则文献只提到了斜谷的道路,但它应是褒斜道的简称。见《石门石刻大全》,第31页。
[4]《石门摩崖刻石研究》,第100页。

除了营治道路以外,羊祉的工程还恢复了对石门隧道的使用。在隧道中,或属羊祉部下的王远铭刻下他所写的文章,标志着工程的竣工。与《石门颂》对杨孟文倾注的热情赞美相比,《石门铭》给予羊祉的褒扬显得较为冷静。草森绅一推测,该文可能由王远捉刀,而羊祉通过这件纪念性石刻,获得了首倡修路的名声;然而,王远将这位刺史比作其远祖羊叔子,已是他在颂辞中能够写出的最好的话语了。[1] 羊祉的生平或许可以解释铭文中褒美之辞的匮乏。《魏书》里,羊祉跻身酷吏列传,其仕宦生涯读起来并不令人愉快。他是一个喜好使用刑法的严苛官员,为官期间有贪腐的污点。他强迫战俘成为其私人奴仆,且因此遭到弹劾,还曾挪用公款为自己建造豪华宅邸。[2]

《石门铭》中真正的英雄乃左校令贾三德,他从洛阳被派遣过来,监管道路施工。在王远笔下,这位优秀的工程师可比肩古代的伟大工匠鲁班和纸张的发明者蔡伦。正是得益于这位哲匠,才有了"四民富实,百姓息肩"的境况。皇帝诏书特意指定的贾三德,必定是经验丰富的官员和熟悉宏大营造的宿匠,参与过北魏都城选址洛阳后的建筑项目。当时,这座衰败的城市几乎不到十年就彻底变样,众多宫殿和佛寺拔地而起。[3] 起筑木构建筑的技术可被转用到栈道的修建中来。此外,数以百计被派来修褒斜道的石匠很可能也带来了他们在佛教石窟中磨炼出来的技艺。这些石窟先是开凿在旧都平城(今山西大同)郊外的云冈,后来开凿在洛阳附近的龙门。修路的体力劳动来自上万刑徒,而石作匠师掌握着特定知识,知道如何加工石面和钻凿栈道柱梁的孔槽。

王远《石门铭》所记的事件令人想起几个世纪前《石门颂》的叙述,类似地,这两篇石刻铭文的基本结构也很相似——先是一段介绍性文字,随后是赞颂韵文。

---

[1][日]草森绅一:《「永平」の心:北魏「石門銘」誕生の秘密》,[日]石川九杨编:《書の宇宙:石に刻された文字·北朝石刻》,东京:二玄社,1997年,第79页。
[2]《魏书》卷89,第1923—1924页。
[3]洛阳极盛之时为北魏后期,杨衒之约写于547年的《洛阳伽蓝记》描绘了其壮观景象。完整的英文译文见 Wang Yi-t'ung, trans., *A Record of Buddhist Monasteries in Lo-yang by Yang Hsüan-chih*, Princeton: Princeton University Press, 1984。

但不像《石门颂》，或者准确地说是《故司隶校尉犍为杨君颂》，王远的作品题为《石门铭》，指向的是一个地方，而非一个人。"铭"字的本义是"铭刻"，这是它在《礼记》和其他早期文本中的定义，即在青铜器上铸刻文字的行为。但据刘勰所言，"铭"是一种文学体裁，正所谓："铭者，名也。观器必也正名，审用贵乎盛德。"[1] 刘勰列举的"铭"，可以写在从青铜容器、乐器、雕塑、兵器到古帝王的车、坐具等各类器物上。这些带有铭文的物品被转换成道德劝诫的媒介。"铭"也可以是为建筑和地点而作的，如东汉李尤（约55—135年）所写的关于津渡的作品。[2] 除这些例子之外，刘勰还在"铭"的类别下列出了秦始皇在巡狩之地所立的碑刻以及史学家班固创作的《燕然山铭》。这些石刻铭文标记着重要事件发生的场所，而非饰于器物表面。

和刘勰提到的器物、场所的"铭"一样，王远《石门铭》的意义是由它在空间中的位置决定的。这可从起首的"此门"二字明显看出。只有把代词"此"理解为镌刻着铭文的地点时，"此门"才有意义：如果文字被转刻到其他任何地方，或完全转换为手写、印制文本，这个词都会失去其指称逻辑。尽管《石门铭》沿袭了《石门颂》的叙述模式，对那些曾在隧道和褒斜道历史中负责重大工程的人予以褒扬，但文末的韵文却偏离了汉代石刻铭文的格套。由前文可知，《石门颂》的韵文是奉献给杨孟文个人的。王远虽援引了禹凿龙门的典故作喻，并使人回忆起隧道开创时在位的汉代皇帝，却将韵文末尾三分之一的篇幅用来描述隧道周边的景色。[3]

---

[1]《文心雕龙注释》，第116页。（原著）英文译文引自Shih, *Literary Mind*, 59（有所修改）。关于"铭"字，海陶玮（James R. Hightower）提醒道："若将它用作一种文学体裁的名称，只会使人一头雾水。" "Wen Hsüan and Genre Theory," 523n54.

[2] 李尤所作的"铭"见《全后汉文》卷50，(清)严可均辑：《全上古三代秦汉三国六朝文》，上海：中华书局，1958年，第4a—13b页。

[3] 草森绅一认为，铭文中提及的龙门也可以被解读为宣武帝时营造的河南洛阳龙门石窟，该石窟的开凿与《石门铭》的镌刻时间重合。草森绅一的解读将《石门铭》视作另一种向宣武帝的礼敬，而他正是在背后推动重修褒斜道的人。于他而言，该工程是重要的政治和军事成就，可被用来促进即将进行的对南方的攻伐。草森绅一忽视了一点，即《石门颂》同样引用了禹凿龙门的典故，而且王远的文章还以其他方式回应了《石门颂》。这说明草森绅一的解释没有对《石门铭》里那些更具有地性和历史特殊性的内容给予足够的重视。[日]草森绅一：《「永平」の心：北魏「石門銘」誕生の秘密》，[日]石川九楊编：《書の宇宙：石に刻された文字・北朝石刻》，第78—79页。

在石门景观中的众多石刻里，第一次有铭文明确述及一个读者进入隧道前所能看到的东西：壮阔的河流及林木丰美的河岸，延伸向远方的栈道，还有在这些木构上赶路的车辆。写景之作并非王远的文学独创，在6世纪早期，山水诗就成为蓬勃发展且标新立异的体裁，当时的中国南北方均是如此。[1]《石门铭》虽只有一小部分采用了山水诗的语言，但王远却可能是最早将韵文铭刻在其所描绘的景色中的作者。[2]

不同于石门的早期题刻，《石门铭》的另一个特征在于，王远对贾三德这样拥有特殊学识的人表达了尊重。王远试图强调技艺的重要性，这一点或许能解释铭文中的其他特殊现象：文末出现刻工"洛阳县武阿仁"的名字，此人定是从都城被派至褒斜道工作的"石师"之一。和那些刻名于他们所做墓室或地上祠堂的石工一样，武阿仁必然也具备"匠师素养"（craftsman's literacy）[3]。虽然目不识丁的刻工也能把书写在隧道墙壁上的《石门铭》凿刻出来，但这件石刻的制作细节却展现出对结体和笔画顺序的精准把握，说明刻工本人了解书写方法。作为洛阳本地人，武阿仁无疑是在家乡学到了技艺（包括读写能力），并活跃于凿石之声响遍新都及其周边的时代。在城外的龙门石窟，熟练的刻工同时制作着伊河崖壁上的造像与发愿文。此外，工匠群体还为葬在洛阳西北郊邙山茔地里的皇室及贵族刻制了大量墓志。

在石门的工作中，武阿仁为北魏新获得的这片边远地区带去了他在城市营建中习得的专业技能。当王远决意在隧道中刻下铭文时，武阿仁的出现对他而言至关重要。以往的看法认为王远既是《石门铭》的撰者，又是其书者，但是这个判断只

---

[1] 关于中国早期山水诗的介绍，见 Donald Holzman, *Landscape Appreciation in Ancient and Early Medieval China*, Xinzhu, Taiwan: Program for Research on Intellectual-Cultural History, College of Humanities and Social Sciences, Taipei Tsing Hua University, 1996.

[2] 两年后，郑道昭将充满山水想象的诗作刻在了云峰山上。见本书第二章。

[3] Anthony J. Barbieri-Low, "Carving out a Living: Stone Monument Artisans during the Eastern Han Dynasty," in *Recarving China's Past: Art, Archaeology, and Architecture of the "Wu Family Shrines,"* 495-496. "匠师素养"一词引自 William V. Harris, *Ancient Literacy*, Cambridge, MA: Harvard University Press, 1989, 22。

能从铭文中的两个动词推理出来。其中，笔者译作"我因此创作了一篇题铭"的一句（"乃作铭"）和古汉语里诸如此类的短语一样，并未清楚说明动词"作"的主语，这为撰写者另有其人留下可能性。文末的"王远书"三字明确了书者的身份，但"书"字同时具有"创作文章"和"书写"的意思。[1] 即便如此，在缺少其他完成该石刻的出资者或参与者的姓名的情况下，过去将撰者和书者都归于王远的结论是合理的。这个仅仅通过石门石刻垂名青史的人来自山西太原，而且可能在那里学习了书法。不过，来自洛阳的证据使我们得以重建王远在世时期的北魏书法史，并将他的作品纳入6世纪早期的石刻语境中。[2]

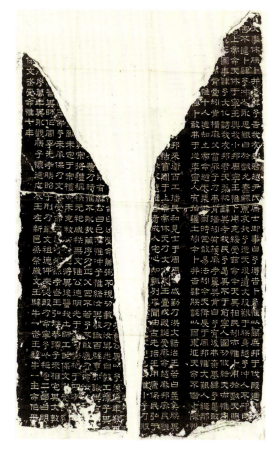

图1-29 《熹平石经》残石，约175年，拓本

迁都洛阳后的最初十年里，洛阳的石刻吸收了两种不同的碑石传统，采用了两种不同的凿刻方法。[3] 第一种传统源自立在汉魏及两晋城市的石碑，包括刻于2世纪的石经（图1-29），呈现为边缘清晰、棱角分明的隶书。虽然笔画仍有粗细

---

[1] 详细解释见本书第74页，注释[1]。
[2] 北魏书法史概述参阅刘涛：《中国书法史·魏晋南北朝卷》第十二章，南京：江苏教育出版社，2002年。
[3] 关于北魏洛阳书法的情况，参阅 Hui-wen Lu, "A New Imperial Style of Calligraphy"。

图1-30 《牛橛造像记》，495年，拓本局部，原刻位于河南洛阳市龙门石窟古阳洞，采自［日］中田勇次郎编《书道全集》，东京：平凡社，1954—1961年，卷6《中国 南北朝Ⅱ》，图版38

之分，但是汉代简牍上明显可见的笔迹调整逐渐消失，因锤凿而产生的视觉效果占据主体——点画方硬、起笔锐利，而不是由毛笔可轻易实现的形态。在孝文帝的汉化政策下，发现于洛阳的前代石刻恢复了权威光环，使得这些遗物激发出多种公共书作的典型风格，应用于各类情形。该现象可从龙门古阳洞495年的《牛橛造像记》（图1-30）中观察到。在此，锐利的起笔和三角形的点与几百年前洛阳官方所立石碑使用的隶书极为相似。但与此同时，这处石刻也展现了新近演变成熟的真书的要素：隶书明显的波磔被弱化了，横画斜向右上，竖画则总体上比横画要粗，笔毫内部的复杂运动在笔画转角处形成"肩"，例见"口"字结构。该书体后来被称为楷书。大约同时出现在洛阳的另一种书写传统则更像中国南方的石刻书法，其文字呈现出毛笔书写的鲜活痕迹。在刻于508年的《元详墓志》（图1-31）中，笔画因施于笔尖的压力迅速变化而略微变细，这得到刻工的忠实再现。在此件作品里，刻工的凿子服从于毛笔，它将书法家手腕及手指活动产生的微妙变化记录下来，转录进石板表面。

如果与都城的石刻书法联系起来看，王远的《石门铭》同属真书，或称楷书，是一种在龙门石窟题记和墓志中都用到的书体。其横画向右上倾斜,竖画末端有尖锐的锋,方形结构则表现出明显的"肩",所有这些特征都说明王远掌握了北魏都城的流行书风。但他的书法没有受到主导洛阳石刻的布局及运笔规则的拘束,不像《牛橛造像记》或《元详墓志》,王远的石刻只是大体上合乎网格(见图1-28)。若沿着竖列阅读铭文(当使用裁成册页的拓片来研究石刻时,人们几乎完全失去这种视觉感受),每个字看起来都像是参照不同的轴线对齐的。[1]由于竖画上端向左侧倾斜,这些字还呈现一种强烈的倾倒态势。随着行文趋近终点,横竖字距变得愈发不规则,文末的字殊为贴近。

图1-31 《元详墓志》,508年,拓本局部,日本京都大学藏,采自《書道全集》卷6《中國 南北朝 II》,图版51

《石门铭》和洛阳书作之间最大的风格差异,是柔和的轮廓及圆钝的笔画起末,都城的石刻铭文里没有与之类似的例子。然而,石门隧道中对面墙壁上的大型石刻恰巧显现出同样的形式特

---

[1] 草森绅一在解读这些欹斜的字时,将其类比于行走在陡峭栈道上的体验。见[日]草森绅一:《「永平」の心:北魏「石門銘」誕生の秘密》,[日]石川九杨编:《書の宇宙:石に刻された文字・北朝石刻》,第84页。

征。王远写的字是前述北魏真书，笔迹风格却与中锋运笔而成的《石门颂》效果接近。与后者相比，他的书作确实反映了更多笔势变化带来的丰富性和复杂性，可汉代作品的书法样式必然起到重要的示范作用，就像早期铭文的文学体裁成为后世的模范一样。这也就是说，存在一个可将《石门铭》囊括在内的本地书写传统。王远希望其作品达到与汉代石刻在文本与视觉上的共鸣，这对于在隧道内部从西壁转身走向东壁的读者而言，是能够轻松发现的事实。

刻工武阿仁为这件石刻的视觉形式做了什么贡献呢？有迹象表明，武阿仁竭力将王远的书迹变换成石刻线条。在许多字中，武阿仁小心地重现了笔尖压力变化赋予笔画的细微弹性——这些效果可以很容易地被墨书表现出来，但在石刻里却需要经过莫大努力才能实现。其中最为夸张的是文末"洛阳"一词中简化的"洛"字（图1–32），王远在此挥毫舞墨，连接起可以前后相续的运笔，给武阿仁留下了一个挑战，即把熟悉的故乡名称用这种特别的形式呈现在石头上。

羊祉发起的重建工程是中古时期褒斜道有铭刻记载的最后一次重大项目。因此，本章的结语适合留给一位实实在在参与现场工作的人，何况他直接监管万千刑徒与石工——贾三德。这位王远赞扬的工程师将一则简洁的铭文刻在了《石门铭》之后，它有时亦被称为《石门铭小记》（见图1–2b，图1–33）：

> 本西壁文后汉永平中开石门，今大魏改正始五年为永平元年。余功至二年正月，讫乎开复之年同日永平，今古同□□矣哉！后之君子异事同闻焉。贾哲字三德。[1]

贾三德不仅是杰出的工程师，还是专注的读者，对历史上奇妙的巧合之处相当敏感。他让观者的注意力回到石门隧道西壁和刻在彼处的《石门颂》，由此引导我们

---

[1]《石门摩崖刻石研究》，第89页。

图 1-32　《石门铭》中的"洛阳"二字，509年，拓本

图 1-33　《石门铭小记》，509年，拓本局部，98厘米×28厘米，石刻原位于陕西汉中市石门，现藏于汉中市博物馆，采自《石门石刻大全》，第 28 页

审思这样一个事实：隧道开凿于东汉永平年间，而他修复道路的工作完成于另一个永平年间，时为北魏（即所谓"大魏"）统治时期。一处石刻铭文专门提及另一处位置相近的铭文，通过互文性的指称强调了两处石刻的空间关系，这种情形在石门是第一次发生，或许也是中国历史上的第一次。贾三德短篇记文的书法与王远所书相仿，有着同样夸张的延长撇捺，不过，它们之间仍存在一定的风格差异，增加了贾三德亲自书写这则题记的可能性。这个同时担任工程师、撰文者和书写者的人，也被刻记在石门的历史中。

水位抬升与石门消逝

本书第五章的一段概述将表明，石门石刻的历史并未结束于6世纪，尽管从宋至清的文人和金石学家留下的铭文本质上几乎与道路营建无涉。截至目前，这个汉代行政与工程奇迹在后世经历过的最富戏剧性的时刻，出现在20世纪——整条隧道消失了，而它最宝贵的石刻存续了下来。

在1960年和1963年，陕西省考古研究所对这些石刻以及它们与褒斜道的关系展开了第一次系统性的田野调查，当时隧道以外南北崖壁上的道路遗迹仍清晰可见。这些研究开始的时间，也恰是石门的历史行将终结的时候。[1] 20世纪60年代中期，中国政府决定在褒河上建造一座水库，用以提供灌溉用水并发电。1969—1971年间，省会和当地文化部门实施了拯救石门石刻的惊天计划。[2] 距离隧道开凿已过去几乎整整1900年，凿取褒河河谷的石头必然是一项极为艰辛的壮举。在这次行动中，工人装备着钻机、凿子和轻量炸药将刻铭从隧道内壁、外部崖面和巨石上取出。大型石块有的重达十吨，它们一脱离隧道和崖壁，就得到了修整，其背面也被磨平。这一过程将摩崖石刻转变为类似于独立石碑的石块（图1-34）。石块继而被放置在圆木轨道上，运到大型货车旁等候运输，包括《石门铭》在内的部分石刻在从崖壁上被切下时裂成数块，当安全抵达汉中后需要重新拼合起来。

在汉中市博物馆为这些石刻专门建造的宽敞展室中，石门的石刻井然有序地立在一起（图1-35）。通过独立展厅内的照片和微型三维模型，它们的原始位置得以展示。将石刻迁移到博物馆的安全环境，比起让它们消失要好一些；但对于任何

---

[1] 历史总是重复其自身。随着长江三峡大坝即将完工，白鹤梁石刻也会消失。郭一兵主编：《长江三峡工程水库水文题刻文物图集》，北京：科学出版社，1996年。感谢来国龙教授提供的信息。（译者注：2009年，涪陵白鹤梁水下博物馆落成。）

[2] 郭荣章在《石门十三品探踪述略》以及《石门石刻大全》的序言中记录了这一过程，后者还收录了极佳的纪实照片。

图 1-34 将石门石刻迁出原址的过程，采自《石门石刻大全》，图 18

图 1-35 汉中市博物馆内的石门石刻，采自《石门石刻大全》，图 26

图 1-36 石门原址的褒河水库，著者摄影

凝视着褒河水库，并知道水面之下潜藏着何物的人来说（图 1-36），是不可能不感到遗憾的，因为他们错失了这样的经历：沿木构栈道前行，然后持着火炬进入隧道，细细阅读石壁上的往昔。

第二章

随云峰山的群仙遨游

564年夏天，一位供职于北齐的官员——郑述祖（卒于565年）回归山东半岛，就任光州刺史。这是50多年前他的父亲郑道昭（约455—516年）在北魏时期担任过的职位。关于童年时代追随父亲游历当地风物，郑述祖记忆犹新。从本州州治也就是今天的莱州市区向南凝望，他指着群岭中的一座山峰——云峰山，说道："此山是先君所名，其中大有旧迹。"（图2-1）刻在这座山上的佚名文章《重登云峰山记》（见图2-23）载录了这句话。根据记文，郑述祖旋即率领一队僚属和仆从，开始

图2-1 云峰山远景，山东莱州市，著者摄影

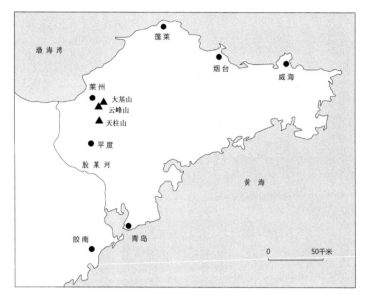

图 2-2 山东境内郑道昭石刻所在山体分布图

了寻找乃父遗踪的旅程。[1]

他们发现了云峰山花岗岩石面上的一系列题刻，跋涉而上之时，郑述祖确确实实是在循着父亲的足迹前进。他不时停下来阅读刻凿在崖壁和巨石表面的文字——一篇献给已故祖父的颂辞、描述仙灵想象的诗句、地点的名称以及其他涉及历史、仙灵事件的题刻。在担任光州刺史期间，郑述祖还重访了天柱山和大基山，坐落在莱州附近的这些山峰上同样刻着由郑道昭创作或者以其名义刻下的铭文（图2-2）。如同遇见已故父亲的画像，或走近家族祠堂中的灵位一样，见到石刻书迹

---

[1] 王思礼等编：《云峰刻石调查与研究》，济南：齐鲁书社，1992年，第27页。关于郑述祖的生卒年，参阅于书亭：《〈天柱山铭〉析疑》，氏著：《郑道昭与四山刻石》，北京：人民美术出版社，2004年，第71—78页。《北史》记载了郑述祖回到光州后的事迹："迁光州刺史。初，述祖父为光州，于城南小山起斋亭，刻石为记，述祖时年九岁（《重登云峰山记》作十一岁，按西方算法，则为十岁）。及为刺史，往寻旧迹，得一破石，有铭云：'中岳先生郑道昭之白云堂。'述祖对之呜咽，悲动群僚。（郑述祖在任时）有人入市盗布，其父怒曰：'何负吾君？'执之以归首，述祖特原之，自是境内无盗。百姓歌曰：'大郑公，小郑公，相去五十载，风教犹尚同。'"（唐）李延寿：《北史》卷35，北京：中华书局，1974年，第1307页。据于书亭所述，前述对郑道昭斋亭和白云堂石刻的位置的记载有误。参阅于书亭：《郑道昭与"白云堂"》，《郑道昭与四山刻石》，第31—34页；山东石刻艺术博物馆、中国书法家协会山东分会编：《云峰刻石研究》，济南：齐鲁书社，1992年，第253—257页。

的郑述祖感动涕零。

没有史料表明郑道昭生前以书法家的才能名世，但在20世纪90年代，人们恰恰以这一角色来纪念他，将一座金灿灿的塑像摆放于云峰山麓的展厅里（图2-3）。他手中的毛笔指向高处，呈现出准备在山崖或者高耸的石头上书写的姿势。对郑道昭的这种想象，建立在12世纪初期以赵明诚为开端的古物学与金石研究的脉络之上。[1]赵氏最早记录莱州附近山间带有郑道昭姓名或者推测由其创作且亲笔书丹的题刻。尽管散布于多个地点，中国学界仍将大约37处现存铭文统称为"云峰山刻石"。它们相互关联，组成了中古中国此类摩崖石刻的最大集群。[2]尽管仅有很少一部分有理由归为郑道昭手笔，然而，题刻组群共同构建的一个彼此呼应且有互文关系的网络使郑氏身居文字刻凿工程的核心。

图2-3 郑道昭塑像，1990年前后，涂金石膏，山东莱州市云峰山，著者摄影

最早的云峰山题刻可追溯至511年，仅比王远的《石门铭》晚两年。石门与云峰山的石刻铭文借用了同样的媒介，不过二者仍有许多不同。陕西的隧道石刻

---

[1]（宋）赵明诚撰，金文明校证：《金石录校证》卷21，上海：上海书画出版社，1985年，第389—399页。云峰山、大基山、天柱山以及同样与郑道昭有关的山东青州附近的玲珑山等处石刻的拓片可见《云峰刻石全集》一书。山东石刻艺术博物馆、莱州市博物馆编：《云峰刻石全集》，济南：齐鲁书社，1989年。需注意，中国学者常使用"云峰刻石"或"云峰山刻石"等名称来指代以上所有四山的题刻。针对云峰山石刻铭文作品的论著目录见《云峰刻石调查与研究》，第63—67页。
[2]玲珑山的两处石刻中出现了郑道昭的名字。此山位处山东青州，郑道昭去世前曾在此地短暂地任职。由于这些铭文十分简短，且与莱州附近诸山上存在密切联系的石刻群距离遥远，笔者的研究并不包括玲珑山石刻。参阅《云峰刻石调查与研究》，第59—62页。

群是在一个漫长的时段中积累起来的,而云峰山及其他地点与郑道昭有关的题刻皆开凿于两年以内——介于他来到此地的510年和离开的512年之间。石门石刻聚集在一个地点,通过褒斜道招致潜在的观众,而山东峰岭上的石刻却迥然不同,召唤读者到访多个地点。在云峰山和天柱山,读者必须沿着垂直的轴线向上攀爬,才能见到相互关联的铭文。而在大基山,石刻选址于几个临近的山丘,读者既需要沿着多个垂直轴线向上登涉,又需要横向穿越南北、东西均延展超过1千米的水平面。

尽管刻于郑道昭任北魏地方管理要职之际,但是郑氏题刻与公共事件没有直接联系,不同于密切关乎行政和官僚行为的石门石刻。与之相反,它们几乎只和郑氏家族及友邻有关。这些题刻的特殊之处还表现为包含更多种类的文学体裁与符号功能。其中,献给郑道昭之父郑羲(425—492年)的铭文刻在两个不同的地点,文学形式近似《石门颂》和《石门铭》。不过,这些题刻并不标记郑羲生平中关键事迹发生的地点,而是纪念他的辞世和埋葬;笔者将论证,郑羲之墓远在河南,石刻起到代替纪念斯人的墓志铭的作用。传为郑道昭所作的抒怀诗有可能是中国最早的铭载于石的诗歌,融合了郑氏对他参与的现实事件的描述和对纯想象场景的视觉建构。数量最多的是标示山水间诸地点的题刻,它们通过语义内涵和空间位置唤起超自然事物的出现。

总体而言,云峰山石刻将其所在地形转换为人力塑造的风景。用米切尔(W. J. T. Mitchell)的话说,当自然界中未经开发之地"被赋予文化含义和价值,无论这些内容是通过以园艺或建筑手段在物理上改造某地的方式植入其间,还是于自然形成的地点被发现"[1],此地就变成了风景。在郑道昭留下标记的山东峰岭,借由对仅是偶然天成的地形的寻觅、命名和题刻,意义便得以注入。刻记的文字不仅赋予特定地点新的意义,还使得有关山峰成为亨利·列斐伏尔(Henri Lefebvre)所说的"象

---

[1] W. J. T. Mitchell, "Imperial Landscape," in *Landscape and Power*, ed. W. J. T. Mitchell, Chicago: University of Chicago Press, 1994, 14.

征性空间"(representational spaces)。列斐伏尔引用去往圣地亚哥·德·孔波斯泰拉(Santiago de Compostela)的道路为例来说明这种空间。在中世纪的欧洲,这条朝圣路线被看作穿越天穹并连接巨蟹座和摩羯座的银河在尘世的等同物。[1]在中古中国文化里,象征性空间由刻有题记的山东诸峰创造出来,是宇宙本身的对应物;它们就像坛庙、皇家苑囿或墓葬艺术一样,暗含的结构性逻辑均体现这样的一些观念,即人类或其死后之灵如何界定自己与神圣领域以及在那里遇见的神灵和力量的关系。

如果雕凿过的山可被解释为象征物,那么它们必然要被看作一种形塑智慧的成果来认识。中国和日本学者的严谨的风格学分析指出,郑道昭并没有书写所有过去一概归入他名下的石刻,所以不能认为他是文本塑造的象征物的唯一作者。然而,我们也同样清楚,假设郑氏未曾去山东就不会有题刻被雕凿出来,而且对这些山岳的探索也正是随其生涯经历而兴起的。

荥阳郑道昭

北魏由中国北方鲜卑民族拓跋氏建立,郑道昭诞生于供职本朝的杰出汉人家庭之一。[2]就像在北魏社会与政治结构中扮演着相似角色的崔氏和卢氏一样,自汉代以降,郑氏即世代出产政府官员。由于与皇室拓跋氏联姻,比如郑道昭之妹即孝文帝的妃子,这些家族参与了拓跋氏逐渐汉化的过程。在孝文帝的命令下,这一进

---

[1] Henri Lefebvre, *The Production of Space*, trans., Donald Nicholson-Smith, Oxford: Blackwell Publishers, 1991, 45(中文译本见[法]亨利·列斐伏尔著,刘怀玉等译:《空间的生产》,北京:商务印书馆,2021年).
[2] 郑道昭的生平资料,包含仕宦经历和向皇帝呈送的文书内容,作为其父亲郑羲传记的一部分出现。见(北齐)魏收:《魏书》卷56,北京:中华书局,1974年,第1240—1242页;《北史》卷35,第1304—1305页。笔者对郑道昭生平的叙述主要据其年表(《云峰刻石调查与研究》,第147—156页)以及《云峰刻石调查与研究》所收多篇文章。笔者需要感谢其他关于郑道昭和云峰山石刻的重要研究,它们来自[日]中田勇次郎编:《书道藝術》,东京:中央公论社,1971—1973年,卷2《智永 郑道昭》;[日]坂田玄翔(隆一):《鄭道昭:秘境山東の摩崖》,东京:雄山阁,1984年;于书亭编著:《云峰、天柱诸山北朝刻石》,北京:人民美术出版社,1990年。

程得到巩固。他强制朝中使用汉族服饰和语言，而且于493年从平城迁都到洛阳，后者从东周以来就是中国都城的一处选址。

郑道昭的传记表明，从童年开始，他即热爱学习，逐渐通晓各种思想学说。[1]他的天赋与卓越的家庭背景相称，这令他在北魏定都平城的最后几年里快速崛起于中央机构。492年，他的父亲郑羲以秘书监卒于平城任上。郑道昭中断了自己的荣耀生涯，护送父亲的灵柩至家族故里河南荥阳埋葬。郑道昭服丧三年后，回归仕途，来到新都洛阳，他的身份恢复为孝文帝的宠臣。皇帝自言，在文学集会上曾经挂怀郑道昭的缺席。[2]

5世纪90年代末，郑道昭晋升为秘书丞兼中书侍郎，但499年孝文帝驾崩后，他迎来了一段政治挫折与失意的岁月。502年，因为参与阴谋反对新皇帝宣武帝，郑道昭的堂兄弟被处决。尽管躲过严酷的惩罚，郑道昭还是被暂时降职。504年，他成为国子祭酒，其气质和学识非常适合这一职位。当发现自己监管的建筑严重损毁时，他在505年上奏，建议修葺屋宇以及整理仍然保存于城市南郊太学之中的汉魏石经：

> 臣窃以为崇治之道，必也须才；养才之要，莫先于学。今国子学堂房粗置，弦诵阙尔。[3]城南太学，汉魏《石经》，丘墟残毁，蔾藿芜秽。[4]

---

[1]《魏书》卷56，第1240页。

[2] 根据《洛阳伽蓝记》，郑道昭在洛阳的居所位于东阳门外二里的晖文里。见（北魏）杨衒之：《洛阳伽蓝记》卷2，北京：中华书局，1974年，第84—85页。亦可参阅Wang Yi-t'ung, trans., *A Record of Buddhist Monasteries in Lo-yang by Yang Hsüan-chih*, Princeton: Princeton University Press, 1984, 84-85。

[3]"弦诵"一词指教学活动，见于《礼记》"春诵夏弦"。参阅《礼记正义》卷20，李学勤主编：《十三经注疏》，北京：北京大学出版社，1999年，第625—626页。郑道昭所上表被记载在宋代编辑的《册府元龟》（卷603，香港：中华书局，1960年，第7237b—7238b页）里，其中"生诵"一词替代了引自《礼记》的词语。

[4]《魏书》记载郑道昭的官职为"国子祭酒"，笔者将其理解为国家子弟学校的校长，这个职位赋予他两个高等教育机构——国子学（也叫国学）以及自汉时起就坐落于洛阳城南的太学的管辖权。此时这两个机构的区别并不明显。见熊承涤：《中国古代教育史料系年》，北京：人民教育出版社，1991，第188—241页；Howard S. Galt, *A History of Chinese Educational Institutions*, London: Arthur Probsthain, 1951, 270-313. 据《洛阳伽蓝记》记载，石经是城市南郊的著名石刻。见（北魏）杨衒之：《洛阳伽蓝记》卷3，第141页；Wang Yi-t'ung, trans., *A Record of Buddhist Monasteries in Lo-yang by Yang Hsüan-chih*, 160。关于石经的历史见张国淦：《历代石经考》，台北：鼎文书局，1972年。

游儿牧竖，为之叹息；有情[1]之辈，实亦悼心；况臣亲司，而不言露。伏愿天慈回神纡眄，赐垂鉴察。若臣微意，万一合允，求重敕[2]尚书、门下，考论营制之模，则五雍[3]可翘立而兴，毁铭可不日而就。树旧经于帝京，播茂范于不朽。斯有天下者之美业也。[4]

在《魏书》中的这段表文之后，"不从"一词简略概括了皇帝对郑道昭提案的回应。另外两则恳求皇帝重视儒家教育的奏表最终使得宣武帝赞扬了他的品德，但他的政治建言仍被忽视。

郑道昭的人生转折点于510年来临，当时他离开都城，来到今天山东东部的行政区域——光州，就任刺史。同时他兼任平东将军，坐镇渤海湾海岸以南约10千米、今属莱州城区的区域。此时并非到这一地区任职的好时机，饥荒于511年的冬天至次年早春爆发。虽然流年不利，但是郑道昭仍是一位宽厚的长官，为臣属和普通民众爱戴。除了《魏书》的记载，我们对郑道昭在光州的公共生活经历所知甚少。513年，他被调至青州（今属山东省），同样担任刺史。他于516年被召回都城，成为秘书监，但在当年稍晚之时猝然病逝。

大基山与礼仪空间营造

前述传记梗概的基础是官修史书中关于郑道昭生平的记载，其中仅提及一

---

[1]"有情"一词，笔者直译作"有普通情感的人"，该词源自梵文词语"*sattva*"，在中文里也译作"众生"。参阅 William Soothill, and Lewis Hodous, *A Dictionary of Chinese Buddhist Terms*, Reprint, Delhi: Motilal Banarsidass Publishers, 1997, 213。
[2]郑道昭请求皇帝"重敕"对建筑规制的讨论，暗示先前有此类事件，或许指的是献文帝统治伊始时的一条诏令。该诏令表达了对复兴古代教育模式的兴趣，命"二省"进行相关调查，并行奏报。《魏书》卷48，第1077页。
[3]"五雍"或为"三雍"之误，指的是礼学教育中的传统殿堂——明堂、辟雍和灵台。《册府元龟》所载郑道昭表文将"五雍"订正为"三雍"。见本书第96页，注释[3]。
[4]《魏书》卷56，第1240—1241页。

件石刻。据称，它被刻在莱州城南的一座山峰上，郑氏在那里建造了一座"白云堂"[1]。这里可能指的是云峰山以及此地已消失的一处石刻，可是，大基山存在两处含有"白云堂"文字的石刻，并且尚可观摩。不过这也并非笔者从这一地点开始论述的原因。大基山上最早的纪年题记作于512年，晚于云峰山和天柱山的石刻。首先考察大基山的原因在于，刻在其山水之间的文字通过某种方式定义了神圣的环境。这种方式可以起到典范作用，有助于理解另外两座山上的石刻如何借助文字与地形的互动产生意义。

就像无数中国其他山峦的名字一样，大基山不单指示某一单独的高耸构造，而是一簇峰峦。[2] 在莱州以东10千米，这些山环绕着大约东西1.5千米、南北1千米的山谷。现今，山谷可从西南方向沿铺筑的道路进入，经过一个水库，通往其内的国家森林公园管理处。山谷及周围的峰峦是与郑道昭有关的6世纪题刻所标记的地址（其中九处地点可见图2-4）。只有经过攀援陡峭的山岩才能到达最高的崖上石刻，而且山岩被繁密的荆棘和厚重的草丛覆盖，观者如果想遍及所有铭刻文字的地点，至少需要付出两天半的时间来跋涉[3]。

郑道昭或其同时代人没有留下在巡游山川时所经古代道路的痕迹，但是石刻的位置及内容表明了一条由接近山谷开口的南部启程的旅行路线。那里，一块略显红色的花岗岩巨石上写有两列文字："此仙坛南山门也。"（图2-5）简单的声明实现了几个目的：它开始将大基山原本未经改变的无名区域转变为具有清晰定义的空间，该空间可通过为石刻所标记的"门"进入；它引导访问者的注意力越过这一入口位置，去往坐落在其后的仙坛；而且，借助方向上的对称关系，任何熟悉中国宇宙观与山水建筑的人都会预想到，山谷的另一端存在另一座入门。

---

[1] 见本书第92页，注释[1]。于书亭认为，郑道昭在云峰山和青州玲珑山上均建造了名为白云堂的建筑。《郑道昭与"白云堂"》，《云峰刻石研究》，第255页。
[2] 这座山的名字在现代汉语中被写作"大基山"。在被归为郑道昭笔迹的石刻里，山名的首字多了一个笔画，应被读作"太"。不过，二者的意思是一样的。
[3] 对行程用时的估计，来自[日]坂田玄翔:《鄭道昭：秘境山東の摩崖》，第165页。

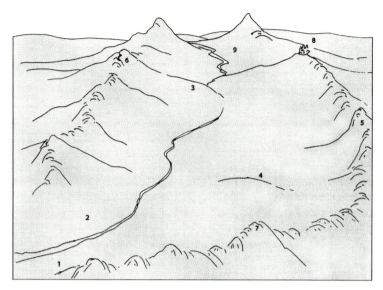

图 2-4 大基山石刻分布图,山东莱州市,皮拉尔·彼得斯制图,底图采自王思礼等编:《云峰刻石调查与研究》,济南:齐鲁书社,1992 年,第 4 页
(1)"此仙坛南山门也"题刻,约 512 年;(2)《仙坛铭告》,约 512 年;(3)《登青阳岭诗》,约 512 年;(4)中明坛题刻,约 512 年;(5)青烟寺题刻,约 512 年;(6)白云堂题刻,约 512 年;(7)朱阳台题刻,约 512 年;(8)玄灵宫题刻,约 512 年;(9)"此仙坛北山门也"题刻,约 512 年

图 2-5 "此仙坛南山门也"题刻,约 512 年,42 厘米 ×30 厘米,山东莱州市大基山,著者摄影

标记南山门的巨石以北，进入山谷的现代道路之左，有一处刻在高出路面约 15 米的岩壁之上的题记（图 2-6）：

图 2-6 《仙坛铭告》，约 512 年，50—80 厘米 × 40 厘米，山东莱州市大基山，著者摄影

> 此太基山内中明冈及四面岩顶上，嵩岳先生荥阳郑道昭扫石置五处仙坛。其松林草木有能修奉者，世贵吉昌，慎勿侵犯，铭告令知也。[1]

中国学界将这段五列字组成的文字称作《仙坛铭告》。通过确认南山门石刻提及的仙坛的存在，它扩展了访问者对山谷的认知。这个声明还解释了这些坛的缘起，将其定义为"扫石"者，即清扫仙坛地面的人——郑道昭的作品，敬称"嵩岳先生"提到了距离郑氏家乡荥阳不远的河南圣山。我们也会在别的地点见到这个名称，虽然它可能是郑道昭用来称呼自己的"号"，但是它并不见于任何足以清楚地归为其亲作的石刻文本中。使用这种方式或其他雅号称呼郑道昭的铭文或许应被理解为采用了他的随从或仰慕者的口吻：我们将会看到，郑氏不是独自前往这些山岭的，而且一些纪念其事的文本肯定是别人完成的，虽说很有可能得到他的允许或出自他的提议。

《仙坛铭告》没有邀请访问者探索山谷，而是以阻止冒犯山川的"禁入"告示

---

[1]《云峰刻石调查与研究》，第 46 页。同一块石头上有 565 年的郑述祖题刻，其铭文将此地界定为云居馆的山门。

图 2-7 《登青阳岭诗》(即《置仙坛诗》),约 512 年,3 米 × 4.86 米,山东莱州市大基山,采自赖非:《云峰刻石》,杭州:浙江人民美术出版社,2023 年,第 105 页

作结。我们可以安然地忽略此番警告,以便循着延伸进山谷的道路去往林业管理处。在这座现代建筑北边 200 米,建造于 20 世纪的石阶导向青阳岭的一块独立山岩。[1] 石头的南面有归属郑道昭本人的由 206 个字组成的铭文(图 2-7)。[2] 这是大基山所有石刻里篇幅最长的一则,对于理解由诸多已命名地点组成的整个

---

[1]《云峰刻石调查与研究》,第 41 页。这块巨石高 3 米,宽 4.85 米,被称作"枇杷石"。坂田玄翔是研究大基山地形最仔细的学者,他注意到巨石下有一块较小的石头,似乎是被人插进去用来固定岩石的。他认为,巨石并非仅凭自然力量沉降至此,而是被人为迁移到这里的。[日] 坂田玄翔:《郑道昭:秘境山东の摩崖》,第 169 页。

[2] 郑道昭传载,他喜作诗赋,尽管没有一首收入任何总集。流传下来的早期刊本中,唯一可以说明其诗人成就的例子是作于 498 年孝文帝宴会之上的两句诗,时值征伐南齐的军事行动期间。当时,皇帝先是以诗体歌唱道:"白日光天兮无不曜,江左一隅独未照。"郑道昭根据皇帝征服南方,即"江左"地区的诉求歌以应之:"皇风一鼓兮九地匝,戴日依天清六合。"《魏书》卷 56,第 1240 页。感谢雷之波(Zeb Raft)就这段文字给予的帮助。

综合体堪称肯綮：

> 诗五言，于莱城东十里，与诸门徒登青阳岭太基山上四面及中顶扫石置仙坛一首，魏秘书监司州大中正平东将军光州刺史荥阳郑道昭作。
> 寻日爱丘素[1]，陵月开靖场[2]。东峰青烟寺，西顶白云堂。
> 朱阳台望远，玄灵崖色光。高坛周四岭，中明起前岗。
> 神居杳汉眇，接景拂霓裳[3]。希微三四子，披霞度仙房。
> 萧萧步林石，寮寮歌道章。空谷和鸣磬，风岫吐浮香。
> 泠泠非虚唱，郁郁绕松梁。伊余莅东国，杖节牧齐[4]疆。
> 乘务惜暂暇，游此无事方。依岩论孝老，斟泉语经庄。
> 追文听浅义，门徒森山行。踟蹰念岁述，幽衿烛扶桑[5]。
> 栖盘时自我，岂云蹈行藏？[6]

对于任何一个站在青阳岭上读到这些文字的人而言，郑道昭的诗让新的意义涌入周围的风景。以铭告提到的仙坛为标志，山谷与四周山峰被叙述成人与超自然世界际会的环境。在这里，神圣仪式得以举行，神仙的出现也在意料之中。诗句记载，郑道昭以及陪伴他的人群在大基山一边欣赏自然风色，一边参与围绕道家和儒

---

[1] 在笔者看来，此处"素"字可看作"索"字的替换。词语"八索九丘"中也有相同用法，该词指代的是古代圣王的典籍。见 James Legge, trans., *The Chinese Classics*, 3d ed., Hong Kong: Hong Kong University Press, 1960, 5: 641。（原著）本章中的英文译文很大程度上获益自杨晓山教授的建议，在此谨致以最诚挚的谢意。
[2] 武汉大学的张思齐教授提出，笔者译作"月的周期"的"陵月"一词，指的应是举行道教仪式的满月之时所见山岭般的月面阴影。"靖场"似乎指的是诗中列出的五个祭坛所界定的礼仪空间。感谢哈佛大学的张晨（音）告知笔者相关信息。
[3] "霓裳"指的是仙人的服装。
[4] 齐是位于今山东省所在地的一个古国。
[5] 扶桑是神话中的一种树。每天早晨，太阳从东方的扶桑树处升起。
[6] 郑道昭的意思是，他在诗句里回应的不单是他无法控制的官场沉浮。诗句用典出自《论语》："子谓颜渊曰：'用之则行，舍之则藏，惟我与尔有是夫！'" Legge, trans., *The Chinese Classics*, 1:197。

家经典的公共讨论。山川也成为在职官员兼漫游山水的隐士——郑道昭的个人写照的背景。

诗的意义以及它所激发的想象空间随着对大基山的继续探索向前延展，若以诗中列举的名字作为指引，努力地寻找它们，那么，某位意志坚定的6世纪访客将会在四座山峰上发现石刻。按照郑道昭诗中提及它们的顺序，铭文可与四个主要方位对应起来：

（东）中岳先生荣阳郑道昭青烟之寺也。
（西）中岳先生荣阳郑道昭白云之堂也。
（南）中岳先生荣阳郑道昭朱阳之台也。
（北）中岳先生荣阳郑道昭玄灵之宫也。[1]

在这些题记里，郑道昭未被称作"嵩岳先生"，而是"中岳先生"，这里使用了嵩山的另一个称谓。每句话末尾都有助词"也"，例如在第一处地点，它使得语句可被理解为"这是中岳先生、荥阳郑道昭的青烟寺"。简洁的语法将地名与石刻所属的位置联结起来，虽然这些名字里并不包含"坛"，但是它们显然与方位点存在紧密联系，也就是刻在青阳岭的诗所谓的"高坛"。[2]

---

[1]《云峰刻石调查与研究》，第37—39页。一些石刻被一个患有精神病的当地人损坏了，此人对文字有着出奇的厌恶（来自与赖非先生的私下交谈，山东石刻艺术博物馆，1998年7月16日）。据于书亭所言，这个叫尹作官的人用大字在原本的石刻上凿刻了自己的名字。《郑道昭与四山刻石》，第7页。
[2] 这四处铭文列出的建筑类型，在各类背景下频频出现于中国建筑史上。"寺"是一个政府机构或一处佛教场所；"台""堂"和"宫"则可以营建于任何地方。然而，四种建筑类型以某种特定的组合方式存在于大基山，并与位于其所界定的空间中心的中明坛联系在一起。由此，它们的道教倾向显而易见。在与早期道教有关的多种建筑名称中，能和大基山石刻建立联系的是"崇虚寺"，它于491年被建造于平城郊外。更早之时，天师道规定每个"治"都必须建有名为"崇虚堂"和"玄台"的建筑。在作为宗教的道教兴起以前，汉武帝就营造过"宫"来比拟仙人在天上的居室，而且期望借此将他们引至地面。后来，"宫"被用来命名大型道观建筑。关于上述及其他类型的道教建筑，参阅石衍丰：《道教宫观琐谈》，《四川文物》1986年第4期，第2—8页；Livia Kohn, "A Home for the Immortals: The Layout and Development of Medieval Daoist Monasteries," *Acta Orientalia Academiae Scientiarum Hungaricae* 53, nos. 1-2 (2000): 79-106. 对道教建筑的讨论亦可见Thomas Hahn, "The Standard Taoist Mountain and Related Features of Religious Geography," *Cahiers d'Extrême-Asie* 4 (1988): 145-146。

外部四坛环绕的空间中心乃郑诗所称的中明坛，今天，坛的痕迹出现在林业管理处办公室以南约30米的地方（图2-8）。这处遗迹表现为半埋于土里的呈现三个面的刻铭巨石，由小型的保护棚笼罩着。三面文字循逆时针方向读作如下内容：

中岳先生荥阳郑道昭中明之坛也。

其居所号曰白云乡青烟里也。

岁在壬辰建。[1]

图2-8 中明坛题刻，约512年，高46厘米，山东莱州市大基山，采自《云峰刻石》，第97页

壬辰对应512年，郑道昭到达光州已两年。刻铭岩石现在位于山谷的地面，它最初却处于东侧一个叫中明冈的山丘之上——该地名曾在"禁入"告示和郑氏之诗里出现。根据当地传言，石头被盗贼从原来的位置移走，当他们遇到目击犯罪过程的本地道士时，将其丢弃在此。另一个相对平实却充分可信的说法将之归咎于1824年的一场暴雨，当时这块岩石从山上被冲落，而自6世纪始它原本一直立在那座山上。[2] 白云乡和青烟里的位置无法确定，据推测在中明坛的西侧和东侧。

---

[1]《云峰刻石调查与研究》，第43—44页。
[2][日]坂田玄翔：《鄭道昭：秘境山東の摩崖》，第168页。

铭刻的诸坛名称留存超过1400年,可是,没有证据显示,6世纪初大基山上曾经矗立起任何形式的建筑。虽然未来的发现或许能揭露石结构或木结构建筑的痕迹,但是很可能石刻提到的建筑只在想象中存在,抑或更确切地说,只以书作的方式存在。"南山门"等名字被刻凿在人为建筑的功能性对应物之上,重塑了它们的地理特征;与之类似,坛、台或堂均可以仅仅借由铭文就被召唤出来,即便无人目视文字。[1]

访问者从南侧进入大基山之谷,游历石刻文字标记的地址之后,将要从北侧走出时会经过刻有最后一处题记的低矮山岭。那里,已崩裂为碎块的高达7米的岩石以大字声明:"此仙坛北山门也。"这正是访问者在看到与之相应的南山门石刻后,能够预想到的有待发现的文字。该铭文让人们对大基山的游览经历变得完整:这座"门"是一个自然构造而非一座人为建筑,标示着郑道昭诗文所描述环境的外边界,且为石刻文本标记。在它之外,是未经探索的山岳构成的无名地界。

在这些石刻之前,没有关于大基山的记载;山峰当然是存在的,但是截至6世纪郑道昭来到山东以前,它们并不在中国文化地理中占一席之地。[2]尽管在人类走入这些山岭的早期历史里,郑氏以发起者的身份现身,但是关于风景探索与命名的更复杂的故事或许在他出场前就已经开始了,而且由他创作或监督制作的文本也可能包含并实现了更早的当地成规。不管怎样,总有某个人负责选择位置并拟定南山门、中明坛等地点的名称。虽然我们意识到是集体而不是个人的努力促成上述活动,但是在其他证据缺失的情况下,相信石刻讲述的信息,假定郑道昭构思了有关内容并决定了它们的选址,仍是最合适的做法。

---

[1] 关于供神灵阅读的书作,杰西卡·罗森(Jessica Rawson)注意到,不晚于公元前6世纪就出现了将献给神灵的文书埋藏在地下的做法。参见 Jessica Rawson, "The Power of Images: The Model Universe of the First Emperor and Its Legacy," *Historical Research* 75, no. 188(May 2002): 136〔中文译文见〔英〕杰西卡·罗森著,邓菲、黄洋、吴晓筠等译:《祖先与永恒:杰西卡·罗森中国考古艺术文集》,北京:生活·读书·新知三联书店,2011年〕。

[2] 这座山的名字可能系郑道昭所起。据其子介绍,附近的云峰山就是郑道昭命名的。"大基"一词,笔者将之译为"巨大的平台",同时也可以理解为"宏伟的根基"。该词可指帝王统治的"根基"。

大基山题刻文字反映的历史、文学与宗教传统构成了中古中国文化精英的精神世界，不过，这些石刻及其包含的思想，乃至它们所定义空间的性质，可以更加具体地定位到道教史中。作为关于信仰和实践的无限复杂的系统，道教囊括了以老子和庄子为源头的哲学体系，以及期盼今生福祉和死后救赎的人们所接受的宗教形式。对他们而言，如果可能的话，其中还包括追求无限期地延迟死亡的来临。[1]发现郑道昭这位坚定的儒家士人和经典研习的支持者浸淫于道教，起先大概会令人感到惊讶。中国学者已经尝试解释，郑道昭对该宗教的兴趣源自他在洛阳的政治生涯的失败。[2]有理由相信，郑道昭在道教信仰中发现了令人幻灭的公共生活的替代方案，它深刻而具有吸引力。可是，这种假设晚年"转向"道教的叙事，掩盖了北魏时期宗教和意识形态的现状，即佛教、儒家及道教传统的频繁互动。[3]

　　根据本朝史书，荥阳郑氏家族擅长《易经》研究。这一文本是儒家思想的核心，不过它同样也是道家哲学思辨与神秘实践的源泉。郑羲，也就是郑道昭的父亲，在注释《易经》方面有所贡献；至于郑道昭的兄长郑懿，则"精易理"[4]。在《登青阳岭诗》中，郑道昭暗示了自己对《易经》和其他经典的研究："依岩论孝老，斟泉语经庄。"[5]然而，他对道教的兴趣没有局限于对经典文本的讨论。在同一诗中，郑道昭描写了他在点缀有仙坛的山水之间吟唱道教篇章的状态，而那里是可能际会神仙的地方。依照他儿子的说法，郑道昭"爱仙乐道"。郑述祖还回忆道，在跟随任刺史的父亲居住于光州的孩童年代，当地人叫他"道士郎君"。[6]

---

[1] 关于如何定义"道教"一词，有许多精彩的总体解释，其中柏夷（Stephen R. Bokenkamp）的提法尤为有效。Stephen R. Bokenkamp, *Early Daoist Scriptures*, Berkeley and Los Angeles: University of California Press, 1997.
[2]《云峰刻石调查与研究》，第131—132页。亦可参阅焦德森，《云峰刻石与郑道昭晚年的道教思想倾向》，《云峰刻石研究》，第208—222页。
[3] 这种交融在视觉艺术中的体现见Bonnie Cheng, "Fabricating Life out of Death: Sixth-Century Funerary Monuments and the Negotiation of Cultural Tradition," Ph. D. diss., University of Chicago, 2003, 259-263。
[4] 张从军《郑道昭书法历史地位之浅见》一文中讨论了郑氏家族对《易经》的研究，见《云峰刻石研究》，第150—151页。郑道昭侄子郑道忠（卒于522年）的墓志有"放畅老庄之域"之语，见于书亭：《郑道昭与四山刻石》，第65页。
[5] 玲珑山的一处年代不详的石刻写道："荥阳郑道昭白云堂中解易老也。"《云峰刻石调查与研究》，第61页。
[6] 同上书，第27页。

正如郑道昭时代中国北方所上演的那样,道教表现为由天师道主导的多种宗教传统的综合体。[1]作为其他道教枝蔓赖以生长的主干,天师道由张陵(传34—156年,一名张道陵)在四川创立,此前,他宣称于142年得到了来自老子的神奇探访。张氏组织的教团最初称为"五斗米教",因其需要追随者向当地教区贡献粮食。张氏和他的继任者都声称自己是天师,建立了献给天神的崇拜仪式系统,包括使用符和别的神秘书作以及经文朗诵的形式。东汉末年,张陵之孙张鲁(活跃于190—220年)割据于汉中,即石门的所在地,领导了一个政教合一的政权,控制着四川北部和陕西南部。

曹魏时期,在政权解体之后,天师道的信徒迁徙到中国其他地区。一些人参加了农民起义,沦落的教徒和所谓的纵欲行为也玷污了天师道的声誉。在该形式的道教的历史上,北魏时期最重要的发展是寇谦之(365—448年)发起的改革举措。他既是道教天师,又是太武帝(423—452年在位)的帝师。[2]寇谦之于嵩山隐居修行一段时间后,来到首都平城,他自称在嵩山与老子会过面。有了这种神异的认可,寇氏开始整顿颓废的天师道,纠正其煽动和放纵行为。具体而言,寇氏重新推重正确的仪式,说服皇帝下令在北魏帝国各州州治设坛,并配以训练有素的信徒。[3]寇谦之的成功建立在北魏早期统治者对道教的长期关注之上,后者在朝中还设置了仙人博士和仙坊。寇谦之本人在平城东南掌管着一座为他修建的盛大的道坛。正是在这处五层高的建筑上,接受了太平真君这一道教头衔的太武帝于442年亲自出席受箓仪式。此种做法得到后来的一些北魏统治者的继承,并在他们即位时施行。[4]迁都之后,一个新的道坛在洛阳南郊建立起来。

---

[1] 关于天师道简史,可参阅 Isabelle Robinet, *Taoism: Growth of a Religion*, trans., Phyllis Brooks, Stanford: Stanford University Press, 1997, chap. 3。
[2] Richard Mather, "K'ou Ch'ien-chih and the Taoist Theocracy at the Northern Wei Court, 425-451," in *Facets of Taoist*, eds., Holmes Welch and Anna Seidel, New Haven: Yale University Press, 1999, 103-122.
[3] 同上书,第115页。
[4] David Yu, trans., *History of Chinese Daoism*, vol. 1. Lanham, MD: University Press of America, 2000, 363-364;Mather, "K'ou Ch'ien-chih and the Taoist Theocracy at the Northern Wei Court, 425-451," 118.

在郑道昭的有生之年，天师道在中国北方占据主导地位，尤其是在海滨沿线。[1]中心在中国南方的另两种道教传统的元素也被北方同化。祖庭建在江苏茅山的道教上清派以神灵向杨羲（330—386年）传授的经文为根基。杨氏是一位通灵者，生活在句容县，临近东晋的都城建康（今南京）。[2]有关文献后来由道教学者和书法家陶弘景（456—536年）进行编辑，他的学说赋予静修冥想之术以新的意义，此外他还编纂了众仙的谱系。上清经文出现后数十年，在中国南方写成的其他文献成了灵宝派的基础。通过从佛教中吸收元素，灵宝经强调仪轨的正统性、符箓的使用以及同样受到上清派倚重的冥想技术。[3]

虽说大基山石刻未能表明郑道昭与任何一个经文教派或团体存在联系，但是，它们的确反映出对各种道教传统所采用的仪式、冥想技巧和仙灵想象的认知。山上的铭文显示出对于一种长期存在于道教的执念的特别兴趣，即实现与仙的交流。"仙"在英语中通常被翻译为"神灵"（immortals），几乎与"道教"的概念一样复杂。这一术语常被用来指示诸多难以揣测的以人或类人形式出现的超自然神灵。据说，其中的一些系从人类的存在方式直接上升到不死状态，可以轻松地在天界里徜徉；另一些尚在人间或居于通过洞穴、岩窟到达的仙境；其余的仅是经由死后尸解便达到了永生。[4]这三类神仙的共同点是已经从人转变为超自然事物。在南北朝的视觉艺术中，神仙现身为轻巧、带翼的生命体，有时在层云里翻山越岭，有时乘龙驾凤。[5]

---

[1] 陈寅恪：《天师道与滨海地域之关系》,《陈寅恪文集之二：金明馆丛稿初编》，上海：上海古籍出版社，1980年，第1—40页。

[2] Robinet, *Taoism*, chap.5. 亦可参阅 Bokenkamp, *Early Daoist Scriptures*, 275。

[3] Robinet, *Taoism*, chap.6. 亦可参阅 David Yu, trans., *History of Chinese Daoism*, 1: 346; Kristofer Schipper, "Taoism: The Story of the Way," in *Taoism and the Arts of China*, ed., Stephen Little, Chicago: Art Institute of Chicago, 2000, 44。

[4] 葛洪（约281—341年）所著《抱朴子》将仙人分为三个等级。见 James R. Ware, trans., *Alchemy, Medicine, and Religion in the China of 320 A. D.: The Nei P'ien of Ko Hung (Pao-p'u tzu)*, Cambridge, MA: MIT Press, 1966, 47. 对仙这一概念的简要介绍，又见 Robinet, *Taoism*, 48-50；Isabelle Robinet, "The Taoist Immortal: Jester of Light and Shadow, Heaven and Earth," *Journal of Chinese Religions* 13/14 (1985): 87-106；Bokenkamp, *Early Daoist Scriptures*, 21-23。

[5] 关于仙人充满变化的特征的论述，见 Audrey Spiro, "How Light and Airy: Upward Mobility in the Realm of the Immortals," *Taoist Resources* 2, no. 2 (Nov 1990): 43-69。

在山上布置神仙之名或暗喻神仙的文字毫不奇怪，因为在山上才最有可能与他们相遇，人们认为神仙居住在此，抑或会暂时于此降临地表。这样的会面令人强烈盼望，原因是它可以促进信徒自己达到超越死亡的境界。在争取与神仙互动的道教方法中，没有哪一种比在坛上做礼拜更为重要，而坛是道教仪式空间或者说道场的基本要素。无论是在室外还是封闭建筑物的内部，坛首选的位置都在山上，那里提供了沟通凡俗与神圣领域的垂直轴线。[1]正如施舟人（Kristofer Schipper）所指出的，坛本身就是一座山的象征，仪式中信徒走向坛的过程被描述成"入山"，在此他通过吟诵、焚香、神符和供品来召唤神灵。[2]

坛与在其地发生的仪式的功效取决于"中心象征"（symbolism of the center），这种思维方式为许多古代文明共享。对于统治者自居其辖域的中心位置，宇宙运转所围绕的世界之轴（axis mundi）的选址，抑或祭坛规划，选定真实或虚拟空间的中心均通过清晰界定四个基本方位来实现。[3]在中古中国，方位指示技术基于汉代形成的宇宙观。根据一种称为"五行"的理论，所有自然过程都支配于五种元素不间断的相互作用。五种元素由金、木、水、火、土代表，反映了阴和阳这两种相对而又互补的力量。与五行相对应的分别是五种方向、季节和颜色，以及五种宇宙性的动物（图2-9）。五行亦与五岳、五位天帝及五星有关。

在中国视觉文化中，最常见的代表方位关系的是四神形象：东方青龙、南方朱雀、西方白虎，以及表现为蛇缠绕在龟身体上的北方玄武。[4]这些容易识别的图案

---

[1] Kristofer Schipper, *The Taoist Body*, trans. Karen C. Duval, Berkeley and Los Angeles: University of California Press, 1993, 92；Kohn, "A Home for the Immortals," 85.
[2] Schipper, *The Taoist Body*, 92-93. 亦见 John Lagerwey, "Taoist Ritual Space and Dynastic Legitimacy," *Cahiers d'Extrême-Asie* 9 (1995): 87-88。
[3] Paul Wheatley, *Pivot of the Four Quarters: A Preliminary Enquiry into the Origins and Character of the Ancient Chinese City*, Chicago: Aldine Publishing Co., 1971, 418.
[4] W. Cohn, "The Deities of the Four Cardinal Points in Chinese Art," *Transactions of the Oriental Ceramic Society* 18 (1940-1941): 61-75. 关于饰有四神图案的瓦当，参阅 Wu Hung, *Monumentality in Early Chinese Art and Architecture*, Stanford: Stanford University Press, 1995, 180-181（中文译本见［美］巫鸿著，李清泉、郑岩译：《中国古代艺术与建筑中的"纪念碑性"》，上海：上海人民出版社，2009年）。

使得承载它们的器物和建筑建立起与外部宇宙空间的联系。在墓葬语境里，四神为去往来世路上的死者魂灵指明了方向。这就是为什么至少从汉代开始，墓葬和棺面的彩绘装饰里就出现了这些神兽的图像。[1]有的墓中还随葬了带四神图案的铜镜，为逝者提供宇宙图式，"旨在使一个人永远与宇宙保持正确的联系，并护佑其进入死后的生活"[2]。一个东汉的例子即体现出这种浓厚的宇宙学意义（图 2-10）。镜子的圆形轮廓象征天，内部的正方形象征地，中心是一个圆形的钮，与世界之轴的位置对应。内部正方形的四边旁侧有四神，且配以鸟和鹿。该器物意在提供宇宙的图像和关于仙人所居空间的指引，这由铭文可以明确获知。文中还提到"不知老"和"浮游天下遨四海"的仙灵。[3]

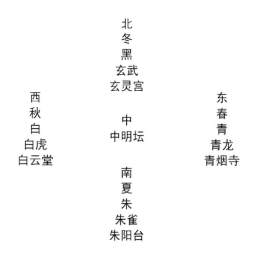

图 2-9 与四神、大基山地标有关的方向、季节和色彩系统，原图由帕特里克·普拉多（Patric Prado）绘制

在中古道教里，视觉艺术对五行及相关思想的象征体系进行了极其复杂而详细的表现。如 4—5 世纪文献所述，不断扩展的众神居住在根据方位和颜色象征系

---

[1] Rawson, "The Power of Images," 143. 关于饰有方位象征图案的北魏石棺的研究，参阅 Eugene Y. Wang, "Coffins and Confucianism—The Northern Wei Sarcophagus in the Minneapolis Institute of Arts," *Orientations*, June 1999, 59-60。
[2] Michael Loewe, *The Ways to Paradise: The Chinese Quest for Immortality*, London: George Allen and Unwin, 1979, 83. 亦见 Kenneth Edward Brashier, "Longevity like Metal and Stone: The Role of the Mirror in Han Burials," *T'oung Pao* 81 (1995): 201-229。
[3] Stephen Little, *Realm of the Immortals: Daoism in the Arts of China*, Cleveland: Cleveland Museum of Art, 1988, 39. 斯蒂芬·利特尔（Stephen Little）对（原著）译文进行了修改，原译出自 Bernhard Karlgren, "Early Chinese Mirror Inscriptions," *Bulletin of the Museum of Far Eastern Antiquities* 6, no. 215 (1934): 9-74；Suzanne Cahill, "The Word Made Bronze: Inscriptions on Medieval Chinese Bronze Mirrors," *Archives of Asian Art* 39 (1986): 64。

统组织起来的领域内。[1] 就像祭坛设计与使用所反映的那样，四个方向和中心位置通过各种方式得到标记和利用。根据《无上秘要》（约580年成书）对道教祭坛的描述，仪式空间被划分成三个叠加的正方形。坛上摆放了五张桌子，献给被认为主宰四方及中央天界的五帝；这些桌子上放着五张以朱笔写于绿色纸张的真文，目的是将相应方位的神灵招至坛上。[2] 此般布置的坛既是用于施展仪式的独立神圣空间，又是该仪式所在宇宙的象征或图式。

与这些具有方位指示性的公开的露天礼仪形式相辅相成，道教的冥想技术勾勒出四方的生动化身。道长坐在静室之内，可以通过召唤四神来占据并保护建筑的四个角隅，从而激活他供奉的神圣空间。[3] 在某些情况下，手势或动作会将身体指引向场域里的点以及与之关联的力量。譬如，在上清派文本规定的冥想方法里，一个人需要向五个方向鞠躬，并吸纳其所对应的不同颜色的精华。[4]

在大基山，四方的象征意义借助命名地点和刻凿文字的

图2-10 铜镜，东汉（25—220年），直径17.1厘米，美国克利夫兰艺术博物馆藏，伍斯特·里德·华纳（Worcester R. Warner）旧藏

---

[1] Robinet, *Taoism*, 7-14. 可参考的案例有《灵宝五符序》中关于四方之天景象的描写（英文译文见 David Yu, *History of Chinese Daoism*, 1: 337-338），以及《无上秘要》中的符咒（英文译文见 Livia Kohn, ed., *The Taoist Experience: An Anthology*, Albany: State University of New York Press, 1993, 112-115）。
[2] John Lagerwey, *Taoist Ritual in Chinese Society and History*, New York: Macmillan Publishing Co., 1987, 30-33.
[3] Robinet, *Taoism*, 95-96.
[4] David Yu, trans., *History of Chinese Daoism*, 1: 313-315.

行为散布于整个山水中。在东、西、南、北四峰上，根据相应颜色——青、白、朱、玄命名的地点定义了一个广阔的礼仪空间，它与刻铭山峰以外的空间相分离。虽然每个遗址可能都是自足的仪式活动场所，但是它们共同为中明坛构建了框架。中明坛才是郑道昭诗中描述的景观焦点，而这可借由其他题刻文字标识出来。恰似《无上秘要》叙述的用五张桌子对应四方与中央，大基山刻有铭文的地形同样创造了宇宙的图景，真实的山峰以类似在坛上精心布置物品的方式界定了空间。在山上使用书作的做法也类似准备祭坛时使用的技术：诚如人们希望真文所书文字能够确保神灵的存在一样，刻于山中之坛的文字被寄予使景观神圣化并激发其仪式效力的期待。最终，就像在坛上那样，此处景观产生的是一个独立于日常经验领域的、用于仪式或冥想的环境，是由方位象征定义的贺碧来（Isabelle Robinet）称为"心理场所"（mental location）的环境[1]。

可是为什么呢？郑道昭认为他在山水中的题刻行为实现了什么效果呢？他确如诗文所暗示的那样参与了中明坛的道教仪式吗？他是否接触过当地道教组织，后者又是否欢迎显官加入其间？没有现存的资料允许我们回答上述问题，然而，其余山岭上的铭文证明了郑氏的信念，即书写的力量能创造不可见的天界的地面类似物。

天柱山上的碑铭和石室

天柱山位于平度市东北约 20 千米处，从如今覆压着果园和葡萄棚架的周边区域里赫然耸出。此山海拔仅 280 米，但与其他峰峦隔离，而且坡面峭直，这就使人易于理解这片光秃秃的柱状岩石何以获得其耐人寻味的名称（图 2-11、图

---

[1] Robinet, *Taoism*, 124.

图2-11 天柱山远景,山东平度市,译者摄影

图2-12 天柱山石刻分布图,山东平度市,皮拉尔·彼得斯制图,底图采自《云峰刻石调查与研究》,第6页
(1)郑文公上碑,511年;
(2)"荥阳郑道昭上游天柱,下息云峰"题刻,约511年;
(3)"此天柱之山"题刻,约511年;
(4)《大柱山东堪石室铭》,约511年

2-12)。[1] 几乎立在山坡南面正中央的,是与郑道昭有关的最早的纪年石刻——郑文公碑(即上碑)。该碑刻于511年,用于纪念郑氏的父亲郑羲,在铭文中他被尊称为"文公"。[2] 石刻出现在一块高4.77米的"L"形巨石上,石头以20度角向前倾斜(图2-13)。它的形状与放在石础之上的独立石碑有着神奇的相似之处——

---

[1] "此天柱之山"直接刻在山上,位置见本书图2-12。
[2] 石刻的总标题出现在文字的第一列,即《魏故中书令秘书监郑文公之碑》。这方碑与刻在云峰山上的第二个版本间的文字差异见下文。

这种相似性大概由切削石头的侧面和顶部，使其形状规则化而得到增强。刻有文字的一面在"加工"过程中稍稍趋于平整，然后雕凿出行列整齐的楷书文字。现在，巨石之上建有用于保护的亭子，而碑文此前已经在雨雪风霜和严寒酷暑中持续暴露了1400多年，由此产生的侵蚀令花岗岩表面风化和凹陷，铭文的许多字已几乎无法看清。无论撰文者还是书写者的名字均未在碑文里提及，但是传统观点里郑道昭一直兼饰这两个角色。这种可能性并不大。严格的禁忌使得孝顺的儿子不宜书写甚至言说他父亲的名字。[1] 此外，题写铭文需要

图 2-13 郑文公上碑，511年，通高4.77米，山东平度市天柱山，上图采自[日]坂田玄翔：《郑道昭：秘境山东の摩崖》，东京：雄山阁，1984年，图版2；下图采自《云峰刻石》，第15页

[1]《云峰刻石调查与研究》，第105页。由逝者亲属撰写的墓志，见 Hui-wen Lu, "A New Imperial Style of Calligraphy: Stone Engravings in Northern Wei Luoyang, 449-534," Ph. D. diss., Princeton University, 2003, 184-195。卢慧纹（Hui-wen Lu）提到了两块儿子为父亲书写的墓志。一些现代学者认为，郑文公碑的撰写者是郑羲的故吏之一程天赐。程氏是郑羲所供职的兖州的本地人，曾被提到属于石刻的捐资者之一。《云峰刻石调查与研究》，第105、110—111页。

体力劳动，更何况还具有危险性——天柱山上的这方碑耸立在陡峭的悬崖上。考虑到这些因素，我们很难想象郑道昭完成了创作书法的艰巨任务，因为文字必须在雕刻前直接写在石头上。[1]

郑文公碑的文字包含郑羲的简要世系，列出含有其历任官职的生平概述以及数行对其美德的盛誉。介绍性的部分还写出了他两个儿子的名字——郑懿和郑道昭，并提到他们的官秩和成就。依据碑文，郑羲之死是举国哀悼的时刻：

> 春秋六十有七，寝疾薨于位。凡百君子，莫不悲国秀之永沉，哀道宗之长没。皇上振悼，痛百常往，遣使赠襚，策赠有加，谥曰文。[2]

散文式的序的结尾解释了刻碑的原因：

> （郑羲）葬乎荥阳石门东南十三里三皇山之阳。于是，故吏主簿东郡程天赐等六十人，仰道坟之缅邈，悲鸿休之未刊，乃相与钦述景行，铭之玄石，以扬非世之美。而作颂曰……[3]

随后是押韵的四言颂辞，概要性地回顾了序中的信息，且在结尾再次提及刻凿题字的行为："刊石铭德，与日永扬。"

郑文公碑与石门摩崖题刻以及东汉的独立石碑多有相似之处，然而从很多方面来看，它又是中国石刻书写史上的异类。在制作该碑时，家人、朋友、学生或政治伙伴能够为已故或在世之人自由制作碑铭的时代已经远去了。自205年曹操颁令

---

[1] 据郑述祖所言，他的父亲"镌碑"是为了纪念郑羲，但这肯定是指郑道昭指示别人来完成，并非本人参与了刻文。《云峰刻石调查与研究》，第56页。
[2] 同上书，第52页。
[3] 同上。

禁止立碑及其他奢靡葬礼起，国家限制了用于公共展示的石刻的生产，其中包括针对在世人员的颂德碑。[1]南北朝时期，碑禁未被同等推行，偏远地区的摩崖例如石门隧道内的那些，似乎较少受制于监管。可是，汉朝灭亡后，无论是在南朝控制的领土还是在北方，碑刻产量均显著下降。

在北魏，直到522年孝明帝（515—528年在位）发布一项禁止炫耀财富的法令，碑石都未正式遭禁；尽管如此，从建立王朝到刻制郑文公碑的时间里，我们知道的仍然只有大约十几方碑。[2]其中几方由鲜卑统治者竖立，用以纪念他们的军事胜利、巡视或为展现帝国威力而进行的射箭活动等。[3]最大的北魏皇家碑石题为《皇帝南巡之颂》，461年立于山西灵丘的一处土台之上，纪念皇帝到访此地。该碑被发现时已经断裂，考古学家推定它起初高逾4米。[4]对于这方巨碑的尺寸，唯有另一处已知的北魏石刻——郑文公碑足以比肩。假如在洛阳或郑氏故里荥阳为之建立规模如此庞大的碑，那么立碑人将陷入冒用皇家等级之物以褒扬私人的危险，即便其人官阶较高。

然而，不仅是郑文公碑的大小非同寻常，它的纪念功能也超出常规。其文本的某些方面似乎使之置身颂德碑的类别，纪念杨孟文的《石门颂》亦属此类。二者都由讲述被颂扬者的成就与美德的叙述性序言和随后的韵文段落组成。这也是王远《石门铭》的形式，看起来它是为了致敬羊祉和贾三德而写的，早于郑文公碑两

---

[1] 见本书第四章。
[2] Hui-wen Lu, "A New Imperial Style of Calligraphy," 54-61. 郑羲本人曾参与制作一件石刻，且得到了切实的政治利益。文明太后（442—490年）在长安建庙缅怀其父，郑羲带领属官前往，在庙里举行仪式。在长安时，郑氏亲自监督镌刻了矗立在祠庙门口的石刻，该事件使得帝国朝廷授予其各种称号，并任命他为给事中。《魏书》卷56，第1238页。根据宣武帝宠臣赵修的传记，"修之葬父也，百僚自王公以下无不吊祭，酒犊祭奠之具填塞门街。于京师为制碑铭、石兽、石柱，皆发民车牛，传致本县"。参阅《魏书》卷93，第1998页；英文译文见 Alexander Coburn Soper, *Textual Evidence for the Secular Arts of China in the Period from Liu Sung through Sui (A. D. 420-618)*, Ascona, Switzerland: Artibus Asiae Publishers, 1967, 25-26. 这场奢华的葬礼由赵氏挪用公款支付。
[3] 北魏皇家铭刻将在第四章讨论。
[4] 山西省考古研究所、灵丘县文物局：《山西灵丘北魏文成帝〈南巡碑〉》，《文物》1997年第12期，第70—79页；Hui-wen Lu, "A New Imperial Style of Calligraphy," 57-58。

年刻成。不过，与这些石刻的不同之处在于，郑文公碑记录了郑羲去世和埋葬的日期、地点，这些信息一般见于墓志，而非颂德碑。

北魏后期是中古中国墓志的黄金时代。郑道昭移居山东前居住在洛阳，对于这座城市的居民而言，石质墓志是视觉和文学文化领域的常见事物。[1] 人们普遍认为，最初在中国南方发展起来的墓志是对地上石刻禁令的回应。一改在开放空间中放置独立石碑的做法，世家大族开始把刻字的石头埋进墓葬里面。墓志放置于地下墓道或墓室，可以在幽暗的黄泉世界里保存逝者的身份。墓志不再面向现实生活中的公共读者，其主要功能肯定是宗教性的，尽管这些石刻的意义尚未得到充分的诠释。[2]

墓志固然貌似起源自南方，但是主持迁都洛阳并制定了各种汉化政策的北魏统治者孝文帝同样认可这种纪念物形式，曾亲自为太师冯熙（卒于495年）撰写墓志文本。[3] 通过采用统治南方的汉族政权的此类做法和其他行为，孝文帝希求巩固自我统治的声望和合法性。他的努力反映在为北魏皇室成员和贵族乃至低等官员和平民而刻的数以百计的已知墓志里。[4] 元桢（卒于496年）墓志是洛阳地区发现的最早的北魏实例，它代表了郑道昭活跃时期该城市生产的丧葬石刻的文学和媒材形式。70厘米见方的青石板刻有300多个置于网格内部的楷书文字。文本以散文式的序言开篇，记载着孝文帝叔祖元桢的血缘谱系和仕途经历，赞扬了他的美德

---

[1] 全面的墓志研究见赵超：《古代墓志通论》，北京：紫禁城出版社，2003年。关于墓志最翔实的英文研究，见 Hui-wen Lu, "A New Imperial Style of Calligraphy," 106-121；Mary H. Fong, "Antecedents of Sui-Tang Burial Practices in Shaanxi," *Artibus Asiae* 51, no. 3/4 (1991): 156-159。

[2] 赵超：《古代墓志通论》，第51页。赵超认为，墓志的形状与雕刻纹样涵括了与式盘以及表示天的穹顶墓室相关的宇宙象征系统（同前书，第102—116页）。杰西卡·罗森提出，如买地券、遣册等其他放置在墓葬中的文本一样，墓志旨在供被认为掌管地下世界的神明官员阅读。参阅 Jessica Rawson, "Creating Universes: Cultural Exchange as Seen in Tombs in Northern China between the Han and Tang Periods," in *Between Han and Tang: Cultural and Artistic Interaction in a Transformative Period*, ed. Wu Hung, Beijing: Cultural Relics Publishing House, 2001, 135（[美]巫鸿主编：《汉唐之间文化艺术的互动与交融》，北京：文物出版社，2001年）。为了支撑她的论点，罗森提到了索安（Anna Seidel）对东汉墓葬文本功能的研究。Anna Seidel, "Traces of Han Religion in Funerary Texts in Tombs"，[日] 秋月观瑛编：《道教と宗教文化》，东京：平河出版社，1987年，第678—714页。

[3] Hui-wen Lu, "A New Imperial Style of Calligraphy," 119.

[4] 同上书，第104页。

和成就。接着，墓志用与郑文公碑非常接近的语言记录了以下信息：元桢在其"春秋五十"时死亡的时间和地点，皇上的悲伤反应，葬礼日期十一月二十六日，以及都城之外的邙山墓地。同样预示着郑文公碑行文特点的是，墓志以四字韵文作结："刊兹幽石，铭德熏垆。"[1] 为皇室成员所用并见于郑文公碑的这种丧葬文体反映的文学惯例也应用在荥阳郑氏的另一成员郑道忠身上，他的墓志发现于荥阳（图2-14）。[2] 从这块石刻的文字里，我们获知郑道昭的堂兄弟郑道忠卒于洛阳，在正光三年（522年）十二月二十六日归葬荥阳。

郑文公碑读起来颇类墓志，但并非发现于郑羲墓，这使12世纪初赴莱州任职的宋代金石学家和古物学家赵明诚感到困惑。[3] 在此地期间，他研究了天柱山石碑的拓本，并亲访云峰山上的第二版碑文。他指出，虽然郑羲是荥阳人且被埋葬在那里，但是纪念他的却是远离郑氏故土的摩崖题刻。赵氏的结论是，郑文公碑之所以处在与郑氏本族无关的地方，缘于他的儿子郑道昭于6世纪初恰好就职此地。赵明诚对这组石碑的解释暗含一个假设：由于其文本和墓志类同，因而它们的纪念功能在本质上与墓志并无二致。石刻捐资者的声明支持这一想法。抱憾于远在荥阳的郑羲墓没有碑刻，人们制作了山东的摩崖碑以创造墓志的替代物或不在场的墓志。

郑羲的仰慕者在立碑时是如何组织的，尚不得而知，但一定经过了郑道昭的干预。他设想出谨慎的请求，为这块碑募集资金。文字在他到达莱州后不久便被雕刻出来。郑道昭也有可能通过本人的倡议来制作碑刻，同时归功于铭文中提到的捐资者，从而使得对其父亲的称颂有如出自认识和钦佩其人的群体的自发行为。然而，如果郑道昭和碑文中提到的捐资者希望向郑羲致意，为何他们不在荥阳的墓址

---

[1]赵超：《汉魏南北朝墓志汇编》，天津：天津古籍出版社，1992年，第36页。
[2]《北京图书馆藏中国历代石刻拓本汇编》第4册，郑州：中州古籍出版社，1989年，第129页；赵超：《汉魏南北朝墓志汇编》，第130页。郑氏家族另一成员郑胡（卒于515年）的砖质墓志于1980年在开封被发现。见罗新、叶炜：《新出魏晋南北朝墓志疏证》，北京：中华书局，2005年，第137—140页。
[3]《金石录校证》，第389—390页。赵氏记载，他经常造访云峰山的下碑，不过，他似乎只是通过派遣人去天柱山获得拓片，才得以见到郑文公碑（上碑）。赵氏称云峰山为南山。

图 2-14 郑道忠墓志,522 年,拓本,60 厘米 ×62 厘米,原石藏于开封博物馆,中国国家图书馆藏

建一座碑呢?如我们所见,北魏时几乎没有此等规模的献给普通人的碑刻。而且,郑道忠墓志的发现表明,在郑氏家族中,墓葬石刻的常规形式是埋藏地下的石板,而非高耸的巨石。即使制作大型丧葬石碑已经成为一种普遍做法,也有充分的理由解释在郑氏故地树立显眼的碑石是不明智的。

郑羲自然有许多冠冕堂皇的头衔,但他的仕途履历远非无瑕。由于生性吝啬,他收受作为礼物的贿赂,"西门受羊酒,东门酤卖之";可他却不愿意为举行仪式或操办盛宴的百姓提供一杯酒或一片肉。[1] 不仅郑羲自己的传记受到这些污点的影响,其家族的其他成员也为荥阳民众彻底憎恶。郑羲的哥哥郑连山脾气暴躁,殴打他的仆人,其中一名仆人最终通过谋害连山及其长子来报复,"断首投马槽下"。当凶手被郑连山的次子擒获时,他被剁成了碎片。[2] 郑氏家族其他成员的传记充斥丑闻与劣迹,他们似乎很喜欢霸凌邻居,由此增长了他们的恶名。

坂田玄翔和于书亭指出,郑道昭在碑文提到的捐资人的襄助下,于山东而不是家族故里刻凿礼敬乃父的石刻,避免了起立碑石可能造成的尴尬。[3] 于书亭还认为,摩崖石刻的遥远地址选在人们对郑氏家族一无所知的地方,使得修改孝文帝赐予郑羲的谥号成为可能。尚书省的学者建议谥郑羲为"宣",皇帝否定了该提议,而是选择"文灵"这一名称。他解释说,郑氏博学,因此配得上"文",但作为管理者,亏于廉洁,则适合用"灵"来表达。皇帝的解释意味着郑氏"不勤成名"[4]。将"灵"这个字从碑文中删除,用带有崇敬的"公"代替,不必担心受到严格的审查,因为这里距首都很远,远离任何有条件知道或关心郑羲谥号真相及其所反映的缺点的人。

在天柱山上,一切污点都在铭文的盛大基调中被隐去了。然而,并非单纯是距离的遥远使此地成为有利的选址。在山坡上,郑道昭能够将献给已故父亲的碑置于天地境界巧妙交融的地点。

与6世纪初相比,现在配备的石阶让旅途显得更为轻松和安全,不过到达郑文公碑仍需一番努力。艰苦登涉的回报是不仅能看到高耸的碑石,还能在阅读完石刻,转身远眺时,欣赏到南面的壮阔景色。继续攀登到碑以上50米,还有一段属

---

[1]《魏书》卷56,第239页。(译者注:据《魏书》,此处所谓百姓实际应指馈赠礼物之人。)
[2] 同上书,卷56,第1245—1246页。郑门劣迹概要见于书亭:《云峰、天柱诸山北朝刻石》,第70—71页。
[3] [日] 坂田玄翔:《郑道昭:秘境山東の摩崖》,第139页;于书亭:《云峰、天柱诸山北朝刻石》,第69—71页;[日] 坂田玄翔:《四岳杂考》,《云峰刻石研究》,第57页。
[4]《魏书》卷56,第1239页。

图2-15 （左）《东堪石室铭》，约511年，1.5米×1.4米，山东平度市天柱山，采自《云峰刻石》，第20页；（右）《东堪石室铭》原址全貌，山东平度市天柱山，赖非供图

于郑道昭的文字，题为《天柱山上东堪石室铭》（简称《东堪石室铭》）。[1]十列文字分布在一个天然洞室里，洞室由垂悬的崖顶和内面石壁构成（图2-15）。在洞室前面，露台般的石坡急剧向下倾斜，从山上的这个地点坠落下去必定意味着死亡。[2]但毫无疑问的是，在郑道昭眼里，到达这一位置值得冒险：

> 孤峰秀峙，高冠霄星。寔曰天柱，镇带莱城。悬崖万刃[3]，峻极霞亭。接日开月，丽景流精。[4]朝晖岩室，夕曜松清。九仙仪彩，余用栖形。龙

---

[1] 原署"全称作天柱山上东堪石室铭，魏秘书监司州大中正平东将军光州刺史荥阳郑道昭作"，见《云峰刻石调查与研究》，第54页。
[2] 参阅于书亭的记述，《郑道昭与四山刻石》，第37—38页。
[3] 一仞的长度约为2.4米（八尺）。
[4] 笔者将这里的"精"翻译为"精华"，指的是仙人的能量，通过冥想手段可使修道者易于吸纳精华。见Isabelle Robinet, "Visualization and Ecstatic Flight," in *Taoist Meditation and Longevity Techniques*, ed., Livia Kohn, Ann Arbor: Center for Chinese Studies, University of Michigan, 1989, 171。

游凤集，斯处斯宁。渊绵言想，照烛空溟。道畅时乘，业光幽明。云门烟石，登之长生。

就像大基山的《登青阳岭诗》一样，郑道昭的上述四言诗句将读者的想象带到了真实山峦之外，进入神仙和灵物居住的梦幻世界。在中古中国的诗歌史上，此种诗文属于"游仙诗"，以曹植（192—232年）和郭璞（276—324年）的作品为代表。这些诗文描写了登山和目见超凡仙灵；它们游走在对现实风物和纯虚构景观的描述之间，为有关神秘哲学原理——玄学的典故萦绕[1]。

尽管郑道昭从5—6世纪初其他诗人使用的意象集群里调用了同样的意象，从而建立起神仙盘桓于峰尖时的情景，但是他的文字仍呈现截然不同的面貌：有别于写在纸上或绢上的可在任何地点阅读的诗，刻在山上的诗将读者锁定在特定的空间位置，而文字的选址亦深刻地影响了它们的内涵。大基山的郑诗告诉读者，他们所在的位置是郑氏曾经立足题诗的地方。这个地点是由经过仔细定名的仙坛标记的山水的一部分，在此可能目见不朽的仙灵。这也是郑道昭和他的朋友曾经漫游的区域。在天柱山上，郑氏题刻则面向一位完成艰苦攀登从而抵达石室的读者。读者找到石刻文字之后，会发现自己正身临危险，但"高冠霄星"足以令人兴奋。恰是这里，阅读发生，"龙游凤集"。

文字所处的石室具有自身的意义。中古道教正是在这种小室或岩窟等密闭空间里引发静思和冥想实践的。道教中有关小室的最早记载称作"茅室""玄室"和"静室"，由天师道成员建造。[2]至5世纪，用于冥想的静修之室是所有道教流派必

---

[1] 关于游仙诗这一体裁的研究，参阅 Donald Holzman, "Immortality-Seeking in Early Chinese Poetry," in *The Power of Culture: Studies in Chinese Cultural History*, ed. Willard Peterson et al., Hong Kong: Chinese Unversity Press, 1994, 103-118; *Immortals, Festivals and Poetry in Medieval China*, Variorum Collected Studies Series, Aldershot: Ashgate Publishing Co., 1998, 3: 15-57；李丰楙：《六朝道教与游仙诗的发展》，《中华学苑》第28期（1983年12月），第97—118页。
[2] Robinet, *Taoism*, 96-97；石衍丰：《道教宫观琐谈》，《四川文物》1986年第4期，第2页；[日]吉川忠夫：《「静室」考》，《東方學報》第59册（1987年3月），第125—162页。

备的。上清派传统的编辑者陶弘景指出："所谓静室者，一曰茅屋，二曰方溜室，三曰环堵。……在名山大泽，无人之野，不宜人间。"[1]在山川间发现的洞穴、岩窟和室，特别是居于山上者，可以起到与人造建筑相同的作用，而且可能成为超自然力量的显现之所。有时候，超自然事物以文字形式出现。鲍靓便在嵩山的一个石室里见到了写在墙上的神异的《三皇经》。他在绢上抄下文字，把它们交给他的女婿——著名天师葛洪。[2]无论物理形式如何，静室都是与神仙交流的场所。据《晋书》里道士徐迈的传记，他"立精舍于悬溜，而往来茅岭之洞室，放绝世务，以寻仙馆"[3]。

静室是隐居的地方，修行者可以从世俗世界中逃脱出来，这是一个"退却而宁静"的环境，"足以面对和建构内在的自我"。[4]然而，想象是从房间内部飞升向虚无的。实现这种梦幻般的飞升是道教实践的重要目标——一种与神灵及其场所接触的方式，它们将修行者置于和谐的宇宙秩序当中。根据上清派使用的"招无洞视观天上法"，修行者依次具象地看见"天下四方万里之外，山林、草木、禽兽、人民、玄夷、羌胡、伧老、异类"。成功实现观想的妙处是能与仙人会面，他们降临后将为修行者提供神酒。[5]坐在静室里，修行者还会想象自己正游历日月星辰——郑道昭在其天柱山石室刻诗中为自身和读者创造的可以厝身的宇宙空间。

静室辅助实现的际会天上群仙的目的无非就是加入他们的行列。这也是郑道昭在《登青阳岭诗》一诗末尾提到的要求："云门烟石，登之长生。"大门和石头必定是这些山体本身所有，无论从字面意义还是比喻意义上来说，它们都在引导寻访者攀登，然后迈向永生。就像天地间神秘的垂直之轴昆仑山一样，"天柱"

---

[1] David Yu, trans., *History of Chinese Daoism*, 1: 475.
[2] 同上书，第260页。
[3] 石衍丰：《道教宫观琐谈》，第2页；David Yu, trans., *History of Chinese Daoism*, 1: 259。
[4] Kohn, "A Home for the Immortals," 100.
[5] Robinet, "Visualization and Ecstatic Flight," 166.

图 2-16 "荥阳郑道昭上游天柱,下息云峰"题刻,约511年,76厘米×70厘米,山东平度市云峰山,采自[日]坂田玄翔:《鄭道昭:秘境山東の摩崖》,图版78

向空中耸起,这座山东的山峰便是通往星空的阶梯。[1] 任何一座山都可视为天地潜在的交汇点,但"天柱"一词明确表明了地形构造与相关宇宙信仰间的关系。

第三处铭文指引着读者的视线,最终使他的双脚超越天柱山。在山峰的西侧,题刻写作:"荥阳郑道昭上游天柱,下息云峰。"(图2-16)从天柱山题字出现的位置,可以隐约看到另一座山。正是在云峰山上,刻凿的文字从根本上使得真实景观转变为虚拟境地,用以实现永生;但只有走到那座山才能领悟这一点。

云峰山

据其儿子的说法,郑道昭本人拟定了"云峰山",或者更贴切地说是"云峰之

---

[1] 关于作为世界之轴的昆仑山,可参阅 Kiyohiko Munakata, *Sacred Mountains in Chinese Art*, exhibition catalogue, Urbana: University of Illinois Press, 1991, 11-12;侯旭东:《五、六世纪北方民众佛教信仰:以造像记为中心的考察》,北京:中国社会科学出版社,1998年,第188页;[日]御手洗胜:《古代中國の神々:古代傳説の研究》,东京:创文社,1984年,第666页。

山"的名称，该名称被刻在山顶的柱状岩石上。我们很难知晓郑道昭如何想到这个名字。海拔305米的山峰不时为云层遮盖，尽管附近其他山岭也是如此；抑或峰峦上部形状怪异的巨石近似云的形状启发了郑氏的选择。这个名字也提示了中国古代广泛流行的观念，即云和雾从山上发散出来。[1]远远望去，此山由一座主峰和两座次峰构成，其组合让人想起"山"字的三元结构（见图2–1）[2]。铭文攒集的山的北面朝向渤海湾，在天气晴朗的日子，从顶峰可以看到17千米之外的海岸线。[3]

今天，云峰山文物管理处的办公室和展厅就坐落在山脚。这些建筑物上方约80米有一处名为《郑文公碑》的石刻，它的大部分文字与天柱山上纪念郑羲的碑文相同。中日两国学术界均将在天柱山率先刻成的石碑称作上碑，而将云峰山上的同胞石碑称作下碑。笔者称第一个石刻为郑文公碑，称后者为下碑。下碑面积为2.65米×3.67米，分布在庞大的岩面之上，顶部是刻出边框的尺寸为39厘米×28厘米的标题（图2-17）。在刻字前已大体经过平整的坚硬石面从右上方至左下方裂开，书写者调整了行列，以回避裂痕。[4]假设是郑道昭选择了这一地点的话，他并不认为裂痕属于缺陷，而是感觉此石比天柱山上的郑文公碑还要好。在铭文主体之后的跋语里，他解释道：

> 永平四年，岁在辛卯，刊上碑，在直南卅里天柱山之阳，此下碑也。以石好故于此刊之。

---

[1] 山是云之源泉这样的思想体现于郑述祖《天柱山铭》里的一句话："拳石吐云。"《云峰刻石调查与研究》，第56页。
[2] 云峰山又名文峰山、笔架山，均寓指笔架，取名的灵感来自山峰的三元配置，它让人想起笔架的形状。两个名字大概都可追溯至6世纪。
[3] 山上覆盖着茂密的松树、槐树和榉树，但据中村素堂所言，1928年他访问时，山上光秃秃的。[日]坂田玄翔：《鄭道昭：秘境山東の摩崖》，第147页。
[4] 多处北宋铭文出现在郑文公下碑旁，以及山上的其他石刻附近。虽然赵明诚造访过云峰山，但是他的名字没有出现在这些造访者的题刻中。[日]坂田玄翔：《鄭道昭：秘境山東の摩崖》，第150页；《云峰刻石调查与研究》，第31—32页。

图2-17 郑文公下碑，511年，拓本，2.65米×3.67米，原刻位于山东莱州市云峰山，采自赖非编：《郑文公下碑》，济南：山东画报出版社，2018年，第1页

虽然大部分文字与前一版本相同，但是云峰山上的碑文段落增添了361个字，扩写了郑羲的生平。[1] 其中最长的一段与郑羲前往长安的旅程有关。他在奉献给太后之父的祠庙中举行过仪式，并竖立碑石，用以礼敬其人——这次任务使得郑羲获得升迁，成为给事中。扩展后的文字还包含额外的信息，使其内容较之上一个版本的铭文更像墓志：我们不仅得知郑羲的埋葬地在荥阳东南，还获知他下葬于太和十七年（493年）四月二十四这一日期。除了两篇铭文文本最基本的相似性，即采用当时

---

[1] 有关两篇文本的比较，参阅[日]坂田玄翔：《鄭道昭：秘境山東の摩崖》，第139—142页；《云峰刻石调查与研究》，第145—146页。

的丧葬石刻规制，它们在山中的相对位置也很接近。天柱山上的碑海拔更高一些，这与它所在的山的高度有关，不过它和下碑都没有刻在山顶。而在或可称为山岳地形符号学（topographical semiotics）的观念里，山顶通常是最尊贵的位置。两座山峰上最高的海拔高度均留给了与二碑大异其趣的铭文（图2-18）。

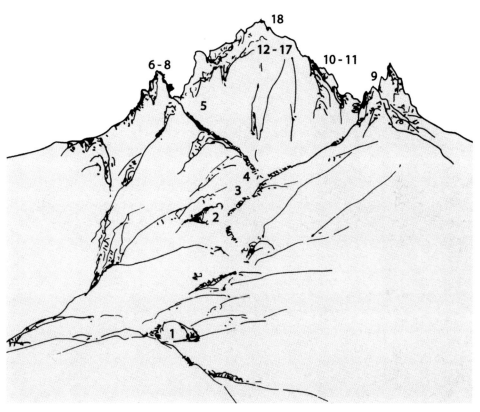

图2-18 云峰山石刻分布图，山东莱州市，皮拉尔·彼得斯制图，底图采自《云峰刻石调查与研究》，第2页
(1)郑文公下碑，511年；(2)《论经书诗》，511年；(3)《咏飞仙室》，约511年；(4)《观海童诗》，约511年；(5)"荥阳郑道昭之山门也"题刻，约511年；(6)"郑道昭之所当门石坐也"题刻，约511年；(7)《重登云峰山记》，564年；(8)"云峰山之左阙也"题刻，约511年；(9)"云峰山之右阙也"题刻，约511年；(10)"此山上有九仙之名"题刻，约511年；(11)"安期子驾龙栖蓬莱之山"和"王子晋驾凤栖太室之山"题刻，约511年；(12)"赤松子驾月栖玄圃之山"和"浮丘子驾鸿栖月桂之山"题刻，约511年；(13)"羡门子驾日栖昆仑之山"题刻，约511年；(14)"列子乘风栖华之山"题刻，约511年；(15)"神人子乘烟栖姑射之山"题刻，约511年；(16)"洪崖子驾鹄栖恒之山"，约511年；(17)"赤□子驾麟栖□□□"，约511年；(18)"云峰之山"题刻，约511年

石诗:真实和虚构的地形

下碑以上30米有一处阔大的天然岩石平台,其上存在一座建筑物的痕迹,包括柱洞、门槛和墙基。附近发现的瓦块碎片据称来自北朝,这促使中国学者得出结论,此乃郑道昭白云堂的遗址。[1] 如果曾经矗立于此的建筑是由郑氏建造的,那么作为其人在场的印记,它比留在山上的铭文要短暂得多。旁边的巨石上刻着两首诗,几乎完全清晰可辨,署作郑道昭作品。在郑道昭之子的《重登云峰山记》里,这些诗被称为"石诗"。[2]

图2-19 《论经书诗》,511年,最大高度3.38米,山东莱州市云峰山,坂田玄翔供图

第一首石诗出现在一块高5.22米、宽6.66米的巨型岩石表面(图2-19)。由于左侧土基的移动,石头倾斜了一个小角度。岩面上刻有二十列文字,总计324字。题刻被冠以一段长标题:《诗五言,与道俗十人出莱城东南九里,登云峰山论经书一首》。随后是一串官职名称和"郑道昭作"。诗文之后写着对应于511年的纪年。[3]

---

[1] 关于白云堂,见本书第92页,注释[1]。地面上还出现了一些不能确定年代的铭文,包括一位名叫"于仙"的石师的名字。一幅较小的浮雕人像刻在一块石头上,距离所谓的郑道昭斋亭(白云堂)遗址14米,被解释为郑道昭或他父亲郑羲的肖像。部分损毁的铭文清楚地表明,这幅画像应追溯到宋代,与郑道昭无关。《云峰刻石调查与研究》,第30—33页。

[2] 根据金石学家叶昌炽的说法,"建安(196—220年)、黄初(220—226年)以前,诗无刻石者,郑道昭云峰山诗其石刻之滥觞乎?"(清)叶昌炽撰,韩锐校注:《语石校注》,北京:今日中国出版社,1995年,第371页。谢灵运(385—433年)的两首诗刻于浙江青田县的石门洞,时代不明和缺乏款识的铭文不晚于宋代。在宋代,涂鸦覆盖了它们,此外没有证据表明谢灵运在刻诗上石的过程中有何作用。见[日]中田勇次郎编:《書道全集》,东京:平凡社,1954—1961年,卷5《中國 南北朝Ⅰ》,第139—140页,图版18—19。

[3]《云峰刻石调查与研究》,第15页。

图2-20 《论经书诗》（左）和《东堪石室铭》（右），拓本，采自《云峰刻石调查与研究》，第15、53页

该题刻中国学者称之为《论经书诗》，使用结字松弛的楷书，类似于大基山的《登青阳岭诗》和天柱山的《东堪石室铭》（图2-20）。这三则文本均指出作者是郑道昭本人，但他是否也是书者则不得而知。《论经书诗》中至少可以辨认出两种手迹，暗示着郑氏可能延请了一位代笔人来协助他书丹于石。不过，在关于云峰山石刻所见两种不同书风的最深入的研究中，王思礼及其合作者认为，诗的开头几列体现出郑道昭的个人风格，因为那些字与其他标识为郑氏书作的文字在结体上有相似性。[1] 王思礼剥离出来的一个怪异的郑氏个人书风是在"雲"（云）字的雨字头中采用加长的笔画（图2-21）。这种字迹特征只在郑道昭署名题刻中出现过。

顾名思义，郑道昭在云峰山上作的诗就像他登大基山时所作的一样，在由

---

[1]《云峰刻石调查与研究》，第106—113页。

他人陪同的旅行中获得，同行者在此被称为莱城（今莱州）"道俗"。可是这首诗并非对现实事件的直白描述：

图2-21 《论经书诗》中的"云"字，拓本，采自山东石刻艺术博物馆、莱州市博物馆编：《云峰刻石全集》，济南：齐鲁书社，1989年，第128页

靖觉镜生津[1]，浮生厌人职。耸志访□游，云峻期登陟。拂衣出州□，缓步入烟域。苔替□径难，龍嵷星路逼。霞旌照□□，风驾缘虚艳。披衿接九贤，合盖高顶极。[2] 峥嵘非一岩，林峦叠峣。双阙承汉开[3]，绝巘虹萦敷。涧岨禽迹迷，窦狭鸟过亟。层穴通月遂，飞岫陵地亿。回首眄[4]京关，连川□未即。还济河渐□，□来尘玉食。藏名隐仙丘，希言养神直。依微姑射踪[5]，逍遥朱台日。尔时春岭明，松沙若点殖。攀石坐危垂[6]，□鸟栖倾侧。谈对洙嶽宾[7]，清赏妙无色。图外表三玄[8]，经中精十力[9]。道音动齐泉，义风光韶棘[10]。此

---

[1] 在佛教中，"生津"指的是世俗对象，即有待渡过，以实现救赎的生命渡口。《佛光大辞典》第1册，高雄：佛光出版社，1989年，第2066页。
[2] "九贤"指刻在云峰山顶的九仙名字，详见后文。而"九仙"一词出现在天柱山的《东堪石室铭》里。《云峰刻石调查与研究》，第54页。
[3] 双阙在山上更高处显现。
[4] "眄"这个字被错误地抄录为"眇"。《云峰刻石调查与研究》，第15页。
[5] 《庄子》描述姑射山的仙人曰："肌肤若冰雪，绰约若处子。不食五谷，吸风饮露，乘云气，御飞龙，而游乎四海之外。"《庄子引得》，哈佛燕京学社引得特刊第20号，哈佛燕京学社，1947年，第2页；英文译文见Burton Watson, trans., The Complete Works of Chuang Tzu, New York: Columbia University Press, 1968, 33。
[6] 此处引用了云峰山的山门石座，见后文。
[7] 洙水流过兖州，在云峰山西南；嶽山位置不明。"宾"被错误地粹读为"滨"。《云峰刻石调查与研究》，第15页。
[8] "图"似乎指《易经》，传统中河图被认为是卦象的源头，"三玄"在《颜氏家训》中指《老子》《庄子》《易经》。（北齐）颜之推著，王利器集解：《颜氏家训集解》，北京：中华书局，1993年，第18页。
[9] 张从军认为"十力"可能指《易经》中的"十篇"。张从军：《郑道昭书法历史地位之浅见》，《云峰刻石研究》，第151页。"十力"也可指毗卢遮那佛（大日如来）的十种力量。
[10] "齐泉"或许暗喻山东临淄以南的田齐泉，见（北魏）郦道元著，王国维校：《水经注校》卷26，上海：上海人民出版社，1984年，第849—890页。孔子说，他曾经在齐国，也就是今天的山东，听到过圣王虞舜的韶乐，其后"三月不知肉味"。Legge, The Chinese Classics, 5: 199.

会当千龄[1]，斯观宁心识。目海浅毛流，看崖瞥鸿翼[2]。相翔足终身，谁辨瑶与□。万象自云云，焉用挂情忆。盘桓竟何为？云峰聊可息。

郑诗以这样的生动场景开篇——文士们甩动襟袖，开始攀登云峰山。然而，画面很快将读者引向了由风车、圣贤和耸入银河的阙楼组成的想象世界——与"游仙诗"所见典型的幻想和神话领域，以及郑氏《登青阳岭诗》描绘的场景一样。

郑道昭的第二首石诗《观海童诗》出现在另一块巨石上，石头高2.2米、宽3.5米，现已倾斜，形成一个锐角，这可能缘于山东本地经常发生的地震（图2-22）。[3]文字的第一列写道："诗五言，登云峰山观海童，郑道昭作。"[4]在这个标题里，"雲（云）"字像《论经书诗》一样带有独特的拉长笔画。接下来，十二列诗歌主体由更大且更舒朗的字组成，字以某种"方"笔写成。这令王思礼等人认为，诗歌虽是郑道昭所作，书法却属代笔。[5]诗中渗透的对超自然仙灵的设想甚至超越了《论经书诗》：

图2-22 《观海童诗》，约511年，1.17米×1.74米，山东莱州市云峰山，采自《鄭道昭：秘境山東の摩崖》，图版23

山游悦遥赏，观沧眺白沙。洪波泛仙鹢，灵童飞玉车。金轩接日彩，紫盖通月华。腾龙

---

[1]《云峰刻石调查与研究》抄录的"十"字的上半部分已被侵蚀，原貌似更可能是"千"字。
[2] 鸿是超凡的运载工具。山巅的铭文称浮丘子"驾鸿"，见下文。
[3] 有关该地区地震频率的图表，参阅［日］坂田玄翔：《鄭道昭：秘境山東の摩崖》，第195—197页。
[4]《云峰刻石调查与研究》，第20页。
[5] 王思礼和他的合作者提到，诗的主体先写成，然后大概由郑道昭亲自添加标题。同上书，第110页。

蔼星水，翻凤映烟家。往来风云道，出入朱明霞。雾帐芳霄起，蓬台插汉邪。流精丽旻部，低翠曜天葩。此瞩宁独好，斯见理如麻。秦皇非徒驾，汉武岂空嗟。[1]

此诗也属游仙诗，其中，郑道昭目睹的超凡灵物是"海童"，此前左思、郭璞和木华（活跃于290年前后）的诗歌中也出现过同样的对象。对此，郑氏必然知晓。[2]

虽说郑氏的"石诗"糅合了先前诗歌调用过的相似主题与意象，但在分别作为文学作品和实物作品的时候，读者感知它们的方式是截然不同的：石刻不仅是文本，还是地点，位于真实和灵幻空间或者历史和神话的交汇处。想要全然理解这首诗，读者必须立足郑道昭本人立足的云峰山视角。[3]《论经书诗》纪念了郑氏及其追随者一起郊游的事件，这一事件恰在刻铭巨石所在处或附近发生。对于刚刚走过同一段登高路程的读者来说，郑氏对攀爬山岭的描写复述了他们自身的经历。叙述目见"凤驾"，注视"京关"的段落将读者的目光引向远方，而涉及"九贤"和"双阙"的语句则预示了人们即将在山上发现的其他场所和铭文。在《观海童诗》里，碧绿的海水、洁白的沙滩以及"灵童飞玉车"伴随的巨大波浪都不单纯是游仙诗的措辞格套：这里提到的海岸和想象中盘旋在海浪之上的奇幻生物均指向真实的远景——从云峰山上能够眺望到的渤海湾海岸。从这座山上还能看见海湾中的岛屿，而那些岛屿或许启示了关于神仙栖息的神话，特别是处在山东沿海一带海中的蓬莱山岛所衍生出来的传说。诗中的一句话暗示了这种仙境，并预告了显现于峰顶的另一处谈及蓬莱的题刻。

---

[1]郑诗的日文译文见［日］坂田玄翔：《郑道昭：秘境山東の摩崖》，第8页。
[2]同上书，第207页。木华《海赋》里出现海童，英文译文见David R. Knechtges, trans. and annotator, *Wen xuan*, Princeton: Princeton University Press, 1987, 2: 305—320。
[3]关于石刻位置及其意义的关系，赖非有很好的介绍。参阅《云峰刻石的成因与分布特点》，《云峰刻石研究》，第267—276页。

郑道昭诗中的其余段落更加广泛地暗喻了山东半岛的实景与神话地理。正如陈寅恪的经典文章所阐明的那样，中国的这一地区是方士、卜者和巫者的摇篮，同时也是天师道的中心。[1] 郑氏《观海童诗》的末尾两列提到，秦始皇和汉武帝都曾旅行至山东这一区域，渴盼遇见仙人。[2] 除了《史记》和其他早期文献的记载之外，皇帝巡行的实物遗存也是云峰山地区文化地理的一部分。莱州以北有据传为秦始皇所刻的"盏石"，用于向神明献酒。在城市的南门则有"幸台"，汉武帝登之以求与仙人安期生相会。莱州附近还有武帝建造的"三山亭"。他从这座宫殿眺望渤海湾，期待瞥见神秘的蓬莱、方丈和瀛洲三岛。[3] 想到此类与神仙相会的帝王诉求，读到两首石诗的读者便开始假想自己在攀登之旅中可能终将邂逅仙灵。山上更高处的石刻强化了这种期许。

石室与郑道昭的角色

在郑道昭人生轨迹中理解其诗歌的中国学者引用了一种评述传统，即将游仙诗解释为不满于政治生活的隐喻。他们认为，自从离开北魏中央政府的职位后，郑氏便转向"神仙道"，在游览自然风景和描写神异经历中寻找慰藉。[4] 然而，大基山仙坛及题刻所见郑氏对道教仪式的兴趣揭示了其知识和精神生活的维度——并不应该仅仅解释成文人对神仙传说的涉猎，抑或正统儒家学者的业余娱乐。天柱山的

---

[1] 陈寅恪：《天师道与滨海地域之关系》。
[2] 这些帝王之旅的典故也出现在《天柱山铭》里。这是郑述祖刻在山上的文字："始皇游而忘返，武帝过以乐留。"《云峰刻石调查与研究》，第56页。该题刻毁于1969年，残存的石块保存于平度市博物馆。
[3] 赖非：《云峰刻石的成因与分布特点》，《云峰刻石研究》，第270页。与秦始皇、汉武帝有关的其他地点参阅于书亭：《〈天柱山铭〉析疑》，《郑道昭与四山刻石》，第71—72页。
[4] 关于郑道昭留心道教的证据，深入的研究见焦德森：《云峰刻石与郑道昭晚年的道教思想倾向》。在侯思孟（Donald Holzman）对游仙诗的分析中，他揭示了相关讽刺和怀疑意味，这也是该类诗歌的历史传统的一部分。"Immortality-Seeking in Early Chinese Poetry."

石室看起来就是一间用于静思和冥想的"静室",这也使得郑道昭的行为可被置于宗教性的道教范围内。

无论郑道昭自己的信仰或宗教实践如何,在刻于云峰山另一个天然石室后壁的诗里,他俨然被设想成了道教神仙的角色。石室在《论经书诗》之上15米,刻文名为《咏飞仙室》,只有四列文字:

> 岩堂隐星霄,遥檐架云飞。郑公乘烟至,道士披霞归。[1]

诗没有署名,看起来并非郑氏亲作,而是与之相关;也许这是他的一位下属的作品,此人可能还书写了云峰山上其他包括"郑公"二字的铭文。不管作者是谁,这首诗表明郑道昭成功地为自己建立道家高人的形象,他拥有了在天地中漫游的技艺。[2]然而,云峰山的文字系统最终与郑道昭或其余任何人的人生历程脱离了关系;相反,正如读者向上登涉时所发现的那样,题刻构建了一个不受当下时间或俗世界限约束的环境。

双阙与名字的力量

在刻着郑诗的两块巨石上方,向上的山径发生分叉,分别通往拱卫于主峰东西两侧的巨大岩体。在东侧,距山外沿约7米的高耸石壁营造出长达11米的天然走廊。岩石走廊东侧的壁面有题记曰:"荥阳郑道昭之山门也。于此游止。"

---

[1]《云峰刻石调查与研究》,第17页。这段铭文写得很粗糙,难以辨识的末尾一字被重刻在第一列的右边。参阅[日]坂田玄翔:《鄭道昭:秘境山東の摩崖》,第153—154页。

[2][日]坂田玄翔:《鄭道昭:秘境山東の摩崖》,第142—144页。坂田玄翔还提出了有意思的提案,即郑道昭在云峰山刻下能够控制雨的赤松子的名字,目的是在饥馑时求雨。

图 2-23 "山门"场景，山东莱州市云峰山，采自《鄭道昭：秘境山東の摩崖》，图版 36
图中可见三处石刻，自左至右分别是："云峰山之左阙也"题刻，约 511 年；《重登云峰山记》，564 年，刻在嵌入岩体的平整石板上；"荥阳郑道昭之山门也"题刻，约 511 年

（图 2-23）石刻中的郑道昭姓名貌似以本人口吻"说"出，它的出现表明这些字可能由郑氏亲书。[1] 几米之外，一个足以俯瞰山体东部的天然石头平台上又有题记写道："郑公之所当门石坐也。"（图 2-24）此处，敬语"郑公"表明题字不是郑氏本人所写，尽管这里必定就是《论经书诗》中提到的"攀石坐危垂，□鸟栖倾侧"。与布于垂直面的石刻不同，此处文字延伸至"石座"的边缘，出现在读者脚下；在低头阅读铭文的同时，向下眺视落差极大的空间，会导致眩晕和战栗。如果郑道昭的确喜欢坐在这个高悬的栖息之处远望的话，他一定不恐高。

"山门"与"石坐"题刻汇合了后来千百年里两种常见的摩崖类别："题名"

---

[1] 此类比郑氏的两首诗笔迹更大且更方的文字雕刻在磨平的石面之上，而这种技术上的差异大概也影响了书法的表现形式。一般来说，石面加工完成度更高的云峰山铭文展现出方笔，而石面粗糙时则展现出圆笔。笔垂直于书写面，需要根据石头的不规则性调整笔画。

图2-24 "郑公之所当门石坐也"题刻,约511年,85厘米×83厘米,山东莱州市云峰山,采自《鄭道昭:秘境山東の摩崖》,图版1

和"题景"。第一种见于应用广泛的金石形式——"某某到此"涂鸦。第二种包括地名和评述山水风景的短语。声明郑氏对山峰大门的占有以及标记其石座的石刻纪念了他的游山之旅,在山水间嵌入了有关其人在场性的不可磨灭的印记;正如大基山的"南山门"一名,郑氏题刻还赋予天然地形元素以独特的名义。不同于写在巨石上的"石"字仅是标记地理构造,命名两个地点的铭文创造了联结两种无关对象的隐喻结构:这些地点不再只是天然的石构走廊或平台,而是化作一道"门"或一个"座"。[1]

---

[1] 关于视觉感知与命名方式之间的关系,参阅 Christian Metz, "The Perceived and the Named," trans., Steven Feld and Shari Robertson, *Studies in Visual Communication* 6, no. 3 (Fall 1980): 56-68。至于欧洲探险家对澳大利亚山水结构的名称选择的影响,可资比较,参阅 Paul Carter, *The Road to Botany Bay: An Exploration of Landscape and History*, Chicago: University of Chicago Press, 1987, 31。

一如"脚""腰"这样的用语,"门""座"等名词是一种比喻型的语言词汇,用来归纳山体的地形特征,具体方式是将它们的外形比喻成人体的一部分,或者相近的结构、器物。另外两个大概由郑道昭本人拟定的地点名称出现于云峰山东西两侧的凸起岩体之上,指向一种早期中国建筑的独特形制。在东侧,题识"山门"的铭文上方,写有七个字组成的题记:"云峰山之左阙也。"(见图2-23,图2-25)中文的"阙"字可以译作"塔楼"(tower),原本指的是中国早期位于大门或道路两旁的建筑,由木构或砖石建造。[1]因为阙总是成对出现,读者确信在山的西侧一定存在相对应的石刻。那

图2-25 "云峰山之左阙也"题刻,约511年,70厘米×48厘米,山东莱州市云峰山,译者摄影

里确实如此。巨石上刻着这样的文字:"云峰山之右阙也。"(图2-26)而且,还有小字标示"郑公"曾在此休息并手书阙名。[2]

在高山上发现双阙,会让登涉的读者回想起《论经书诗》中的一句——"双阙承汉开",鼓励自己继续向前方求索。这是由于不管物质形式如何,阙在早期中国均代表空间和观念中的界限:穿越它们,意味着到达有特殊属性的领地。在中国陵墓建筑里,阙拱卫通向埋葬地点的通道,分隔着现实世界和黄泉。东汉以来的双

---

[1] Ann Paludan, *The Chinese Spirit Road: The Classical Tradition of Stone Tomb Statuary*, New Haven: Yale University Press, 1991, 31-35; Wu Hung, *Monumentality in Early Chinese Art and Architecture*, 276-278; 陈明达,《陈明达古建筑与雕塑史论》,北京:文物出版社,1998年,第142—155页。

[2] 七个字后定义右阙的文字是"栖息于此,郑公之手书"。坂田玄翔认为,命名双阙的铭文出自不同人之手,推测右阙题刻可能临摹自《论经书诗》里的文字,并不接受其为郑道昭本人题写右阙的证据。[日]坂田玄翔:《鄭道昭:秘境山東の摩崖》,第160—161页;《四岳杂考》,《云峰刻石研究》,第58页。

图 2-26 "云峰山之右阙也" 题刻,约 511 年,50 厘米 ×74 厘米,山东莱州市云峰山,采自《云峰刻石》,第 59 页

阙,例如四川高颐(卒于 209 年)墓前神道上的阙,由巨大的石构件组成,复现了木结构建筑的样貌(图 2-27)。虽然像墓碑一样,阙因为禁止厚葬而遭到限制,但是在中国的不少地方,汉代以降至 6 世纪早期的纪念性石刻仍然颇有延续。其中一处豪华的阙就位于今天的河南,即郑道昭故里所在,矗立在王子雅(卒于 2 世纪)的墓前。它引起了郦道元的注意,郦氏在《水经注》中记载了该石刻。[1]

双阙作为超自然世界入口的象征意义是汉代以来墓、棺装饰中出现大量阙图像的原因。在四川简阳发现的一具汉代石棺上,有一对阙的画像,其上栖息着两

---

[1]《水经注校》,第 991 页;Wu Hung, *Monumentality in Early Chinese Art and Architecture*, 276-277。山东李刚(卒于 172 年)墓前的阙也为郦道元所记,见《水经注校》,第 290 页。

只凤鸟，题为"天门"，明确了双阙指引的也即墓主人即将进入的领域（图2-28）。[1] 尽管墓址入口处的阙标出了现实空间中地平面的界限，但是棺上的双阙却意味着垂直运动——向上升入不可见的仙境。湖南发现的公元前2世纪的马王堆1号墓里有一幅著名的帛画，同样隐喻了飞升，大多数学者将其解释为包含三个层次的宇宙图景（图2-29）。[2] 画在帛画最高处的是天界，它处在由着袍服的人物和躬身的猫科兽类守卫的双阙之上。

图2-27 高颐墓双阙，四川雅安市，采自杨道明主编：《中国美术全集·建筑艺术 卷49 陵墓建筑》，北京：人民美术出版社，2014年，第16页

除了阙的实物及其在视觉艺术中的表现，游仙诗和其他描述超凡境地之旅的文学体裁的作品也屡屡提及阙，例如孙绰（314—371年）的《游天台山赋》：

> 陟降信宿，迄于仙都。双阙云竦以夹路，琼台中天而悬居。朱阁玲珑于林间，玉堂阴映于高隅。[3]

---

[1] 高文、高成刚：《中国画像石棺艺术》，太原：山西人民出版社，1996年，第12页。这是标识作"天门"的阙的已知最早实例。类似的称为"天门"的图像出现于加拿大皇家安大略博物馆的两幅棺的装饰画像上，其中描绘了双阙所界定空间里的西王母及其他仙灵。该馆还藏有双阙形状的鎏银铜棺饰，原本贴于棺的表面。参阅 Klaas Ruitenbeek, *Chinese Shadows: Stone Reliefs, Rubbings, and Related Works of Art from the Han Dynasty (206 BC-AD 220) in the Royal Ontario Museum*, Toronto: Royal Ontario Museum, 2002, catalogue nos. 57-60. 关于汉代图像中的阙，又见 Eugene Y. Wang, *Shaping the Lotus Sutra: Buddhist Visual Culture in Medieval China*, Seattle: University of Washington Press, 2005, 31。
[2] Loewe, *Ways to Paradise*, 47-50.
[3]（南朝梁）萧统编,（唐）李善等注：《增补六臣注文选》卷11,《四部善本新刊》本，台北：汉京文化事业有限公司，1980年，第226页；英文译文见 Stephen Owen, trans., *Anthology of Chinese Literature*, New York: W. W. Norton, 1996, 187（有所修改）。另一版译文见 Knechtges, *Wen xuan*, 2: 249。

图 2-28 鬼头山石棺画像，2 世纪，拓本局部，四川简阳市出土，采自高文、高成刚编著：《中国画像石棺艺术》，太原：山西人民出版社，1996 年，第 12 页

这里，经过想象空间而非现实空间里的向上移动，诗人瞥见了双阙之后的仙界建筑——这些建筑象征着从一个领域到另一个领域的到达、过渡与通道。[1]

云峰山上的阙当然不是建筑结构，而是被纳入一个人造环境的自然构造，这一人造环境由刻凿的名称以及它们与山上其他地点之间的关系定义。把阙的概念用于岩石或山体，并将其视作墓葬

图 2-29 "T"形帛画，约公元前 168 年，彩绘帛画，高 82 厘米，湖南长沙市马王堆 1 号墓出土，湖南博物院藏

[1] 在李峤（活跃于 7 世纪后期至 8 世纪前期）的一首名为《烟》的诗中，对双阙之间道路的认识与"九仙"明确有关："迥浮双阙路，遥拂九仙衣。"（清）彭定求等编：《全唐诗》卷 59，北京：中华书局，1960 年，第 701 页。

或宫殿入口的做法由来已久。诚如巫鸿指出的那样，司马迁记载，秦始皇阿房宫的所在地"表南山之巅以为阙"[1]。巫鸿还指出，公元前2世纪中山王刘胜（卒于前113年）及其夫人陵墓两翼的两座小山似乎也发挥着守卫墓前通道的阙的功能：就像后世园林设计中的"借景"一样，大自然提供的山头被吸收到了陵墓有意规划的景观中来。[2] 在这两个汉代例子里，山起到与建筑物相同的作用，天然构造的高度和对称性令人联想到阙最主要的两种形式特征。关于山川间的石头类似于阙的观念也出现在画家顾恺之（约345—409年）的《画云台山记》里。这篇文章与一项描绘天师道创始者张道陵教导门徒之地的绘画计划有关，顾恺之在文中谈道："双碣石，象左右阙。"[3] 阙形山峰或岩石象征着神明或灵物的存在，并且赋予这些事物所在的山丘一种超自然气氛。[4] 刻记在云峰山上的左、右阙之名提醒着登山的读者，他们正在进入一个不同于下方世界的空间；全然理解这一空间的性质有待于完成最后的向上跋涉，并读到山顶刻写的名字。

游仙之境

当郑述祖重访云峰山，攀登至其父亲的"山门"和"石座"时，他对陪同的人提到"此上应有九仙之名"。派人前去查看后，果然发现了仙名。时至今日，在邻近峰顶的主峰西面，仍有题刻曰："此山上有九仙之名。"（图2-30）在它的上面，三块相互独立的石头上刻着五个前面提到的仙名；在2000年修复通往石刻所在地

---

[1]（汉）司马迁：《史记》卷6，北京：中华书局，1987年，第256页。
[2] Wu Hung, *Monumentality in Early Chinese Art and Architecture*, 131.
[3]（晋）顾恺之：《画云台山记》，俞剑华编：《中国画论类编》第1册，台北：河洛图书出版社，1975年，第582页。
[4] Michael Sullivan, *The Birth of Landscape Painting in China*, Berkeley and Los Angeles: University of California Press, 1962, 98.

图 2-30 "此山上有九仙之名"题刻,约 511 年,54 厘米 ×64 厘米,山东莱州市云峰山,译者摄影

的道路的工程中,与其他四个名字有关的石头碎片重见天日。[1]虽然在《论经书诗》中,郑道昭使用了读音近似的"贤"字,而不是"仙",但是"披衿接九贤"这句话指的肯定是名号刻于云峰山顶的仙众。[2]天柱山《东堪石室铭》提及的身着五彩服饰的九仙也必定指同一仙班。

九处题刻中的每一处都遵循相同的语言程式,写着一位仙人的名字、一种天

---

[1] 崔天勇、王忠义:《莱州市云峰山发现的北魏郑道昭刻石及相关问题的初步探讨》,《书法丛刊》2001 年第 3 期,第 2—21 页。感谢刘涛教授告知笔者这篇文章的内容,并赠予笔者此文的复印本。
[2] 尽管它们在现代普通话中音近,但在中古中国,第一声的"仙"与第二声的"贤"分别读作"sian"和"γεn"(γ 是一个软腭擦音)。见 Edwin G. Pulleybank, *Lexicon of Reconstructed Pronunciation in Early Middle Chinese, Late Middle Chinese, and Early Mandarin*, Vancouver: University of British Columbia Press, 1991, 334-335。

上的交通工具和一处想象中的栖居地。[1] 前两处呈上下关系分布于一块单体岩石："安期子驾龙栖蓬莱之山"和"王子晋驾凤栖太室之山"（图2-31）。[2] 安期子据说是山东沿海的琅琊人，原本卖药为生。人们相信他已成仙，称其为"千岁公"。在东巡途中，秦始皇曾花费三昼夜与安期子会面，后者建议他日后来蓬莱仙岛找他。[3] 汉武帝同样渴望见到安期子，便派遣术士搜海寻仙。[4] 虽说未能见到安期子，但汉武帝却在莱城附近建造了献给这位神仙的高台。王子晋也被叫作王子乔，是周灵王的儿子。[5]

图2-31 "安期子驾龙栖蓬莱之山"和"王子晋驾凤栖太室之山"题刻，约511年，38厘米×62厘米，32厘米×60厘米，山东莱州市云峰山，赖非供图

王子晋在石刻中被配以凤，用作天上的交通工具，但他早在中国文学作品《楚辞》的《远游》篇里即已出现，被设想成寻找"道"的过程中的建言者。王氏因精通吹

---

[1] 笔者对留名云峰山的群仙的认知主要建立在《列仙传》的基础之上。这是一部汉代编辑的神仙传记集。参阅 Max Kaltenmark, trans., *Le Lie-sien tchouan: Biographies, Legendaries*, Beijing: Centre d'etudes sinologiques de Pekin, 1953。
[2] 凤字的上半部在"文革"期间毁坏。见［日］坂田玄翔：《郑道昭：秘境山東の摩崖》，第157页；Jason Steuber, "Wang Ziqiao and the Literary Themes of Time and Immortality in Chinese Art," M. A. thesis, University of Kansas, 1996, 70-71; James A. Hart, "The Speech of Prince Chin: A Study of Early Chinese Cosmology," in *Explorations in Early Chinese Cosmology*, ed. Henry Rosemont Jr., Chico, CA: Scholars Press, 1976, 35-65。
[3] Kaltenmark, trans., *Le Lie-sien tchouan*, 115-118.
[4]《史记》卷20，第1385页。
[5] Kaltenmark, trans., *Le Lie-sien tchouan*, 109-114；Steuber, "Wang Ziqiao and the Literary Themes of Time and Immortality in Chinese Art"；Marianne Bujard, "Le culte de Wangzi Qiao ou la longe carrière d'un immortel," *Études chinoises* 19 (2002): 115-118.

笙而知名，其声音能引来凤凰。这位音乐神仙一生遨游于伊洛两水之际，曾在嵩山上为人所见，云峰山石刻提到的太室之山就是那里的一簇山峰。[1]

在山顶的更高处，另一对石刻也呈上下关系分布于岩石上："赤松子驾月栖玄圃之山"和"浮丘子驾鸿栖月桂之山"（图2-32）。赤松子是雨神，能够进入火中而不受伤，据说曾经辅佐过传说中的神农；此处，他对应于昆仑山上的玄圃，在那里他会见了西王母。[2]根据《淮南子》，登上昆仑玄圃的人能够呼风唤雨——这正是赤松子的标志。就像王子晋一样，赤松子也出现在《楚辞》里，并且成为受人崇拜的信仰对象。这两位神仙常在后世的诗歌中结伴出现，但在云峰山石刻中，赤松子却与浮丘子在一起。[3]虽然石刻指定鸿为浮丘子的坐骑，但是他被认为是《相鹤经》的作者。他将此书藏在嵩山，传予王子晋。

在以上两块石头北侧的另一块石头上，刻着这样一条题记："羡门子驾日栖昆仑之山。"（图2-33）这位神仙又叫羡门高，与安期子一样，也是山东半岛的本地人氏。秦始皇曾派遣使节赴东海寻找他，尽管一如赤松子，石刻将其与昆仑山联系了起来。[4]栾大，尝试赢得汉武帝垂青的方士之一，声称在海中遇见过安期子和羡门子，可是他最终因未能让皇帝与他们或其他神仙成功见面而被处死。[5]

缘于石头损毁，剩余四位仙人的石刻姓名的原始位置难以判断。三块修复后的石头呈现这样的句子："列子乘风栖华之山"，"神人子乘烟栖姑射之山"（图

---

[1] 一块献给王子晋的嵩山汉代石碑见于 Donald Holzman, *Immortals, Festivals, and Poetry in Medieval China*, Variorum Collected Studies Series, Aldershot: Ashgate Publishing Co. 1998, part 3: 15-57. 又见于陈垣：《道家金石略》，北京：文物出版社，1988年，第2页。此条注释感谢肖恩·艾克曼（Shawn Eichman）先生，他提出了很多关于云峰山石刻的富有学识的建议。

[2] Kaltenmark, trans., *Le Lie-sien tchouan*, 35-42. 笔者将"玄"视作"悬"的谐音异体字。见 Pulleybank, *Lexicon of Reconstructed Pronunciation in Early Middle Chinese*, 350.《淮南子》的一篇文章解释说，昆仑山的神秘地理由通往仙境的连续升高的系列区域构成："昆仑之丘，或上倍之，是谓凉风之山，登之而不死；或上倍之，是谓悬圃，登之乃灵，能使风雨；或上倍之，乃维上天，登之乃神，是谓太帝之居。"英文译文见 John Major, "Topography and Cosmology in Early Han Thought: Chapter Four of the *Huai-nan-tzu*," Ph. D. diss., Harvard University, 1973, 44（有所修改）。

[3] 关于王子晋与赤松子的组合，见 Steuber, "Wang Ziqiao and the Literary Themes of Time and Immortality in Chinese Art" 第52页及后页。

[4]《史记》卷28，第1367—1368页。

[5] 同上书，第1390页。

图 2-32 "赤松子驾月栖玄圃之山"和"浮丘子驾鸿栖月桂之山"题刻,约511年,47厘米×50厘米,44厘米×40厘米,山东莱州市云峰山,赖非供图

图 2-33 "羡门子驾日栖昆仑之山"题刻,约511年,36厘米×78厘米,山东莱州市云峰山,赖非供图

2-34)与"鸿崖子驾鹄栖衡之山"。前两位神仙所用交通方式呼应了《庄子》的篇章。《庄子》写到了曾著《列子》的道教哲人列子,称赞其人能够"御风而行,泠然善也"。[1] 姑射之山上"乘云气"的神人在郑道昭的《论经书诗》里有所述及。新近发现的第三位神仙的名字叫鸿崖子(洪崖子),通常又称为伶伦,是传说中黄帝的乐官,发明了音乐;在郭璞的一首游仙诗中,他与浮丘子成对仗关系。[2] 2000年发现的第四件石刻受损严重,仅有几个字能明确识读:"赤□子驾麟栖□□□。"[3]

姓名刻于山顶的仙众序列不合任何规范系统或体系;相反,他们似乎来自一个非正统的神仙群体,在《楚辞》《列仙传》《抱朴子》等早期文献中跳跃。然而,九位神仙的选取的确显示出对以九为单位的计数系统的比附,这一系统可以用来为概

---

[1]《庄子引得》,第2页;英文译文见 Watson, trans., *The Complete Works of Chuang Tzu*, 32-33。
[2] 关于鸿崖子的资料很少,见崔天勇、王忠义:《莱州市云峰山发现的北魏郑道昭刻石及相关问题的初步探讨》,《书法丛刊》2001年第3期,第7页。
[3] 是否有可能是赤须子?参阅 Kaltenmark, trans., *Le Lie-sien tchouan*, 135-136。或者,是否可能是山东齐地人甘忠可(活跃于前33—前7年)声称见过的赤精子?见 David Yu, trans., *History of Chinese Daoism*, 1: 73-74。对于其他可能的身份,参阅于书亭:《郑道昭与四山刻石》,第59—60页。

图 2-34 "神人子乘烟栖姑射之山"题刻，约511年，山东莱州市云峰山，采自《云峰刻石》，第74页

念化或物质性的空间营造秩序。实例包括《禹贡·尚书》列举的九个州、九条河、九个泽、九座山及黄河的九条支流，《周礼》所载明堂九室所体现的理想组合，还有"洛书"所见九个方形区域。[1] 九这个数字的神秘意义早于道教的兴起，但以九为单位的组合在道教宇宙观和仪轨里比比皆是。[2] 该数字的意义还体现在经名中，诸如《九鼎丹经》《九要心印经》《九转流珠神仙九丹经》。

题名云峰山的九仙组群在宇宙中彼此呼应，他们有以下几个共同特征。除了最后那位难以辨识的骑麟神仙，其余所有遨游的神仙均驾乘真实或神异的飞行动物（龙、凤、鸿、鹄），抑或天体（日、月），又或是反重力的风、烟。各路神仙均是真实或神异山丘的栖居者。这些属性反映于仙名在山上的分布位置——与想象中他们居住的天界空间最接近的真实物理地形里的地点。

据笔者所知，没有更早的石刻使用相同的语言程式，或者采用如云峰山所见的山岩载体。尽管如此，将山上的石刻献给神灵的历史却可以追溯到汉代。它们有的出现在山间的祠庙中，而那里被认为是神明栖身或实现从人到超凡存在的转变的地方。例如，汉成帝（前33—前7年在位）统治期间，在长安附近的太白山上，

---

[1] John B. Henderson, *The Development and Decline of Chinese Cosmology*, New York: Columbia University Press, 1984, chap. 2（尤其是第61—63页）.
[2] 于书亭：《郑道昭与四山刻石》，第52—53页。

人们在谷春"尸解"以后，于被认为是谷氏故宅的位置建造了一座祠庙。[1]根据纪念其人的祠庙与题刻的数量，王子晋可谓最受崇敬的神仙。嵩山之巅就有一座供奉王子晋的祠庙，据说这位驾风的仙人曾游历于此。[2]山上的敬神文字颂扬了神化的人物，同时保存了与此信仰有关的对真实历史事件的记忆。就像在祖先祠庙中陈述的召唤逝者灵魂的颂辞一样，这些铭文也可用于仪式性祈祷，从而唤起神灵的出现并投其所好。[3]然而，不同于诵读的文字，铭文在仪式结束时并未消失。只是因为保留在现场，这些文字便在坚固的磐石媒介上永远奏效。在云峰山的山顶，无论何时，不分时令，题刻的仙人名字都能引出那些仙灵的存在，使之栖居于由下方双阙界定的经过形塑的山水之间。

仙界的象征、书写和图像

当一名访问者陆续驻足，阅读并审思下碑、两处"石诗"、左阙和右阙的题名，最终到达云峰山巅时，他发现了仙名，确认了向上的旅途中不断变化的文字内容所暗示的内容：此山不单单是实在的地质构造，而且是人类参与塑造的精心布置的风景。这种干预的结果是将云峰山转变为仙境的象征物（representation），类似于艺术、建筑和景观设计等其他手段，意在驱使想象中的对象和空间以视觉形式现身，而且更关键的是，提供了一条通往它们的路径。

一切视觉表现方式都实现了不在场对象的在场，不管是真实人物还是纯然想象之物的图像。用克劳斯（Rosalind E. Krauss）的话说，象征物是"缺席的所指的

---

[1] Robert Ford Campany, *Strange Writing: Anomaly Accounts in Early Medieval China*, Albany: State University of New York Press, 1996, 196.
[2] 其他献给王子晋的祠堂和石刻亦见上书，第193—195页。
[3] Kenneth Edward Brashier, "The Spirit Lord of Baishi Mountain: Feeding the Deities or Heeding the *Yinyang*," *Early China* 26-27 (2001-2002): 209-210.

替代与代表"[1]。名为"博山炉"的熏炉被制作成山的形状，便是这种原则的极佳证明。这类器物的图像志意义仍然存在学术上的争议，但几乎所有研究过它们的人都认同，博山炉起到山或"浮岛"的象征物的作用，这种山岛例如蓬莱，乃是神仙居住之地。[2]沈约咏熏炉的诗字里行间即显现出这样的场景：

> 瑰姿信岩崿，奇态实玲珑。峰嶝互相拒，岩岫杳无穷。赤松游其上，敛足御轻鸿。……百和清夜吐，兰烟四面充。如彼崇朝气，触石绕华嵩。[3]

仿若诗中所述的熏炉发现于西汉时期的墓葬中，最著名的是刘胜墓里出现的一件。这件熏炉被解释为墓主人渴望死后升入云山仙境的视觉表达（图2-35）。沈约描述（或想象）的熏炉的设计中加入了云峰山题名群仙之一赤松子的形象，说明熏炉主人希望有朝一日能够遇见天上仙灵之属。在道教仪式里也有类似情形，熏炉成为必不可少的器具，信徒们将其用作视觉辅助，在围绕它展开的冥想中，他们试图实现"远游"。[4]

在克劳斯的定义隐含的有关象征物的逻辑里，神仙的山境是熏炉"缺席的所指"。可是，除了单纯地建构出实际不存在的事物，象征物可以实现的还有很多。

---

[1] Rosalind E. Krauss, "In the Name of Picasso," in *The Originality of the Avant-Garde and Other Modernist Myths*, Cambridge, MA: MIT Press, 1986, 33. 在标签型标记和象征型标记之间，克劳斯做出了重要区分。前者"仅仅通过赋予名称，使已经存在的事物翻倍"；而后者通过附加一个某种意义上不同于图像、器物或地点表面身份的词或短语，创造出新的事物。举例来说，写在一块椭圆形大石头上的"石"这个词是标签型标记，而写在同样一块石头上的"仙枕"二字，就是象征型标记的代表。云峰山上刻着名称的地点具有符号学功能，但必要前提是人们没有将地形标记为岩石或巨石，而是通过把山体的真实构造比喻成实际不存在的事物或地点，来赋予这些位置以新的含义。

[2] Susan Erickson, "Boshanlu—Mountain Censers of the Western Han Period: A Topological and Iconographical Analysis," *Archives of Asian Art* 45 (1992): 6-28.

[3]（南朝梁）沈约：《和刘雍州绘博山香炉》，氏著，陈庆元校笺：《沈约集校笺》，杭州：浙江古籍出版社，1995年，第384页；英文译文见 Soper, *Textual Evidence for the Secular Arts of China in the Period from Liu Sung through Sui (A. D. 420-618)*, 39.

[4] Schipper, "Taoism," 33. 茅山道教传统中对熏炉的用法见 Micheal Strickman, "On the Alchemy of Tao Hung-ching," in *Facets of Taoism: Essays in Chinese Religion*, eds., Holmes Welch and Anna Seidel, New Haven: Yale University Press, 1979, 169。

正如杰西卡·罗森论述的那样，在早期中国，就像在许多其他文化中一样，象征物是获得超自然或宇宙力量的有效手段。[1] 罗森引用的例子包括园林或皇家苑囿，其中有池水、人工山丘、建筑与图像。这些人造环境里最著名的是汉武帝营造的案例——由于历史学家司马迁和辞赋家司马相如（约前179—前118年）的著作，后世人对这些地方记忆犹新。[2] 武帝在公元前104年来到海边访仙之后，于长安建起了一座新宫殿，内部有一个容纳着人工岛的巨大水面。据《史记》记载，人工峰峦用于"象"传说中位处东海某地的奇妙山岛。[3] 雷德侯写道："'象'一词的使用"，"清楚地暗示了此处园林建筑意在象征某种对象"。[4] 罗森更倾向于将"象"翻译为"模拟物"（analogue），她强调，这个词"表示的不仅是外表类似、相似的原则：'象'，无论是图像还是人造环境，都是一种意图发挥某种作

图2-35 金错铜熏炉，约公元前113年，高26厘米，河北满城县刘胜墓出土，河北博物院藏，采自河北省博物馆编：《河北省博物馆文物精品集》，北京：文物出版社，1999年，图版22

---

[1] 罗森在三篇主要研究中建构了这一观点："The Power of Images"；"Creating Universes"；"The Eternal Palaces of the Western Han: A New View of the Universe," *Artibus Asiae* 59, nos. 1/2 (1999): 5-58（中文译文见《祖先与永恒：杰西卡·罗森中国考古艺术文集》）。
[2] 关于模仿仙境的宫苑与用于田猎的苑囿，权威的英文介绍见 Lothar Ledderose, "The Earthly Paradise: Religious Elements in Chinese Landscape Art," in *Theories of the Arts in China*, eds., Susan Bush and Christian Murck, Princeton: Princeton University Press, 1983, 165-183。
[3]《史记》卷12，第482页；(汉)班固：《汉书》卷25，北京：中华书局，1962年，第1204页。
[4] Lothar Ledderose, "The Earthly Paradise: Religious Elements in Chinese Landscape Art," 168；Wu Hung, *Monumentality in Early Chinese Art and Architecture*, 174-176.

用的动态现象"[1]。因此,当汉武帝希望与神仙会面时,他按照方士的建议,把自己的宫殿与袍服修饰成了其向往之物的"象"。同样的目的启发武帝建立名为"神明台"的高台,并在该建筑的顶部摆放了一个举着盘子收集露水的青铜仙人像——露水是仙人喜爱的饮品。铜盘高举,就像放鸟饵的给食器一样,足以将神仙引至地面。恰如罗森所言,这些建筑和图像的最终功能不是产生可供审美欣赏的乐园,而是创造整个宇宙,令其间的皇帝实现永生的目标。[2]

在皇家苑囿的领地里营造人工山峦,象征蓬莱或其他虚拟地点的做法延续到北魏,最终形成了郑道昭必定了解的场所——洛阳的华林苑。此处宫苑建于魏明帝时期始创的皇家苑囿内部,园中围有一座大池,称作"天渊池"。530 年的《洛阳伽蓝记》详细记述了该城市,书中写道:"池中犹有文帝九华台,高祖于台上造清凉殿。世宗在海内作蓬莱山,山上有仙人馆。"[3]于人工土丘上建"仙人馆"以象征蓬莱的方式形象地反映了汉武帝的营建计划已然流露的思想:一个地点在空间中越高,就越容易吸引神明频繁光顾,因而,作为"象"来说它的作用也就越有效。

如同汉武帝放在神明台上的青铜雕像和华林苑人工山丘蓬莱山上的仙人馆,云峰山的题刻名称制造了人神相会的潜在地点。但在这座山上,不需要借由雕像或建筑来实现此类功效:郑道昭没有砌筑实际的建筑环境或堆叠石头以造就人工山水,而是从真实的山岭出发,通过在其表面进行书写,使之转变为虚构的神圣空间的象征物,山顶提到的仙班就有可能被引至此地。

---

[1] Jessica Rawson, "The Power of Images," 147 ; "The Earthly Paradise," 17.
[2] Jessica Rawson, "The Origins of Chinese Mountain Painting," *Proceedings of the British Academy* 117 (2001): 32.
[3](北魏)杨衒之:《洛阳伽蓝记》卷 1,第 67 页;英文译文见 Wang Yi-t'ung, trans., *A Record of Budddhist Monasterise in Lo-yang by Yang Hsüan-chih*, 61(有所修改)。司农张伦在洛阳的山水园林匹敌甚至超过了皇家宫苑的规模,当时人认为它表现出了仙境。*A Record of Budddhist Monasterise in Lo-yang by Yang Hsüan-chih*, 91-97. 关于该园林的简短讨论,见 Eugene Y. Wang, "Refiguring: The Visual Rhetoric of the Sixth-Century Northern Wei 'Filial Piety' Engravings," in *Gu Kaizhi and the Admonitions Scroll*, ed., Shane McCausland, London: British Museum Press, 2003, 120。

为生者和逝者书写

宛如一座精心设计的帝国宫苑，云峰山可被理解为与超自然力量的世界相联结的工具。郑道昭本人是否相信他终有一天会在山间见到安期子或王子晋呢？很难回答。然而，在走过一趟大基山石刻标示的旅程后，我们确信郑氏是建造山上祭坛的动力，而这类坛是用于建立人神交流的仪式性辅助。他留在天柱山的铭文写到了那里的石室，将其描绘成一处静思与冥想天界仙灵的场所——后来被刻在云峰山上的正是这些仙人的名字。但是，与指向想象中的天穹乃至不死之仙世界的文本网络相比，其他更长也更具纪念性的文本则在象征意义上与之背道而驰，它们是对生命之有限性与短暂性的提醒：第一件是刻于天柱山的郑文公碑，作为郑道昭父亲的墓志替代品；而第二件是其扩展版本，即云峰山的下碑。

这两件石刻无一明显流露为郑羲魂灵提出的宗教诉求或关切，但在内容和位置方面，云峰山的下碑与北魏时期的某种纪念性石刻铭文之间有着惊人的相似性。后者用于使逝者安息，并为生者祈福，其中数量最多的一类随佛教的发展而兴盛起来。以青铜或石头制成的佛教造像配有造像记，表达了借助造像捐资人的功德，使亡去的至亲来生解脱于苦难的愿望。[1] 在郑道昭的时代，这种佛教供养艺术在龙门石窟处于显要的地位，对此郑道昭作为洛阳一带人氏必定了解。虽然数量不多，但是道教神祇的石刻造像也成为寻求来生或在世福祉的一种手段，掺杂在佛教石刻之中。[2] 姚伯多及其家族于496年在陕西捐建的一方造像碑表现了老子像，主尊配有两位侍从，采用了佛教图像常见的组合模式。石碑上的铭文诉说着捐资人的愿望：造像为其自身和逝去的先祖提供护佑。姚氏家族希冀获得的保佑中，包括与神仙会

---

[1] 坂田玄翔将云峰山石刻的雕刻与造像记制作联系起来。后者先后应用于佛教和道教，如云冈和龙门石窟的实例，以及姚伯多造像碑。《郑道昭：秘境山東の摩崖》，第142—143页。
[2] Stephen R. Bokenkamp, "The Yao Boduo Steles as Evidence for the 'Dao-Buddhism' of the Early Lingbao Scriptures," *Cahiers d'Extrême-Asie* 9 (1996-1997): 55-67 [中文译文见［美］柏夷著，孙齐、田禾、谢一峰等译：《道教研究论集》，上海：中西书局，2015年］。又见 Stanley Abe, *Ordinary Images*, Chicago: University of Chicago Press, 2002, 281-287。

面。造像碑左侧面的一则发愿文表达了如下意愿：

> 虚中游翔，梵音希声。神仙为友，历观玉京。[1]

尽管没有像发愿文那样措辞，但提到会见神仙的云峰山题刻还是呼应了姚氏之碑所表达的愿望。[2] 此碑的捐资者和郑道昭一样，期待着遇仙在山上发生。姚伯多造像碑的原址不详，但神冢淑子引用了碑上的另一段发愿文，认为它被安置在山间：

> 永劫不移，兆来神仙。[3]

神冢提出，这方碑意在展现人间的天界，应位于可以与包含获得神明身份的家族成员在内的仙灵会面的地方。用她的话说，即"古老和原始的信仰将神圣山岳看作祖先与其后裔对话的中心，而越来越多的此种信仰与道教思想及神仙想象关联起来"[4]。

在6世纪初的中国，制作为逝者祈福的佛、道造像固然是相对新近的发展，为亡人的永恒福祉准备墓葬及随葬品的传统却与中国文明本身一样悠久。最终，恰是墓葬艺术和建筑为理解云峰山的下碑提供了最具说服力的范式：郑羲虽然没有被葬在山上，但无论在信仰抑或实践的方面，其子刻凿在那里的文字都创造了与墓葬设计及其象征系统相同的环境。

---

[1] Yoshiko Kamitsuka, "Lao-tzu in Six Dynasties Taoist Sculpture," in *Lao-tzu and the Tao-te-ching*, eds. Livia Kohn and Michael Lafargue, Albany: State University of New York Press, 1998, 74.
[2] 柳杨提到了姚伯多碑这样的道教造像碑的三种用途：向神明求取祝福，象征性地辅助特定的仪式行为，为宗教实践提供图像性的引导。Liu Yang, "The Origins of Daoist Iconography," *Ars Orientalis* 31 (2001): 34.
[3] Kamitsuka, "Lao-tzu in Six Dynasties Taoist Sculpture," 75.
[4] 同上。

从外观上看，早期和中古中国墓葬均以类似微型山岭的土丘为标志物。这种墓与山之间的联系，据司马迁对秦始皇陵墓之上隆起的土丘的描述可以清楚得知。为了表现出一座山，其墓顶种植着草木。[1] 在后来的几个世纪里，于墓穴上方建造不同规模的山形结构作为一种普遍做法保持了下来，墓冢的高度常常暗示埋藏地下的死者的身份，也透露出墓葬地表构造与理想中死者即将登临的神仙圣山之间的关系。雕制精美的元谧（卒于 523 年）石棺的足挡上表现的大

图 2-36 元谧石棺足挡，拓本，原石藏于美国明尼阿波利斯美术馆，采自黄明兰编著：《洛阳北魏世俗石刻线画集》，北京：人民美术出版社，1987 年，图版 53

约就是这样一处墓葬（图 2-36）。带爪的怪兽盘旋于一座低矮的山丘上空，山的两侧是类似阙的直立构造；这个怪兽的头顶是为山岭和树木所环绕的圆顶结构。[2]

---

[1]《史记》卷 6，第 265 页。一些汉代帝陵和王墓直接挖掘于山崖中。根据杜朴（Robert L. Thorp）的说法，对山体的利用象征了死者的崇高地位，并且营造出由于位置高亢而对仙人产生吸引力的居所。"Mountain Tombs and Jade Burial Suits: Preparation for Eternity in the Western Han," in *Ancient Mortuary Traditions of China: Papers on Chinese Ceramic Funerary Sculpture*, ed. George Kuwayama, Los Angeles: Los Angeles County Museum of Art, 1991, 31-32. 一座西汉墓便选址于山东的危山之巅。Susan L. Beningson, and Cary Y. Liu, *Providing for the Afterlife: "Brilliant Artifacts" from Shandong*, exhibition catalogue, New York: China Institute in America, 2005, 12；Rawson, "The Eternal palaces of the Western Han."

[2] Eugene Y. Wang, "Coffins and Confucianism—The Northern Wei Sarcophagus in the Minneapolis Institute of Arts," 62, fig. 7. 感谢汪教授 2005 年 5 月 13 日邮件中有关此处石棺图像的更深入的看法。又见 Richard S. Davis, "A Stone Sarcophagus of the Wei Dynasty," *Bulletin of the Minneapolis Institute of Arts* 37, no. 23 (June 1948): 110-116。

陈放在元谧墓里的这幅石棺画像可能是作为其墓地的象征物出现的，它的上部是山峦状的墓冢，由立在观者与墓地之间的醒目神兽护卫安宁。

我们虽对荥阳郑羲墓的形制一无所知，但它极有可能也覆以丘垅。在天柱山和云峰山上，题刻文字的存在可视为郑羲墓志的替代品，于山的地形和墓葬的结构间建立起有力的连接。若在理解云峰山下碑时，特意将其与墓葬的设计联系起来，相似性就更加确定无疑。北魏贵族墓继承汉代创立的建筑形式，一般由斜坡墓道和平面呈正方形的墓室组成，墓室顶部作尖顶穹隆状或截顶锥形。墓室的形状不仅为死者的灵魂营造了地下住宅，还是宇宙本身的图式或模型，方室代表地，而穹顶代表天。[1] 墓葬结构更为具有象征宇宙之意义的装饰提供了载体和空间方位。在墓道和放置随葬品、墓志及棺的墓室的墙壁下部，分布着表现或透露俗世需求的壁画——仪仗、仆从以及骑兵与车马行列。而在它们上方，墙壁上部和天顶则是对应于天象的图像——日月、星辰以及四神和仙灵。

由于盗墓者的劫掠，我们几乎没有发现装饰和陈设完好无损的北魏陵墓。虽说洛阳以北的元乂（卒于526年）墓在20世纪30年代遭到洗劫，然而墓志仍摆放在原处，且墓室天顶上保留着精美的星象图遗迹。[2] 在该墓中，墓志概括了作为凡人的元乂的一生，而上方描绘的天界创造了另一极限，并在保存状况较好的后世北朝墓里继续得以呈现。发现于山西太原的北齐娄睿（卒于570年）墓中，棺和墓志安放于穹顶墓室内部（图2-37）；上方的室顶装饰着代表十二辰的动物与日月星辰，乃至四神画像。四神中至少有一种，即东方的青龙为人或神灵所骑乘。[3] 这些天象图像共同建构了死后世界的完整宇宙，象征着人们希望娄睿将要

---

[1] Jessica Rawson, "Creating Universes," 137.
[2] 曾蓝莹（Lillian Lan-ying Tseng）指出，元乂墓顶的星象图旨在表现暗示其被迫自杀的星辰结构。Lillian Lan-ying Tseng, "Visual Replication and Political Persuasion: The Celestial Image in Yuan Yi's Tomb," in *Between Han and Tang: Visual and Material Culture in a Transformative Period*, ed. Wu Hung, Beijing: Cultural Relics Publishing House, 2003, 377-417（[美]巫鸿主编：《汉唐之间的视觉文化与物质文化》，北京：文物出版社，2003年）. 该墓的原始报告见洛阳博物馆：《河南洛阳北魏元乂墓调查》，《文物》1974年第12期，第53—55页。
[3] Cheng, "Fabricating Life out of Death," 121.

寻找到的永恒幸福之地。[1]

如果构成元乂和娄睿墓室的地下空间及其内容与装饰可以由内而外翻转，转化为地上构造，那么其产物将非常接近云峰山的结构及石刻分布情况。在下方，与墓中的棺、墓志位置相对应，是纪念郑羲生平和葬礼的下碑；在上方，越过围绕超凡灵物的题诗，再越过成对的阙，是九位神仙的名字。驾乘日、月、风、烟、龙和凤的仙众之名是墓葬装饰中天界象征的语汇式代表。尽管在北魏墓葬中没有发现壁面上

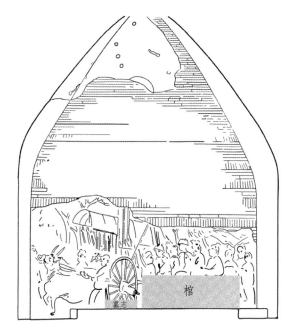

图2-37 娄睿（卒于570年）墓的棺、墓志位置示意图，皮拉尔·彼得斯制图

部或天顶内描绘有神仙图像，但是模印砖画和石刻实例却众所周知。在河南南部邓县（今邓州市）发现的一座6世纪初的墓里，两块模印砖表现了两位留名云峰山的仙人——王子晋（题作王子乔）与浮丘子的会面（图2-38）。用这些仙灵画像修饰墓室，可使墓主人自己的灵魂也得以升仙。[2]

---

[1] Cheng, "Fabricating Life out of Death," 122. 见 Judy Chungwa Ho, "The Twelve Calendrical Animals in Tang Tombs," in *Ancient Mortuary Traditions of China*, 69。娄睿墓的原始考古报告见山西省考古研究所、太原市文物管理委员会：《太原市北齐娄睿墓发掘简报》，《文物》1983年第10期，第1—23页；山西省考古研究所、太原市文物考古研究所：《北齐东安王娄睿墓》，北京：文物出版社，2006年。

[2] Jason Steuber, "Wang Ziqiao and the Literary Themes of Time and Immoriality in Chinese Art," 155-156. 关于被认为是王子乔、赤松子和其他神仙的墓葬图像，斯特贝尔（Jason Steuber）提供了一些参考。有关邓县南朝墓的综合叙述见 Annette Juliano, *Teng-hsien: An Important Six Dynasty Tomb*, Artibus Asiae Supplementum 37, Ascona: Artibus Asiae Publishers, 1980。

图 2-38　墓砖上的王子乔（王子晋）和浮丘子，约 6 世纪，河南邓州市学庄南朝墓出土，采自《中国画像砖全集·河南画像砖》，成都：四川美术出版社，2000 年，图版 132

对于棺这种基本的葬具而言，天界与超自然灵物的画像在北魏时是关键的设计环节。正如汪悦进所言，棺的盖板经常被装饰成天空的象征，而两个侧挡则带有四神的图像。[1] 北魏后期的几具棺上东方青龙与西方白虎分别为男、女人物骑乘，一般认为，他们代表在飞越山川的天仙的陪伴下前往天界的墓主人。置身于这种棺内的逝者占有了由四神和天界图像定义的宇宙空间，而天仙的象征物，一如皇帝袍服上意在招致神明降临地面的"象"一样，具有召唤这些仙人以陪伴逝者升天的祥瑞效应。九仙被铭刻在云峰山顶的名字召唤而来，他们在郑羲的死后经历里可能起到类似的作用：郑羲的肉身远在河南，而山东的题刻之山则热切等候着，成为其灵魂的潜在目的地。

如果笔者的解释无误的话，借用杰西卡·罗森的话来讲，假设郑道昭确实希望创建俗世的模拟物，从而让他父亲的灵魂居住于仙人所在的天界，那么，他的行为

[1] Eugene Y. Wang, "Coffins and Confucianism—The Northern Wei Sarcophagus in the Minneapolis Institute of Arts," 59.

就可视作一种伟大的孝行和抱负。[1] 立足于自然构造,而非画像棺或壁画墓,郑氏为他的工程调用了整座山。郑羲埋葬在荥阳,但其子准备的山东题刻之山则提供了另一处并存的栖灵地,而且规模超过了皇帝和王侯的陵墓。薄葬规定的限制或邻人的不满都可能对在郑氏故里准备的奢华葬礼产生影响。无论这种影响如何,孝敬并富有想象力的郑道昭在云峰山上能够自由地求取乃父的身后福祉,开创一个连秦始皇本人都会艳羡的境地。

重返云峰山

郑道昭同时代的人如何理解散布于莱州周边山水的铭文?据笔者所知,关于6世纪读者对石刻文字的反应仅有一条记载。这就是本章多次引用的文字《重登云峰山记》。此文刻在左阙的地点,记录了郑述祖于564年返回这座山峰时的言行。当时,他已是一位老人,次年他便去世了。郑述祖以毫不拘束的情感回应了他读到的题刻:

> 对碣观文,发声哽塞,临碑省字,兴言泪下。次至两处石诗之所,对之号仰,弥深弥恸,哀缠左右,悲感傍人。……久之,方升于此。[2]

尽管使用了表达悲伤的套话,但是这段文字仍称得上儿子回忆已故祖父和父亲时所流露感情的真实记录。郑述祖关心的不是艺术史或文化史的分析,他抓住更加本质的东西:无论是记录葬礼,记述郊游,赋予地点以新的身份,抑或召唤天上的仙

---

[1] 关于孝行在道教中的功能,见 Livia Kohn, "Immortal Parents and Universal Kin: Family Values in Medieval Daoism," in *Filial Piety and Chinese Thought and History*, eds. Alan K. L. Chan and Sor-hoon Tan, London and New York: Routledge Curzon, 2004, 91-109。
[2]《云峰石刻调查与研究》,第27页。

人，每则石刻铭文都是生产书作后不久就离开现场的人遗留的踪迹。所有书作都长期受到消亡的困扰，因为与口头语言不同，书作，即使是写在脆弱的纸张或丝帛上的那些，也比制作它们的人更长寿。诚然，当书写于地表时，文字的耐久性和书法家的短暂行为之间形成鲜明对比。郑述祖曾与父亲同游云峰山，面对辞世已久的斯人留下的雕刻痕迹，他放声号泣，徘徊良久，方才转身继续向上前行。

第三章

铁山的模拟石碑与尺度的意义

579年，在今山东邹城市境内，受一位书法广受赞誉的僧人协助，一群佛教徒聚集资金，把铁山的花岗岩坡面改造为承载经文的巨大石碑（图3-1）。题为《石颂》的石刻位处佛经之旁，解释了捐资者的意图，并提问道："此岩不琢，后叶何观？"现在，由于自然侵蚀和人为干预的破坏，观者驻足山脚，只能模糊地察觉到残缺不全的佛经文字。尽管如此，这处石刻依然穿越1400多年的历史，实现了捐资者将文本传至后世的愿望。

6世纪，众多佛经片段与佛教神灵名称被刻在山东中部与西部的诸山之上

图3-1 铁山刻经远景，山东邹城市，译者摄影

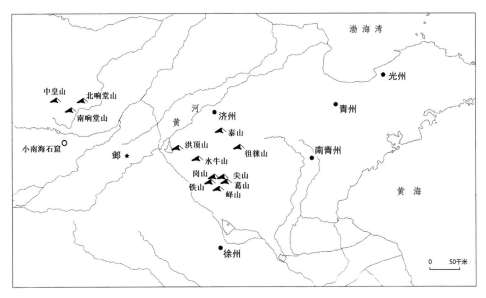

图 3-2　6 世纪佛教刻经分布图

（图 3-2），铁山刻经只是其中一例。[1]虽然早期著录和当地史志记载了以上庞大文本里的一部分，但是直到 18—19 世纪中国金石学大盛之后，这些石刻才引起古物研究者和书法家的注意。第一位考据铁山的人似乎是不知疲倦的黄易，他的调查将大量石刻公诸于世，并且使得同样位于山东的武氏家族石祠等相关遗迹迎来新的关注。[2]在 1797 年的《岱麓访碑图》册页中，黄易摹画了他在山东寻访过的山岳和古代石刻，其中就包括铁山的图像（图 3-3）。该画旁边还有黄易对现

---

[1] 海德堡大学的雷德侯教授等研究人员正在与中国学者合作开展一项浩大的工程——记录山东、河南、河北等地所有 6 世纪佛教石刻。他们将要公布的资料会成为研究中古中国佛教石刻的权威参考资料，有关工作足以更正各类出版物中比比可见的不够准确和不尽一致的内容。（译者注：[德] 雷德侯主编：《中国佛教石经》，杭州：中国美术学院出版社，2014 年至今。）
[2] Wu Hung, *The Wu Liang Shrine: The Ideology of Early Chinese Pictorial Art*, Stanford: Stanford University Press, 1989, 4-6（中文译本见 [美] 巫鸿著，柳扬、岑河译：《武梁祠：中国古代画像艺术的思想性》，北京：生活・读书・新知三联书店，2006 年）.

图3-3 黄易《岱麓访碑图》中的《铁山》，1797年，水墨纸本册页，高17.4厘米，故宫博物院藏

场的描述[1]：

> （铁）山在邹县北门外三里许，崖刻八分书佛经，字大径尺。其上篆额止《石颂》二字，大二尺许。经后字稍杀，径五、六寸。[2] 有汉丞相匡衡苗裔"匡喆"造经，"□咸韬书"，"皇周大象元年"等字。[3] 崖势陡滑，

---

[1] 中国古代书画鉴定组编：《中国古代书画图目》卷23，北京：文物出版社，2000年，第236—238页。庞元济的《虚斋名画录》收入了该册页及完整的题跋录文，见《虚斋名画录》卷16，清宣统元年乌程庞氏上海刊本，1909年，第4b—5a页。黄易册页的另一版本仅存六页，现藏于美国普林斯顿大学艺术博物馆。感谢刘怡玮和许湘苓（Eileen Hsiang-ling Hsü）提供这一信息。参阅许湘苓所撰条目，载 Cary Y. Liu, Michael Nylan, and Anthony J. Barbieri-Low, *Recarving China's Past: Art, Archaeology, and Architecture of the "Wu Family Shrines,"* Princeton: Princeton University Art Museum; New Haven: Yale University Press, 2005, 471-478. 图册绘成一年后，即1797年的山东之旅日记里，黄易提到了邹城岗山、铁山、尖山和葛山的刻经，不过他还加了一句"风大不及观"。（清）黄易：《岱岩访古日记》，西泠印社聚珍版，1921年，第1b页。另一组黄易的绘画记录了他在洛阳地区访碑的旅行，见 Lillian Lan-ying Tseng, "Retrieving the Past, Inventing the Memorable: Huang Yi's Visit to the Song-Luo Mountains," in *Monuments and Memory, Made and Unmade*, eds., Robert S. Nelson and Margaret Olin, Chicago: University of Chicago Press, 2003, 37-58。

[2] 清代一尺约等于32厘米，一寸约等于3.2厘米。对于规模为40—60厘米高的石刻经文而言，黄易的测量结果过于小了。他记录的《石颂》的文字尺度——平均20—22厘米高较为接近原迹。

[3] 黄易误解了这段话。他将"咸韬"二字识读为一个人名，实际意思是"都被隐藏"，在《石颂》中它们被用来描述对僧安道壹的综合认识。见张广存：《〈铁山刻经颂〉识读并校注》，山东石刻艺术博物馆编：《北朝摩崖刻经研究（续）》，香港：天马图书有限公司，2003年，第218页。

拓字良难，余数拓始获其全。文辞雄丽，与岱麓磨崖刻争胜。而近在城外，千余年无人过问，余始拓之，亦奇事也。

黄易提到的城墙位于画面右下角，远处的中心地带有两个小人影，大概就是这位旅行家、艺术家及其同伴。一人指着山，一人拄着杖，凝视的目光朝向手指之处。虽然视线的焦点必定是山坡上的经文，但是黄易并未尝试表现石刻文字。

作为首位记录铁山石刻的金石学者，黄易有理由自我庆贺。然而，他所记的信息并不十分准确："石颂"这两个篆体大字不在佛经的顶部，而是在佛经侧面，位置低了 15 米以上。黄易记错两字位置情有可原，自汉代以来，篆体大字就被用于独立石碑的题额，刻在隶书或楷书字体的小字上方。黄易在考察碑刻与题记的旅途中，无疑看到了大量如此使用篆书的碑。当试图回想在铁山所见的内容时，黄易从逻辑上假设篆体二字与刻在山上的主要文本呈现出相似的位置关系。[1]

虽然黄易拓印了铁山上所有的文字，然而，即便是这位资深的金石学者，也无法解决由书写尺度带来的难题：拓本使长逾 30 米的行列中的文字以真实尺寸得到复制，可怎样才能将它们展示出来，用于严谨的研究呢？这也是金石学家叶昌炽（1849—1917 年）在《语石》里抛出的一个有趣的问题，他讨论了邹城铁山及其他诸山的刻经拓本：

> 曾见拓本，高于人者两束，非列长筵，两人翼而舒之，无从披阅。若装池，则只能仿推篷式，以两字为一页，庋藏斗室不能容。其拓本索值三十金，装池之费，至简省亦逾数百金。摩挲旬月，未必能竟其首尾，其文字又无可考释。默然久之，敬谢不敏。世之穷大失居者，有如此经矣。[2]

---

[1] 阮元也见过黄易拓本。（清）阮元：《山左金石志》卷 10，小琅嬛仙馆刻本，1797 年，第 24b—26a 页。
[2]（清）叶昌炽撰，韩锐校注：《语石校注》，北京：今日中国出版社，1995 年，第 433—434 页。

叶昌炽引用了《庄子》中描述树木大而无用的语句，就像那些树一样，巨大的经文拓片"穷大失居"，至少没有一个展示的空间使我们的观看接近在原址阅读碑文。在今天的山东，铁山和其他地点的刻经拓片时常展出于大型展厅，但即使这些地方也不能将拓片的完整组合陈列出来（图3-4）。

并非仅有巨型拓片难以阅读，来到铁山的访问者会发现，无论站在哪里，他都不能从空间中的任何单一位置通读山上刻载的文字。除了缺乏可以读到所有文字的位置，读者为了将文本内容读下去，必须从黄易艰难地实

图3-4　陈列拓片，山东石刻艺术博物馆，著者摄影

施拓印的陡坡顶部开始，向下移动以至坡脚，然后向上折返，到达下一列文字的开端……诚然，任何人只要具有足够的耐心与毅力，就有可能通过这种方式阅读含数百个字的文本；但是，对规划和制作该石刻的人而言，访问刻经的轻松与否不是首先要考虑的问题。在山东的垂直崖壁或巨石上凿刻的短篇经文更容易阅览，然而这些石刻的地点通常唯有经过艰苦攀登才能抵达，这便为潜在的读者带来了其他困难。

与所有经文抄本一样，刻在山东诸山上的文字有利于保存佛教教义，而且能为制作它们的捐资者和书写者赢得福报。同时，由于人们相信佛陀的话语体现了他的存在，所以刻经一如以任何形式或媒介表现的佛经那样，是值得崇敬的事物。对

于这些体量宏大的佛经，不容易理解的是，此类文本的非凡视觉表现如何塑造了6世纪观看者接受它们的方式。本章旨在通过对铁山的聚焦来解决这一问题。铁山相对完好地保存了900字以上的经文，而且经文旁的《石颂》提示了该区域内6世纪佛教徒对信仰和实践的独特见解。具体而言，《石颂》促使我们理解人们何以认为散布山体表面的经文的价值取决于其空间位置、抄录书法的精妙，乃至最为关键的一点——它的巨大规模。后者令前往这些刻经之山的人相形见绌。

邹城及其他地区的铭文和捐资者

作为哲学家孟子的出生地，邹城在中国文化地理中享有荣誉地位，县城最重要的建筑物是一座纪念孟子的祠庙。铁山位于县城北部，现为公园合并。铁山与东西向延伸的一系列低矮丘陵相连，最初，它被称为南岗山；而约1千米外的北岗山也是6世纪佛教刻经的分布地点。[1]铁山这个名字从18世纪开始使用，寓指道家神仙铁拐李，山上犹然可见的一处圆形凹坑据传是该神仙的足迹。[2]

铁山在大约1085平方米的坡面内布列文字，现代建造的栏杆和直接开凿在岩石上的狭窄台阶将其包围。坡面上共有三种文本：长段经文，与经文最后一列紧邻的《石颂》，以及刻在下方的被称为"题记"的一系列姓名信息（图3-5）。石刻的主体是《大集经》的一段文字，对此据坡顶隐约可见的三个字和《石颂》的一句话可以辨识。铭文起初由采用兼具隶、楷笔意的综合书风写成的946个字

---

[1]《石颂》称这座山在"瑕丘东南，大岗山南岗之阳"。瑕丘即兖州郡治所。见张广存：《〈铁山刻经颂〉识读并校注》，《北朝摩崖刻经研究（续）》，第224页。
[2] 胡新立：《邹县北朝摩崖刻经调查与研究》，中国书法家协会山东分会、山东石刻艺术博物馆编：《北朝摩崖刻经研究》，济南：齐鲁书社，1991年，第249页。另一处铁拐李的"足迹"出现在邹城东南的峄山上。

组成（仅有约 800 个字尚存痕迹）。[1] 文字分为不等长的十七列，单字大小在 40—60 厘米高的范围以内。第 8 列和第 9 列间有一处空白，或者叫作"过道"，贯穿经文的全部高度。最长的列南北达到 33.6 米。为填字而刻的网格还能看到，尤其是在刻经的下半部分。

在 421—426 年间，昙无谶（385—433 年）将《大集经》翻译至中国；其后加的部分被单独称为《月藏分》，是由印度僧侣那连提黎耶舍（约 490—589 年）在 566 年翻译的，586 年被补进经文，形成现在的 60 卷版本。[2] 正如标题"大集"所暗示的那样，这部经是较短的文本的合集，而不是连续的论述。佛陀向集会的十方菩萨与诸佛说法，所说内容囊括了该经的十七品，即对无上智慧"菩提心"、救度一切有情众生的菩萨誓愿，以及有助于达成佛性的修行和美德——"六度"的反复讨论。经文还包括密教的誓愿和用以制服邪恶和抵御灾难的陀罗尼咒语。[3]《石颂》使我们确定凿刻的经文篇章为《穿菩提品》的摘录。然而，在现在的版本里，该

图 3-5 铁山文字分布图，皮拉尔·彼得斯制图，以赖非、胡新立所绘图示为基础；虽然所有铁山铭文均自北而南延展，但是无一行列精准地朝向北极

---

[1] 出版物载录的该段经文只含 930 个字。见 [日] 高楠顺次郎、渡边海旭等编：《大正新脩大藏经》，东京：大正一切经刊行会，1922—1934 年，第 13 册，第 50 页下。铁山刻经字数更多，系掺入重复文字的结果。见王思礼、赖非：《中国北朝佛教摩崖刻经叙》，《北朝摩崖刻经研究》，第 18 页。

[2] 完整的中文名称是《大方等大集经》。《大正新脩大藏经》第 13 册，第 1 页上—407 页上。大集经的名称也有"盛大集会"的意思，指集会聆听释迦牟尼说法的菩萨等神众。见全根先、张有道主编：《中国佛教文化大典》第 1 册，西宁：青海人民出版社，1999 年，第 40—45 页。又见 Kōgen Mizuno, *Buddhist Sutras: Origin, Development, Transmission*, Tyoko: Kōsei Publishing Co., 1982, 71, 195; Jan Nattier, *Once Upon a Future Time: Studies in a Buddhist Prophecy of Decline*, Berkeley: Asian Humanities Press, 1991, 171-172。《大集经》的段落也被刻于洪顶山及南响堂山石窟。见张总：《山东碑崖刻经经义内涵索探》，《北朝摩崖刻经研究（续）》，第 12 页。

[3]《月藏分》由那连提黎耶舍译成汉文，是有关末法思想的重要文本，但在凿刻铁山经文时，它似乎还没有编入《大集经》。见 Jan Nattier, *Once Upon a Future Time*, 171-172。

部分被称为《海慧菩萨品》[1]。铁山上的段落以释迦牟尼解释的一系列"菩提心"概念为框架,通过一组越来越抽象的描述来启发读者。这些描述最终发展成了一连串的否定与双重否定:

> 又无相者名无生相,无相相者名无灭相,无生无灭名(无相)无相相。若见无生无灭无住无一无二无瞋无诤无有,如尔不动不转,知于法性,是名真性,是名法性,是名实性。[2]

刻经选段结束时如此宣称,释迦牟尼宣讲这些概念时,十二那由他(这个数字可能意味着一百二十万或十二亿)有情众生实现了完满的觉悟[3],一万六千位天子通过理解无生法实现了六度之一——忍[4]。

题记见于经文选段最后一列下方 9.9 米处的凸起岩石上,开头的 21 个字毁于 1960 年,但保留在金石记录和早期拓本中。剩余铭文的所占面积为 3.25 米×3.4 米,

---

[1] 这个差异反映了中古时期经名与章节的变动性。见张总:《北朝至隋山东佛教艺术查研新得》,[美]巫鸿主编:《汉唐之间的宗教艺术与考古》,北京:文物出版社,2000 年,第 79 页,注释 21。
[2] 总体上,(原著)采用了《中国书法全集》(北京:荣宝斋出版社,1991 年起)卷 12《北朝摩崖刻经》第 289 页的录文,不过,在几个段落里,笔者参考了版印《大正藏》里的经文,恢复了《中国书法全集》中遗失的字。在一些地方,《中国书法全集》的录文不同于拓本和《大集经》的版印版本。例如,《中国书法全集》中的"静"显然应该是"诤",证据是字的左边可见言字旁的横画;版印经文中也是"诤"字。《中国书法全集》中的"无生无灭名无相相"漏掉了版印经文里的两个字,简化了《大藏经》的表述——"无生无灭名无相无相相"。此处,《中国书法全集》录文似乎直接依据铁山刻经。录文、拓片和经文印本之间的差异造成的文本问题需要单独研究。若非具备铁山上雕刻的每一个字的照片,确认实际情况的唯一办法是走上山。
[3] 译者注:原文为"发……菩提心"。
[4] 译者注:原文为"得无生法忍"。原注:这段文字展现了在研究这一山东巨型石刻时出现文本混乱的其他原因。在《书法》杂志(1989 年第 2 期,第 33 页)刊登的由拓片合成的《石颂》全图里,文本第八列的"天"后面有一个残损的字。本期杂志第 26 页刊出的拓片特写图里,这个残字被去除了。同样将残字去掉的拓片出现于《中国书法全集》卷 12,图版 27:16-10。然而,《中国书法全集》的录文插入了"子"字,按照这个理解,平行于铁山刻经尾部的语段虽然损字,但是貌似仍可推断出来。见《中国书法全集》卷 12,第 297 页。在《石颂》(济南:山东石刻艺术博物馆,年份不详)第 14 页,拓片的相关位置含有残损的字。俞黎华和张广存的录文都包含"子"字。见俞黎华:《〈石颂〉初探》,《北朝摩崖刻经研究》,第 310 页;张广存:《〈铁山刻经颂〉识读并校注》,《北朝摩崖刻经研究(续)》,第 218 页。

由 19—30 厘米高的字迹构成（图 3-6）。[1] 复原后的铭文为：

图 3-6 题记拓本，约 579 年，每字高约 25 厘米，原刻位于山东邹城市铁山，山东石刻艺术博物馆藏，著者摄影

> 齐任城郡功曹、周平阳县功曹大都维那赵郡李巨敖，宁朔将军大都督任城郡守经主孙洽，东岭僧安道壹署经，齐搜扬好人平越将军、周任城郡主簿大都维那间长嵩。[2]

题记提到的三位俗家人士在北齐至北周时期于任城郡供职，6 世纪的任城郡是包含邹城的行政单位。[3] 一个叫孙洽的人被认定为"经主"，然而，他们三人似乎是俗称"邑"或"义邑"的佛教世俗团体的成员，该团体共同为该经捐资。[4]《石颂》提到了这个组织。李巨敖和间长嵩担任首席执事——大都维那的头衔，也即北朝世俗社团的管理之职，这也指出了此类组织在石经刻制过程中的角

---

[1] 与刻经段落及《石颂》的印刷拓本一样，题记的拓片也经过了各种方式的切割和重组。将本书图 3-6 与《中国书法全集》卷 12 图版 28 的拓片相比，后者将条柱状的照片拼接在一起，以消除题有书者僧安道壹姓名的中间条柱两侧的空白。
[2] 笔者采用了赖非的文字复原，见赖非：《僧安刻经考述》，《北朝摩崖刻经研究（续）》，第 114 页。
[3] 洽所位于曲阜的郡曾经称为鲁郡，直到在北齐的第一年改名任城。见王思礼、赖非：《中国北朝佛教摩崖刻经》，《北朝摩崖刻经研究》，第 24 页。笔者遵循赖非的解释，认为"齐"字和"周"字表示这些人效力的两个朝代的名称，这最早由阮元提出来。见赖非：《僧安刻经考述》，《北朝摩崖刻经研究（续）》，第 114—115 页。笔者对官职名称"搜扬好人"的翻译是"有为之人的举荐者"，此点也依据赖非所引阮元对该名称的考证。
[4] 王思礼、赖非将"经主"这一概念理解为孙洽是刻经捐资者，见《中国北朝佛教摩崖刻经》，《北朝摩崖刻经研究》第 24 页。关于北朝的"义邑"团体，见 Dorothy C. Wong, *Chinese Steles: Pre-Buddhist and Buddhist Use of This Symbolic Form*, Honolulu:University of Hawaii Press, 2004, 52-59; Jacques Gernet, *Buddhism in Chinese Society: An Economic History from the Fifth to the Tenth Century*, trans., Franciscus Verellen, New York: Columbia University Press, 1995, 259-277（中文译本见 [法] 谢和耐著，耿昇译：《中国 5—10 世纪的寺院经济》，上海：上海古籍出版社，2004 年）。又见 Stanley Abe, *Ordinary Images*, Chicago: University of Chicago Press, 2002, 210-211。

图 3-7 《石颂》字迹现状局部，579 年，每字高约 20—22 厘米，山东邹城市铁山，著者摄影

色。题记中最吸引人的信息是围以垂直和水平刻线的书法家的名字——"东岭僧安道壹"。

《石颂》刻在佛经段落西侧（站在山脚下的观者左侧）不足一米处，占据的面积为 12.4 米×3.7 米（图 3-7）。它由 616 个字组成，每个字高约 22 厘米，排列成十二列。铭文所冠标题每字高约 75 厘米，被雕凿在《石颂》正文之上，正是令黄易产生混淆的两个篆字。[1] 恰如题记部分一样，《石颂》保存着有关经文捐资者和书写者的信息，但这是一篇更具雄心的书作，篇幅超过经文本身的一半。该文本由采用华丽的散文文体写成的序和随后的四言颂辞组成。《石颂》内容类似于经常附在佛教经文抄本中的题署，用于列举捐资者和书写者的名字，或者写下捐资者希望因其功德行为而蒙受的护佑。[2] 可是，《石颂》文本的长度及文学复杂性又令其与造像记相似。在数百例实物尚存或抄录在案的 5—6 世纪的此类文本中，捐资者在镌岩石窟内，抑或石质、青铜的独立造像上，表达了他们祝福国家、皇帝以及希望自己和家人重生于弥

---

[1] 据张广存的说法，铁山的岩石是相对纯净的花岗岩，故层层剥落。即使铭文侵蚀严重的地方，仍有刻字笔画的痕迹。刻痕是用瓦弧形工具雕成的。线条最深处，笔画内部平滑，而未经加工的花岗岩表面石英晶体粗糙，摸起来不平坦。这使得感觉笔画的存在成为可能，即张广存使用的实现《石颂》新录文的方法，笔者接纳了其结论。张广存还指出，在不同的光线和湿度下，字的辨识度变化很大。参阅张广存：《〈铁山刻经颂〉识读并校注》，《北朝摩崖刻经研究（续）》，第 216 页。
[2] 关于这类题署的例子，见 Eileen Hsiang-ling Hsü, "Six-dynasties *Xiejing* Calligraphy," *East Asian Library Journal* 9, no. 2 (Autumn 2000): 46-111.

勒的兜率天或阿弥陀净土的愿景。[1]这些发愿文还记录了人们对物质利益、长寿或身体康健的冀求。就《石颂》而言，捐资者并未宣称希望得到任何具体的福祉，而是表达了以壮观的形式传播和保存经文的期望。

《石颂》不见作者名字，但他一定是捐资者请来代表他们撰文的人，该做法可以在龙门石窟的洞窟题记里找到先例。[2]在措辞上，这让作者能够采用那些不适合捐资者自己使用的语句去赞美他们：

佛弟子匡喆及弟显、□、祖、珍，汉丞相之苗裔也。秀德自天，英姿独拔。知宏纲尚斁，察地纽方倾。叹□海犹迁，嗟太山言落。遂弃鸟途而在怀，收清骸而□府。[3]于是乃与同义人李桃、汤□娥等，可谓门抽杞梓，家握芳兰。飒□龙腾，豁然凤举。乃率邑人，敢欲寄泉天沼，共汲无竭之津；归财法肆，伺以永用之宝。[4]仍割家赀，舍如霜叶。在皇周大象元年，岁大渊献，八月庚申朔十七日丙子。[5]

依据《石颂》，刻经的捐资者是匡喆与其诸弟，以及其他几人，他们是"同义人"。参与共同赞助刻经的其他捐资者是一个信徒团体的成员，该团体大概就是题记提到的两位大都维那所在的同一组织，尽管《石颂》没有提及二人。有学者提出，匡喆和《石颂》提到的其他捐资者是刻经真正的出资人，他们征求了题记所言三位官员

---

[1]以细读造像记为基础的中古佛教研究，见侯旭东：《五、六世纪北方民众佛教信仰：以造像记为中心的考察》，北京：中国社会科学出版社，1998年。
[2]张广存尝试将《石颂》的作者和书写者认定为孙伯礼，他认为，题记提到的刻经监管者——孙洽也系此人。参阅《山东北朝摩崖刻经若干史实的考索》(译者注：未刊本，有关观点可见氏著：《铁山北朝刻经新考四题》，焦德森主编：《北朝摩崖刻经研究（三）》，呼和浩特：内蒙古人民出版社，2006年，第221—224页）。非常感谢张先生赠予笔者这篇重要文章的稿本。
[3]笔者采纳了张广存对这段话的大体解释，但是笔者对有关意义尚不确定。《〈铁山刻经颂〉识读并校注》，《北朝摩崖刻经研究（续）》，第222页。
[4]张广存将这句话解释为，捐资者向佛寺——"法肆"捐资，并且赠送贵重的仪式物品，如香炉、法鼓等。同上书，第223页。
[5]录文依据同上书，第217—218页。

的支持，以确保项目在针对佛教的帝国禁令刚刚结束之际能顺利开展。这些观点仍然是推测性的，除非有新的资料出现，否则两组捐资者之间的关系可能仍将是一个谜。

虽说铁山刻经的捐资者因为赞助了中国有史以来规模最大的石刻文字之一而闻名，但他们并非开创者。数十年前，于原生岩石表面雕刻经文和神灵名称的做法就已经在河南、河北开始了，而且稍后即扩散至山东。此前，早在5世纪，经文段落便被刻载在小型石质佛塔和佛教造像之上。[1]雕刻长篇节选或完整经文的理念在印度和中亚均未有耳闻，兴许起源于僧人僧稠（480—560年）。根据河南安阳附近小南海中窟正面的铭文，僧稠曾经表达过这样的愿望："刊记金言，光流末季。"[2]这一愿望直到560年其去世后才得以实现，他的追随者将《大般涅槃经》的段落和《华严经》偈赞刻于小南海中窟的正面和内墙。僧稠的目标是在石头上刊刻佛经，启发他的或许是对著名的汉魏石经的了解。[3]不过，儒家经典石刻的历史绝不是关于石刻持久性的令人振奋的例子。[4]546年，这些石头从雕刻地洛阳被搬迁至现处河北的东魏王朝首都邺城，此次迁移导致一半以上的文字毁失。石头的介质或许能赢得威望，但它并不足以确保不朽。

---

[1] 在印度和中亚，石头上的刻经尚未发现，或者极少。阿育王（？—前232年）在印度的大量石头以及石柱上刻写过法令。在贵霜皇帝迦腻色伽一世（活跃于2世纪上半叶）治下，由皇帝主持汇编的佛教经论被刻在铜版之上，保存于克什米尔（迦湿弥罗）的皇家居所。见 Mizuno, *Buddhist Sutras*, 161, 158. 在巴基斯坦北部喀喇昆仑公路沿线发现的铭文中，没有出现佛经。见 Karl Jettmar, and Thewalk Volker, *Between Gandhara and the Silk Roads: Rock Carvings along the Karakorum Highway; Discoveries by German-Pakistani Expeditions, 1979-1984*, Mainz: Verlag Philipp von Zabern, 1987. 关于中国的大规模刻经，蒋人和（Katherine R. Tsiang）认为555年是能与"这种类型的活动或意图"联系起来的最早年代。"Monumentalization of Buddhist Texts in the Northern Qi Dynasty: The Engravings of Sūtras at the Xiangtangshan Caves and Other Sites in the Sixth Century," *Artibus Asiae* 56, no. 3/4 (1996): 235. 中国6世纪中叶以前的石刻佛经仪见零星证据。5世纪北凉时期雕刻的供养塔见下文第195页，注释[1]。赵超提到了517年的北魏刻经实例，见《中国古代石刻概论》，北京：文物出版社，1997年，第62页。据钱存训（Tsuen-hsuin Tsien）所言，江苏徐州的一处山崖上有450年刻下的阿弥陀佛之名。*Written on Bamboo and Silk: The Beginnings of Chinese Books and Inscriptions*, 2d ed., Chicago: University of Chicago Press, 2004, 85. 甘肃炳灵寺169窟内用毛笔书写的《佛说未曾有经》可上溯至420年。张宝玺主编：《甘肃石窟艺术·雕塑编》，兰州：甘肃美术出版社，1994年，第59页。

[2]（原著）英文译文据 Katherine R. Tsiang, "Monumentalization of Buddhist Texts in the Northern Qi Dynasty," 234.

[3] 同上文，第252—253页。

[4] 见本书第一章。

在曾为北齐都城的邺城一带,帝室成员和其他精英捐资者赞助了南、北响堂山石窟的洞窟营建、造像雕凿和石刻佛经制作[1](图 3-8),后者出现于洞窟正立面和内部的经过精心打磨的石灰岩壁面。北响堂山石窟名为"唐邕(活跃于 560—572 年)碑"的石刻是以这位高级官员和贵族的口吻书写的,根据此碑,佛经是在 568—572 年之间刊刻的。河北西南的中皇山上,被认为是北齐时凿刻的经文不仅出现在窟内,还延伸到崖面上,一如摩崖。唐邕夫人赵氏的题记把这个地方的赞助活动与响堂山石窟联系了起来。

图 3-8 北响堂山石窟刻经局部,约 568—572 年,河北邯郸市,著者摄影

与开展于河南和河北石窟寺的工作同步,几十年里,佛经篇章开始在山东群山之间蔓延。[2]然而,山东刻铭与北齐京畿地区的情况有很大不同。石窟刻经的主要捐资者是北齐统治者或与朝廷联系紧密的官员;尽管其中一些贵族捐资者也为山东的佛经雕刻做出过贡献,但是那里的多数铭文由当地显要家族和僧尼赞

---

[1] Tsiang, "Monumentalization of Buddhist Texts in the Northern Qi Dynasty," 236-239. 又见王思礼、赖非:《中国北朝佛教摩崖刻经》,《北朝摩崖刻经研究》,第 2—9 页;Angela Howard, "Buddhist Cave Sculpture of the Northern Qi Dynasty: Shaping a New Style, Formatting New Iconographies," *Archives of Asian Art* 49 (1996): 10。

[2] 据张总所言,山东最早的刻经选段位于济南千佛山,时代为北魏,可不幸的是已经损毁。张总:《山东碑崖刻经义内涵索探》,《北朝摩崖刻经研究(续)》,第 4—5 页。(译者注:张总原文为"山东最早摩崖龛窟黄石崖的刻经"。)在司里山,刻经选段见于 561 年的佛教造像记附近。见赖非:《僧安刻经考述》,《北朝摩崖刻经研究(续)》,第 103—104 页。

助。除却少数实际上或许晚于北齐的例子，山东的刻经并不处在安置佛教神像的镌岩而成的洞窟，而是处在开放的山水中，尽管也有一些毗邻佛教寺院。[1]与响堂山和中皇山等地不同，承载山东书作的石头不是平滑的石灰岩，而是粗糙的花岗岩，凿刻前通常未经处理。唯有东平县洪顶山的一处重要遗迹属于山东境内刻于石灰岩的大型铭文，虽然这里同样没有通过事先打磨石材来迎接文字书写。河南、河北的刻铭分布在垂直的洞窟正立面、内壁和崖面；而在山东，刻字布列在崖面和耸起的巨石之上，但也有可能出现在花岗岩斜坡上，人们可以行走于坡面并阅读刻字。山东垂直岩面的刻经一般较中国中部的石窟刻经篇幅短，但铁山、葛山和泰山坡面的文字亦较长，泰山《金刚经》长达将近3000字。[2]最值得注意的是，山东刻字更大，在某些案例里尤其宽广，几乎比中国其他地区发现的任何形式的书作都要大。

经文研习是北齐佛教的重要面向，这一时期富有学识的僧人应帝国朝廷的邀请，云集于都城。[3]为什么在山东凿刻的经文是从6世纪已有的大量佛教经典中挑选出来的某些特定部分？这一问题难以回答。它们多数来自大乘经典的般若部类，其重点在于性空理论。这些佛经教导说，仅仅依赖别的事物而存在的诸法都不具备自性，而只是欺骗无知头脑的无常幻象。陈观胜（Kenneth K. S. Ch'en）写道："如果独立的法缺失或不存在，那么就不会有人实现或者获得任何东西，或者说不存在任何实体。"[4]习得这一真理意味着实现般若（智慧）。长期以来，对这些复杂学说的研究一直是山东佛教文化生活的主要组成，它的历史可以追溯到5世纪初，当时山东为刘宋这一短祚的南方王朝之一控制，其治下般若学研究颇为兴盛。[5]按照张总的说法，

---

[1] 赖非：《僧安刻经考述》，《北朝摩崖刻经研究（续）》，第102—115页；赖非：《与山东北朝摩崖刻经有关的寺院》（译者注：发表后的实际章节名是《刻经周围的寺院、僧人、经主》），氏著：《山东北朝佛教摩崖刻经调查与研究》，北京：科学出版社，2007年，第173—213页。
[2] 桐谷征一将铁、葛、泰诸山岩坡的长篇文字与僧安道壹的晚年生涯联系了起来，见《北齐大沙门安道壹刻经事迹》，《北朝摩崖刻经研究（续）》，第74—86页。
[3] Tsiang, "Monumentalization of Buddhist Texts in the Northern Qi Dynasty," 250-253.
[4] Kenneth K. S. Ch'en, *Buddhism in China: A Historical Survey*, Princeton: Princeton University Press, 1964, 60.
[5] 赵凯球：《魏晋南北朝时期山东佛教概说》，《文史哲》1994年第3期，第76—84页；姚卫群：《佛教般若思想发展源流》，北京：北京大学出版社，1996年。

图 3-9　洪顶山北崖，山东东平县，译者摄影

山东 6 世纪捐资者青睐的佛经选段以问答形式充当了般若概念的辞书。有些经文反复出现在多个地方，其中来自《文殊般若经》（全称为《文殊师利所说摩诃般若波罗蜜经》）的部分文本被刻于不少于十个地点，包括峄山上不同形式的两例。[1]

大致刻于 561—580 年之间的经文、神名及相关文本出现于山东的约三十个地点[2]，有的仅由几个字组成。鉴于格套、规模、文字内容及书法风格类同，以下八个地点与铁山的关系最为密切。

洪顶山　1994 年，在泰山以西约 60 千米的东平县洪顶山岩崖上发现了一组石刻经文、神名以及出自或者围绕两位佛教僧侣的表述（图 3-9）。浏览山东考古工作的新近资料，这一发现显然与 1996 年青州龙兴寺旧址发掘出来的含丰富佛教造

---

[1] 张总：《山东碑崖刻经经义内涵索探》，《北朝摩崖刻经研究（续）》，第 2—19 页。
[2] 对这些石刻的概述亦见上注。又见王思礼、赖非：《中国北朝佛教摩崖刻经》，《北朝摩崖刻经研究》，第 10—18 页。也可参阅 [日] 桐谷征一：《北齐大沙门安道壹刻经事迹》；[瑞士] 尤丽（Lis Jung）：《北朝六世纪邺城近畿与泰峄山区石刻佛经之关系》，杭州：中国美术学院硕士学位论文，2002 年。

图3-10 "大空王佛"石刻,564年,通高9.3米,山东东平县洪顶山,译者摄影

像的窖藏同等重要。[1]

洪顶山的崖壁形成了一个马蹄形的山谷,在此曾有一座推测建于北魏时期的佛寺。[2] 北崖上的文字段落出自《文殊般若经》《大品般若经》(《摩诃般若波罗蜜经》)和铁山也有所选取的《大集经》。除了这些经文,北崖还铭刻着二十二个佛教神灵的名字。其中最为硕大的名字是"大空王佛",高达9.3米,堪称到6世纪为止中国最大的书作,也许还是全世界最大的书作之一(图3-10)[3]。根据相邻的小字刻铭,这处巨大的文字刻成于佛陀寂灭

---

[1] 关于青州的发现,见 Lukas Nickel, ed., *Return of the Buddha: The Qingzhou Discoveries*, exhibition catalog, London: Royal Academy of Arts, 2002。

[2] 赖非:《僧安刻经考试》,《北朝摩崖刻经研究(续)》,第105页及后页。

[3] "大空王佛"这个名称也刻在山东的另外几个地方。不同于"空王佛"一名,此名称未在佛教经典文本中出现。据张总所言,该佛名是指称所有佛的综合概念。张总:《山东碑崖刻经经义内涵索探》,《北朝摩崖刻经研究(续)》,第14页。在"佛"字中,声旁的两个平行的垂直笔画的顶部呈现为人手形状。北岛信一曾提出,这种图像元素可能指向佛的一个故事,他抬起燃烧的手用作指引迷途之人的火炬。[日]北岛信一:《北朝摩崖刻经与书经人安道壹》,《北朝摩崖刻经研究(续)》,第281页。相似的图像元素也出现于尖山"大空王佛"题刻的"佛"字(《中国书法全集》卷12,图版21:5-1)和平阴县二股山的一处题刻([日]坂田玄翔:《中國的摩崖刻經》,东京:石刻艺术研究所,2002年,图版35)。后者还伴随三处题名。其一"僧安一"大概是僧安道壹名字的变体。除了巨大的尺度和图像化的修饰外,洪顶山的"大空王佛"还因为刻出浅浮雕条纹而与众不同。鲁大东和尤丽正在准备一项针对该技术的研究。见《"大空王佛"与飞白书》,《北朝摩崖刻经研究(三)》,第192—220页。

后 1626 年——现知与 564 年相对应的时间。[1]铭文指出，书写者乃僧安道壹，而且文中含"书经"二字，明显表示洪顶山的经文篇章也属于他的作品。其他一些提到僧安道壹和印度僧人法洪姓名的铭文也留在了洪顶山崖面上，关于僧安道壹，我们稍后会再次谈及。[2]

峄山 早在佛教传入中国以前，峄山这座邹城东南 12 千米的山就是秦始皇东巡期间树立刻石的地点之一。[3]秦代文字千百年前即已消逝，但山上仍然保留着超过 400 处后世摩崖题刻。主峰五华峰附近尚存与洪顶山所见相同的《文殊般若经》片段，它位于一块巨石之上，占据 2.13 米 × 3.65 米的面积。石头的侧面刻着相当于 564 年的纪年与有待确定的几位捐资者的名字。[4]在山的低处，上述佛经再次出现于妖精洞外的大石块表面，文字格局被重新规划为竖长形式，覆盖面达 3.8 米 × 2.6 米（图 3–11）。[5]据风格判断，峄山的两段经文似乎都是由僧安道壹书写的。

徂徕山 徂徕山位于泰山东南 40 千米，靠近新泰市（图 3–12）。这里有两处题刻，以两种不同的形式出现。在北魏所创的光化寺旧址一带的树林里，一块巨石上分布着《大品般若经》的段落和含"大空王佛"在内的多个神灵的名字。岩石上还刻有对应 570 年的纪年，并且显示着几位捐资者的姓名。其中包括梁父（今泰安市南）县令王子椿，而梁父就是该山所在地。经过艰苦的攀爬，登上崎岖的

---

[1]张总：《北朝至隋山东佛教艺术查研新得》，《汉唐之间的宗教艺术与考古》，第 68—70 页。桐谷征一认为该时间应被理解为对应 553 年的那一年，见《北齐大沙门安道壹刻经事迹》，《北朝摩崖刻经研究（续）》，第 64 页。
[2]法洪之名刻在与北崖上的二十一位神灵的名字邻近的地方。有学者认为这位印度僧人原是洪顶山寺院住持。南崖有一处赞颂法洪的 564 年题刻，描述了这位僧人的美德以及其对性空说的贡献："非空不谈，非如不说。"同样在南崖，还有与山谷对面的石刻同出《文殊般若经》的片段和"大空王佛"一名，它们表现为雕刻完整的铭文和未完全雕刻的文字轮廓。《中国书法全集》卷 12，第 268 页。
[3] Martin Kern, *The Stele Inscriptions of Ch'in Shih-huang: Text and Ritual in Early Chinese Imperial Representation*, American Oriental Aeries 85, New Haven: American Oriental Society, 2000, 10-16.
[4]胡新立：《峄山五华峰北朝刻经题记考》，《北朝摩崖刻经研究（续）》，第 166—167 页。在私下交流中，胡新立不再确定其中一位捐资者"东平僧安"为僧安道壹。
[5]胡新立制作的一张表格列举了山东雕刻《文殊般若经》该段落的各种地点。胡新立：《峄山五华峰北朝刻经题记考》，《北朝摩崖刻经研究（续）》，第 169—170 页。这处石刻中作为捐资者被提及姓名的董珍陀是佛教世俗团体首领以及权势盛大的斛律一族的家客，斛律氏襄助了北齐的建立。由于担心前任军事统帅斛律光策划叛乱，北齐统治者高纬在 572 年灭掉了整个斛律家族。石刻一定早于这一年，此年之后，捐资者宣称其与不幸的前主人间的关系会是不明智的做法。见王思礼、赖非：《中国北朝佛教摩崖刻经》，《北朝摩崖刻经研究》，第 22 页。

图3-11 《文殊般若经》片段,约564年,拓本,3.8米×2.6米,原刻位于山东邹城市峄山,采自[瑞士]尤丽:《儒家精神与南朝风流的交会:北齐石刻书法传统的源流和传播(550—577)》,杭州:浙江人民美术出版社,2018年,第391页

图3-12 徂徕山远景,山东新泰市,著者摄影

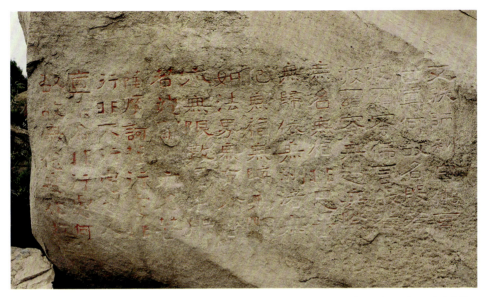

图3-13 《文殊般若经》片段，570年，1.35米×3.49米，山东新泰市徂徕山，尤丽和鲁大东供图

地形，到达徂徕山顶上现在成为牧放羊群之地的位置，名曰"映佛岩"（图3-13）的岩壁呈现来自《文殊般若经》的段落，它们曾在洪顶山和峄山分别被刻记了两遍。站在字前的读者可从铭文转向对周边风景的环视。[1]

水牛山 水牛山的南面恰在汶上县与宁阳县间的边界上，因建材开采而被炸药炸毁。山顶的一条狭窄小道旁分布着石刻《文殊般若经》段落，刻经大小为2.6米×1.95米，与之相邻的是一间开凿在岩崖上的禅修石室（图3-14）。石室内完全没有装饰，很有可能比刻经晚很多。尽管捐资者的姓名和铭文的纪年不再清晰可见，但是经文选取、书作形式与书法风格都显示其时代与洪顶山、峄山及徂徕山石刻相距不远。曾经立在山上、现存于汶上县博物馆的一块石碑也刻有《文殊般若经》的文字（见图3-28），该碑侧面带有题名，表明捐资者是泰山羊氏家族和附

---

[1] 张总和桐谷征一均提到，刻铭岩石前的天然平台还能提供坐禅的绝好场所。张总：《山东碑崖刻经经义内涵索探》，《北朝摩崖刻经研究（续）》，第21页；[日] 桐谷征一：《北齐大沙门安道壹刻经事迹》。

图 3-14 《文殊般若经》片段，约 570 年，2.6 米 × 1.95 米，山东汶上县水牛山，采自《中国书法全集》卷 12，彩版 2

图 3-15 《维摩诘经》片段，580 年，每字高约 50 厘米，山东邹城市葛山，著者摄影

近白石寺的僧侣[1]。

尖山 尖山位于邹城以东 7.5 千米，一处岩坡及相邻的巨石表面刻着《文殊般若经》《大品般若经》选段和"大空王佛"这一单字高 1.75 米的佛名。不幸的是，1960 年采石场的开发使得以上刻铭和此地的其余铭文遭到毁坏。575 年的刻字保存于拓片中，提及邹县韦氏家族成员是捐资人。如匡氏家族一样，韦氏将其血脉追溯到汉代的名流——韦贤（前 143—前 62 年）。其他捐资者包括唐邕之妻赵夫人，她也是河北中皇山刻经的捐资者。最有趣的是，僧安道壹的名字以佛经捐资者的方式登场。虽然他未被特别指明是书写者，但是尖山书风与铁山依然可见的文字十分相近，以至于几乎所有的学者都认为这位僧人是上述两地文字的书写者。

葛山 葛山位于邹城以东 15 千米，一处面西的花岗岩斜坡上有《维摩诘经》第十二品《见阿閦佛》中的 200 余字（图 3-15）。凿刻文字的山坡虽不如铁山陡

---

[1]《中国书法全集》卷 12，第 271 页。关于泰山羊氏作为佛教造像和刻经捐资者的身份，见 Lis Jung Lu, and Lu Dadong, "The 'Eastern Shaqiu Nunnery Inscription' and the Calligraphy of Seng'an Daoyi: A Comparative Annalysis," *Zurich Studies in the History of Art, Georges Bloch Annual* 13-14 (2006-2007): 270-291. 羊祉也是泰山羊氏家族成员，他在褒斜道栈道修复工程中的角色系《石门铭》的主题。见本书第一章。

峭，但与之非常相似，并且也有一个把文字分为两半的"过道"或空列，两边文字合起来占地21米×8.5米。捐资者的身份不得而知，唯有对应于580年的纪年犹然显露痕迹。和尖山一样，其书法风格令大多数学者将葛山刻经归入僧安道壹名下。

泰山 泰山赫然矗立于肥沃的山东中部平原之上。一如峄山，它是秦始皇下令刻石的地点，占据中国石刻书法史上近乎神话般的地位。泰山不只是皇家封禅祭祀之所，也是中国东部的佛教中心。从351年泰山西北方向的神通寺的建立开始，佛教组织在北

图3-16 《金刚经》片段，约570—580年，每字高约50厘米，山东泰安市泰山经石峪，著者摄影

朝时期逐渐环抱其峰峦。[1]泰山在佛教史上具有中心地位的最悠久的物证应数被称作"经石峪"的地点。自山脚向上登涉，不到一个小时即可轻松到达那里。《金刚般若波罗蜜经》（《金刚经》）前十五品的铭文覆盖了一片超过2064平方米的岩石溪谷，至今仍然有溪水在上面流淌（图3-16）。刻经最初由2799个字组成，每个字高约50厘米，形成以刻线区分的四十四列。每九列或十列之间以"过道"分隔，诱导读者在山体表面上下移动，以便在无需足履神圣字迹的条件下阅读文本。行走

---

[1] 刘慧：《泰山宗教研究》，北京：文物出版社，1994年，第184—188页。又见路宗元编著：《文化泰山》，泰安：泰安市新闻出版局，1996年，第44—46页。

图 3-17 《楞伽经》片段，约 580 年，每字高约 40 厘米，山东邹城市岗山，著者摄影

石面或制作拓本的访客的践踏催助自然侵蚀和破坏，已经磨灭了许多文字，今天仅有大概 1069 字尚且可见。

泰山《金刚经》既是山东所有刻经中最宏大的，也是最神秘的。尽管铭文尺度恢宏，但是记录年代、捐资者身份的共存的发愿文或历史文本阙然。不过，毫无疑问的是，该刻经与山东另外的石刻经文在时间上相近，许多学者认为此处的书法很像铁山，因此也属于僧安道壹的作品。无论捐资者和书写者是谁，他们都无法完成凿刻经文篇章的工程了。从第三十三列起，雕刻者勾勒出字的轮廓，但从未完成笔画内部的刻削工作。今天，通过使用每隔五年便会重涂一次的红色颜料，人们能清晰地看见完工的字与仅具勾线的字。[1]

岗山　岗山也被叫作"北岗山"，位于铁山以北 1000 米处。在展示经文段落方面，它与山东刻有佛教铭文的其他地点不同：这里的石刻并不处在单个大石块或斜坡之上，而是散布于近 30 块独立的岩石（图 3-17）。《入楞伽经》(《楞伽经》) 被刻成高 15—40 厘米不等的字，文字的位置要求访客攀爬此山，从一块石头走向另一块石头。[2] 在岗山更高处，《观无量寿佛经》的一个片段出现在称为"鸡嘴石"（图 3-18）的高耸巨石上。石面刻记的还有含比丘尼法会在内的几位捐资者的名字以及与 580 年相对应的时间。[3]

---

[1] 来自与岱庙管理者刘慧的个人交流，1998 年 6 月。
[2] Hsüeh-man Shen, "Entering the Unattainable Country of Lanka," Paper presented at the conference "Chinese Stone Inscriptions for Eternity," July 12-14, 2004, University of Heidelberg.
[3] 感谢沈雪曼（Hsüeh-man Shen）提示笔者注意这位比丘尼的名字。

图 3-18 《观无量寿佛经》片段，580 年，字高 12—22 厘米，山东邹城市岗山鸡嘴石，采自《儒家精神与南朝风流的交会：北齐石刻书法传统的源流和传播（550—577）》，第 372 页

繁盛与迫害

经过千百年的侵蚀，铁山及山东其余各山的石刻佛经历久不灭，注解着许理和（Erik Zürcher）所谓的"佛教征服中国"[1]。在佛经开凿之初，北方中国的佛教盛世很大程度上归功于北齐王朝的统治者，他们是石窟寺、造像和经文研习的热心赞助人。皇帝对佛教的热爱程度可以通过北齐后主（565—577 年在位）在陪都晋阳（今山西省太原市西南）以西的一座山上捐助的工程来判断。依照本朝史书，后主"凿晋阳西山为大佛像，一夜然油万盆，光照宫内。……穷极工巧，运石填泉，劳费亿计，人牛死者不可胜纪"[2]。在此项工程

---

[1] Erik Zürcher, *The Buddhist Conquest of China*, Leiden: E. J. Brill, 1959（中文译本见 [荷] 许理和著，李四龙、裴勇等译：《佛教征服中国：佛教在中国中古早期的传播与适应》，南京：江苏人民出版社，2017 年）.
[2]（唐）李百药：《北齐书》卷 8，北京：中华书局，1995 年，第 113 页；英文译文见 Alexander Coburn Soper, *Literary Evidence for Early Buddhist Art in China,* Ascona, Switzerland: Artibus Asiae Publishers, 1959, 115。这座巨像的建造始于北齐文宣帝时期的 551 年。造像据称高达约 60 米，有关其遗迹的报告见李裕群：《晋阳西山大佛和童子寺大佛的初步考察》，《文物季刊》1998 年第 1 期，第 14—28 页。

图 3-19 佛和菩萨像,青铜,山东邹城市观音寺遗址出土,邹城博物馆藏,胡新立供图
自左及右:约 533 年,高 18.7 厘米;545 年,高 13 厘米;556 年,高 12.8 厘米;562 年,高 8.6 厘米

的同时,据说约有 200 万比丘和比丘尼分布在各地的 3 万座寺院里,占北齐 2000 万人口总数的十分之一。[1]

与北齐境内的其他地方一样,山东佛教兴盛。这不仅能从历史文献和石刻佛经本身看出,青州的惊人发现亦能印证。1996 年在青州出土的 400 多件佛教造像中,包括许多可据风格辨别出来的北齐时期遗物。青州造像晚至 12 世纪才被掩埋,而山东一些地方发现的类似的造像窖藏或为 6 世纪埋下。[2] 这些发现中有四个鎏金

---

[1] 赵凯球:《魏晋南北朝时期山东佛教概说》,《文史哲》1994 年第 3 期,第 79 页。
[2] 关于山东佛教考古的研究,见 Zhang Zong, "The Qingzhou Region: A Center of Buddhist Art in the Sixth Century," in *Return of the Buddha: The Qingzhou Discoveries*, ed. Lukas Nickel, exhibition catalogue, London: Royal Academy of Arts, 2002, Distributed in United States and Canada by Harry N. Abrams, 44-46。

铜质佛像（图3-19），其历史可追溯到533—562年，最终均埋藏于邹城观音寺故址。它们作为艺术作品仅具一般价值，不过这批马氏家族成员所捐造像是该地区佛教视觉文化的明确痕迹，且捐资者与构想并实现铁山以及邹城其他地点的刻铭的人同属一个时期。[1]尽管无人知晓埋藏这批佛像的背景，但是此发现也许反映出为6世纪原本兴旺的山东佛教史蒙上不祥阴影的事件：一次短暂却来势汹汹的迫害是拥有者将青铜小像隐藏于地下的最佳解释。[2]

446年，北魏统治者太武帝较早发起灭佛尝试。不过，当时山东处于刘宋王朝的控制之下，这使得佛寺和造像免于毁灭，同理，僧尼也不必像中国北部其他地区的出家人那样被迫还俗。及至山东于466—467年逐渐为北魏吞并时，佛教再次获得了国家的大力支持，同一个十年间平城附近云冈石窟的开凿便是证明。在东魏及其后继政权北齐治下，山东佛教持续繁荣。这种情形于577年戛然而止，当时北齐王朝覆于敌方之手，山东百姓成为北周武帝（560—578年在位）的臣民。

北周武帝在位初期曾经支持建佛寺、度僧尼和抄佛经。[3]他最终走向灭佛，或许是受到了北方中国流传的一条谶言的刺激——它预言统治集团将被"黑衣"推翻，而"黑衣"恰恰是身着黑色服装的佛教僧侣的代称。导致武帝反对佛、道的关键人物是一个骗徒或所谓的僧人——卫元嵩。他从家乡四川来到长安，逐渐骗取了皇帝的宠信，于567年上书提议重新整顿佛教教派，以皇帝为其新的首脑。卫氏的奏书虽未呼吁迫害佛教，却的确包含谴责崇拜佛塔与造像的一段话，他建议毁禁这些对象。直到574年，在僧人与道士进行一系列宫中论辩之后，武帝决定禁止这两种宗教，转而支持儒家思想。在他的敕令里，皇帝命令摧毁寺庙、图像和经义。与此同时，国家强制僧尼还俗，并抄没寺院钱财。

---

[1] 胡新立：《山东邹县发现的北朝铜佛造像》，《考古》1994年第6期，第47页。
[2] Zhang Zong, "The Qingzhou Region," 47. 王静芬认为，或许在577年波及此地的灭佛运动中，安徽亳州咸平寺发现的北齐佛教造像碑沦为目前的破碎状态。Wong, *Chinese Steles*, 69.
[3] Kenneth K. S. Ch'en, *Buddhism in China*, 186-194. 又见 Alexander Coburn Soper, *Literary Evidence for Early Buddhist Art in China*, 118-121。

当北周军队为征服北齐而东进时，武帝造访了邺城，在哭泣的僧众面前亲自发表了关于佛教的禁令。根据《集古今佛道论衡》，在整个山东，"融刮佛像，焚烧经教，三宝福财，簿录入官"[1]。对于佛教史而言，庆幸的是，仅一年之后武帝便驾崩了，他的禁令很快废止。武帝的继任者宣帝（578—579年在位）在禅位给其儿子之前短暂在位，后者于七岁（按西方算法为六岁）之龄就登上了皇位，是为静帝（579—581年在位）。尽管宣帝在位不满一年，佛教史上却铭记他"重隆佛日"[2]。

武帝对佛教的短暂打击是种不祥之兆，这意味着北方中国佛教徒所担忧的更糟糕的情形——佛教处在末法时代，可能正在接近彻底灭绝。[3]对宗教末日即将到来的焦虑似乎与佛教本身一样古老。释迦牟尼告诫他的追随者，他的教诲只能在其去世后五百年内以其本真面目传播，他将灾难归咎于女人出家为尼。[4]在中国广受阅读的佛经重申了关于佛教衰落的凶兆。《金刚经》提到了"后五百岁"，此时该经的教义将难以受到崇信或被人理解。论及类似担忧的《无量寿经》引用了佛陀的警告：当他圆寂后，"经道渐灭，人民谄伪，复为众恶"[5]。421年译成汉文的《大般涅槃经》讨论了佛教的灭亡，预测距离此种可怕境况的发生仅余80年。[6]

末法时代预计出现于两个时代之后：一个叫"正法"，其时佛陀的教诲遍及众人；另一个叫"像法"，其时佛教这一宗教只保留外在的形式。[7]这些时代的延续时间使信徒们感到困惑，教内学者便改进了各种系统来计算"末法"来临前的剩余

---

[1]《大正新脩大藏经》第52册，第374页下；转引于 Soper, *Literary Evidence for Early Buddhist Art in China*, 119。
[2]《辨正论》，《大正新脩大藏经》第52册，第508页中；转引于 Soper, *Literary Evidence for Early Buddhist Art in China*, 120。又见（唐）令狐德棻：《周书》卷7，北京：中华书局，1971年，第120—121页。
[3] 笔者对末法思想的讨论基于 Jan Nattier, *Once Upon a Future Time*。
[4] David Wellington Chappell, "Early Forebodings of the Death of Buddhism," *Numen* 27, no. 1 (June 1980): 124-125.
[5] 同上文，第138页。
[6] 同上文，第139页。
[7] Hsüeh-man Shen, "Realizing the Buddha's *Dharma* Body during the *Mofa* Period: A Study of Liao Buddhist Relic Deposits," *Artibus Asiae* 61, no. 2 (2001): 267.

时间。僧慧思（515—577年，也被称作南岳慧思）提出了一种佛教纪年体系，它出现在慧思写于558—559年的《立誓愿文》中。[1]根据慧思的算法，正法在佛陀寂灭后延续了五百年，随后到来的是像法时代，将持续一千年，最后进入末法时代，并将持续一万年，此后佛经尽灭，佛教灭亡。慧思除了提出这一系统，还宣布末法时代确已开启，他通过将本人的出生年份515年对应至末法时代的第八十二年来澄清这一事实，也即推算433年或434年为该悲剧时期的起点。[2] 566年，随着居住在北齐都城的那连提黎耶舍翻译了《月藏分》，关于末法开启的另一种预见之声浮现于中国。[3]虽然这一后来编入《大集经》的文本没有具体确定末法开始的时间，但它的确描述了僧俗的道德败坏，以及伴随佛法衰落的战争和迫害。这部经也预见了佛像与佛塔的毁坏。[4]

如果末法时代行将到来，面对此种严峻事实，佛教徒会怎么做？在石头上雕刻经文能够阻止佛法终结的迫近吗？一些与刻经共生的铭文明确表示，捐资者计划在坚不可摧的石头这一媒介上保存文本。小南海中窟的石刻记文引用了僧稠先前所叙对"镂石班经，传之不朽"的期望——根据蒋人和的观点，这是关于刻经于石以确保其存续的理念的最早陈述。[5]响堂山北齐石窟主要捐资者之一唐邕在该处刻经旁的题刻里表达了类似的愿望：

> 四海仰以弥高，千官把而满腹。眷言法宝，是所归依。以为缣缃有坏，简策非久，金牒难求，皮纸易灭。于是，发七处之印，开七宝之函，

---

[1] Nattier, *Once Upon a Future Time*, 110-111. 关于慧思及其《立誓愿文》的研究见 Paul Magnin, *La vie et l'oeuvre de Huisi (515-577)*, Paris: École Française d'Extrême-Orient, 1979。
[2] 张总：《北朝至隋山东佛教艺术查研新得》，《汉唐之间的宗教艺术与考古》，第69页。甘肃地区434—436年间刻在微型石塔上的发愿文谈到末世与末法。根据阿部贤次的观点，这些术语与6世纪阐述的"末法"概念不同，而是表达了捐资者更为普遍的因为"未生在佛陀存世时代"而生发的抱憾之感。*Ordinary Images*, 159-169.
[3] David Wellington Chappell, "Early Forebodings of the Death of Buddhism," 145-146.
[4] Nattier, *Once Upon a Future Time*, 172.
[5] Tsiang, "Monumentalization of Buddhist Texts in the Northern Qi Dynasty," 235.

访莲华之书，命银钩之迹。一音所说，尽勒名山。于鼓山石窟之所，写（经）……[1]

铁山《石颂》的一段话以非常相近的措辞阐述了捐资者的意图：

纵今镌构，逢劫火而莫烧；神□□□，对炎风而常住。尔其丹青□维，所以图其盛法；金石长存，□以雕之不朽。此岩不琢，后叶何观？[2]

这段话后面的韵文对比了石材与其他材料的持续性，回归至耐久性的主题：

缣竹易销，金石难灭。托以高山，永留不绝。

这个时期的一些佛教徒担忧末法即将来临或实际上已经到来，慧思的《立誓愿文》和《月藏分》便清楚地提及这种担忧。若从这样的知识背景来看，前揭表述似乎证实了捐资者决心确保佛经的存续，以面对未来的任何灾难。

然而，我们有理由怀疑为末法的到来提前做准备是刻凿佛经的唯一或者说主要的动机。虽说有关佛教没落的不详预感先于刻经的开始而存在，但是尚不清楚当时在北方中国人们是否普遍相信这一观念。555 年，僧稠首先提出刻经以求传诸后人，比慧思作《立誓愿文》早几年，比那连提黎耶舍翻译《月藏分》早大约十年。[3] 洪顶山石刻中用于计算佛陀寂灭时间的纪年方法可能基于慧思的著作，这表明他的观点在 6 世纪 60 年代为山东佛教徒所了解；可是这些石刻并未言及慧思关

---

[1]（原著）英文译文参阅 Tsiang, "Monumentalization of Buddhist Texts in the Northern Qi Dynasty," 237。
[2] 张广存：《〈铁山刻经颂〉识读并校注》，《北朝摩崖刻经研究（续）》，第 218 页。基于有关文本的相似性，赖非认为僧安道壹与唐邕存在接触，或许在响堂山石窟工作过。见《僧安刻经考述》，《北朝摩崖刻经研究（续）》，第 130 页。
[3] Tsiang, "Monumentalization of Buddhist Texts in the Northern Qi Dynasty," 254.

于末法已至的宣称。[1]更根本的原因是，中古时期佛教视觉艺术的发展通常落后于佛学知识的传播。[2]

尽管题记说明捐资者采用石刻的媒介来确保佛经的保存，可用以表达相关想法的文学格套与无涉佛教的石刻文本中所见到的别无二致。[3]尤其是北朝的墓志，它们一遍又一遍地提到这样的愿望：借由不朽的石质媒介，保存铭文和有关已逝墓主的记忆与纪念。在邢伟（卒于514年）墓志里，他的家人说，他们之所以使用石质媒介，是由于"篆素有时歇灭，金石理固难朽"[4]。赫连子悦（卒于573年）家族在其墓志中说，"金石不朽，丹青易灭，嗟矣后人，式瞻盛烈，乃为铭"[5]。范粹（卒于575年）墓志称"庶传不朽，用镌玄石"[6]。

6世纪墓志和刻经的共有语言形式表明，任何刻在石头上的文字都旨在永存。如果不论广为人知的佛学威胁的话，在破坏圣物和纪念物已成明白无误的政治现实的时代，这些文学格套在佛教语境中可能已经获得了特殊意义。由于没有明确提及"末法"，因此无法将这一学说列为雕刻不朽经文的直接动力。隋代，一项旨在保护佛经免遭破坏的工程在北京附近的云居寺启动，此时计划和执行工作的人的动机已毋庸置疑。在僧人静琬（卒于639年）的监督下，经书被刻于石板之上，放置在雷音洞里。[7]静琬在去世前一年的铭文中，解释了他的目的：

---

[1] 张总：《北朝至隋山东佛教艺术查研新得》，《汉唐之间的宗教艺术与考古》，第67页。还需要注意的是，侯景叛乱（548—552年）期间，慧思在山东。见 Magnin, *La vie et l'oeuvre de Huisi (513-577)*, 15-17.
[2] Wong, *Chinese Steles*, 114.
[3] 张广存的这一观点见《〈铁山刻经颂〉识读并校注》，《北朝摩崖刻经研究（续）》，第231—232页。
[4] 赵超：《汉魏南北朝墓志汇编》，天津：天津古籍出版社，1992年，第78页。
[5] 同上书，第463页。
[6] 同上书，第470页。
[7] 参阅 Lothar Ledderose, "Ein Programm für den Weltuntergang: Die steinerne Bibliothek eines Klosters bei Peking," *Heidelberger Jahrbücher* 36 (1992): 15-33; "Thunder Sound Cave," in *Between Han and Tang: Visual and Material Culture in a Transformative Period*, ed., Wu Hung, Beijing: Cultural Relics Publishing House, 2003, 235-260（[美]巫鸿主编：《汉唐之间的视觉文化与物质文化》，北京：文物出版社，2003年）。

> 释迦如来正法、像法凡千五百余岁，至今贞观二年，已浸末法七十五载。佛日既没，冥夜方深，瞽目群众，从兹失导。静琬为护正法，率己门徒知识及好施檀越，就此山岭，刊《华严经》等一十二部，冀于旷劫，济渡苍生，一切道俗，同登正觉。[1]

静琬的表述有力地宣示了云居寺这项宏大事业的宗旨。相比之下，山东、河北等地的刻经题记则比较含糊：它们告诉我们，捐资者希望保存和传承佛经，但在这一点上，他们的目标与其他各种石刻文本的捐资者无异。

静琬的计划也与山东及中国中部的刻经捐资人不同，他志在保存完整文本，而非精选片段。一些经典的完整文本的确出现于响堂山；可山东没有发现一处这类案例，虽然泰山《金刚经》录文涵盖了全篇的半幅左右。除了凿刻在泰山、铁山和葛山的例子，山东的大部分刻经段落长度不超过一百个字。同一文本在多个地点重复出现也有悖于任何将佛教经典系统地传给后代的尝试。更根本的是，如果捐资人的主要关注点是文本保存，那他们为什么要把文本暴露在山坡的各种构造上？石头比丝帛或纸张更耐久，但铭文亦有可能为千百年的时间磨灭，静琬对此肯定知晓，因此他决定将云居寺的刻经石板安全地储藏于一个山洞里。

假如山东的大型刻经不是为了保护它们免受破坏而雕刻的，它们的既定功能又是什么？就像所有神圣的图像和纪念物一样，它们无疑以多种不同的方式被理解和使用，佛教造像和圣迹便是如此。虽然我们无法确切知道捐资者希望通过铭刻经文来实现什么，但是可以设想在中古中国的佛教背景下，它们或许具有某种宗教功能。为此，它们一定不能仅仅被解释为文本，还必须被视为灌注了超凡力量的人造物。

---

[1] 北京图书馆金石组、中国佛教图书文物馆石经组编：《房山石经题记汇编》，北京：书目文献出版社，1987年，第1—2页。（原著）英文译文基于 Ledderose, "Thunder Sound Cave," 241; Shen, "Realizing the Buddha's *Dharma* Body during the *Mofa* Period: A Study of Liao Buddhist Relic Deposits," 268n22。

佛经的力量

"如是我闻。"大多数佛经以此为开头。这句话引出传播初期的佛经予余,它们并非借由书面文本而是口述遗留下来。直到释迦牟尼去世后几个世纪,他的教诲才通过书写的方式确立下来。根据水野弘元的观点,佛经最早以抄本形式保存下来,发生在公元前1世纪的斯里兰卡,而且经文最有可能书写于宽阔的棕榈叶上。一个多世纪后,贵霜皇帝迦腻色伽一世(2世纪上半叶在位)在犍陀罗赞助了一个负责汇编佛教经典并做出注解的僧侣团体,其中有的文本刻在铜版上。[1] 佛教不晚于1世纪传到中国,这时它是一个文字的宗教,在其东传过程中,将佛经翻译成汉文的工作位居佛教活动的核心。

神圣文本的生产改变了宗教的性质。杰克·古迪(Jack Goody)认为:"一旦圣言以书本形式被写下来并在教派中制度化,它就变成了一种极具存续性的力量。"[2] 古迪写道,文字"发展了关于思想的思想,使思想走向可能需要自身的元语言的一种形而上学"[3]。古迪关于文字化对思想革命的影响的观点引起争议,但他对宗教书写行为的物质性与制度性之连带作用的观察在西方体现得很明显,有如在东方一样:宗教文本促成了缮写室与教派的出现;文本的准备工作激发了仪式行为;并且,它们的储存和维护催生了将神圣文本与世俗书写区分开来的态度与信仰。[4] 佛教史上,写经制作与口诵、咒语、说法共存,也与以绘画为辅助的故事讲述并立,所有这些都是宗教活动的组成部分,无论参与者是有文化或目不识丁的信众。[5] 耳朵和眼睛都是通向解脱之途的工具。可是,就像实物一样,文本的使用造成了纯粹

---

[1] Mizuno, *Buddhist Sutras*, 161.
[2] Jack Goody, *The Logic of Writing and the Organization of Society*, Cambridge: Cambridge University Press, 1986, 20.
[3] 同上书,第38页。
[4] 对古迪的理论的短评见 David Olson, *The World on Paper: The Conceptual and Cognitive Implications of Writing and Reading*, Cambridge: Cambridge University Press, 1994, 45-53。
[5] 关于对图演讲见 Victor H. Mair, *Painting and Performance: Chinese Picture Recitation and Its Indian Genesis*, Honolulu: University of Hawaii Press, 1988(中文译本见[美]梅维恒著,王邦维、荣新江、钱文忠译:《绘画与表演:中国绘画叙事及其起源研究》,上海:中西书局,2011年)。

的口头宗教传统中不存在的两种现象：信徒试图通过抄写佛经来积累功德，而且无论其物质形式如何，他们将文本视为崇拜对象。佛经的两个方面——授予祝福和激发崇拜的力量，透露出关于山东刻经捐资者的许多信息：他们会因为其虔诚的行为而期待获得什么，以及他们和其他信众看到巨型铭文后会如何反应。

大乘佛教经典承诺护佑所有听闻、诵读或传播其经文的人。[1]鸠摩罗什（344—413年）408年翻译的《八千颂般若经》（即《小品般若经》）规定："善男子、善女人书《般若波罗蜜》，受持经卷，供养、恭敬、尊重、赞叹，以好花香……而以供养。"[2]同样由鸠摩罗什翻译的《妙法莲华经》（简称《法华经》）教导信众抄写佛经，并许给抄写者无量功德。在该经第十九品，释迦牟尼解释说，凡是读、诵、解说或书写《法华经》的人，都会得到超自然意念的加持，使之"见于三千大千世界内外所有山林河海"[3]。在第二十八品，普贤菩萨列举了抄《法华经》可以获得的功德，提到凡如此行事者将往生于忉利天。正如菩萨所解释的那样，人们不必亲自抄写文本，令他人抄经者将获得同等的加持。这一承诺证明了以下做法的合理性：捐资人出于为自己或他人积累功德的愿望，雇佣抄经人或其他人写经。[4]此种信条也是捐建佛像的基础：捐资者不必亲自雕刻石头或铸造青铜来造像，他们或者将要接受他们所奉献功德的人，同样能够受益。

节录式凿刻于山东的经文大部分包含承诺祝福抄写者的文字。泰山《金刚经》刻文以佛陀对该观念的朗声阐述作为总结：

---

[1] 关于因抄经、制作造像或进行其他虔诚行为而产生的功德的理念，参阅 John Kieschnick, *The Impact of Buddhism on Chinese Material Culture*, Princeton: Princeton University Press, 2003, chap. 3（中文译本见［美］柯嘉豪著，赵悠、陈瑞峰、董浩晖等译：《佛教对中国物质文化的影响》，上海：中西书局，2015 年）; Stephen F. Teiser, *The Scripture of the Ten Kings and the Making of Purgatory in Medieval Chinese Buddhism*, Kuroda Institute Studies in East Asian Buddhism 9, Honolulu: University of Hawaii Press, 1994, 160-162（中文译本见［美］太史文著，张煜译：《〈十王经〉与中国中世纪佛教冥界的形成》，上海：上海古籍出版社，2016 年）。

[2] Mizuno, *Buddhist Sutras*, 162. 水野弘元指出，将抄经的想法归于释迦牟尼时代是种误解，因为该做法直到他圆寂以后几个世纪才开始。

[3] Leon Hurvitz, trans., *Scripture of the Lotus Blossom of the Fine Dharma*, New York: Columbia University Press, 1976, 264.

[4] 同上书，第 334—335 页。

> 须菩提，若有善男子、善女人初日分以恒河沙等身布施，中日分复以恒河沙等身布施，后日分亦以恒河沙等身布施，如是无量百千万亿劫，以身布施。若复有人闻此经典，信心不逆，其福胜彼，何况书写、受持、读诵、为人解说。[1]

诸如此类的经文篇章所显示的承诺，激发了欲为生者和死者谋求益处的捐资人，从而在纸或绢上抄写佛经。敦煌发现的492年《大集经》抄本的捐资者是一位名叫无觉的比丘，他自述"敬造《大方等大集经》一部，以此功德，愿七世父母早生净土，心念菩提，一切含生寿命增长，远离恶道"[2]。在时间和空间上更接近山东巨型刻经的，是一件由本省巨野县社邑于564年赞助雕刻的石碑。虽然碑上所刻文字并非如以往所认为的那样选自佛教经典，而是出自一篇关于遵守斋戒的文章，但是捐资者将这座碑的制作视为功德，并将他们的祈愿铭于碑阴，内容涉及对国家和家人的祝福，以及一切众生的解脱。[3]

山东的巨型刻经无一伴有列出捐资者期望获得的利益的发愿文或明确表述。我们在铁山的《石颂》里读到，捐资人承诺面对"法肆"可以无偿支出，并且像对待"霜叶"一样施舍他们的家财。虽然《石颂》把捐造佛经的行为类比作千万人听佛陀说《大集经》而修得菩提心，但仅就据《石颂》所得的判断而言，我们发现捐资者没有为自身求取过多的福祉。尽管如此，在促成抄经、造像或是建寺起塔这类大型佛教工程的功德回报机制下，捐资者可以自信地期待其慷慨会有所回报。这就是雕刻佛经的绝佳理由。

以任何形式抄写佛经具有与保存和传播佛教义理一样的益处。与此同时，佛

---

[1]《中国书法全集》卷12，第277页；英文译文见 Mu Soeng, trans., *The Diamond Sutra: Transforming the Way We Perceive the World*, Boston: Wisdom Publications, 2000, 122.
[2]［日］中田勇次郎编：《書道全集》，东京：平凡社，1954—1961年，卷5《中国 南北朝 I》，第151页。
[3]《中国书法全集》卷12，第261页。这篇碑文的释读见张总：《山东碑崖刻经义内涵索探》，《北朝摩崖刻经研究（续）》，第5、13页。

经的制作使得圣物生成。[1] 这种有关佛经的概念带来了早期大乘佛教中的一种现象，萧本（Gregory Schopen）称之为"经籍崇拜"（cult of the book）[2]。他指的是这样一种信念，即宣讲或诵读佛经的地点，又或是佛经以抄本形式出现的地点，本质上都是神圣的。萧本认为，对佛经的崇拜模仿了早期的舍利崇拜活动——舍利就是佛塔中供奉的佛祖遗骨。从佛学上来看，佛经崇拜源于这样的信仰：一如肉身碎片，无论是口头的还是书面的，佛陀的言辞均为其存在的化身。

崇拜佛经就是表达对佛的虔诚。《法华经》规定了崇拜经文时应采取的方式，并解释了相关行为的原因，譬如以下出自第十品《法师品》的摘录：

> 药王，在在处处，若说、若读、若诵、若书、若经卷所住处，皆应起七宝塔，极令高广严饰，不须复安舍利。所以者何？此中已有如来全身。[3]

至少从2世纪开始，印度和中亚即有《法华经》提到的上述做法，在那里，信徒于塔中供奉写于舍利盒、泥板以及其他承载文字的物品之上的佛经。通过这些行为，书面形式的佛陀教诲被赋予了与他的身体遗存同等的地位，它们都是其存在的标志。[4]

中国僧人法显（约337—约422年）在399—414年间的印度之旅中，看到佛教徒正在建造为经文设计的塔，但依据他的描述尚不能确定这些建筑是否装有文本或其他物件。[5] 新疆与甘肃发现了一批小型石造纪念物，它们通常被认为

---

[1] Kieschnick, *Impact of Buddhism on Chinese Material Culture*, 172-176.
[2] Gregory Schopen, "The Phrase '*sa pṛthivīpradeśaś caityabhūto bhavet*' in the *Vajracchedikā*: Notes on the Cult of the Book in Mahayana," *Indo-Iranian Journal* 17, nos. 3-4 (Nov.-Dec. 1975): 147-181.
[3] Leon Hurvitz, trans., *Scripture of the Lotus Blossom of the Fine Dharma*, 178.
[4] 参阅 Daniel Boucher, "The *Pratītyasamutpādagāthā* and Its Role in the Medieval Cult of Relics," *Journal of the International Association of Buddhist Studies* 14, no. 1 (1991): 6-8. 又见 Katherine R. Tsiang, "Embodiments of Buddhist Texts in Early Medieval Chinese Visual Culture," in *Body and Face in Chinese Visual Culture*, eds., Wu Hung and Katherine R. Tsiang, Cambridge, MA: Harvard University Asia Center, 2005, 60-62。
[5] James Legge, trans., *Travels of Fa-hsien: A Record of Buddhistic Kingdoms, Being an Account by the Chinese Monk Fa-hsien of His Travels in India and Ceylon (A.D. 399-414) in Search of Buddhist Books of Discipline*, Oxford, 1886, 44-45.

是微型佛塔，有关做法类似于法显在中国以外所目睹的行为，或许反映了一种独特的当地习俗。[1]这些微型佛塔大约雕刻于426—436年这段短暂的时期之内，高度17—96厘米不等（图3-20）。它们展示了佛、菩萨和其他神明的浮雕或线刻图像，大多都刻有《易经》里的八卦。微型佛塔的非凡之处以及其与法显记载的印度古迹之间的联系，在于它们承载的是现存最早的铭刻在石头上的汉文佛经。几乎相同的是，来自已知14个石塔案例的文字段落出自阐述因缘观的《增一阿含经》的早期修订版本。对释氏学说——"缘起"（pratītyasamutpāda）的总结也见于印度的供养塔内，这些文本显然是用来替代舍利的。[2]在北凉的供养塔上，文字并不隐藏在内部空间，而是布列于外表面，呈现给观者。尽管我们还不清楚经文选段对于5

图3-20 程段儿供养塔，436年，高43厘米，酒泉市博物馆藏，采白林树中主编：《中国美术全集·雕塑编 卷3 魏晋南北朝雕塑》，北京：人民美术出版社，1988年，图版31

---

[1] 有关北凉佛塔的参考文献有殷光明：《敦煌市博物馆藏三件北凉石塔》，《文物》1991年第11期，第76—84页；Angela Howard, "Liang Patronage of Buddhist Art in the Gansu Corridor during the Fourth Century and the Transformation of a Central Asian Style," in *Between Han and Tang: Religious Art and Archaeology in a Transformative Period*, ed., Wu Hung, Beijing: Cultural Relics Publishing House, 2000, 235-275（[美] 巫鸿主编：《汉唐之间的宗教艺术与考古》）; Alexander Coburn Soper, "Northern Liang and Northern Wei in Kansu," *Artibus Asiae* 21, no. 2 (1958): 131-164；Eugene Y. Wang, "What Do Trigrams Have to Do with Buddhas? The Northern Liang Stupas as a Hybrid Spatial Model," *Anthropology and Aesthetics* 35 (Spring 1999): 71-92；Abe, *Ordinary Images*, 123-171。需要注意，对于将这类文物定义为佛塔，何恩之（Angela Howard）提出了怀疑。"Liang Patronage of Buddhist Art in the Gansu Corridor during the Fourth Century and the Transformation of a Central Asian Style," 253-257.

[2] Boucher, "The *Pratītyasamutpādagāthā* and Its Role in the Medieval Cult of Relics," 2.

世纪中国西北地区的佛教徒有何意义,但是在大乘学说尚未牢固确立以前,这些微型带铭佛塔很可能已经有如舍利或神像一样,值得信徒崇敬。[1]

6世纪,在响堂山石窟,一种新的物质形式体现出佛塔与佛经的联系。[2]此处的许多洞窟均模仿了一层或两层的佛塔。在北响堂山石窟,南洞入口的立面展示出圆顶,上部凿

图 3-21　南洞外观,约 568—572 年,河北邯郸市北响堂山石窟,采自《儒家精神与南朝风流的交会:北齐石刻书法传统的源流和传播(550—577)》,第 409 页

刻莲花形浮雕(图 3-21)。入口上方有未来三佛与其他神明的名字,和大乘经典门类的名称。刻在南洞内部的是三组佛、菩萨像,以及来自《无量义经》的文字。其他佛经则出现在石窟前庭的石壁上,同 572 年的唐邕发愿记文在一起。窟内外所刻图像和文字的组合表明,这座可被称为"山岩佛塔"的建筑起到与为供奉圣物而造的独立佛塔相同的作用。[3]

山东的佛教捐资者则采取了不同的方法。他们没有挖掘洞窟或者将自然地形的一部分塑造成佛塔形象,而是将佛经直接置于山的表面。结果,这些场所本身变

---

[1] 感谢汪悦进教授在这一点上的帮助。
[2] Katherine R. Tsiang, "Bodies of Buddhas and Princes at the Xiangtangshan Caves: Image, Text, and *Stūpa* in Buddhist Art of the Northern Qi Dynasty (550-577)," Ph.D. diss., University of Chicago, 1996, 34-44;Tsiang, "Monumentalization of Buddhist Texts in the Northern Qi Dynasty," 236-238. 关于响堂山石窟佛塔形象的重要性,见 Howard, "Buddhist Cave Sculpture of the Northern Qi Dynasty," 10.
[3] 这一观察归功于 Tsiang, "Monumentalization of Buddhist Texts in the Northern Qi Dynasty," 254-255. 阿部贤次指出,至少有一座北凉石塔原本陈列于山上。Abe, *Ordinary Images*, 161.

得神圣起来。佛经的力量促成了从尘世事物到神圣空间的转变，这在刻于泰山的《金刚经》选段里得到了解释：

> 随说是经，乃至四句偈等，当知此处，一切世间天、人、阿修罗皆应供养，如佛塔庙。……若是经典所在之处，即为有佛，若尊重弟子。……在在处处，若有此经，一切世间天、人、阿修罗所应供养，当知此处，即为是塔，皆应恭敬，作礼围绕……[1]

汉语中的"塔"一般由"stupa"或"pagoda"翻译而来，对应于梵文原文中的"*caitya*"一词。萧本认为，在《金刚经》的这段话中，译作"*caitya*"的一词传达出"神圣之地"（sacred place）的广义含义，不必解释为一种建筑或建筑型纪念物；*caitya*或许只是山水环境中的一个地点。[2]就泰山上的经文而言，短语"此处"应解读为一个如索引般自我指示的标签，附于刻经所在花岗岩山体的表面。要理解它是神圣的土地，我们只需阅读它承载的文本。制造崇拜的场所并不需要图像或建筑，把佛的话语放在泰山上便足够了。山东峰岭的一切刻经之地皆是如此。

如果像《金刚经》所叙述的那样，一部佛经出现的地点是神圣的，那么6世纪的佛教徒面对石刻经文会有何反应？[3]历史和文学资料提供了关于中古中国佛经崇拜的一瞥，在《洛阳伽蓝记》（序言作于547年）中，杨衒之描述了洛阳白马寺内对佛经的集体供奉：

---

[1] 英文译文见 Mu Soeng, trans., *The Diamond Sutra*, 111-112, 122（有所修改）。关于泰山石刻原文，参阅《北朝摩崖刻经研究》，第238—240页。

[2] Gregory Schopen, "The Phrase '*sa pṛthivīpradeśaś caityabhūto bhavet*' in the *Vajracchedikā*: Notes on the Cult of the Book in Mahayana," 152, 177-178.

[3] 桐谷征一认为，有些刻经地点原本用于禅修，其中包括早期禅宗的"面壁"行为。《中國北齊期における摩崖・石壁刻經の成立》，胜吕信静博士古稀记念论文集刊行会编：《勝呂信靜博士古稀記念論文集》，东京：山喜房佛书林，1996年，第179—210页。赖非也认为这些地方可能被用作"道场"或禅修的仪式空间。《僧安刻经考述》，《北朝摩崖刻经研究（续）》，第128页。

寺上经函，至今犹存。常烧香供养之，经函时放光明，耀于堂宇，是以道俗礼敬之，如仰真容。[1]

一些神异故事还描述了人们对于具有神秘力量的经文的崇拜，其中一个故事提到某人家中同时陈列着经文和图像，由此引发了僧人飞空来访的异事。[2]

有关佛教徒崇拜便携佛经，比如那些藏于白马寺的经文的记载，让我们对可能发生于《大集经》段落之下的铁山山脚的仪式有了一些了解。由于佛经被认为与舍利和神像有同等的灵力与神圣地位，我们可以推测它们也是仪式操作的焦点，而且受到花或香的供养。[3]尽管人类学证据必须慎用，但是在当代中国佛教中观察到的实践足以令人想起文献记载的早期供养方式，并给予我们些许关于刻铭在中古中国有可能如何受到崇拜的知识。1905年，人们在厦门南普陀寺后面的崖面上书写了巨大的"佛"字。"文化大革命"期间，红卫兵袭击了这座寺院并毁坏了其中的造像，此后，当地信徒将礼拜转移至凿刻文字的地点，将祭品放置在户外的祭坛之上，把书法视为神圣存在的体现。[4]1999年，在福州城外的鼓山，笔者观察到当地佛教徒在一面刻有17世纪晚期佛教神名的崖壁底部上香（图3-22）。在这两个礼敬大型铭文的当代例子里，崇拜对象是神祇的名字。该事实让我们联想到，在洪顶山以及其他地点，人们也会在刻着佛名的地方进行类似的供养活动。得到镌刻或朗声吟诵的佛名被认为能召唤出神灵，恰似佛经被认为是佛陀自己的化身一般。[5]

---

[1] Wang Yi-t'ung, trans., *A Record of Buddhist Monasteries in Lo-yang by Yang Hsüan-chih*, Princeton: Princeton University Press, 1984, 173-174.
[2] Robert Ford Campany, "Notes on the Devotional Uses and Symbolic Functions of *Sūtra* Texts as Depicted in Early Chinese Buddhist Miracle Tales and Hagiographies," *Journal of the International Association of Buddhist Studies* 14, no. 1 (1991): 36. 康儒博（Robert Campany）还表示，就像佛教造像一样，佛经抄本据说也会自行移动，从而能够奇迹般地从大火中幸存下来，并且保护其所有者免受身体伤害。反之，破坏或污损经书的人可能会遭受恐怖的后果。例如，在一个故事里，某位还俗的比丘尼用写有经文的丝织品做衣服，随后就受到惩戒，患上致命的皮肤病。同上文，第41页。
[3] 有关对佛教舍利与造像的回应，简要研究见 Kieschnick, *Impact of Buddhism on Chinese Material Culture*, chap. 1.
[4] Richard Curt Kraus, *Brushes with Power: Modern Politics and the Chinese Art of Calligraphy*, Berkeley and Los Angeles: University of California Press, 1991, 160.
[5] Stanley Abe, "A Fifth-Century Chinese Buddhist Cave Temple," *Ars Orientalis* 20 (1990): 9-10. 又见 [瑞士] 尤丽：《北朝六世纪邺城近畿与泰峰山区石刻佛经之关系》，第1、15页。

图 3-22　佛教神名，约 1694 年，每字高约 30 厘米，福建福州市鼓山，著者摄影

以上例子表明，正如拥有共同宗教信仰的早期人士，对于今天的中国佛教徒而言，文本可以像图像和舍利一样成为神圣力量的源泉与虔诚崇拜的对象。

山水与书作

任何对 6 世纪发生在铁山或其他刻经地点的仪式与崇拜行为的描述都只是推测，我们能掌握和分析的只有当时观者看到的佛经的物质形式及自然环境。在亚洲佛教经文的历史上，刻在石头上的文字代表了一种崭新并且似乎不朽的媒介，用来展示据传由佛陀于遥远过去诉说的话语，可任何传播媒介都不会尽如言语。说出来的话转瞬即逝，一经讲出便消失了，固着在山坡的文字却与大地一样天长日久。然而，矛盾的是，阅读以大型石刻呈现的文字所需的物理条件和听取口头表达所需的非常相似。在关于埃及石刻的写作中，简·阿斯曼（Jan Assmann）观察到："纪念物取代了（说话者的）身体，而且它的受空间限制的物理环境取代了聆听演讲时发言者的物理环境。"[1] 书本或手卷等便携式物品上的文字，使用方便且易于运输，随时随地皆可阅读，相比之下，石刻文字就像大声的诵读一样，只能在单一地点被感知到。

诚如在针对广播与重现声音的电子手段发明之前，听演讲者说话的唯一方式就是与其一同在场，而阅读大型石刻铭文的唯一方式是来到刻铭的所在地。山东的部分刻经遗址仅需相对较少的努力就能到达。6世纪时，铁山就已经毗邻地方性重要城市的中心，经过一个缓坡便能亲近；几乎可以肯定的是，在凿刻经文时，坡上的小径已然被切削出来。不过要登上徂徕山的峰顶，必须艰苦地徒步攀登山的南麓或沿着北侧蜿蜒的山脊跋涉。峄山的岩石地形也给任何冀望阅读其最高峰五华峰之上《文殊般若经》选段的人提出巨大挑战。

各个刻经地点的地形或陡峭，或平缓，它们吸引身体、头脑和眼睛积极寻找经文。前往书作地点的体力消耗，与中古佛教里其他需要移动的崇拜及禅修方式都有相似性。对在家和出家的信徒而言，其中最普遍的是绕塔仪式。[2] 人们在空间中走动，口中反复念诵经文或祈愿时，便获得了因果福报，并达到冥想时的专注状态。如前所述，泰山《金刚经》的一段专门指出，绕行是信徒亲历经文时的一种正确反应，而且我们可以设想朝拜者在石刻坡道——"过道"上的高低徘徊是仪式性移动，虽然对此我们仍缺乏在该地点或其他地方施行这一实践的可靠证据。

不同于旨在建构天界内部景象或神明图像的游走式观想，登临一座承载佛经

---

[1] Jan Assmann, "Ancient Egypt and the Materiality of the Sign," in *Materialities of Communication*, eds., Hans Ulrich Gumbrecht and K. Ludwig Pfeiffer, trans., William Whobrey, Stanford: Stanford University Press, 1994, 26.
[2] Eugene Y. Wang, "Watching the Steps: Peripateic Vision in Medieval China," in *Visuality before and beyond the Renaissance: Seeing as Others Saw*, ed., Robert S. Nelson, Cambridge: Cambridge University Press, 2000, 123.

的山足以获得真实世界里强烈而直接的视觉体验：爬上泰山、峄山或别的刻铭山岭的坡面，你将被真正的山水包围，并能一览远处的广阔风景。今天，有可能就像在6世纪那样，通往经石峪的泰山南麓路线将登山者围合于郁郁葱葱的森林、崎岖不平的岩石，乃至溪流和瀑布之间；到达《金刚经》所在地后，人们则会仰望北部耸起的更高的泰山崖壁。在徂徕山上，站在《文殊般若经》石刻篇章的地点，体验尤其不同：观者发觉自己没有被山遮蔽，而是站在一个如舞台般的天然台地上，凝视向南敞开的山谷。[1]

没有一处刻经伴有捐资者解释缘何选择这一特殊地点的声明。不过，显而易见的是，6世纪的捐资者对安置图像与文字的自然和文化环境都十分谨慎，他们更喜欢受山体保护或者溪流经过的地点。[2] 在567年竖立的一尊高丈八的造像的题记里，捐资者宣称：

> 置其福处也。北连名山，太丘之庙。南有高岗，胡城永固。处在中央，悟水东注。人民□祥，营造福业。[3]

有的捐资者还将安放造像的地址比作佛教概念里的传奇山川，从而美化安奉神像之所。一件570年造像的捐资人杨暎香宣称，其选择的地点恰似印度舍卫城附近的祇园。同年，嵩山少林寺的佛教石碑的造像记中，董洪达和其余社邑成员提出了类似

---

[1] 沈雪曼指出，按照《楞伽经》文本在岗山的分布位置而确定的路线提示着佛陀渐入文中所述超凡的楞伽城的过程。见 Hsüeh-man Shen, "Entering the Unattainable Country of Lanka"。早在多年前，道端良秀在他的著作里也提出过类似的观点。见[日]道端良秀：《中国の石仏と石経》，东京：法藏馆，1972年，第24页。
[2] 侯旭东：《五、六世纪北方民众佛教信仰》，第252页。相川政行援引汉代碑刻如183年的《白石神君碑》作为关注地理位置的石刻先例，见氏著：《鄒城市鐡山「大集経」題刻と「石頌」の研究》，《立正大学文学部研究紀要》第20号（2004年3月），第14页。他还注意到郑述祖《天柱山铭》中提及泰山和梁山的相似段落，参阅王思礼等编：《云峰刻石调查与研究》，济南：齐鲁书社，1992年，第56页。
[3] 侯旭东：《五、六世纪北方民众佛教信仰》，第252页。笔者无法解释"胡城"和"悟水"。后者字面意思是"启悟之河"，可能暗示了佛教概念。

的想法：

> 其处□徘徊□岩绝涧，左依山渠，南窥大路，西盼京都。私乃唯非舍利神□之园，实是须达布金之地。[1]

一些造像记还表明，捐资者乐于谈论周围风景的优美是如何吸引礼拜者并且塑造他们的体验的。唐邕在北响堂山石窟的碑文里描述了听觉和视觉现象对于来访者内心的影响：

> 涧谷虚静，邑居闲旷。林疑极妙，草匹文柔。禽绕空中，兽依树下。水音发而觉道，风响动而悟物。戒行之徒允集，慧定之侣攸归。[2]

铁山刻经捐资者也提醒人们注意铭文在空间中的位置及其周边的景观环境。《石颂》用以下话语来界定这座山：

> 瑕丘东南大岗山南岗之阳，前观邾峄峨峨，睹拂汉之峰。[3] 却瞻岱巘巍巍，眺排云之岳。兼复左顾昌岩，右临传驺，表里山川，林茫□□。[4]

这段文字中的地理定位使观者站在铁山脚下，面朝南方。西北方向的瑕丘（今山

---

[1] 侯旭东：《五、六世纪北方民众佛教信仰》，第252页。有关该石刻的完整文本，参阅［日］常盘大定、［日］关野贞：《中国佛教史蹟》第2册，东京：佛教史迹研究会，1926年，第152—154页。与该碑相关的讨论，又见 Wong, *Chinese Steles*, 140-145. 笔者无法释读出暂被翻译为"舍利的神圣花园"的地点。须达多给孤独长者是舍卫城的一位富有长者，他通过将整个地面铺满黄金，为佛陀买下了祇园精舍。见 William Soothill, and Lewis Hodous, *A Dictionary of Chinese Buddhist Terms*, Reprint, Delhi: Motilal Banarsidass Publishers, 1997, 293a。侯旭东强调，造像位置的选择也与佛教对于在吉时举行仪式的重视有关，见氏著：《五、六世纪北方民众佛教信仰》，第266—267页。
[2]《中国书法全集》卷12，第272页；（原著译文）由张晨翻译。
[3] 笔者把这句话中的"汉"字理解为银河，参阅《中文大辞典》第5册，台北：中国文化研究所，1982年，第8460页。
[4] 张广存：《〈铁山刻经颂〉识读并校注》，《北朝摩崖刻经研究（续）》，第218页。

东济宁市兖州区），是北周时期的兖州郡驻地，所辖范围包括邹城；南面是峄山，也被称为邾峄山；转向北方，则观者至少可在想象中看到泰山的神圣峰峦。观者左边是位于铁山东南的昌县（今山东省诸城市东北）的岩崖，右边则为一条逶迤的驿道，大致位于连接上海和北京的现代铁路沿线。[1]

这幅由文字描绘的铁山置身的自然与文化地理地图，通过将此地联系至山东其他具有重要宗教和历史意义的山——泰山和峄山，强调了该地点的突出性。后两座山不但有刻在山体上的大型佛教刻经，而且早在几个世纪前秦始皇造访之时，它们便获得了文字形式的标记。铁山刻经的捐资人非常清楚这些山岭的刻铭谱系，《石颂》里的一段话便证明了这一点，其中提到"秦皇勒绩"。然而，捐资人没有止步于对帝王先例的援引：通过《石颂》佚名作者的声音，他们断言，自己刻下的文字更胜一筹。正是刻经的书法及其表现形式激起了捐资人关于其在铁山所创辉煌的上述宣言。

礼赞僧安道壹

除了赞颂放置造像的地点，6世纪佛教造像的发愿文往往会着意提及所用材质的特性与视觉效果。铭文刻记和黄金、颜料等装饰元素的应用所展现的精湛技艺，也被认为能够增强造像的神圣性，增进制作神像带来的功德。[2]铁山《石颂》没有指明执行刻经任务的工匠，但文中将这些无名人士比作木工鲁班和匠人班倕，也即古代典型

---

[1]笔者对这段话里的地点的英文翻译和识别参照了张广存的解释。《〈铁山刻经颂〉识读并校注》，《北朝摩崖刻经研究（续）》，第218、224—225页，注释32—36。因刻文损毁，用语晦涩，只能确定瑕丘、泰山和峄山。《石颂》显示出来的坐标让人想起其他类型的捐资铭文的表述，后者指出了将造像设置在路口的价值。参阅 Wong, *Chinese Steles*, 44。

[2]涉及材料和工艺质量的造像记，见侯旭东：《五、六世纪北方民众佛教信仰》，第250页。正如索珀（Alexander C. Soper）多年前提到的，强调佛教造像物质属性的铭文遵循了汉代丧葬石刻铭文的先例，后者谈到捐资人聘请的著名工匠，并赞美他们的优良技艺。参阅 *Literary Evidence for Early Buddhist Art in China*, 137-139；又见 Wong, *Chinese Steles*, 70。

的匠作大师。[1]依照《石颂》,他们的工作成果超过了历史上的著名石刻:

> 纵使昆仑玉牒,□观金简[2],周穆记功,秦皇勒绩,□今胜□,譬彼蔑如也。[3]

昆仑山是公认的优质美玉的产地,也是传说中周穆王旅行抵临期间刻记铭文的地点;秦始皇的"勒绩"当然指的是于泰山、峄山及其他山岭上安置文字,前两个地方均被《石颂》提及。不过,《石颂》认为前述传说或历史书作案例无一能够媲美铁山的石刻佛经。

不管石刻匠人的作品有多么杰出,他们在刻经制作过程中的角色都依附于在山上书写文字的书者。如第一章所述,一些汉代碑刻上出现了书者姓名。509年刻成的《石门铭》记载了书者王远的名字。早期佛教文书与抄本中也出现了书者的名字和关于书法水平的叙述,其中,敦煌发现了带有负责抄写佛经及记录寺院佛事的书者姓名的题署。有时候,这些文句包含免责声明,书写人为其作品质量不高而道歉,恳求读者不要嘲讽他们的努力——这表明书者或捐资者坚信此类神圣文本理应借由一手好字呈现。[4]书者之名也见于铁山刻经之前的几例佛教石刻。甘肃酒泉发现的一座436年北凉微型佛塔上,书作被标识为铭文中一个名唤令狐廉嗣的人的手

---

[1] 鲁班,又被称为公输子,鲁国著名匠师,据说生活在孔子的时代。见 D. C. Lau, trans., *Mencius*, London: Penguin Books, 1970, 117.《石门铭》将其雕刻工艺与鲁班相提并论,见本书第一章。据《庄子》记载,工匠倕"旋而盖规矩,指与物化而不以心稽"。见 Burton Watson, trans., *The Complete Works of Chuang Tzu*, New York: Columbia University Press, 1968, 206.

[2] 玉牒和金简可能指人们想象中保存在天上府库里的道教经典。见俞黎华:《〈石颂〉初探》,《北朝摩崖刻经研究》,第314页。

[3] 此处依从的《石颂》录文亦出自《〈石颂〉初探》,《北朝摩崖刻经研究》,第310页。笔者对照了张广存的释文,他把"功"字释为"肋",并对这段话提出更复杂的解释。《〈铁山刻经颂〉识读并校注》,《北朝摩崖刻经研究(续)》,第227—228页。这段文字显然指的是据说由周穆王在其奇幻般的西行旅程中刻下的铭文。见《穆天子传》,《四部丛刊》本,卷2,第1a页;卷3,第15b页; Kern, *The Stele Inscriptions of Ch'in Shih-huang*, 54, 56-57.

[4] 在393年《维摩诘经》写本的题署中,信徒王相高写道:"疏(书)拙,见者莫笑也。"见 Hsü, "Six-dynasties *Xiejing* Calligraphy," 70-71.

笔（见图 3-20）。虽然我们不知道那位文化程度未知的捐资人如何看待他赞助的物件上出现该书者的名字，但是这种情况也许是为了证明令狐廉嗣宣示认可的良好技术。[1]龙门古阳洞内，498 年为始平公所造的佛龛提到书者之名是朱义章，撰者之名是孟达。同一窟里的 502 年所造佛龛的铭文称，此文的撰者是孟广达（孟达的别名？），而书者则是萧显庆。正如北凉佛塔一样，龙门石刻包含了书写人的信息，这大概意味着书写质量是石刻的一种特征，能增加刻铭的价值，系捐资者荣耀与功德的潜在来源。

铁山《石颂》呈现出来的远远超过了单纯指明书写经文的人：它使得书者及他的个人美德与书写质量成为铭文最突出的主题。我们读到：

> 有齐大沙门安法师者，道鉴不二，德悟一原，匪直秘相咸韬，书工尤最，乃请神豪于四显之中[2]，敬写《大集经·穿菩提品》九百卅字。[3]

安法师无疑与东岭僧安道壹是同一位僧人，在铁山题记里，他是经文篇章的书写者，同时他也是尖山刻经的捐资人之一。僧安道壹之名没有出现于任何传世文献，唯有借助洪顶山发现的被认定为描写其人的铭文，才能廓清他的生平。该山的北崖上，除了提及这位僧人乃 564 年"大空王佛"石刻书者的题记外，还有一处以篆书《安公之碑》为题的石刻。它的年代可推定为 561 年，也即"大空王佛"写成前三年。铭文是有关这位僧人法号的详细解释，几乎难以翻译成英文。结尾有句子曰："安故能一，一故能安。"[4]这处石刻的右边有另一处展示僧安道壹名字的铭文，刻在

---

[1] 非常感谢汪悦进教授告诉笔者这位抄写者的名字。阿部贤次认为，书法家的署名可能表明捐资者对"文人价值"（literati value）的赞赏。Abe, *Ordinary Images*, 157.
[2] "四显"一词的含义不明确，或许可视为对铁山周围四个方向的山脉的指代。
[3] 张广存：《〈铁山刻经颂〉识读并校注》，《北朝摩崖刻经研究（续）》，第 218 页。
[4]（原著）英文译文建立在赖非的解读之上，见《中国书法全集》卷 12，第 267—268 页。需要注意，在山东刻有"僧安道壹"的铭文中，"壹"字有时是以单笔画形式"一"书写的，但更多时候是以当今商业交易和纸币所用的繁体形式书写的。

一个圭形的尖顶边框内，旁边是一段神秘的传记式叙述，有学者将其解释为对僧安道壹出身与早期生涯的介绍（图3-23）。铭文记载，僧安道壹是广大乡某里人氏，不过这些地名都无法找到对应的现实地点。石刻传记提到的积石、崆峒等山实际存在于甘肃，暗示僧安道壹可能来自这一地区。"安"是他的姓，不只属于他皈依时采用的法名，此姓在生活于今甘肃等河西走廊地带的粟特人当中颇为常见，而有关地区又是诸多活动于6世纪的佛教僧侣的故乡。[1] 铁山题刻没有提到这些地方，却指出僧安道壹来自"东岭"，其所在地至今未能辨明。

图 3-23　献给僧安道壹的题刻，约 564 年，拓本，2.47 米×2.43 米，原刻位于山东东平县洪顶山，山东石刻艺术博物馆藏，采自《儒家精神与南朝风流的交会：北齐石刻书法传统的源流和传播（550—577）》，第 381 页

洪顶山的僧安道壹小传里有一段不完整的语句，提到他作为石刻制造者的不懈努力——"石石镌铭，山山□□"[2]。尽管在没有新材料出现的情况下，关于僧安

---

[1] 僧安道壹的出身以及对其名称的正确解读等问题引发了相当大的困扰。有关这些问题的讨论见刘涛：《山东境内北朝摩崖刻经所见书写者的署名方式》，《北朝摩崖刻经研究（续）》，第 236—241 页；张总：《北朝至隋山东佛教艺术查研新得》，《汉唐之间的宗教考古与艺术》，第 70 页。又见张广存：《山东北朝摩崖刻经若干事实的考索》。感谢张先生赠予笔者这篇重要文稿。
[2] 这位僧人的工作范围或许已超出洪顶山与邹城。基于字体分析，许多学者认为，除了明确可归入其名下的作品（铁山、洪顶山书作），僧安道壹还写了尖山、泰山和葛山的刻经，书法风格的相似性又向我们提示了该僧人活动于河北响堂山石窟的可能性。关于这一论点最令人信服的证据集中在以下讨论中：[日] 桐谷征一：《北齐大沙门安道壹刻经事迹》；[瑞士] 尤丽：《北朝六世纪邺城近畿与泰峄山区石刻佛经之关系》。

道壹的传记有许多问题难以回答，可是毫无疑问的是，他是6世纪北方中国佛教界举足轻重的人物：作为书写者和刻经捐资的组织者，在大约20年的时间里，他殊为活跃。他也有可能是邑师或者说宗教领袖，领衔例如赞助铁山佛经雕刻的团体的世俗组织。如果我们只关注洪顶山和铁山上被明确认定为其作品的铭文，一个引人注目的艺术史现象就会浮现出来：就字数与碑文覆盖的面积而言，我们了解到的僧安道壹亲手所书石刻文字比活跃于唐代之前的任何其他已知书家都要多。此外，尽管传记中的某些事实有待澄清，但是我们很清楚同时代的人如何评判他的书法。撰写者在《石颂》的序中继提到僧安道壹之后，又在下面的辞句里回归了有关该僧书法的话题：

    寻师宝翰，区悬独高。精跨羲诞，妙越英繇。如龙蟠雾，似凤腾霄。圣□幽轨，神芝秘法。[1] 从兹□相，树标永劫。

这是极高的赞誉，但它使用的概念对于铭文原初读者里的书法鉴赏家而言是非常熟悉的。评定书法家的品第高下是6世纪时成熟的艺术批评形式。这一传统中的两本主要著作皆出自山东本地人物：《采古来能书人名》的作者羊欣（370—442年）和《论书》的作者王僧虔[2]（426—485年）。和这些评论作品所反映的偏好一样，《石颂》撰者热衷于给书法家进行排名，他大胆地认为这里的僧人有着非凡的美学成就，声称他的书法超越了汉、魏与东晋的四位德高望重的大师：张芝（约卒于192年）、钟繇（151—230年）、韦诞和王羲之。用以描述僧安道壹书法视觉效果的修辞语言，也来源于南北朝时期发展起来的书法品评语汇。特别是"如龙蟠雾，似凤腾霄"一言，呼应了热爱艺术的梁武帝（502—549年在位）针对王羲之书

---

[1] 对仗句的意思不太明确，尽管它似乎指刻经的绝妙品质。
[2] 译者注：王氏祖籍琅琊（今山东临沂），系王羲之族孙。

法的充满动感的描写:"龙跳天门,虎卧凤阁。"[1]

柯嘉豪(John Kieschnick)曾指出,佛教艺术在中国通常未被按照精英文化内部形成的美学原则来评价,这些原则尤其反映于绘画和书法媒介中,塑造了世俗作品的批评体系。[2]这就是铁山《石颂》不同寻常的地方。铭文于山间的原始位置得到阅读,刊刻时人们致力于保证佛经书写的品质,而且是通过将书法鉴赏和审美评价的话语引入佛教崇拜艺术领域的方式来实现的。至于捐资者的个人爱好或艺术追求,我们没有见到相关记录,但《石颂》反映了佚名作者掌握的大量书法艺术知识。最终,《石颂》体现出的愿景在于捐资者希冀声明的他们已取得的成就:不但成功地保存了一份珍贵的佛教经文,使得所有人都能读到它(他们无疑会因此行为而赢得功德和他们所在团体的钦佩),而且以书法形式向世界展示了这份经文,同时情愿宣称它的美盖过以往任何作品。

山岩书写

当捐资人让僧安道壹挥动他的"神笔"时,这位僧人面临在铁山岩坡之上写下900多个大字的任务。关于书写和凿刻文字的过程,《石颂》未置一言,来自这处遗址和其余刻铭山岭的实物证据提供了些许线索。

---

[1] 这句话起先由袁昂(461—540年)在《古今书评》里使用,用来描述萧思话的书法。袁昂呈献给梁武帝的这一书法短评集的许多段落再次出现于归为皇帝亲作的《古今书人优劣评》中。见《历代书法论文选》,上海:上海书画出版社,1996年,第75—77、81页。关于该材料,感谢薛磊的帮助。张广存认为,"龙凤"一词非指佛经的书法,而是指碑刻形式。笔者认为,这种解释忽略了相关表达与书法品评语言的相似之处。张氏还注意到,《石颂》里有一个看起来像"羲"的字,本书将其理解为王羲之名字的一部分,而他认为,此字或指其他人,因为王氏作为中国历史上最重要书家的地位至唐代才得以确立。他特别指出,王氏书法在南方比在北方更受重视。见张广存:《〈铁山刻经颂〉识读并校注》,《北朝摩崖刻经研究(续)》,第232—233页。这种说法没有考虑到在南北朝的大部分时间内,今天的山东在文化和政治上归属南方。著名书法家兼评论家羊欣是刘宋王朝臣民,系泰山羊氏家族成员,据说他曾向王献之(344—388年)学习书法。同一家族的成员参与捐助了放置在水牛山上的石碑。见《中国书法全集》卷12,第271页。
[2] Kieschnick, *The Impact of Buddhism of Chinese Material Culture*, 56.

对于石碑或光滑的岩石，又或是平整的崖面，起初写在纸上的字迹可以被转移过去。与此不同的是，铁山的花岗岩表面太过粗糙，无法进行转移步骤（图3-24）。那些字一定是僧安道壹本人直接写在石头上的，兴许还经过了掌握其书法风格的助手的协助。在山坡上跪着或者蹲着，使用朱砂、墨水或者如刘涛所说的煤灰，僧安道壹有可能凭记忆写出这段经文，然而似乎更现实的情形是，他或他的助手将一份文本携带到了现场。[1] 无论采用哪种方法，错误都悄悄潜藏进了经文里。僧安道壹在某几列的开头，重复写出前几列末尾的字。其中最长的重复出现在第七列顶部，此处"如法行故"与第六列底部的四个字重合。[2] 我们没有办法确定这些重复何以发生，但容易想象它们反映了文本转录工作中的停顿：僧安道壹在完成某一列50多个大字后，肯定需要休息一个晚上或更长时间。当僧安道壹回到山上时，他在文本里迷失了位置，原因是他或助手在用于参考的经文上做出了错误的标记，抑或他对之前中断工作

图3-24 《大集经》片段中的文字，579年，每字高约50厘米，山东邹城市铁山，著者摄影

---

[1] 据传，中皇山刻经是依据携至此处的竹林寺经函里的经文刻成的。它们刻于磨平的崖面和洞窟内壁。参阅 Tsiang, "Monumentalization of Buddhist Texts in the Northern Qi Dynasty," 240n33；马忠理：《邺都近邑北齐佛教刻经初探》，《北朝摩崖刻经研究》，第176页。

[2] 王思礼、赖非：《中国北朝佛教摩崖刻经》，《北朝摩崖刻经研究》，第18页。需要注意，安廷山的录文保留了这种重复，见氏著：《山东摩崖书刻艺术》，北京：新华出版社，1997年，第44页；但在王钧、阿涛的录文中，它们被"纠正"，见王钧、阿涛：《四山摩崖刻经》，北京：知识出版社，1990年，第2页。

图 3-25 《金刚经》中的"布"字,约 570—580 年,高约 50 厘米,山东泰安市泰山,著者摄影

的位置未做检查。[1] 当书者在一个可移动的卷轴上写一段文字时,他可以轻松地通过扫视字列来寻找可能出现的遗漏或重复,但是僧安道壹在抄录过程中却必须移动他的躯体,而不只是眼睛。

铁山的文字不光是整体尺寸巨大,单个笔画也是如此,其宽度为 5 厘米至 10 厘米不等。尽管有学者认为这些字是用大型毛笔写成的,但是没有一支毛笔大到能够写出僧安道壹所题洪顶山"大空王佛"中近 1 米宽的笔画。刘涛认为,书者使用了一种不同的方法,除却洪顶山的字迹,铁山的大字亦如是。这种方法需要先行在石头表面勾勒出笔画的轮廓,也许首先要用细笔写出文字,然后以之作为"骨架",在其周围绘制更宽的轮廓。[2] 刘氏所言方法产生的字形很像以双钩方式在纸上摹写书法时得到的形状——对于此种形状,需要先仔细描摹字形,再用墨填充。刻经使用某种外轮廓勾勒法的证据来自一些未完成的字,它们出现于泰山《金刚经》以及另外几个地方,某些位置笔画轮廓已经刻出,但不知出于什么原因,内部未曾凿刻,留下的字廓历经数百年,浑似未完工的建筑框架(图 3-25)。[3] 不过,并非所有只勾过边的字均应判定为未完成。自汉代以来,这种技术业已用于石刻的装饰,尤其是在石碑题额里,此外也见于敦

---

[1] 对于这种重复的其他有可能的解释见 [瑞士] 尤丽:《北朝六世纪邺城近畿与泰峄山区石刻佛经之关系》,第 21 页。
[2] 刘涛:《中国书法史·魏晋南北朝卷》,南京:江苏教育出版社,2002 年,第 470 页。
[3] 除泰山外,葛山以及洪顶山上一处"模拟石碑"的标题也有未完成的文字。见《中国书法全集》卷 12,图版 4,33:19-9。

煌发现的写本中。[1]铁山经文标题"《大集经》"三个大字就是这样制作的，山上仍可见"经"字之绞丝旁与"集"字中间的竖画轮廓线（图3-26）。

就像泰山和葛山一样，铁山的铭文排布于一个斜坡而不是垂直的悬崖，这有利于靠近岩石，而无须搭建并爬上脚手架；此外，斜坡易于接近可以促成几位刻工同时快速施工，以便抢在毛笔字迹被外力抹除前完工。[2]从泰山上未完成的字来看，刻工的任务分为两个步骤，首先凿刻字的外廓，然后削去其内部。[3]因为第一步对于保留书者手迹的原始

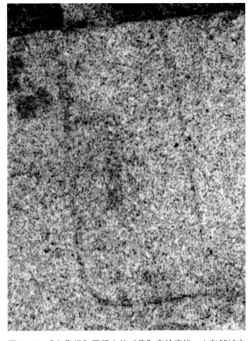

图 3-26 《大集经》题额中的"集"字轮廓线，山东邹城市铁山，著者摄影

面貌至关重要，所以它有可能被分配给按级别组建的团队中最熟练的匠师。根据表示一个笔画与另一笔画相重叠的中断的轮廓线，泰山的字廓反映出对文字构成及其笔画顺序的良好理解。例如，在"布"字（见图3-25）里，撇画是依照该字正常笔顺的第二画，形成其斜向轮廓的两条平行线重叠于先行书写的水平笔画——这种视觉效果源自对第一画平行轮廓线的打破。凿刻这些轮廓线的人大概自身即知道怎

---

[1] 对于石碑题额中的勾线字迹，例见181年的《三公山碑》。《中国书法全集》卷8，图版126。对于敦煌写本中的勾线字迹，见沃兴华：《敦煌文书中的勾填字》，《书法报》1992年11月11日。
[2] 俞黎华：《〈石颂〉初探》，《北朝摩崖刻经研究》，第322—323页。
[3] 洪顶山"大空王佛"等铭文是按照正常的笔画顺序雕凿的。凿子的痕迹未得到平整，产生一种纹理效果，让人联想到毛笔的杂毫在书写表面留下的墨迹。尤丽和鲁大东即将发表的研究旨在分析这种视觉效果。见本书第176页，注释[3]。

么写字，而且也了解书写文字时的笔顺。团队里切削笔画内部的其他人无须知道如何读写就能做好工作，但他们必须非常强健：不同于小字可用单次凿击下产生的单线或一对斜面线条刻出，巨型刻经的大字需经过多次凿刻才能削出笔画，而铁山的大字达到了0.8—1厘米的深度。

考察过含铁山在内的山东巨型刻经之后，清代金石学家、书法鉴赏家包世臣（1775—1855年）视此类石刻为"大字鼻祖，榜书之宗"[1]。据康有为的说法，榜书是一种大型书作形式，在早期文献里也称为"署书"，后来则称之为"擘窠"大字，该词描述的是握着大型毛笔的手的姿势。康氏认为，少有书法家擅长书写大字，这主要缘于其固有的五个难点：握笔方式与普通书法不同，移动毛笔有待特殊的技巧，书者必须向着书写面笨拙地折腰，大字的范本很难复制或摹写，难以找到适合这种规模的书写的好毛笔。[2]

假设刘涛的分析是正确的，僧安道壹便是通过放弃基于毛笔连续、流畅运动的传统书写方式，克服了前述部分困难，他转而借助绘制字迹来界定其形状，恰如图画起稿者勾画人物轮廓一般。这种方法解决了一定的技术问题，同时并不影响文字应有的样貌：摹绘轮廓能够将字迹勾画成任何书法字体或风格。如果僧安道壹愿意的话，他可以写出与纸或绢上的经文或尺寸较小的石刻文字无异的字，他仅仅是将它们放大了而已。5、6世纪的写经中，单字很少超过1厘米高。虽然它们显示出相当多样的个人书风，但是几乎所有已知例子都是用称作"写经体"的小楷写成的。[3]敦煌发现的492年的《大集经》抄本中，每个字大约0.5厘米高，由整齐、规范的笔画组成（图3-27）。水牛山独立石碑《文殊般若经》的文字段落每字高约5厘米，展现为形态完善的正楷（图3-28）。其单个笔画融入了动态平衡的结构，但每笔都有一个清晰的轮廓，这取决于它在文字里的位置。例如，

---

[1] 刘涛：《中国书法史·魏晋南北朝卷》，第469页。
[2] 康有为：《广艺舟双楫》，《历代书法论文选》，第854页。
[3] Hsü, "Six-dynasties *Xiejing* Calligraphy."

图3-27 《大集经》,492年,墨书纸本手卷,甘肃敦煌市出土,日本京都国立博物馆藏,采自《書道全集》卷5《中國南北朝Ⅰ》,图版90

图3-28 《文殊般若经》片段,约570年,拓本局部,每字高约5厘米,原刻位于山东汶上县水牛山,采自《中国书法全集》卷12,图版12

在"菩""达"等字中,水平笔画以倾斜的"头"起笔,中段逐渐变细,结尾则呈略微外凸的圆形。

虽说大小有别,可纸上的录文和石刻的佛经显示了相同的书写"轨迹":笔画是由书写者手指与手腕的细微而精确的运动形成的,由笔尖压力的不断变化产生微妙的宽度调整。书写者和雕刻者可以在任何尺度的书作中制造类似的效果。这一点在青州附近玲珑山石灰岩崖面的题刻中能明显看出,该题记被认为是郑道昭所作,与巨型刻经一样,几乎可以肯定它是勾勒出来的,绝非由大型毛笔一笔一画书写而成(图3-29)。这些35厘米高的字保留了写在纸上或以较小形式刻于石头的组合结构与精微造型,只是尺寸不同而已。

在铁山上,僧安道壹并未试图复制较小规格的书法;相反,他发展出一种新的大字书风。中国学者将其书法归类为"真隶",这一名称意味着两种字体元素的融

图 3-29 郑道昭题刻，约 511 年，每字高约 35 厘米，山东青州市玲珑山，采自《鄭道昭：秘境山東の摩崖》，图版 88

合：水平笔画和粗矮形状来自隶书，而通常较高的部分与外张的"波浪"形瘦削笔画更接近楷体。然而，另一个有如食谱中秘密配方的要素在书作中也是显而易见的：散布在整篇刻经里的还有以篆书形式写成的文字（图 3-30）。此外，作品的主要视觉效果是"中锋"笔法产生的，这通常用于书写篆字（见图 1-6）。书写者以这种方式书写时，手和身体的全部力量驱使毛笔于书写面平行移动，产生不加修饰的圆润线条。通过勾勒出近似中锋笔法的效果，铁山文字的笔画常常具有均匀的宽度，这使得它们明显不同于较小规格的书法和玲珑山的大字。举例来说，在铁山的书法中，水牛山碑所见轮廓逐渐变细的水平笔画一变而成厚度规则的圆钝形（图3-31）。虽然其书法的确不时显示出外张的钩画与尖锥形末端，用以强调和锐化有

图3-30 《大集经》中的"谓""性"和"明"字,579年,拓本,每字高约50厘米,原刻位于山东邹城市铁山,山东石刻艺术博物馆藏,采自《中国书法全集》卷12,图版26

关笔画,但是僧安道壹仍然在所有字间均匀地配置了视觉重量,仿佛它们都是篆书。在许多字中,单个元素的间隔很宽且不匀称,促成了介于结体连贯性与向心扩展性之间的动态张力。

赖非及其他学者认为,这位僧人独特的书写方式源于他对难以雕刻文字的坚硬花岗岩的让步。与响堂山石窟和河南、河北等他处石窟细腻的石灰岩不同,山东中部、南部山区的粗糙石面不适合复现毛笔作品的精妙细节。[1] 山东

图3-31 《文殊般若经》与《大集经》中的"菩提"一词,拓本,原刻位于山东汶上县水牛山(左)、邹城市铁山(右),采自《中国书法全集》卷12,图版12、26

的捐资人和书写者没有把精致、小巧的笔画呈现到山上,而是适应该地区的地质,选择采用笔画和构造简单的大字。这一论断和所有提倡艺术史家密切关注艺术媒材的观点一样富有道理,但山东石灰岩与花岗岩展现的各种规模和风格的铭文表明,

---

[1] 赖非:《僧安刻经考述》,《北朝摩崖刻经研究(续)》,第130页。类似讨论又见[瑞士]尤丽:《北朝六世纪邺城近畿与泰峄山区石刻佛经之关系》,第8页。

图3-32 《楞伽经》片段，约580年，拓本，每字高约40厘米，山东邹城市岗山，山东石刻艺术博物馆藏，著者摄影

至少就书者和刻工能够取得的成就而言，地理绝非天数。6世纪最大的书作并不见于花岗岩，而是见于石灰岩，即洪顶山僧安道壹写下的四字佛名"大空王佛"。同样在洪顶山，我们发现了一些出自其人之手的经文，单字最高达51厘米。[1]排布这些文字的岩崖本可以被磨平并用以凿刻小字，可实际凿刻的铭文必定满足了捐资人的意愿：他们想要大字，于是便实现了。

另外，我们在岗山发现的证据表明，未经处理的花岗岩也会屈从于书者和刻工表现精微细节的意愿，就像石灰岩表面的小型刻铭所体现的那样。尽管被刻在没有打磨的粗糙巨石之上，但是《楞伽经》中30—40厘米高的字仍显露出时而厚重、时而纤细的轮廓和画笔的锐利转角，以及斜向笔画带有缺口的复杂末端（图

---

[1]《中国书法全集》卷12，第264页。

3–32）。由此产生的效果略显生硬与稚拙，但这些缺陷不能完全归因于雕刻未经加工的花岗岩时的难度。虽然刻工们可能经历了与材料的抗争，但他们似乎忠实再现了书者之笔直接书写于石面时的原迹。[1]

苏轼（1037—1101年）曾评论说，写大字的难点在于使字显得紧凑，写小字的难点在于使字显得宽博。[2]然而康有为批评了苏轼关于大字的观念，盛赞泰山经文字迹的宽广。僧安道壹在那里取得的成就（假设他就是书者，或者此系熟悉其风格的人的作品），就像在铁山上取得的一样，是两种视觉效果之间的动态平衡：大字在山坡上纵横开张，但每个字的结构均保持完整和连贯。诚如日常生活的姿态在舞台上经过强化与程式化，从而"映射"给观者，铁山的巨型佛经刻字夺目且清晰。然而，不仅是规模和别出心裁的设计使得它们有别于其他形式的书作：向观者展示佛经的方式创造了另一种奇迹，也为捐资者创造了另一种功德与荣耀。

模拟石碑与尺度悖论

我们无法客观地评价僧安道壹和铁山的文字在美学意义上是否超过了王羲之等巨匠的手笔，尽管《石颂》热情地将这位僧人与他们相提并论；我们也不知道他的书法有哪些特征应该被判定为"如龙蟠雾，似凤腾霄"。不过，一个毋庸置疑的事实是——刻经乃大手笔。对于现代观众而言，它看起来很宏伟，对于在6世纪见证新完工的文字的人来说，它无疑看起来也很巨大。在更早的金石作品中，陕西褒斜道隧道内的两个大字"石门"和山东玲珑山的郑道昭短篇铭文均接近该佛经文字的尺寸，但是它们都是此等规模的罕见案例。至于早期中国建筑设置的匾额或标牌

---

[1] 本书第四章的《纪泰山铭》就是在磨光的花岗岩表面铭刻精细文字的例子，有些字高达56厘米。
[2]（宋）苏轼著，孔凡礼点校：《苏轼文集》第5册，北京：中华书局，1986年，第2195页。

上所写的文字，我们没有现存的例子，它们也许差不多大小，但这些物品上的字数大概不超过三四个。[1]

假设捐资者只是作出资助，达成布列经文篇章于铁山之上，继而，无论何人见到巨大的文字沿着斜坡向上延伸，都会产生敬畏感。即使是不识字的观者也会意识到，这件作品的规模非比寻常。[2]可是捐资者怀有更大的野心。在一段陈述他们打算"传播这些美好的句子（道斯胜句）"的话语之后，《石颂》描述了捐资者的决定：

> 约石图碑，焕炳常质。六龙上绕，□萦五彩□云；双龟下蟠，甲负三阶之路。[3]

虽有这一线索，但直到1986年山东石刻艺术博物馆的研究人员进行现场调查时，才发现了佛经文本顶部的龙形图像和下方的一对龟。[4]1982年，用浅线条刻出，然而已严重侵蚀的龙与用双钩轮廓线刻出的三字佛经标题被一条穿过它们的小径局部破坏了，仅有底座东侧龟身的一部分仍依稀可辨。这些图案的雕刻"焕炳"岩石表面，制造出一方巨型石碑的二维象征物。包括双龟基座、佛经文本以及云龙围绕的题额在内，这座图绘于山间的石碑总高度略微超过了55米（图3-33）。

---

[1] 关于韦诞在高空书写牌匾的故事，见本书第一章。大字也是道教传说的一部分，如果并非实际行为的话。《玄览人鸟山经图》大概成书于唐，但也有可能是以更早的资料为基础写成的，它记载了西王母与元始天王所刻一丈见方的文字。见 John Lagerwey, *Taoist Ritual in Chinese Society and History*, New York: Macmillan Publishing Co., 1987, 163。尽管有这样的经文记载，然而并无此种规模的道教铭文被发现。又见 Eugene Y. Wang, *Shaping the Lotus Sutra: Buddhist Visual Culture in Medieval China*, Seattle: University of Washington Press, 2005, 294。

[2] 该观点来自魏广平：《北朝石刻佛经概况及形成原因》，《北朝摩崖刻经研究（续）》，第348页。

[3] "三阶之路"一语的含义尚不能确定。三阶教由僧人信行（540—594年）创立，比铁山刻要晚好多年，而且没有理由相信《石颂》里的这句话指的是该佛教派别。根据汪悦进教授和笔者的私下交流，此句可能暗指释迦牟尼由"三道宝阶"降凡的故事。见《大正新脩大藏经》第4册，第247页上。也有可能双龟承托的"阶"是沿着斜坡向上延伸且将刻成分成两部分的过道。

[4] 张广存注意到，笔者释读的"六"字实际上可能是"交"字。倘若如此，便不能确定佛经顶部雕刻了多少条龙。相川政行认为仅有两条龙。《〈铁山刻经颂〉识读并校注》，《北朝摩崖刻经研究（续）》，第142页。

矗立于寺庙或陵墓的石碑叠压在巨大的龟的背部，顶部则是盘根错节的龙，彰示着其表面刻文的重要性。[1] 碑是中国文化的产物，早于佛教开始流行。5世纪末到6世纪初，石碑在外来宗教的视觉文化中获得了新的用途。[2] 除了作为造像的载体，碑还被用来呈现"造像记"的文本。刻在龙门石窟洞窟内壁上的文字出现在矩形的平面内，其顶部是龙，界框则是切割出来的边缘，使得文字与周围的图像及装饰截然分开（图 3-34）。[3] 刻字的平面吸引着观者的注意力，赋予发愿文内容与石碑相关联的肃穆和威严气氛。这种形式也见于响堂山的唐邕碑，它立在浮雕的龟趺上，顶部有小型坐佛。[4]

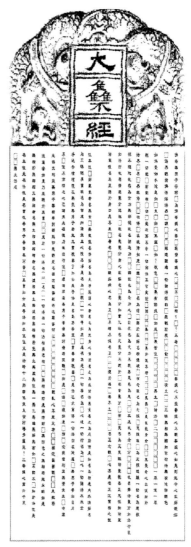

图 3-33　铁山模拟石碑复原图，朱丽叶·周（Juliet Chou）和皮拉尔·彼得斯制图

---

[1] 1982年，平度出土了183年的《王舍人碑》，这是一件有着龟趺和装饰性碑首的早期石刻。见令鬻、下坡（赖非）：《山东新发现的两汉碑石及有关问题》，中国书法家协会山东分会编：《汉碑研究》，济南：齐鲁书社，1990年，第346—347页。感谢赖非先生提醒笔者注意该碑。

[2] 此种融合是王静芬 Chinese Steles 的中心论题。亦可参阅胡新立：《邹县北朝摩崖刻经调查与研究》，《北朝摩崖刻经研究》，第255—256页；[日] 桐谷征一：《北齐大沙门安道壹刻经事迹》，《北朝摩崖刻经研究（续）》，第74页。

[3] 倪雅梅（Amy McNair）教授关于龙门石窟的近著包含对石窟铭文的大量翻译和注解。参阅 Donors of Longmen: Faith, Politics, and Patronage in Medieval Chinese Buddhist Sculpture, Honululu: University of Hawaii Press, 2007（中文译本见 [美] 倪雅梅著，陈朝阳译：《龙门石窟供养人：中古中国佛教造像中的信仰、政治与资助》，北京：中华书局，2020年）。感谢倪雅梅教授慨允笔者阅读其书稿的相关章节。

[4] 马忠理：《邺都近邑北齐佛教刻经初探》，《北朝摩崖刻经研究》，第165页，图版3。

图 3-34 孙秋生等人碑形造像记，502 年，河南洛阳市龙门石窟古阳洞，采自刘景龙编著：《龙门二十品：碑刻与造像艺术》，北京：中国世界语出版社，1995 年，第 33 页

与中国北方开始于岩崖和洞窟刻经大致同时，佛经段落也被刻在独立的石碑之上。保存最完好的是曾经立于水牛山的写有《文殊般若经》段落的碑，约刻于 6 世纪 60 年代。[1] 这方碑预示了铁山刻经的形式，不过将刻载经文的碑转变为摩崖石刻的做法最早出现于洪顶山。在那里，僧安道壹所书巨大石刻佛名"大空王佛"的同一处崖面上，刻着《大品般若经》中一个段落的开头，文字居于 7.5 米 × 3.4 米的网格中，但未曾刻完（图 3-35）。在网格上方，石刻线条勾勒出龙的身体，而在下方，一只龟凝视着观者。这便营造出一种二维图像——一方"模拟石碑"，就像 579 年在铁山完成的规模更宏大的那方。

或许是僧安道壹本人在离开洪顶山前往邹城从事以后，他向铁山捐资人建议将其书写的经文框定在一方巨型石碑的象征物内部。提出这个想法的人想象力富足，因为从未有人见过（或者永远不会有人看

---

[1] 石碑刻经概述见张总：《山东碑崖刻经经义内涵索探》，《北朝摩崖刻经研究（续）》，第 5—7 页。原在巨野石佛寺矗立的 564 年碑的文字曾被认为是《华严经》的一段，该文本实际是为强调斋戒施行而在中国创作的伪本。同前书，第 13 页。在山东兖州发现了两块刻有同一段《文殊般若经》经文的石碑的残块，见 [瑞士] 尤丽：《北朝六世纪邺城近畿与泰峰山区石刻佛经之关系》，第 11 页。除却来自山东的石碑，另见年代分别为 571 年和 573 年的刻经碑，它们出自河北涉县木井寺，现藏于中皇山石窟。参阅 Tsiang, "Monumentalization of Buddhist Texts in the Northern Qi Dynasty," 240。

到）如此高大的独立石碑。[1] 只有在山坡上才能描绘出这样的庞然大物。正如当代观众会通过与其他书作形式的对比来感知铁山文字的规模一样,前人对模拟碑刻奇观的反应也受到其对其他事物的认识的影响,譬如人们会联系到山东地区汉至北齐时期带有文字的石刻纪念物。很难计算一方"中等"石碑的大小,不过168年的衡方碑(2.31米×1.45米)、511年的郑文公碑(4.77米×1.45米)、564年刻于巨野的讨论斋戒的碑(2.90米×0.88米)等例子,让人对山东6世纪观者能够接触到的独立石碑与摩崖刻铭的体量有了一定的了解(图3-36)。与以上石刻相比,铁山石碑堪称惊人的景象。

无论规模如何,碑的主要功能都是向观看者呈现一份文本。不过,铁山上图绘的巨大石碑却让读者面临一个尴尬的现象:此处的大字很难阅读。就像泰山上的《金刚经》或者葛山上的《维摩

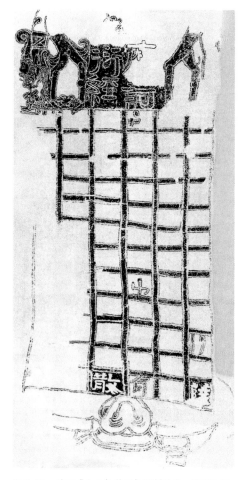

图3-35 碑形《大品般若经》题刻片段,约564年,拓本,7.55米×3.4米,原刻位于山东东平县洪顶山,山东石刻艺术博物馆藏,著者摄影

---

[1] 1405年,永乐帝(1402—1424年在位)下令为其父明太祖(1368—1398年在位)的陵墓雕制一块巨大的石灰岩石碑。碑座、碑身和碑首在南京附近的阳山采石场得到粗略加工,然而碑的规模之大令其无法竣工。如果石碑完成并竖立起来,将达到70多米高。参阅杨冠霖主编:《中国名胜词典》,上海:上海辞书出版社,2001年,第304页。感谢倪肃珊(Susan E. Nelson)教授提醒笔者注意这一失败的纪念碑。

图 3-36　石碑尺度对比图，朱丽叶·周与皮拉尔·彼得斯制图
自左及右：衡方碑，168 年，2.31 米 × 1.45 米；
郑文公上碑，511 年，4.77 米 × 1.45 米；
"华严经"碑，564 年，2.9 米 × 0.88 米；
铁山模拟石碑，579 年，55.75 米 × 15.31 米

诘经》一样，铁山的经文不能从空间中的单一位置进行阅读。若在坡面的底部，观者几乎看不到顶部的文字。对于刻在垂直岩壁上的短文，例如徂徕山《文殊般若经》段落，人们可以站在离书写面不超过 1 米的地方完整阅览。与此不同的是，铁山的文字不容易被读到，想要真正看见石碑并读到文字的人必须移动。当然，也可以说，捐资者从未打算让这部经被人阅读，而且这座山的坡度较陡，以至于任何人试图循着它的表面向上行走都必须相当小心。[1] 然而，刻文第八列与第九列之间的过道引诱人们登涉，泰山和葛山之上类似的过道表明，那些铭文的捐资者仍然期望读者在刻载佛经的岩面穿行。

每位冒险爬上铁山坡面去阅读文字的人都会发现，无论是在字面意义还是比喻意义上，读者很容易迷失在文本中。本章开头引用过黄易对铁山之行的描述，笔者相信在他身上就曾发生过这种状况。如我们所见，黄易为铭文的规模所蒙蔽，误记了宣示《石颂》标题的大字的位置。不仅是读者会被巨大的书作尺度迷惑，连书者僧安道壹也"迷失"了。前文已经谈到，某几列的开头无意中重复展示了前面几列末尾的字。僧人抄写经文时的错误恰似黄易的记忆失误，我们

---

[1] 萧本指出："相当多的佛教铭文从未打算让人观看，更不用说阅读了。" Gregory Schopen, *Bones, Stones, and Buddhist Monks: Collected Papers on the Archaeology, Epigraphy, and Texts of Monastic Buddhism in India*, Honolulu: University of Hawaii Press, 1997, 15n5. 关于抄写佛经的功德，太史文（Stephen F. Teiser）指出："经文的抄写不一定牵涉阅读。只有抄写员需要识字，抄写任务的发起人则不需要。" *The Scripture of the Ten Kings and the Making of Purgatory in Medieval Chinese Buddhism*, 161.

可以归因于同一种现象：作者和读者皆迷失于书作的尺度。[1]

读者越是靠近文字，就越难以掌握整篇铭文的规模。这一悖论使人回想起康德（Immanuel Kant）对观看金字塔的讨论。他观察到，如果一个人靠近金字塔的距离足以分辨出每一层的石头，那么他就无法领会整座建筑的恢弘。[2]然而，如果有人无意检查每一块石头，他尽可以选择保持一定距离观看金字塔，这却是铁山铭文的潜在读者无法实现的。假如我们想要浏览文本，我们必须走到离山岩表面足够近的地方来审察文字。如此行事的时候，我们服从于文本的尺度和布局，它们驱使我们沿着斜坡往下阅读一个竖列，然后把我们拉回来再读下一列。我们的视线上下移动于斜坡时，一次只能扫视几个字，无法把握行列的总长度。这实在让人目不暇接。尝试读这种规模的文本会带来迷失感，就像一个人首次走进圣彼得大教堂，正如康德所设想的那样："因为在这里有这样一种情感，人的想象力为了表现有关整体的理念而感到不适合，在该理念中想象力达到了极限，而在努力扩展极限时它就跌回到自身当中，却因此被置于一种动人的愉悦状态。"[3]

巨大与无穷

铁山的模拟石碑很大，但多大算得上"大"呢？正是从庄子那里，我们学会了所有尺度判断的相对性。如果我们"计四海之在天地之间"，"不似礨空之在大泽乎"？或者我们"计中国之在海内"，"不似稊米之在太仓乎"[4]？一如我们所见，

---

[1] 王思礼、赖非：《中国北朝佛教摩崖刻经》，《北朝摩崖刻经研究》，第18页。
[2] Immanuel Kant, *Critique of Judgement*, trans. James Creed Meredith, Oxford: Oxford University Press, 1952, 99-100.
[3] 同上书，第100页。（译者注：此处参考了邓晓芒、杨祖陶译本，见《判断力批判》，北京：人民出版社，2017年，第69页。）
[4] 《庄子引得》，哈佛燕京学社引得特刊第20号，哈佛燕京学社，1947年，第42页；英文译文见Watson, trans., *The Complete Works of Chuang Tzu*, 176。

图 3-37　拉美西斯二世神庙，公元前 13 世纪，每尊雕像高约 20 米，埃及阿布辛贝，韦德·古普塔（Wade Gupta）供图

6 世纪以前中国没有任何书作的规模可与山东巨型刻经相提并论。我们并非在书作的历史上，而是在中国佛教造像的历史上，找到了一种类似的对宏阔和纪念性的迷恋，这或许有助于阐明刻经的意义以及其在观者内心造成的影响。

直到最近，人们对中国古代雕塑的认知主要基于小型的人像及动物、神兽形象，其中不乏几厘米高的对象。1986 年，四川三星堆发现了一尊身高 1.72 米的青铜立人像和几十个硕大的青铜头像，无疑证实了中国早在青铜时代即已产生真人大小或超过真人尺寸的具象雕塑。[1] 然而，从上述事物铸造的时代到公元前 3 世

---

[1] Robert W. Bagley, ed., *Ancient Sichuan: Treasures from a Lost Civilization*, Seattle: Seattle Art Museum, 2001, 72-78. 辽宁牛河梁发现有新石器时代红山文化的大型裸女泥塑。见 Jessica Rawson, ed., *Mysteries of Ancient China: New Discoveries from the Early Dynasty*, New York: George Braziller, 1996。

纪,没有证据表明宗教信仰或政治思想激发了中国巨型具象图像的产生。尽管未来的发现也许会推翻早期的假设,古代中国的考古出土物和历史文献记载里的确缺乏巨型图像,这与其他文明中庞大雕像的丰富程度形成鲜明反差。据不完全统计,后者例如:公元前13世纪埃及拉美西斯二世神庙的四尊巨像,它们各高20米(图3-37);罗德岛的传奇青铜巨像,铸造于公元前292—前280年,相传达到30.5米高;墨西哥奥尔梅克文化的巨石头像,可以追溯到公元前900—前400年。

公元前221年,好大喜功的秦始皇制造了古代中国有史以来最大的雕塑作品。他下令用青铜铸造十二个巨人,以彰显帝国的统一。[1]这些人物穿着戎狄的服装,据说是真人大小的3到4倍。这组雕像有过包括长出头发在内的神异表现。它们为汉朝所继承,并矗立在首都长安,直到被熔作钱币。当然,秦代最具雄心的雕塑工程是由成千上万的兵马俑组成的军队,这批陶兵马是为了守卫秦始皇陵而制作的。每个人物都是真人大小或者略大。正如雷德侯所论证的那样,士卒的规模化生产依赖于对预制模块和组装技术的使用,而这些手段预示着现代工厂组织。[2]在此,宏大规模完全是通过单体元素的总数而不是通过单个巨像的绝对尺度来实现的,后者例见埃及与其他古文明所创造的对象。

在汉代,人们在园林或皇家苑囿里放置大型石头和铜像,用以召唤汉武帝等统治者希望遇见的超自然神灵,亦或将其引诱到人间。西安发现的一对石像分别高2.58米和2.28米,可能是传说中的牛郎和织女的象征物,是为汉武帝上林苑而雕凿的。[3]汉代陵墓也竖立起众多大型雕像,包括真实的或神异的人物与动物。[4]虽

---

[1] Soper, *Literary Evidence for Early Buddhist Art in China*, 2.
[2] Lothar Ledderose, *Ten Thousand Things: Module and Mass Production in Chinese Art*, A. W. Mellon Lectures in the Fine Arts, 1998, Bollingen Series 46, Princeton: Princeton University Press, 2000, chap. 2(中文译本见[德]雷德侯著,张总等译:《万物:中国艺术中的模件化和规模化生产》).
[3] 顾铁符:《西安附近所见的西汉石雕艺术》,《文物参考资料》1955年第11期,第3—11页。其他汉代大型雕塑见 Ann Paludan, *The Chinese Spirit Road: The Classical Tradition of Stone Tomb Statuary*, New Haven: Yale University Press, 1991, chaps. 3-4。
[4] 最著名的是陕西的汉代将军霍去病墓的大型马匹石雕,高约1.68米,身长近2米。参阅 Paludan, *The Chinese Spirit Road*, 19。

图 3-38　坐佛，约 467 年，高 13.44 米，山西大同市云冈石窟第 20 窟，译者摄影

然中国北方 4—5 世纪关于华美石碑和雕像的禁令限制了陵墓地上石刻的生产，但在南方的南京一带，庞大的石兽却守卫着南朝统治者及其家族成员的陵墓，有些超过 3 米高。[1]

无论这些人像与石兽在当时的观者眼中多么壮观，没有一尊早期雕像或铸像能在尺寸上接近 5 世纪起出现于中国的巨型佛教造像，其中最引人注目的当属云冈石窟的例子（图 3-38）。云冈工程始凿于 5 世纪 60 年代，当时文成帝（452—465

---

[1] Paludan, *The Chinese Spirit Road*, 52-83. 北魏墓葬遗址中此类石兽为数不多。同前书，第 81 页。

年在位）接受了僧人昙曜（约410—486年）的建议，于北魏都城附近的一处砂岩崖面开启了对几座宏大造像的雕凿。第19窟的坐佛是最高的造像，高度达到16.48米，远远超过此前中国制作的任何雕像的规模。据《魏书》对这些洞窟的描述，相关造像"雕饰奇伟，冠于一世"[1]。虽然学者们试图为这些巨像找到印度或中亚的先例，但是云冈大佛与中国以外的原型之间的联系仍有待梳理。[2] 可以肯定的是，关于从岩石上切削出来的巨像的知识很快就传播到了中国南方，在那里，南齐竟陵王将石窟列为佛教领域的主要场所之一。[3] 南方的供养者也资助了尺度足以比拟皇家赞助的云冈大像的佛教造像。5世纪后期，一位叫明仲璋的人为了实现父亲的愿望，与僧人法度合作，在南京郊外的栖霞寺刻成一组无量寿佛与二菩萨的造像。主尊达7.7米高，两位胁侍菩萨各高7.4米。[4] 浙江剡县（今浙江省嵊州市）

---

[1] Soper, *Literary Evidence for Early Buddhist Art in China*, 97.

[2] 云冈石窟的基本介绍可见 Alexander Coburn Soper, "Imperial Cave-Chapels of the Northern Dynasties: Donors, Beneficiaries, Dates," *Artibus Asiae* 28 (1996): 247-270. 尽管云冈造像是唐以前最著名的大型佛像，但是它们并不是今天中国境内最早的。在位于今甘肃武威的姑臧建都后不久，北凉统治者沮渠蒙逊（368—433年）于天梯山石窟建造了一尊大佛。此处雕像显然是地震的受害者，只有小腿和脚在天梯山16号窟中被发现。见 Annette Juliano, and Judith Lerner, *Monks and Merchants*, exhibition catalogue, New York: Asia Society, 2001, 133. 对于试图在中国以外寻找云冈巨像原型的总结，见 James O. Caswell, *Written and Unwritten: A New History of the Death of the Buddhist Caves at Yungang*, Vancouver: University of British Columbia Press, 1988, 158n12. 虽然巴米扬大佛曾被认为是云冈的先例，但克林伯格 - 塞尔特教授（Deborah E. Klimburg-Salter）认为，这组毁于2001年的作品年代应不早于600年。见 *The Kingdom of Bamiyan: Buddhist Art and Culture of the Hindu Kush*, Naples: Institue Universitario Orientale, 1989, 90。马里林·瑞伊（Marilyn M. Rhie）提出，巴米扬最早的大像时代在3或4世纪，但又表示"两尊大佛的年代仍有待确定"。见 *Early Buddhist Art of China and Central Asia*, Leiden: E. J. Brill, 1999, 2: 668. 瑞伊也讨论过曾在克什尔和硕尔楚克明屋的洞窟里出现的造像，它们与云冈造像的不同之处在于以黏土和灰泥制成，而且看起来小得多。5世纪前，印度没有为人所知的巨大佛像，不过，根据包括法显在内的几位中国朝圣者的说法，一尊宏伟的弥勒佛雕像矗立在名为陀历地区的寺庙中。索珀将其定作达丽罗，这是位于克什米尔的印度河源头的山谷。来访的中国僧人得知，佛像是由一位阿罗汉奇迹般地将某位工匠带到兜率天，见到弥勒佛并研究本尊形象之后制作的。自天宫之旅返回人间后，工匠用牛头旃檀雕刻了24.4米高的神像，然后饰以黄金。雕像定期发出超自然的光芒。Soper, *Literary Evidence for Early Buddhist Art in China*, 268-269. 尽管法显游记可能会激发中国的捐助者制作巨大造像，但是迄今为止，尚不清楚云冈的石雕佛像与印度的巨型木像之间有何联系。

[3]《大正新脩大藏经》第52册，第319页上；转引于 Soper, *Literary Evidence for Early Buddhist Art in China*, 97。

[4][日] 常盘大定、[日] 关野贞：《中国佛教史蹟》第4册，第3—4页（日文正文，英文概述）；转引于 Soper, *Literary Evidence for Early Buddhist Art in China*, 62-63. 这些记录中的基本计量单位是丈，约相当于258厘米。常盘大定、关野贞的英文翻译误将这尊雕像代表的佛认定为阿弥陀佛。该巨型造像直到6世纪初才完成。正如索珀所言，在这个故事的另一版本里，明仲璋赞助了一尊释迦牟尼造像。Soper, *Literary Evidence for Early Buddhist Art in China*, 63.

有一尊巨大的佛像以及侍从立像,据称分别有12.2米和24.5米高[1],它们是在僧祐的监督下于516年竣工的。[2]他既是一位高僧,又是一位哲匠。

视线回到中国北方,在山西太原以西的一座山上,北齐后主命令建造了前面提及的晋阳西郊大佛。[3]在现存与史载的佛教巨物中,年代和规模最接近山东石刻佛经的例子出现于甘肃拉梢寺的崖壁之上(图3-39)。图像总高达35米以上,表现出坐姿释迦牟尼,其两侧各有一位胁侍菩萨。这些神像被雕刻成浅浮雕,然后覆以一层泥土;今天可以看到的妆銮源出现代修复工作,但是巨幅形象表面的彩色图案很可能接近造像原貌。根据图像下方的石刻题记,可知这是北周将军尉迟迥和僧人道藏于559年捐刻的,他们祈愿"天下和平,四海安乐,众生与天地久长,周祚与日月俱永"[4]。

巨幅图像既吸引又排斥观者,恰如铁山刻经,它吸引读者贴近字迹,可是它的尺度又阻碍试图理解文本的努力。评论家迈克尔·弗里德(Michael Fried)曾回应康德对观看金字塔的讨论,他指出物体越是庞大,"我们就越是被迫与它保持距离"[5]。一幅图像越容易从远处观看,它就越强烈地迫使任何想看见其整体的人从跟前离开,它的硕大规模要求一个更远的有利位置。举例来说,这就是为何为了看到拉美西斯二世神庙的四尊像,观者必须撤退到远离该纪念物的地点。观者如果想完整地观看,图像就是不可以被触摸的。巨型图像的距离效应揭示了它们的非凡尺

---

[1] 译者注:所谓立像实际应是文献里根据坐佛高度换算后的"立形"高度("坐躯高五丈,立形十丈")。
[2]《大正新脩大藏经》第50册,第412页上、中;转引于Soper, *Literary Evidence for Early Buddhist Art in China*, 63 64, 68-69。构思此项目的僧人宣称,造像模仿自一尊千丈弥勒佛,它或许就是法显在陀历目睹的雕像。
[3] 见本书第183页,注释[2]。
[4] 张宝玺主编:《甘肃石窟艺术·雕塑编》。尉迟迥也是妙像寺的施主。亦可参阅罗杰伟(Roger Covey):《北周拉梢寺艺术中的中亚主题》,《汉唐之间文化艺术的互动与交融》,第315—340页。除了中国各地现存的依岩切割的巨大雕像,文献资料记录了用木头、青铜和石头制作的巨型独立造像。相关文献的简明列表参阅 Soper, *Literary Evidence for Early Buddhist Art in China*, 255-256。铁山铭文刻下时,北周王朝的年号为"大象",其灵感来自一尊高约9.14米的神奇佛像的出现。Soper, *Literary Evidence for Early Buddhist Art in China*, 120-121。除却索珀列举的造像,山东还有几处建于6世纪20年代和30年代的5米多高的雕像。见Nickel, *Return of the Buddha*, 34, 53n7。
[5] Michael Fried, "Art and Objecthood," *Artforum* 5 (June 1967): 15.

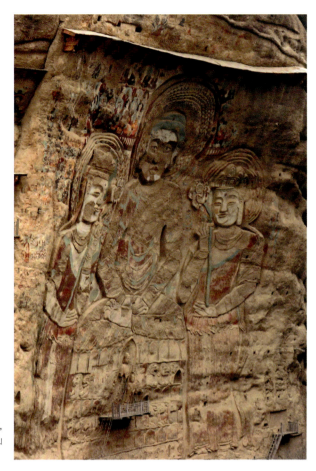

图 3-39 释迦牟尼与胁侍菩萨,559 年,浅浮雕,坐像高达 35 米以上,甘肃武山县拉梢寺,译者摄影

寸,将其自身置于公共而非个人的领域,该领域超越人类日常生活体验,在表面和隐喻层面都比俗世更广大。[1]

一些巨型图像的创作者从未期望人们从远处观看它们。云冈大佛便是如此。最初,每一尊大像都被封闭在仅凿出窄小门窗的洞窟内部。沿着开凿洞窟与雕像的砂岩崖面延伸的木构建筑进一步遮蔽了图像。20 窟大佛向外凝视风景的壮观景象

---

[1] Michael Fried, "Art and Objecthood," *Artforum* 5 (June 1967): 15;引用了雕塑家罗伯特·莫里斯(Robert Morris)的话语。

经过无数次摄影,可这是具有误导性的,因为洞窟前侧的墙壁坍塌了,并且通往造像的原始建筑业已消失。进入洞窟的效果富有戏剧性:建筑空间迫使来访者近距离观看雕像,人们面对的是直接耸立在他们头顶上方的色彩鲜艳的巨像。视野的局限产生了另一个悖论:正是因为雕刻的神明不能被完整地看见,因此它们在感觉上甚至比实际更大。

佛的巨大规模或巨大的佛经如何传达思想?很少有评论家或艺术史家论及尺度在视觉艺术中的作用,也许缘于其意义似乎可以毫不费力地领会。[1]对于二维或三维的巨型形式来说尤其是这样。放大一个物体可以产生乐趣或迷惑,例如当代人克拉斯·奥登伯格(Claes Oldenburg)的庞大电器插头及其他被放大到纪念物比例的平凡事物,即便如此,一个巨大形式的主要效果还是激发一种惊奇感。即使不了解产生它们的文化,观看巨型纪念物的人也会感觉到,除了它们意图传达的别的意义,它们本身与打造它们的人也同样至关重要。巨型起到罗伯特·霍奇(Robert Hodge)和冈瑟·克雷斯(Gunther Kress)所说的"显而易见的权力象征,弥足重要的社会概念"[2]的作用。在中古中国佛教的背景下,宏大造像或文本赞颂了它们所体现的神明和信仰,同时我们相信它们为捐资者营造出莫大的功德。

但为什么是佛教,而不是其他宗教或意识形态体系,激发了中古中国最大的图像与文字?(毕竟,是佛经而非《论语》,被铭记在山上)对这个问题做出完全令人信服的回答或许是不可能的。如果有一天令人满意的答案被推出,它将不得不牵涉关于尺度的特定观念,这在佛教思想中极为关键。在中古中国佛教徒熟知的

---

[1] 关于视觉艺术中的尺度问题,笔者参考了以下研究:Jacques Derrida, *The Truth in Painting*, trans., Geoff Bennington and Ian McLeod, Chicago: University of Chicago Press, 1987; Susan Stewart, *On Longing: Narratives of the Miniature, the Gigantic, the Souvenir, the Collection*, Durham, NC: Duke University Press, 1993; Meyer Schapiro, "On Some Problems in the Semiotics of Visual Art: Field and Vehicle in Image-Signs," in *Theory and Philosophy of Art: Style, Artist, and Society Selected Papers*, New York: George Braziller, 1994, 1-32。

[2] Robert Hodge, and Gunther Kress, *Social Semiotics*, Cambridge: Polity Press, 1988, 90(中文译本见[英]霍奇、[英]克雷斯著,周劲松、张碧译:《社会符号学》,成都:四川教育出版社,2012年)。

经文中，我们一次次地发现了探讨无尽、无限和无法掌控的事物的段落。[1]泰山所刻《金刚经》的一段话里，佛陀向他的弟子须菩提提出以下问题："于意云何，若人满三千大千世界七宝，以用布施，是人所得福德，宁为多不？"[2]大千是一个容纳百万或万亿世界的宇宙系统。乘以三千，大千将扩展到一个无人可以想象的浩瀚概念。在佛教思想里，"使用这些不可理解的数字意味着超越普通思维的界限的限制"[3]。

《法华经》也许是关于宽广概念的最大的佛教宝库，这体现于其中对巨大数字的反复引用。一个生动的例子出现在第十一品《见宝塔品》的开头："尔时，佛前有七宝塔，高五百由旬，纵广二百五十由旬……五千栏楯，龛室千万，无数幢幡以为严饰……"[4]过去佛——多宝佛处于悬浮在灵鹫山上方的神秘建筑中，他前来听释迦牟尼讲《法华经》。释迦牟尼在升到天空中，打开佛塔，展示出坐于其间的神明之前，发出了耀目的光辉，射向"东方五百万亿那由他恒河沙等国土诸佛"[5]。宝塔的显现以及二佛并坐于其间的景象成为所有佛教艺术中最受欢迎的母题之一。[6]然而，它只是《法华经》的诸多宏伟场景里的一个。在《法华经》中，几乎每一章的开头或结尾都有一个宇宙级尺度的场景，致力于表现巨大事物或建筑的震撼力。[7]

佛教的禅思修行与观想方式对想象力提出了惊人要求。在《观无量寿佛经》中为韦提希皇后安排的特殊冥想中，释迦牟尼指导皇后去想象阿弥陀佛的身体：

---

[1]关于佛教如何扩展了中国的空间和宇宙观念，简短的讨论见 Eugene Y. Wang, *Shaping the Lotus Sutra*, xviii-xix。
[2] Mu Soeng, trans., *The Diamond Sutra*, 96.
[3]同上书，第97页。
[4] Hurvitz, *Scripture of the Lotus Blossom of the Fine Dharma*, 183.
[5]同上书，第187页。
[6]此为 *Shaping the Lotus Sutra* 第一章的主题。
[7] Alan Grapard, "The Textualized Mountain-Enmountained Text: The *Lotus Sutra* in Kunisaki," in *The Lotus Sutra in Japanese Culture*, eds., George J. Tanabe Jr. and Willa Jane Tanabe, Honolulu: University of Hawaii Press, 1989, 168.

> 佛身高六十万亿那由他恒河沙由旬。眉间白毫，右旋宛转，如五须弥山。佛眼清净，如四大海水，青白分明。身诸毛孔演出光明，如须弥山。彼佛圆光，如百亿三千大千世界。[1]

阿弥陀佛很大。尝试想象这位神明有助于信徒接近他的西方极乐世界，但努力理解佛陀身体的无限范围令想象力扩展到极限。铁山的石刻佛经并不是没有穷尽的，但是对于一个在这片文字海洋里漂浮的读者来说，它扰乱了正常阅读的过程，石刻文本就像对阿弥陀佛的想象一样，驱使大脑付出努力，去领会一些过大以至于无法理解的东西。

没有铭文能够比拟佛经描述的神明的尺度，不过散布在山体表面的文字可以被解释为佛陀言辞博大效力的视觉性类比。晚清学者、藏书家顾璜（1876年进士）凝视着一道被刻经改变的风景，写道：

> 遥望层峦叠嶂间，摩崖大字参差高下，皆佛经也……乃知佛法广大，无量无边，三竺灵文，普遍大千世界……[2]

假如有观者用同样的话来谈论铁山铭文，虔诚的捐资者和书写文字的僧人书家肯定会感到高兴。不管他们营造石刻文本的目标和愿望是什么，正是其宗教里充满浩瀚概念的深层宇宙观引导着他们去遥想广大。

---

[1] Hisao Inagaki, trans., in collaboration with Howard Stewart, *The Three Pure Land Sutras: A Study and Translation from the Chinese*, Kyoto: Nagata bunshodo, 1994, 332（有所修改）.
[2]（清）叶昌炽撰，韩锐校注：《语石校注》，第431页。

第四章

帝王书作与泰山登临

泰山是中国五岳中最受尊崇者，海拔1545米，屹立于山东中部平原。[1]对于任何立足泰山脚下仰望的人来说，它的顶峰似乎都是一个遥不可及的目标。攀登者锲而不舍地艰难前行，经过被称为"十八盘"的阶梯及其平台，即旅途中最后也是最陡峭的一段，终能到达一处开阔平地。它位于南天门东侧，泰山最高点的正下方。从这里向南眺望，可将泰安城区和远近平原的壮丽景色尽收眼底。这片高台状平地的北边耸起一片近乎垂直的峭壁，名为"大观峰"（图4-1）。这面岩石高墙表面很不规则，且多坑隙，但布满硕大的文字，其中大部分是明清时期刻下的简短题记。崖壁上现存篇幅最长，同时也是年代最早的铭文——《纪泰山铭》，由唐玄宗撰文，刻于726年。

这处帝王石刻展露在泰山之巅，用来纪念在此举行的封禅典礼。它由一段序文和一长串四字韵文组成。在这篇礼仪性文本的古老韵律和引经据典中，唐玄宗向天地之神和祖宗先灵陈情。该铭文预设的读者也囊括所有将来可能登上泰山的来访者。

玄宗的繁丽辞句只是这篇题记传达意图的多重途径之一。就像前几章

---

[1] 有关泰山的最重要的西文著述仍是 Édouard Chavannes, *Le T'ai Chan: Essai de monographie d'un culture chinois*, Paris: Ernest Leroux, 1910。笔者对泰山的描述还得益于 Brian R. Dott, *Identity Reflections: Pilgrimages to Mount Tai in Late Imperial China*, Cambridge, MA: Harvard University Asia Center, 2004。中文著作则包括刘慧：《泰山宗教研究》，北京：文物出版社，1994年；崔秀国、吉爱琴：《泰岱史迹》，济南：山东友谊书社，1987年；姜丰荣编：《泰山历代石刻选注》，青岛：青岛海洋大学出版社，1993年；周谦：《中华石文化与泰山石》，济南：山东大学出版社，1992年。

图 4-1 泰山大观峰题刻，山东泰安市，陈立伟摄影

谈及的石刻一样，书作的位置也是决定其意义的有力因素。只有经过朝向泰山顶峰的艰辛跋涉，人们才能来到石刻的地点，他们所际遇的是堪称整个中国人文地理中最神圣的场所。这里是举行"封"天仪式之处，玄宗的皇室先辈亦曾在此置放文本。除了在空间中的位置外，书作的巨大尺寸也反映出主人的显赫地位。它在大观峰上拔地而起达 17.1 米，就像铁山上的佛经一样，足以令每位前来观览的人感觉到自身的渺小。但与刻经不同的是，泰山的这篇帝王言辞被醒目地刻在一片磨制光滑的岩面之上，显然是耗费了巨大劳动力的产物。1008 个字，字字填金，更增奇伟——黄金的名贵和工艺的质量都是制造这座纪念碑所需巨量资源的标志。

地点、规模以及对材料的挥霍，确保观者——即使是目不识丁或对书法艺术一窍不通的人，也足以领会石刻的重要性。对于有阅读能力的人而言，铭文开篇即宣称的"御制御书"平增了对高耸的书作之壁心生敬畏的理由：它的文辞与书法均为天子手笔。除此之外，熟悉唐代书法的读者会发现，玄宗的御笔铭文采用了古雅的隶书，不寻常的书体表明这位皇帝不但创作了文本，而且直接塑造了其视觉形式。

与地中海文明里铸造带有君主头像的钱币相似（尽管这种政治象征未在古代中国出现），公共空间中的帝王刻铭是无形却不容置疑的权力的符号。如果一件书作出自帝王之手，它就获得了掩盖一切的光环。直面该作品的体验，近似于聆听皇帝亲自诵读文本。玄宗的曾祖唐太宗开创了帝王亲笔书碑的先河，这种做法使统治者得以在他们疆域里的自然和人文地理中留下名副其实的个人印记。尽管随后的千百年间，公开展示以帝王名义创作或书写的书法相当常见，但最先出现在唐代的做法构成了中国古代统治者与书作之间关系的一次深刻变革。陆威仪指出，在唐之前，"尽管统治者可能是书作字体的主导者，却从未成为其执笔者。相反，他被置于倾听者或读者的位置上"[1]。唐代帝王石刻则表明皇帝不仅是书作首要的读者，还是首要的创作者。而其他展示着帝王书作的地方都没有被赋予如泰山一样的礼仪和思想意义。我们将在第五章看到，即使是在 20 世纪初帝制覆灭后，中国的领导人们在这座圣山上留下书迹的热情仍未减弱。

泰山上的帝王行迹和书作

人们相信泰山的表面遍布自然界的神秘力量，研究者根据零星的考古证据，推测这一信仰的形成时间或早至新石器时代。[2] 不过，我们可以确定的是，至少到

---

[1] Mark Edward Lewis, *Writing and Authority in Early China*, Albany: State University of New York Press, 1999, 35. 柯马丁认为，在西周的王室委任仪式中，虽然王没有朗读书写在竹简上的辞令，但是这些文本仍可以被理解为代表其发声的语言。Martin Kern, "The Performance of Writing in Western Zhou China," in *The Poetics of Grammar and the Metaphysics of Sound and Sign*, eds., Sergio La Porta and David Shulman, Leiden: K. J. Brill, 2007, 109-175.

[2] Brian R. Dott, *Identity Reflections*, 28-40.

周代时泰山就已成为众多神话的焦点。在这些故事里,远古的圣王们前往泰山祭祀上天和山川神灵。在山上,人间的统治者得以与伟大神明沟通,和祖先之灵对话,这两种久远的观念在青铜时代晚期的封禅仪式中融合到一起。[1]不同的祭祀场合下,涉及的器物、仪轨及人员有所不同,但仪式间相辅相成的空间关系都是一样的:祭天的"封"礼在泰山顶上举行,祭地的"禅"礼则在梁父山或其他泰山附近的小山丘上开展。[2]祭祀仪式中献给神灵的尊号一直在变化。到了唐代,天被称作"昊天上帝",地被封为"皇地祇"。关于封禅最为翔实的早期记载来自汉代,从这时起,皇帝登上专门构筑的土石祭坛,为两位主要神灵及配享的祖先献上祭肉、美酒、玉器、丝帛和其他奉献之物。借助配享的先人之力,能够增进皇帝与神灵世界的交流。祭祀仪式包括行礼人员宣读祭文、刻铭于石,以及封缄和埋藏载有帝王敬告天地之辞的玉册。

封禅大典的威望和礼仪分量主要在于其稀见程度,历史上只有六位帝王在泰山上成功举行了该仪式。封禅仪式因其起源含混而更添神秘,不过司马迁在《史记》中曾追溯过它的源头。[3]为说明这些祭典的历史,司马迁引用了《管子》中的一段文字。《管子》于公元前1世纪汇编成书并流传至今,内容来自诸多早期文献。在司马氏所引的文段里,贤相管仲(卒于前645年)试图说服齐桓公(前685—前643年在位)在未完成雄霸功业,并且缺乏与之匹配的祥瑞的情况下,放弃举行封禅的念头。[4]雄辩的管仲之论预示了后世文献所载的朝臣言辞,他们谏告

---

[1] 笔者对封禅仪式的叙述基于 Chavannes, *Le T'ai Chan* ; Howard J. Wechsler, *Offerings of Jade and Silk: Ritual and Symbol in the Legitimation of the T'ang Dynasty*, New Haven: Yale University Press, 1985, chap. 9 ; Mark Edward Lewis, "The *Feng* and *Shan* Sacrifices of Emperor Wu of the Han," in *State and Court Ritual in China*, ed., Joseph P. McDermott, Cambridge: Cambridge University Press, 1999, 50-80 ; 刘慧:《泰山宗教研究》, 第 58—116 页。
[2] 除了泰山顶峰的"封"天仪式外,典礼参加者会在登山前于泰山之麓预先举行一次仪式。见 Dott, *Identity Reflections*, 51。
[3] (汉)司马迁:《史记》卷 28, 北京:中华书局, 1987 年, 第 1355—1404 页;英文译文见 Burton Watson, trans., *Records of the Grand Historian of China*, New York: Columbia University Press, 1961, 2: 14-69。
[4]《史记》卷 28, 第 1361 页。尽管这段文字看起来是司马迁引自《管子》,可是也有学者怀疑它系后人增补。参阅 Howard J. Wechsler, *Offerings of Jade and Silk*, 171。

君主不要在完全相称的荣誉来临前轻易进行封禅典礼；进言者探问人君的德操，抑或皇帝表达对自我的怀疑，此类主题经久不衰，使得史籍中对放弃封禅的原因的讨论与试图行事的讨论一样多。

管仲宣称，古时行封禅大典的君王有七十二人，然而这个象征完满的数字更像是通过命理而非史实确定的。[1]无论封禅仪式的起源是什么，它们作为帝制中国可征于史的事件，应始自秦始皇时期。公元前219年，即秦始皇完成统一中国大业、建立中央集权帝国之后两年，他开启了对新疆域的一系列巡游。《尚书》描述的圣王舜的巡行神话，为秦始皇的旅行提供了典范。[2]除了同样为秦始皇效法的修订历法、统一乐律和规范度量衡，舜之丰功伟绩还包括前往泰山举行祭礼和巡视其他山川并进行类似的仪式。

始皇帝东巡的仪仗队伍浩浩荡荡地跨越帝国的河山，并借此奇景宣扬君主地位。可是这位皇帝不只是漫游，他还永远地改变了这些地方的样貌。他通过刻制纪念物的方式在经行之处留下踪迹，从而在他当时掌控的河山上留存显示管辖权和所有权的不朽标志。[3]在泰山以外，秦始皇还曾造访中国东部的其他五座山峰，而且命人在每座山上都竖起石块，上刻赞扬其功德的颂辞。[4]他的儿子秦二世在出巡期间为这些石刻加上了另外的文字。宋代学者、古器物学家刘跂（1079年进士）在1108年登临泰山时，发现了高约1.5米的秦代石刻，它位于岱顶玉女池附近，已

---

[1] Timoteus Pokora, trans., *Hsin-lun (New Treatise) and Other Writings by Huan T'an (43 B.C.-28 A.D.)*, Ann Arbor: Center for Chinese Studies, University of Michigan, 1975, 131.
[2] James Legge, trans., *The Chinese Classics*, 3d ed., Hong Kong: Hong Kong University Press, 1960, 3: 35.
[3] 目前关于秦刻石的最佳研究是 Martin Kern, *The Stele Inscriptions of Ch'in Shih-huang: Text and Ritual in Early Chinese Imperial Representation*, American Oriental Series 85, New Haven: American Oriental Society, 2000（中文译本见［美］柯马丁著，刘倩译：《秦始皇刻石：早期中国的文本与仪式》，上海：上海古籍出版社，2015年）。十分感谢柯马丁教授慨允笔者学习其论稿。笔者对秦刻石的简述主要基于他的杰出成果。亦可参阅容庚：《秦始皇刻石考》，《燕京学报》第17期（1935年6月），第125—171页。
[4] 据司马迁记载，秦始皇曾于公元前219年巡狩至今山东省峄山、泰山和琅琊山；公元前218年，他到达的之罘山及其"东观"也在今山东省；公元前215年，他抵达位于今河北省的碣石门；公元前210年1月或公元前211年12月，他巡游至今浙江省的会稽山。见 Kern, *The Stele Inscriptions of Ch'in Shih-huang*, 1-4.

图 4-2 秦二世续刻泰山刻石残石，公元前 209 年，拓本，原石藏于山东泰安市岱庙

嵌在土里。[1]不同于那些打磨光滑的后世石碑，这只是一块不甚方整、未尽工巧的大石块。它四面宽度不等，均刻有文字。这种布局需要读者从石块的西面开始顺时针走动，依次阅览铭文。遗憾的是，泰山和其他山峰的秦始皇刻石原石都已消亡，仅存的传世拓片也来自不甚可靠的复刻品。至今仍存于世的，惟有少量秦二世刻石的残件。[2]这些文字用小篆刻成，这是一种秦朝官方规定的通行于整个帝国的字体（图 4-2）。和早期青铜器铭文或石鼓文中所见的大篆不同，小篆文字无论笔画多少，都保持一致的尺寸，整齐地排布在无形的网格里。[3]从 5 世纪开始，泰山和其他秦始皇巡游地石刻的文本及其书法都被归到丞相李斯（卒于前 208 年）名下，不过没有更早的可靠证据能支持这一观点。[4]

尽管原石已佚，但是石刻中赞美始皇功绩的颂诗见于《史记》的记载。泰山刻石的开头几行写道：

皇帝临位，作制明法，臣下修饬。廿有六年，初并天下，罔不宾服。

---

[1]（宋）刘跂：《学易集》，《四库全书》本，第 6 页。刘正成等编：《中国书法全集》，北京：荣宝斋出版社，1991 年起，卷 8《秦汉刻石二》，第 460—461 页；[日]中田勇次郎编：《書道全集》，东京：平凡社，1954—1961 年，卷 1《中國 殷、周、秦》，第 46—47 页。
[2] 琅琊刻石的一部分现藏于中国国家博物馆。泰山刻石残石现存泰安市岱庙。参阅《書道全集》卷 1，第 135—137 页。
[3]《中国书法全集》卷 7《秦汉刻石一》，第 34—38 页。亦可参阅 Noel Barnard, "The Nature of the Ch'in 'Reform of Script' as Reflected in Archaeological Documents Excavated under Conditions of Control," in *Ancient China: Studies in Early Civilization*, eds. David T. Roy and Tsien Tsuen-hsuin, Hong Kong: Chinese University Press, 1978, 181-213。
[4] Kern, *The Stele Inscriptions of Ch'in Shih-huang*, 2 n1.

亲巡远黎，登兹泰山，周览东极。[1]

出人意料的是，尽管后世的封禅活动常常强调秦始皇登临泰山一事的重要性，但是他本人置于山上的石刻却对此不着一墨。秦始皇曾向当时的儒生寻求关于礼制的建议，随后又加以排斥。儒生们宣称皇帝登山途中遇到暴风雨，因而未能登顶，不过司马迁相信，石刻足以证明斯人登上顶峰并成功举行了"封"天仪式。[2]

或许，秦始皇希望通过在所经地点立石的方式，使自己跻身圣贤君主之列，因为这些人都曾用石刻来纪念他们的巡游和礼仪行为。在一个可能早在公元前4世纪就已流传的故事里，周穆王前往遥远的西方进行神秘的旅行，据说他在两座山峰上刻下了铭文。[3]几则汉代文献材料提及泰山上的一些石刻，它们各自呈现出不同的书体，被认为是在那里进行封禅的七十二位上古君王留下来的。[4]有关圣贤书迹的传说或许起源自秦始皇以前的时代，但是没有一件现存泰山早期石刻能被确凿地断代至秦以前。更为肯定且记载详备的先例是先秦时期的秦国石鼓文和《诅楚文》。[5]特别是后者，它们刻在独立的石块上，放在不同的地点，写给不同的神灵，即预示了秦始皇勒石于山，以文字标记空间的做法。

这些前帝国时期的石刻与泰山及其他诸山的石刻有相同的媒介，然而秦代石刻最主要的前身却是刻在礼器上的铭文（图4-3）。它们出现在用来制作和装盛祭祀酒食的青铜容器以及为看不见的神灵奏乐的编钟、编磬之上。由此，统治者得以

---

[1] Kern, *The Stele Inscriptions of Ch'in Shih-huang*, 17, 19.
[2]《史记》卷28，第1367页。
[3] 见本书第38页，注释[1]。
[4] 有关这些文献材料的详细分析，见 Kenneth Edward Brashier, "Evoking the Ancestor: The Stele Hymn of the Eastern Han Dynasty (25-260 C. E.)," Ph. D. diss., Cambridge University, 1997, 62-65。除白瑞旭列出的几条文献外，还有《后汉书》的一条注文，引用了《庄子》的一段话："易姓而王，封于泰山、禅于梁父者，七十有二代。其有形兆垠堮勒石，凡千八百余处。"（南朝宋）范晔:《后汉书·志第七 祭祀上》，北京：中华书局，1965年，第3162页。现存《庄子》版本中没有这段话。
[5] 见本书第一章。

图 4-3 秦国的簋及铭文拓片,约公元前 7—前 6 世纪,青铜,高 19.8 厘米,中国国家博物馆藏,采自《中国美术全集·书法篆刻编 卷 1 商周至秦汉书法》,图版 20

建立起"人间与天界的联系"。这对中国古代的政治秩序而言弥足关键。[1] 与封闭在宗庙中的礼器不同,秦代石刻能被任何来到其所在山峰的人目睹。在地阅读使得铭文不仅赞颂了始皇功绩,还提醒读者这位统治者亲自涉足了它们所处的河山。

归根结底,秦代石刻的符号学逻辑基于索引的原理——符号通过与所指对象之间直接的因果关系而获得其含义的力量:敲门声意味着门外有人,沙滩的足迹表明某人走过,挥笔写下的笔画记录着书写者手臂的动作。[2] 索引亦可涉及并未以直接的物理接触连接所指对象的符号:虽然帝王没有亲自刻铭于石,但是它们标记着他穿越统治疆域的行迹。他身后留下的刻石建立起的有形纽带,联结起帝王意志与其书作化身,还有帝王在地理空间中的移动与纪念性石刻的生产。这些石刻将会把对帝王可怕的脚步声的记忆,烙印在他的臣民以及其子孙后代的脑海中。

---

[1] Mark Edward Lewis, "The *Feng* and *Shan* Sacrifices of Emperor Wu of the Han," 75.
[2] Charles S. Peirce, "Logic as Semiotic: The Theory of Signs," in *Philosophical Writings of Peirce*, New York: Dover Publications, 1955, 107-111. 亦可参阅 Rosalind E. Krauss, "Notes on the Index," Parts 1 and 2, in *The Originality of the Avant-Garde and Other Modernist Myths*, Cambridge, MA: MIT Press, 1986, 196-219。

玉牒与石碑：泰山书作在汉代的发展

封禅仪式之所以神圣，是由于人们推定它们有古老的渊源，并且圣王曾行此事；然而，似乎无人确切知道它们应如何施行。当秦始皇决定举行封禅时，他召集学者商议此事，对相互龃龉的观点渐渐不再耐烦，于是遣散了众人。他继续登临高山，大致以秦国礼制中心雍（今陕西凤翔）的仪式为基础，即兴操演了一次典礼。他在泰山顶峰举行的"封"礼，和在梁父山上的"禅"礼一样，细节至今不为人知。[1]

秘而不宣的原因之一，可能是掩盖秦始皇及其他人对如何进行封禅仪式不甚了解的事实。但正如司马迁所暗示的，皇帝可能还有其他保守祭礼细节秘密的缘由：封禅的目的不仅是朝拜天地，还包括辅助他个人追求永生。[2] 在彰显他对疆域中这片滨海地区的世俗权力之余，皇帝的东巡之旅还为其提供了寻访当地方士和卜者的机会，从而探求遇见居于东海岛屿的仙人的可能性——云峰山上镌刻的郑道昭诗作和其他铭文曾引此典。秦代石刻的铭文虽未表达皇帝渴望借祭祀泰山实现升仙或对死亡的个人超越，但这座山却一直与遇仙之事以及山东地区对神异事物的崇信紧密相关。[3] 在下一位前往泰山祭祀的皇帝汉武帝之前，封禅仪式和永生追求之间就已经存在明确关联。汉武帝从一个方士口中得知，传说中的黄帝及其他君王在举行祭祀活动后能登天成仙。受此启发，武帝八次巡幸泰山，至少五次举行"封"天仪式——郑道昭的诗作同样提及了这些事件。[4]

古圣先王在泰山和其他场所勒石纪行的传说尽管虚幻不实，却成为流传下来

---

[1]《史记》卷28，第1367页。柯马丁质疑了一个过去广为接受的观点，即秦始皇只是出于寻求长生的目的而进行旅行。他认为事实并非如此，该皇帝的巡游应反映出一种统治天下的新观念。Kern, *The Stele Inscriptions of Ch'in Shih-huang*, 159-161.

[2] 这正是唐玄宗在祭文中隐晦批判的事情。他解释说，不同于过去那些为一己私欲举行封禅的统治者，他纯粹是为了民众的利益而行事。详见后文。

[3] Kern, *The Stele Inscriptions of Ch'in Shih-huang*, 159-160；Dott, *Identity Reflections*, 47.

[4] Lewis, "The Feng and Shan Sacrifices of Emperor Wu of the Han," 58-60, 69. 关于武帝的泰山巡狩，见《史记》卷28，第1380—1404页；（汉）班固：《汉书》卷6，北京：中华书局，1962年，第191、193、196、199、201、204、207、210页。亦可参阅汤贵仁：《历代帝王与泰山》，济南：山东人民出版社，1987年，第9—16页；Lewis, *Writing and Authority in Early China*, 314-325.

的封禅知识的一部分。司马相如在劝说汉武帝行封禅的一篇文章中，引述古代帝王事迹道："勒功中岳，以彰至尊，舒盛德，发号荣，受厚福，以浸黎民也。"[1]司马相如提到的"中岳"即嵩山，在今天的河南省。古圣先王从位于西陲的都城出发东巡泰山的途中，会登览此山。[2]司马相如的文章表明，就像作为宗教或政治符号的其他场所一样，山岳的部分历史已开始被视为铭刻在其峰峦之上的书作的历史。

当汉武帝在元封元年（前110年）的三月首次抵达泰山时，他下令将一块石头运至山上，并立于峰顶。[3]各类文献对这件纪念性石刻的外形、所在位置以及是否存在铭文莫衷一是。[4]虽说如此，这位汉代皇帝似乎的确在泰山上竖起过某种石质纪念物；一些学者认为，它就是所谓的"无字碑"（图4-4），即一方表面平整的长方形丰碑，高达6米，如今矗立在稍低于玉皇庙的地方。[5]第一次到泰山的一个

---

[1] 出自《封禅文》，即《史记》卷117《司马相如列传》，第3067页。英文译文见Burton Watson, trans., *Records of the Grand Historian of China*, 2: 336-341（引用文段见第339页）。刘勰称司马相如的文章被刻于泰山之上，但此外并无其他文献提及该石刻。（南朝梁）刘勰著，周振甫注：《文心雕龙注释》，北京：人民文学出版社，1981年，第235—236页；第239页，注释16。

[2] 陆威仪认为，司马相如文中提及的"中岳"是泰山（*Writing and Authority in Early China*, 323），但笔者尚未发现支持此说的证据。关于本书给出的解释，参阅（汉）司马相如著，金国永校注：《司马相如集校注》，上海：上海古籍出版社，1993年，第192页。

[3]《史记》卷28，第1397页。

[4] 应劭（约140—204年前）《风俗通义》记载了一件高一丈二尺的石刻，其铭曰："事天以礼，立身以义，事父以孝，成民以仁。四守之内，莫不为郡县，四夷八蛮，咸来贡职。与天无极，人民蕃息，天禄永得。"（汉）应劭撰，王利器校注：《风俗通义校注》卷2，北京：中华书局，1981年，第68页。另一铭文内容略有不同的版本出现在《后汉书》中，而未见于正文，所记石刻尺寸也有所不同（三丈一尺）。《后汉书》卷6，第191页。铭文英文译文见Homer H. Dubbs, trans., *The History of the Former Han Dynasty*, Philadelphia: American Council of Learned Societies, 1944, 2: 87。汉武帝所立泰山石刻在《后汉书》中被提及，紧随其后的注给出关于石刻尺寸的又一种说法（二丈一尺），但铭文与《风俗通义》所记相同。《后汉书·志第七 祭祀上》，第3163页。沙畹（Édouard Chavannes）注意到，《风俗通义》没有具体指出它记载的铭文来自汉武帝所立石刻（*Le T'ai Chan*, 161n2）。叶程义《汉魏石刻文学考释》里，此文作为汉武帝所立石刻铭文出现，见氏著：《汉魏石刻文学考释》，台北：新文丰出版公司，1997年，第1032—1033页。有关这段文本的各种讨论见《风俗通义校注》卷1，第73—75页。

[5] Chavannes, *Le T'ai Chan*, 57-68；崔秀国、吉爱琴：《泰岱史迹》，第55—57页。达白安（Brian R. Dott）引用许倬云（Cho-yun Hsu）教授的说法，指出无字碑应是史前巨石遗迹。见 *Identity Reflections*, 262, 320 n63。56年，马第伯陪同光武帝封禅泰山时所作的记录里，述及他见到的一块石头是汉武帝尝试命人运至山上但最终失败从而遗留的。据说，当时即便用五辆车合力运输，石头也无法移动，因此被留在山脚，且以建筑覆盖。见《后汉书·志第七 祭祀上》，第3167页。关于马第伯所述光武帝封禅仪式的英文译文，见Donald S. Lopez Jr., ed., *Religions of China in Practice*, Princeton: Princeton University Press, 1996, 254-260。节略版本参阅Richard E. Strassberg, trans., *Inscribed Landscapes: Travel Writing from Imperial China*, Berkeley and Los Angeles: University of California Press, 1994, 59-62。

月之后，汉武帝完成了对沿海地带禀报的目击神异事件的调查，又回到这里。公元前110年5月17日，他在泰山脚下举行了一次"封"礼的预演，沿用的是在都城长安郊祀中献给汉代礼仪系统之最高天神太一的程式。接着，他在仅有一位侍者陪同的情况下，登上泰山并在顶峰进行了"封"天祭祀，这一次则是全然保密的。在筑于泰山之麓的祭坛下，武帝埋下一份刻有秘密文本的玉牒，内容可能是对长生的祈求。[1]武帝通过该行为创造了泰山书作的新模式：牒简上的铭文被埋在祭地的坛下，而与此同时，献给天的石碑铭文则得以公开展示。6世纪的文学评论家刘勰用八个字精辟概括了两种书写模式的关系："树石九旻，泥金八幽。"[2]

汉武帝的屡次封禅与下一位造访泰山的汉代统治者的封禅间存在

[1]《史记》卷28，第1398页。汉武帝实施的另一项工程是建在泰山下的明堂。公元前110年的封禅完毕后，他在此接受群臣献给他的长寿祝颂。
[2]《文心雕龙注释》，第236页；第240页，注25。

图4-4　无字碑，年代不详，高6米，山东泰安市泰山，译者摄影

图 4-5　王莽"封"礼中的玉牒，高 13.8 厘米，陕西西安市未央区桂宫遗址出土，采自中国社会科学院考古研究所、日本奈良国立文化财研究所中日联合考古队：《汉长安城桂宫四号建筑遗址发掘简报》，《考古》2002 年第 1 期，图版 1

断裂，这源于中国早期历史上的一次动乱事件：汉平帝（1—6 年在位）年少，外戚王莽（前 45—23 年）一度摄政当权。9 年，王莽援引各类祥瑞的出现，表示朝代更替乃天意，继而宣布自己成为"新"朝的皇帝。王莽在登上权力顶峰的过程中极力模仿古圣先王，并大肆推行自认为正确的礼仪制度——这项事业在长安南郊的明堂营建中到达高潮。该礼制建筑是帝王权力的最高象征。[1]

几乎不出意料的是，王莽以他声称的祖先舜以及秦始皇、汉武帝为典范，制定了巡视帝国的方案。由于太后去世及其他不祥之事的发生，既定的行程反复宣示，且不断延期。[2] 历史文献虽未明确说明，不过王莽确有打算在未能成行的一次旅行中于泰山举行封禅祭祀。根据西安未央区桂宫遗址出土的朱书篆字玉牒可以知之（图 4-5）。[3] 虽然该玉牒只是某个更大的物件的碎片，但残留的文字却提及了"新室"和泰山上的"封坛"，毫无疑问，它是为在泰山上举行的祭祀仪式准备的。不过它从未被运至泰山，否则它会被埋在其峰巅的某处，靠近秦始皇与汉武帝遗留石

---

[1] Wu Hung, *Monumentality in Early Chinese Art and Architecture*, Stanford: Stanford University Press, 1995, 177.
[2] Rudi Thomsen, *Ambition and Confucianism: A Biography of Wang Mang*, Aarhus, Denmark: Aarhus University Press, 1988, 153-154.
[3] 中国社会科学院考古研究所、日本奈良国立文化财研究所中日联合考古队：《汉长安城桂宫四号建筑遗址发掘简报》，《考古》2002 年第 1 期，第 14—15 页。它的书法可与 1982 年甘肃发现的反映王莽建立新朝一事的铜版对比，参阅 Wu Hung, *Monumentality in Early Chinese Art and Architecture*, 186, fig. 3.22.

刻和玉牒以宣扬功绩的地点。即便如此，除了传为秦二世为乃父续作的泰山刻石的残石外，王莽玉牒是已知最早的中国古代与封禅祭祀有关的实物，它很可能在这一短暂王朝的倾覆带来的混乱中被毁。

王莽失败后，光武帝成功恢复了汉室正脉。关于他的封禅祭祀行动，我们有相关的泰山玉牒及石碑的详细记载。促使这些物品出现的一系列事件，展露出皇帝身上的高傲与谦逊两种相互矛盾的力量，这些人格影响着后世所有举行封禅的尝试。建武三十年（54年）的二月，当朝臣第一次上书提出举行封禅的可能性时，光武帝拒绝了。[1] 光武帝完成了在王莽篡汉之后延续汉朝的丰功伟业，却引述管仲对齐桓公的劝诫，断然谢绝群臣之请。光武帝自称不具备相应的德行，不会用一场空洞的表演仪式欺骗世人。但在接下来的一个月里，这位皇帝在前往疆土东部的巡行中途经泰山，仿佛是受到雄伟的山岳气象的启发，他下令本地太守在其顶峰和梁父山举行了祭祀仪式。建武三十二年（56年）的正月，光武帝在斋戒后夜读《河图会昌符》。他在这部关于河图的纬书中发现了一段话，这段话预言第九位汉代帝王也就是他自己注定要在泰山上行封禅典礼。[2] 光武帝有了该文献依据后，立即开始着手准备定于下月进行的封禅；他仿效舜制定的流程，据说后者曾在二月于泰山燔烧献祭——这个月份在宇宙观中与春季、东方以及它们对应的泰山相关。[3] 除了我们所知的王莽泰山之行的意图，光武帝举行祭祀可能还有别的动机：通过完成王莽计划好却未能实行的庄严礼仪，合法的汉代统治者得以将这个强有力的象征挪为己用，并使他自己置身由历史和传说中登顶泰山的众多君王组成的伟大世系里。

光武帝在与群臣仓促商量此事的过程中，下令祭祀必须按照武帝采用的规矩来进行，即便有关如何施行这些秘密仪式的资料大多已不大可能获知了。尽管如

---

[1]《后汉书·志第七 祭祀上》，第3161页。
[2] 同上书，第3163页。亦可参阅 Anna Seidel, "Imperial Treasures and Taoist Sacraments: Taoist Roots in the Apocrypha," in *Tantric and Taoist Studies in Honor of R. A. Stein*, ed. Michel Strickman, Brussels: Institut belge de hautes études chinoises, 1981, 306, 312.
[3]《后汉书·志第七 祭祀上》，第3165页。

此，建言者仍向皇帝呈上一份长长的表单，上面写满严格的规范，其中不少与准备玉石刻辞相关——这些书作源自另一文献的影响，即推动光武帝的计划运转的伪书《河图会昌符》。人们奏请皇帝建造一座九尺（约2米）高的石碑，立于距"封"天祭坛三丈（约7.1米）的地方。[1] 刻文玉牒以金线捆成束，再用石函装盛，上有水银和金制成的封泥，再以玉玺封缄。石函用石板包围起来，埋藏在多色的坛土下。这些颜色与汉代宇宙观中的基本方位有关。

关于仪式的建议纷至沓来，给光武帝带来许多忧虑。他尤其担心按时完成如此多的石刻工作太过困难，以至于不能如期进行祭祀，因而打算重复利用武帝时期留下的旧石件。当主要建言者梁松（卒于61年）反对这种简省行为时，光武帝立即命令泰山郡太守寻找必要的石料。在得知没有工匠懂得如何在玉牒上刻写文字后，皇帝提出一个权宜之计，即用朱漆书于玉牒之上。幸运的是，他们最终找到了一位熟练的工匠，玉牒得以刻成。然而，其中的内容是秘而不宣的。即使光武帝专门澄清，他举行祭祀并非为求长生，而且是在大批随从人员的注视下进行的，仪式的某些方面仍不宜公开。

皇帝刚到达泰山，就马上令工匠登山刻石。[2] 56年3月27日，光武帝举行了封禅祭典，彼时天气晴好，瑞象迭出，泰山上空出现奇异的云气。在亲自封缄玉牒，目睹其封藏并瘗埋于坛下之后，光武帝命人立起此前所刊的石碑。[3] 随后，皇帝下山，且于第二天在梁父山举行"禅"地仪式。

光武帝的泰山刻石铭文由张纯（卒于56年）撰文，他是众多提议皇帝行封禅的官员之一，还被赐予随皇帝一同登临泰山的礼遇。[4] 张纯的文章被刘勰评价为

---

[1]《后汉书·志第七 祭祀上》，第3164页。石碑的完整规格为：高九尺，宽三尺五寸，厚一尺二寸。在东汉，一尺约相当于现在的23.5厘米。
[2] 同上书，第3165页。
[3] 在马第伯的《封禅仪记》中，先于皇帝到达泰山的这位官员提到他在山麓见到的另一件石刻，其上带有"纪功德"的文字。石高一丈二尺，尺寸不同于光武帝群臣提及的碑石，且两石之间的关系尚不明晰。马第伯看到的山麓石刻可能用于标记禅地仪式所在地，不过文献并未涉及此类纪念物。《后汉书·志第七 祭祀上》，第3167页。
[4]《后汉书》卷35，第1197页。

"事核理举，华不足而实有余矣"[1]，文章的一开头便引用了一系列纬书。它们预言光武帝注定要实施封禅，其中包括使光武帝决意前往泰山的《河图会昌符》。铭文核心部分讲述了光武帝光复汉室的事迹：

> 皇天眷顾皇帝，以匹庶受命中兴，年二十八载兴兵，以次诛讨，十有余年，罪人斯得。黎庶得居尔田，安尔宅。书同文，车同轨，人同伦。舟舆所通，人迹所至，靡不贡职。……在位三十有二年，年六十二。乾乾日昃，不敢荒宁，涉危历险，亲巡黎元，恭肃神祇，惠恤耆老，理庶遵古，聪允明恕。[2]

张纯作的铭文仿照秦始皇泰山刻石的语言风格，赞颂了光武帝复兴王朝和修定礼制的功绩。文中还谈到这位皇帝努力搜集在王莽当政时期散佚的儒家经典。就如同在捆束好的玉牒上盖印这一行为完成了向上天的呈示一样，竖立载有张氏所作铭文的石碑标志着光武帝最终完成了恢复汉家朝廷、礼制和文脉的大业，一切都在封禅大典中走向巅峰。令人遗憾的是，碑上的众多文字竟无一存留至今，因而石刻所用的书体也不得而知。虽然光武帝的石碑随后消失了，但是从矗立起来的那一刻起，它就否定了秦始皇独享的在泰山之巅铭石的权力，并预示着后世石刻的蜂起。书迹终将布满山岳。

建武三十二年（56年）四月，光武帝回到都城洛阳。为庆祝仪式顺利完成，他宣布大赦天下，改换年号，同时免除了泰山附近地区的税收。最后，光武帝做了一件被后来所有行封禅的统治者效仿的事情。他密封了可能与埋藏在泰山的那套文字相同的刻文玉牒，将它们捆好放在开国皇帝汉高祖祠庙的石室内。在此前的

---

[1]《文心雕龙注释》，第236页。
[2]《后汉书·志第七 祭祀上》，第3166页。笔者曾参阅的法文译本见 Chavannes, *Le T'ai Chan*, 313-314。

"封"礼中,高祖被设定为配享的祖宗之灵。[1]前述行为将被置于圣山之上的铭文的副本带回供奉皇室祖先的场所。光武帝的封禅落幕了,而下一位复刻壮举的帝王登场就是六百年后的事情了。

刻铭中的政治风云

56 年,光武帝树碑于泰山;726 年,唐玄宗也将他的得意之作铭刻在同一座山上。其间的数个世纪里,石刻成为中国饱受争议的公共纪念媒介,而分歧来自利益或目标频有冲突的群体。虽然汉代皇帝留在山上的石刻被赋予了鲜明的宗教与意识形态意义,可这件帝王纪念碑最显著的特点是它的稀缺性。从文献记载来看,只有屈指可数的刻铭与汉代统治者或其家族存在直接关系;而在存世石刻的著录中,根本不见此类例子的踪影。[2]第一章述及的石刻发展史表明,东汉时期使得石碑"云起"并在山崖上遗留大量摩崖石刻的群体并不是皇室成员,而是官员与平民——称为"士"的文化精英。与珍稀的帝王石刻类似,同时代"士"赞助的石碑和摩崖面向所有公众读者,然而二者的制作者和阅读者之间的关系却大相径庭。出于帝王需求而刻制的铭文,即使没有直接引述君王的话语,也仍然是向下传达的讯息,其阅读者自身的力量和身份逊于掌握无上权威的石刻赞助人。而由"士"阶层出资制作的刻铭,不只呈现给社会或经济地位比他们更低或略同的人,同时也向那些地位更高的人发声,因为后者能够改善石刻捐资人及其家族

---

[1]《后汉书·志第七 祭祀上》,第 3170 页。
[2] 与汉代诸帝有关的碑见施蛰存:《水经注碑录》,天津:天津古籍出版社,1987 年。此处列举如下:平阿侯王谭碑,碑主王谭乃王皇后之弟,卒于公元前 16 年(同前书,第 166 页);东平宪王苍碑阙,碑阙主刘苍为光武帝之子,卒于 83 年(同前书,第 250 页);一方可能刻于 86 年的碑,标记位于赵州(在今河北)的祭坛所在地,此为光武帝即位之处,另外一件位于汝州(在今河南)的碑也与光武帝有关(同前书,第 438 页);汉高祖庙碑,其一立于 167 年(同前书,第 277 页)。虽然这些碑石以各种方式赞颂了皇室成员,然而目前仍无法确知石刻出资者的身份,因此不能认定它们均由皇室赞助。

的境遇。于出资立石的人而言，用公开招徕广泛关注的方式来赞颂某个人物的美德，是引起社会注意的一个良策。

不过，若在整个东汉历史的大背景下考虑，石刻铭文，尤其是2世纪后半叶的一批，可以被理解为暗涌的不满与冲突的化身，而非对未来飞黄腾达的渴望。在华丽辞藻的掩饰之下，政治争斗的紧张气氛和令人震惊的暴力举措犹然不时隐藏在石碑的制作中。在巫鸿详细探讨过的一个案例里，以前任太尉李膺（卒于169年）为首的四人组成的高官集团，在山东为一位低等官员韩韶竖立了一块石碑。韩韶曾于154年违抗中央政府下达的镇压贫民叛乱的指令，并用官仓的粮食救济他们。[1]石碑的凿刻日期未见记载，应大致在167或168年，其时李膺和另一位捐资树碑者因参与反对掌控朝政的宦官，被迫闲居山东。立碑者通过赞助这件纪念性碑刻，使自己与韩韶的行为联结起来，同时表明他们在政治立场上的团结一致。几乎不到一年之后，李膺和另两位立碑者遭遇了同样的厄运，被得势的宦官摧残至死。

导致李膺和其他为韩韶树碑之人死亡的派系斗争被称为"党锢之祸"，该运动由宦官主导，对抗参与"清议"的政治敌人，使得内廷千疮百孔。在这次始于166年且贯穿整个灵帝（168—189年在位）朝的斗争中，包括李膺及其友人在内的数百名清议者落败，遭到杀害或关押，其他人则被禁止参与政事。正是在这一时期，石刻数量激增。事件之间的联系似乎能够说明，受政治危机波及的人转而投向刻铭，这种媒介至少可以用来旁敲侧击地表露出他们在政治上的不满，并显示他们之间的友情纽带。[2]

蔡邕是东汉时期石刻铭文的领衔创作者和最重要的书法家，党锢之祸深刻地影响了他的生涯。在文艺方面的技能之外，他还因经学涵养、文才和音乐天赋，乃

---

[1]《水经注碑录》，第217—221页。
[2] Miranda Brown, "Men in Mourning: Ritual, Human Nature, and Politics in Warring States and Han China, 453 B. C.-A. D. 220," Ph.D. diss., University of California, Berkeley, 2002, 199-200, 219-220.

至表达政见的勇气而知名。[1]宦官当权后，蔡邕称病谢绝了首都的官职——在古代中国，称病是一种惯用说辞，用以回避令人不悦的境况。不过，他通过继续创作措辞强硬的刻铭来公开自己的观点。[2] 171年，蔡邕终于出仕，于灵帝的宫廷藏书室东观任职。他在都城的现身推动了175—183年间洛阳石经的刊刻。[3]这项工程在蔡邕与其他几位学者的请求下完成，他们奏请灵帝将儒家经典的权威选本铭刻于石。蔡邕本人则参与到"书丹"的工序中，即在工匠雕凿之前，直接在石上用毛笔写字。178年，距石经完成还有五年，蔡邕的流放使他退出了这一宏伟书作的创作。而遗留至今的石经残石也表明，其文字出自多位书者之手（见图1-29）。

石经的全部文字被刻在46块石板的两面，它们被置于开阳门外的太学门前时，引发了一场轰动。人群涌进附近的街道，极力靠近这些文本进行摹写。他们参与了一次集体阅读的经历，只有以石刻铭文形式出现的公共书作才能使之成为可能。无论读者们是多么凌乱失序，他们都不会不明白，石经实现的不仅仅是呈现一套典范性文本。熹平石经显示出汉灵帝对教育的认可，而其中的学说则为帝国统治奠定了意识形态的根基。与此同时，这些石刻还展现出蔡邕及其他参与该工程的学者的文化资本——他们将自己视作文本所凝聚的遗产的合法掌管人和权威解读者。[4]石经的制作采用石刻为书作的媒介，固然意在使这些重要著作持续传播下去，但是它也体现出汉代的最后几十年里，朝廷与其批评者之间以及政治与道德话语权的竞争者内部的张力。

熹平石经的刊刻是汉代少数直接由国家赞助的石刻工程之一。在由民众出资、

---

[1] 在6世纪的文学批评著作中，刘勰总结了对蔡邕碑文的看法，这些看法在蔡邕在世时必定也是通行观点："其叙事也该而要，其缀采也雅而泽；清词转而不穷，巧义出而卓立。"《文心雕龙注释》，第128页；英文译文见 Vincent Yu-Chung Shih, trans., *The Literary Mind and the Carving of Dragons: A Study of Thought and Pattern in Chinese Literature,* New York: Columbia University Press, 1959, 67。
[2] Michael Nylan, "Calligraphy, the Sacred Text, and the Test of Culture," in *Character and Context in Chinese Calligraphy*, ed. Cary Y. Liu et al., Princeton: The Art Museum, Princeton University, 1999, 48.
[3] 参阅张国淦：《历代石经考》，台北：鼎文书局，1972年。
[4] 有关熹平石经的意义，参阅 Nylan, "Calligraphy, the Sacred Text, and the Test of Culture," 49。

书写和阅读的石刻数量剧增的形势下，这看起来似乎有些被动。但是在205年，国家的丁顶使得石刻书写的蔓延戛然而止。后来成为中国的实际统治者的军阀曹操（155—220年）发布了禁止厚葬及立碑的政令。[1]曹操谴责了这些导致帝国经济衰退的奢靡行为，可他另有杜绝其事的原因。捐资人的思想观点借由石刻得以辐射至广大读者，因而无限制的石刻生产是一个潜在的危害——这是一种汉代政府也无法加以控制的公共话语手段。通过规范石碑刻制，曹操试图解决的是王静芬（Dorothy C. Wong）指出的"国家与地方、中央与区域之间内在的紧张关系"，它正产生自缺乏监管的纪念性碑铭的制作。[2]

曹操所颁禁令的施行力度并不均衡，但它仍导致了3世纪石碑数量的骤减，相关考古材料的匮乏即可说明这一问题。不过，石刻的效力未被遗忘。当曹操之子曹丕（187—226年）正式接受最后一位汉代皇帝汉献帝（189—220年在位）的禅让，宣布新的王朝"魏"建立，他随即用石刻来宣示其统治的合法性，把近两个世纪以来主要为私人赞助方占据的这一纪念形式挪为己用。今天河南许昌附近的一处土台，也即曹丕正式称帝的地方，竖立着两方石碑。其中一方题为《公卿将军上尊号奏》（图4-6），刻有46名官员的名字及其集体所上劝说曹丕登位的奏书。另一方碑题为《受禅表》（图4-7），记载曹丕的回应以及他对取代汉献帝的辩解之辞。[3]这两方石碑的设计和书体强调了文字修辞上的对称——它们分别是一份请求与一份回答。二者都以篆体书写题额，且石碑两面的文字均作22列，每列49字。几乎可

---

[1] 石碑禁令见 Kenneth K. S. Ch'en, "Inscribed Stelae during the Wei, Chin, and Nan-ch'ao," in *Studia Asiatica: Essays in Asian Studies in Felicitation of the Seventy-fifth Anniversary of Professor Ch'en Shou-yi*, ed. Laurence G. Thompson, San Francisco: Chinese Materials Center, Inc., 1975, 75-84；刘涛：《中国书法史·魏晋南北朝卷》，南京：江苏教育出版社，2002年，第495—520页。

[2] Dorothy C. Wong, *Chinese Steles: Pre-Buddhist and Buddhist Use of This Symbolic Form*, Honolulu: University of Hawaii Press, 2004, 34. 亦可参阅 Brown, "Men in Mourning," 220。

[3] 《書道全集》卷3《中國 三國、西晉、十六國》，第164—165页，图版55—58。亦可参阅 Carl Leban, "Managing Heaven's Mandate: Coded Communication in the Accession of Cao Pei, A.D. 220," in *Ancient China: Studies in Early Civilizations*, eds. David T. Roy and Tsuen-hsuin Tsien, Hong Kong: Hong Kong University Press, 1978, 315-342。

图4-6 《公卿将军上尊号奏》，220年，拓本局部，采自《書道全集》卷3《中國 三國、西晉、十六國》，图版55

图4-7 《受禅表》，220年，拓本局部，采自《書道全集》卷3《中國 三國、西晉、十六國》，图版57

以肯定的是，两碑的隶书文字出自同一书者。在过去的几百年间，许多金石学家将其归为钟繇手笔，他是东汉至曹魏时期因碑铭书法而名声远扬的书法家。[1]

登基一年后，曹丕找到另一个制作石碑的机会。他命令整修、扩建圣人故里曲阜的孔庙，与此同时恢复授予孔子后裔封号的传统。这些政令促成一方题为《封宗圣侯孔羡碑》的石碑的制作，碑就被放置在孔庙内，存留至今。[2] 在此之前，从

---

[1] 钟繇的名字出现在向曹丕呈文的官员名单里，但碑文未明确提到他是书者。参阅《書道全集》卷3《中國 三國、西晉、十六國》，第165页；叶程义：《汉魏石刻文学考释》，第1426—1429页。像蔡邕一样，钟繇因碑铭书法而知名。可追溯至他在世时期的一些佚名石碑曾被归为其作品，但通常缺乏证据。关于钟繇的书法史地位，见 Hui-liang Chu, "The Chung Yu (A. D. 151-230) Tradition: A Pivotal Development in Sung Calligraphy," Ph.D. diss., Princeton University, 1990。

[2]《書道全集》卷3《中國 三國、西晉、十六國》，第166页，图版59—60。

未有过统治者如此迅速或灵活地运用石刻媒介。如果按顺序阅读上述文本——劝请曹丕登基的奏书，宣示他接受帝位的声明，以及展现其尊儒德行的公告，三方石碑反映了皇帝统治不可动摇的合法性。[1]

在3世纪后期的中国南方，吴国的帝王石碑也发挥了相似的作用。当强大的西晋的威胁逼近其领土北部时，吴国的末代皇帝孙皓（264—280年在位）却得到了一些祥瑞现象的祝福。他迷信谶纬且关注灵异征兆，尤其得意于275年的一次发现——写着"吴真皇帝"的石头。他将这块神秘的石头和其他瑞象看成上天的赞许，改年号为"天玺"，并在276年立起一方石碑来纪念这些事件。该碑即《天发神谶碑》，如今我们只能通过拓片来了解它。其碑文以不同寻常的书体刻成，属于源自汉隶笔法的篆书。同年，在几位官员的建议下，孙皓

图4-8 《禅国山碑》，276年，拓本局部，采自《書道全集》卷3《中國 三國、西晉、十六國》，图版83

鼓起勇气决定举行一次封禅典礼，地点不在时属晋朝的泰山，而是今江苏省的国山。我们无法确知他是否真的实施了"封"礼和"禅"礼，即便一件与之有关的纪念性石刻《禅国山碑》（图4-8）尚存今江苏宜兴。[2] 这方碑虽是在距泰山很远的

---

[1] 220年夏，曹丕还竖立了一方纪念宴会的石碑。此次宴会是为军队及曹丕出生地谯县（今安徽亳州）的本地父老举行的。参阅施蛰存：《水经注碑录》，第218页。曹魏皇室赞助石刻的高潮是刻制一套新的石经。它们位于洛阳太学，完成于魏少帝（239—254年在位）时期。

[2] 《書道全集》卷3《中國 三國、西晉、十六國》，第173页。《三国志·吴志》提及"封禅国山"，可这方石碑只涉及禅地之礼。此处纪念碑还载有书者苏建及刻工殷政、何敖之名。碑的完整文字参阅叶程义：《汉魏石刻文学考释》，第1033—1042页。

地方刻制的，它仍呼应了泰山上的秦始皇刻石。这种对应关系首先体现为，该碑是孙吴时期罕见的完全以篆书书写的石刻，而篆书是秦代石刻所用书体；其次是独特的形状——它的东西两面宽于南北两面；再者是效仿秦始皇刻石的四面布文的样式。[1]

曹操在205年发布的石碑禁令得到晋武帝（266—290年在位）的重申。尽管如此，皇室主持制作或其他人为响应帝王行动而立的石碑仍有出现。其中一类纪念着皇帝的出行，与秦始皇巡狩过程中立起的刻石有相似的功能。278年，洛阳太学的教员及学生集体赞助了一方名为《皇帝三临辟雍碑》的石碑（见图4-25）。[2] 碑文记载了晋武帝三次亲临太学的盛事，并援引了皇帝鼓励儒学教育的话语。从帝王的角度来看，这件石碑出于奉承并感激他的到来；而对教员和学生而言，立在太学的石碑提高了这处教学机构的地位，其作用就如同现代社会中政治人物参观某学校的一张照片。

在国祚短暂的六朝所控制的南方地区，针对石碑的禁令持续奏效，但执行力度却不稳定，这使得东晋文人孙绰能够凭书碑获誉。[3] 刘宋王朝发布的一篇打压石碑的官方解释充满抨击之词，认为碑铭夸大了逝者的德行，而且或多或少地在行文时强行溢美，乃至歪曲史实，使得真正配得上荣耀的人失色。在南齐治下，禁碑的对象还扩展到了皇室成员。当南齐竟陵郡王萧子良于495年去世时，他的一位部下请求立碑纪念，遭到拒绝。[4] 梁代建立者梁武帝（502—549年在位）的异母弟萧秀卒于518年，仅在表奏获得特许之后，有司才得以在他的墓旁立起四方石碑，碑文乃受其恩惠的学者所作。碑铭书者贝义渊（约活跃于518年前后）还书写了梁代皇子萧憺（卒于522年）的墓碑。[5] 另一位梁代皇子萧宏（卒于526年）也是

---

[1] 叶程义：《汉魏石刻文学考释》，第1038页。
[2] 《書道全集》卷3《中國 三國、西晉、十六國》，第175—176页，图版89—92。
[3] Kenneth K. S. Ch'en, "Inscribed Stelae during the Wei, Chin, and Nan-Ch'ao," 80.
[4] 同上文，第79页。
[5] 《書道全集》卷5《中國 南北朝Ⅰ》，第144页。

梁武帝的异母兄弟,他墓前也置有石碑和石柱(图4-9)。[1]带有铭文的梁代纪念性石刻相对丰富,可能反映出梁武帝个人对书法的浓厚兴趣。除了收藏书法作品外,梁武帝还与当时的道教名流、书法家陶弘景谈论学问,并写过一篇关于擅长碑铭的书家钟繇的短文。[2]尽管禁碑令依然有效,但是梁武帝大概难以抗拒以石刻这种经久耐磨的形式来保存杰出的书法,因而特准刻制上述书作。

与他们的北方对手相比,南朝统治者们对石刻的赞助显得犹豫而且克制。北方君主来自非华夏的拓跋鲜卑民族,建立了北魏王朝。除了龙门的

图4-9 萧宏墓石碑与石柱,现位于江苏南京市学则路,采自姚迁、古兵编著:《南朝陵墓石刻》,北京:文物出版社,1981年,图版4

佛教石刻和洛阳郊外邙山墓群的墓志外,北魏统治者还制作了诸多石刻,或用于向先人敬献祷告,或用于标记皇室陵墓,或用于纪念祠庙建筑的修葺。[3]虽然没有一位北魏皇帝试图行封禅,但是至少有两次,献给泰山的皇家祷辞被刻在此间

---

[1] 关于南朝陵墓地表的石质纪念物,见 Ann Paludan, *The Chinese Spirit Road: The Classical Tradition of Stone Tomb Statuary*, New Haven: Yale University Press, 1991, 52-80. 萧顺之为梁武帝之父,梁代建立后被追尊为文皇帝,其墓碑仅余碑座。参阅杨宽:《中国古代陵寝制度史研究》,上海:上海古籍出版社,1985年,第156页。

[2] 梁武帝撰写的有关书法的文章中有一篇《观钟繇书法十二意》,参阅《历代书法论文选》,上海:上海书画出版社,1996年,第77—83页。

[3] 关于北魏统治者所赞助石刻的详细制作过程可参阅 Hui-wen Lu, "A New Imperial Style of Calligraphy: Stone Engravings in Northern Wei Luoyang, 449-534," Ph. D. diss., Princeton University, 2003, 54-61. 1980年,一项非凡的考古发现使得一处477年的石刻重获关注。该石刻位于内蒙古的嘎仙洞内,这里是北魏统治者祭祀祖先的地方。参阅米文平:《鲜卑石室的发现与初步研究》,《文物》1981年第2期,第1—7页。

的山石之上：一次是468年，属献文帝统治时期；一次是495年，乃孝文帝统治期间。遗憾的是，泰山上从未发现过这些石刻的任何遗迹。[1]

拓跋皇帝主持制作的数量最多、最为知名的纪念石刻歌颂了帝王的巡行及其军事功绩或神武才能。[2] 399年，道武帝（386—409年在位）打败高车族后从蒙古草原凯旋，国君在都城平城以北的薄山上立起了一方石碑。[3] 太武帝曾经刻石纪念一次狩鹿行动，还刻石庆祝了443年对刘宋王朝的战争胜利。[4] 另有几处石碑保存了北魏皇帝们在频繁巡行的过程中关于某些具体行为的记忆。435年，太武帝从平城出发，踏上前往恒山的旅行。这是一座位于山西北部的神圣山岳。在返回都城的路上，他经过一片沿今河北省的徐水河谷延伸的称为"五回岭"的山地。在此，皇帝停驾于路侧，援弓而射，箭矢飞越了一座山的顶峰。队伍中数名出色的弓箭手也做了尝试（或至少假装如此），但均无法企及太武帝的水平。为纪念皇帝的非凡射艺，随行官员刻制了三方石碑，立于该地。[5] 文成帝也在461年的巡狩中进行了相似的射箭活动，他把箭射过山西灵丘县的一座山，胜过了其他弓箭手。此事被记录在矗立于该地的巨碑之上。[6] 494年，当孝文帝在巡行期间经过这方碑时，他下诏令其兄弟和在场群臣朝同一座山峰射箭。北海王元详射出的箭距文成帝的箭最近，因此他的事迹被记载于一方石碣。[7] 宣武帝延续了帝王御射的传统，曾射出超过一里又五十步远的箭，当即激起臣僚对刻石纪颂此事的请求。[8]

---

[1] 祭祀文本没有出现在该王朝的史书中，但见于唐代类书记载。见（唐）徐坚等：《初学记》卷5，北京：中华书局，1962年，第94—96页。《魏书》记载，孝文帝在495年前往东部地域的巡行中，派遣了一位使者到泰山上进行祭祀，祷辞系为泰山而写。其法文译文参阅 Chavannes, Le T'ai Chan, 262-264。
[2] Hui-wen Lu, "A New Imperial Style of Calligraphy," 54-61.
[3] 《魏书》卷2，第34—35页；Hui-wen Lu, "A New Imperial Style of Calligraphy," 55n97。
[4] 《魏书》卷4，第79、95页。
[5] 其中一件刻于437年的《皇帝东巡之碑》出土于1936年。施蛰存：《水经注碑录》，第103—104页。
[6] 见本书第116页，注释[4]。
[7] 施蛰存：《水经注碑录》，第97—98页。一方名为《讲武碑》的石碑标记了孝文帝于494年在内蒙古武川县的云川附近讲习武事的地点。同前书，第1页。
[8] 同上书，第2—3页。

和位于山巅的秦始皇刻石以及西晋皇帝参观太学后立起的石碑一样，北魏皇帝的石碑标志着统治者穿越疆域的行动，在现实和修辞意义上，都可以说是将他们的权力刻记在了大地之上。[1] 494年，一位北魏皇帝促成中国石刻这一媒介的重要创新：并非围绕其事迹，而是由他本人所说话语形成的文本。这件作品题为《皇帝吊比干文》，被置于比干墓前。比干品行高尚，是荒淫的商朝末代统治者的叔父。[2] 碑文作者孝文帝还为一位皇室宗亲冯熙作了墓志铭，从而亲自述说了他本人在文化方面的成就，即皇帝的汉化政策是有望在拓跋贵族中推行的。[3] 当然，为纪念比干而作的碑文有可能是由他人起草的，或者完全属于代笔；不过，从措辞及观念的角度来看，该碑向读者展示的也许是中国有史以来第一份被定义为当朝帝王作品的公共石刻文本。由于这件石刻的出现，中国公共书作的历史逐步迈向唐代萌生的帝王御制并御书的综合体。

亲书纪念碑与唐代帝王石刻

截至7世纪初，中国的君主已经通过在石头上铭刻书作的方式标记巡行经过的地点，抑或宣扬其对宗教或思想系统的关注，借此声明自我的统治权。唐太宗当政时期，他巩固且极大地扩张了乃父高祖皇帝（618—626年在位）所建王朝的势力。宫廷书法家延续已然成熟的惯例，用石碑铭文记载帝王的事迹与政令。在为太宗而制的纪念碑中，有数件石碑的文字出自初唐最为重要的书法家虞世南（558—638年）和欧阳询（557—641年）之手。虞世南书《孔子庙堂碑》约完成于629年，叙述了唐太宗修缮都城长安太学里的孔庙一事。这种类型的碑刻和太宗扶持儒学

---

[1] 施蛰存：《水经注碑录》，第1、93页。
[2] 同上书，第78—80页。这方碑位于河南比干墓前，如今我们只能通过宋代重刻遗迹来了解它。
[3] 关于孝文帝在文化方面的成就，参阅 Hui-wen Lu, "A New Imperial Style of Calligraphy," 119-121。

图4-10 欧阳询《九成宫醴泉铭》，632年，拓本局部

教育的政策同属展现帝王品行的传统方式，在此之前本章讨论的一些皇家石碑亦然。[1]《九成宫醴泉铭》（图4-10）由欧阳询书写于632年，它借鉴了另一种先例，标识着以皇帝为主角的事件的发生地点。九成宫原是长安西北的一处隋代建筑旧址，唐太宗在此避暑时，信步宫中之际发现了一眼神奇的泉水。据传，泉中之水可令饮者长寿，而石碑颂扬的便是醴泉这种吉祥瑞象的出现。

唐太宗命供职宫廷的书法名家以精雕细琢的碑石记录他的权威，然而，不知疲倦、思维广博而精力旺盛的他并不满足于这些石刻。他不仅意识到，还在某种意义上创造了独特而强有力的帝王御书这一象征手法，而且赞助了刻有他亲自撰文并书写的文本的石碑。在此之前，也有几位中国皇帝是优秀的书法家，但唐太宗似乎是第一个将自己的墨书文字转换成石刻碑铭的皇帝。[2] 这位帝王发明的是可以被定义为亲书纪念碑的事物：它是一件供公众观看的艺术作品，塑造它的不只是捐资人的意志，还有他们对形式设计的直接参与。若要找到与之匹配的西方现象，我们应该联想这些例子——

---

[1]《書道全集》卷7《中國 隋、唐I》，第69—76页。
[2] 帝王书法概述见王化成主编：《中国皇帝书画选》，北京：华文出版社，1990年。

图拉真纪念柱是由罗马皇帝个人刻制的，或者至少是由他设计的；长期屹立于罗马卡比托利欧广场的铜骑马像（现在已经被复制品替代）是由马可·奥利略亲自铸造的。

两件唐太宗的亲书纪念碑实例，一为647年的《晋祠铭》，一为648年的《温泉铭》，均见于20世纪前期敦煌发现的拓片。山西太原附近的晋祠系为晋国先祖唐叔虞而设。[1]正是在这里，太宗的父亲高祖进行过祭祀，随后起兵推翻了隋朝最后一位皇帝的统治，宣告唐朝建立。[2]贞观二十年（646年）正月，唐太宗自攻打朝鲜半岛高句丽王国的失败战役归来，亲临晋祠，作文纪念父皇的美德，尔后刻铭于碑（图4-11）。太宗这件以其独特的行书写成的作品，所标识的不只是他本人的巡行地，还是对唐朝历史具有关键意义的地点。石碑刻有"御制御书"四字，这四个字还出现在玄宗《纪泰山铭》的起首处。太宗的《温泉铭》（图4-12）则标记了一处为帝王行乐而建造的处所。该碑立于长安以东唐太宗骊山宫宫门附近的亭内，碑文描述了此处离宫的周遭风景。太宗行草书体的原始碑文，仅有部分以拓片形式留存下来；隶书标题则出现在碑首，这种字体后来为唐玄宗习用。[3]

唐太宗的碑铭书法揭示了他对中国书法史更广泛的介入。他既是收藏者，又是理论家和实践者。在这些角色中，对王羲之书法的浓厚兴趣驱动着他，这位4世纪的贵族被认为是中国历史上最伟大的书法家。太宗在宫中蓄藏了两千余件王羲之的书作，要求大唐贵胄和朝中书家临习他的书风，还亲自为官修《晋书》里的《王羲之传》撰写了赞辞。唐太宗凭借御史的诡计，以不道德的手段获得王羲之杰作《兰亭集序》的故事增强了所有王羲之书迹被赋予的物品崇拜

---

[1] 对晋祠的介绍见Tracy G. Miller, "Water Sprites and Ancestor Spirits: Reading the Jinci," *Art Bulletin* 86 (Mar. 2004): 6-30。
[2]《書道全集》卷7《中國 隋·唐I》，第175页，图版86—89。
[3] 同上书，第175页，图版90—95。另有唐太宗为少林寺所书碑铭的残片，相关研究参阅 Mamoru Tonami, *The Shaolin Monastery Stele on Mount Song*, trans., P. A. Herbert, Kyoto: Instituto italiano di cultura scuola di studi sull'Asia orientale, 1990, 10-14。太宗还为其妻子写过碑，今已佚失。参阅 Wechsler, *Offerings of Jade and Silk*, 152。

图 4-11 唐太宗《晋祠铭》，647 年，拓本局部

图 4-12 唐太宗《温泉铭》，648 年，拓本局部，法国国家图书馆藏，采自《中国美术全集·书法篆刻编 卷 3 隋唐五代书法》，北京：人民美术出版社，1989 年，图版 34

价值。[1]太宗还将王羲之及其子王献之的行书作为自己书法的基础，发展出一种流畅生动的笔法，以运笔方向的快速变换和对结体方式难以预测的操纵为特征。

唐太宗对王羲之的关注并不单纯是审美方面的。这位势力根基来自北方的皇帝期望对新建立的唐王朝施加政治和文化控制。他将与南方贵族文化紧密联系的王

---

[1] 唐太宗作为收藏家的活动见 Lothar Ledderose, *Mi Fu and the Classical Tradition of Chinese Calligraphy*, Princeton: Princeton University Press, 1979, 25-28。

羲之书风作为国家统一的象征符号——一种在帝国的任何地区都赢得赞许的审美标准。[1]无论动机如何，唐太宗对王字的敬重巩固了王羲之作为"书圣"的地位。太宗对书法的迷恋还将这门艺术的地位抬到了一个新的高度，并向他的臣民展示了推崇真迹的模范。臣子们乐于把这种欣赏的目光转投向太宗的御书，有时其热情甚至达到滑稽可笑的地步。在玄武门（即太宗发动政变、暗杀其兄弟并夺权的地方）举办的某次宴会上，皇帝写下多件"飞白"作品并赐予群臣。渴望获得恩赐的集会众臣借酒壮胆，粗鲁地伸手争抢太宗书迹，极大地博得太宗的欢心。[2]诚然，任何与皇帝个人产生联系的艺术作品都充满近乎超自然的强烈光芒，但是太宗在收集和评议王羲之作品的过程中良好地完善了鉴定与欣赏机制，同时很可能由此提升了自皇帝御书以下的所有书作的价值。

与之前的收藏家一样，太宗热切关注的王羲之书作几乎全都是个人书信——用行书或草书写出的非正式文书（图4-13）。[3]从材质和内容来看，这些作品时效短暂且简单随意，被称为"帖"，从字面上理解即纸条；与碑刻不同，它们不是专为公开展示而作的。在针对王羲之和其他六朝早期书家的评论与鉴赏话语中，那些自由的笔迹被看成书法家情绪和感受的显现。人们相信，观看这类书法作品，就是直面书者思想和人格明白无疑的映射。将此种阅读和理解书法的观念转换到石刻媒介上，则是唐太宗的天才发明——写下与王羲之书帖同样即兴而不经雕饰的笔迹。

如我们所见，早期石刻上偶尔会出现书者的名字。在铁山刻经的案例里，个

---

[1]对唐太宗书法的这种解释由郭德夫（Stephen J. Goldberg）提出，参阅 "Court Calligraphy of the Early T'ang Dynasty," *Artibus Asiae* 49, nos. 3/4 (1988-1989), 189-237. 亦可参阅 Richard Curt Kraus, *Brushes with Power: Modern Politics and the Chinese Art of Calligraphy*, Berkeley and Los Angeles: University of California Press, 1991, 32。
[2]（后晋）刘昫等:《旧唐书》卷74, 北京：中华书局, 1975年, 第2608页；顾逸点校:《宣和书谱》,《中国书学丛书》本, 上海：上海书画出版社, 1984年, 第2—3页。
[3]关于王羲之书法传播的讨论及相关皇室收藏的概述，参阅笔者论文 "A Letter from Wang Hsi-chih and the Culture of Calligraphy," in *The Embodied Image: Chinese Calligraphy from the John B. Elliott Collection*, by Robert E. Harrist Jr. and Wen C. Fong, Princeton: The Art Museum, Princeton University; New York: Abrams, 1999, 241-259。

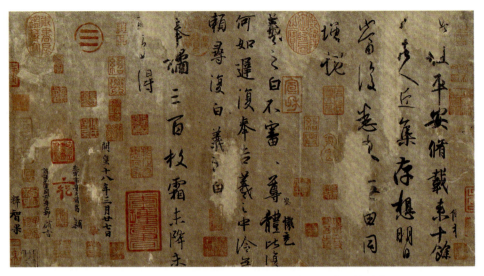

图 4-13　王羲之《平安、何如、奉橘三帖》，墨书纸本手卷，高 22.7 厘米，台北故宫博物院藏

人姓名作为增加石刻价值的必要信息显现，不过这种情况殊为罕见。往往是受礼敬者和捐资人而非书者的身份，决定着一份铭刻文本的重要性。以帝王御制石刻为例，如果回到秦始皇的时代，任何书法家，无论其地位有多高，都无法避免成为臣子或者说表达皇帝意志的机器的命运，他的任务就是在铭文书写中精准而鲜明地呈现捐资人的愿望。唐太宗通过创造属于自己的御制石刻，消除了中间人的角色。他驾驭了书法的独特力量，使之有目的地指向书者的身份。虽然任何书法作品都能产生这种效果，但是书者之手的律动与能量在行书和草书里体现得最为明显。凭借在碑文中使用这些字体，而非早期石质纪念物惯用的更加正式的书体，太宗表明自己拥有帝国最重要的书法家这一崭新角色：他不仅成为第一位书碑的皇帝，而且以先前为私人信件和非正式笺条所用的书体进行碑文书写。在神圣的石刻媒介上展示随意、自由的笔迹，这种尝试或许只有皇帝本人才敢于进行。

试图了解唐代读者对太宗石碑的思想含义领悟了多少，一个恰当的标准便是太宗的继承者制作他们自己的石刻的频率。首先是太宗之子高宗（649—683 年在位）。657年，高宗经过洛阳附近的一处战场遗址，他的父亲曾在那里击败一个争夺帝位的敌手，赢得了巩固唐朝统治及促使自身权力上升的关键胜利。在659年的题为《大唐纪功颂》（图4-14）的石碑上，高宗以太宗的行书风格为范，撰写文章并亲自书碑，来歌颂他的父亲。该项目完工时，石碑被立在战场附近太宗亲自创设的寺院之内。[1] 高宗的皇后武则天（624—705年；690—705年在位）则以她独特的聪颖，抓住了石刻的多重功能和政治价值。在多处装点有其夫君书作的场所，她加入自己的书法，采用的是与先例风格相近的王羲之流派的行书——唐代早期帝王书法的源头。作为她本人的王朝武周（690—705年）的创建者，武则天是中国历史上第一个也是唯一的女性皇帝；她还是最早创作石碑铭文的女性书法家。[2] 她的石刻《升仙太子碑》（图4-15）立于699年，坐落在嵩山附近的一座祭祀王子晋的神祠中。王子晋是一位乘凤的仙人，我们在云峰山的顶峰曾遇见过他的名字。这通异常宏大的石碑高5.3米，它的产生或许不仅是因为这位女皇迷恋所有类型的神异信仰，还因为王子晋既是仙人，又是周朝太子。武则天把周朝当作她所创立的武周的楷模。由武则天亲笔书写的高耸石碑，使神祠的来访者想起她的非凡功业，即开辟王朝以复兴大周逝去的统治荣光。[3]

武则天于705年退位后，中宗（684年；705—710年在位）和睿宗（684—690年；

---

[1]《書道全集》卷7《中國 隋、唐Ⅰ》，第173页。关于唐高宗所立其他石刻见《書道全集》卷8《中國 唐Ⅱ》，图版38—39、第164页以及Mamoru Tonami, *The Shaolin Monastery Stele on Mount Song*, 35-36. 亦可参阅Richard Curt Kraus, *Brushes with Power*, 48, 179 n11。

[2] 695年，武则天在嵩山举行封禅仪式，给予嵩山以新的称号——"神岳"，命名嵩山神为"天中皇帝"。她完善了相关礼仪制度，并通过撰写题为《升中述志碑》的碑铭（她可能还亲自完成了书写工作），在山上留下本人的踪迹。参阅Wu Hung, "The Competing Yue: Sacred Mountains as Historical and Political Monuments," Paper presented at the conference "Mountains and the Cultures of Landscape in China," University of California, Santa Barbara, Jan. 14-16, 1993（中文译文见[美]巫鸿著，郑岩、王睿编：《礼仪中的美术：巫鸿中国古代美术史文编》，北京：生活·读书·新知三联书店，2005年）。另有一方由武周大臣李峤书写的碑试图通过将嵩山与古代传奇女皇联系起来的神秘说辞来证明嵩山的特殊地位。

[3] 武则天对石刻的利用不限于石碑形式。她还在700年造访了河南一处名叫石淙的地方，而且留下摩崖题刻。这位女皇帝创作了一首诗，命令她的侄子武三思和其他十五位随驾官员和韵继作。她命人撰写了一段序言，刻之于溪流旁的岩面。参阅《書道全集》卷8《中國 唐Ⅱ》，第173—174页。关于其在少林寺的石刻，见Tonami, *The Shaolin Monastery Stele on Mount Song*, 36。广东罗定附近的龙龛岩存有699年刻凿的摩崖，内含武则天在位期间发明的新字。

图 4-14　唐高宗《大唐纪功颂》，659 年，拓本局部，采自《書道全集》卷 8《中國 唐 II》，图版 36

图 4-15　武则天《升仙太子碑》，699 年，拓本局部，采自《書道全集》卷 8《中國 唐 II》，图版 67

710—712 年在位）两位在遭到武后废黜前曾短暂掌权的皇帝，均制作了他们自己的石刻，践行了由其杰出的先祖太宗开创的惯例。[1] 到 712 年玄宗登上皇位时，由帝王创作并下令制作的石刻已成为唐代君主不可或缺的政治符号与礼仪组成。在统治前期，玄宗在多处立起石碑，包括他岳父和两位公主的墓前，以及嵩山少林寺和他于

---

[1]《書道全集》卷 8《中國 唐 II》，第 6—7 页。

722年到访过的华山西岳庙。[1] 三年后，他出发前往泰山，在那里举行了封禅典礼，而且在山上留下了一件亲书纪念碑。该碑标志着中国古代帝王书作的高潮。

重返泰山

唐玄宗执政时期是一个文化繁荣的时代，不过他晚年对杨贵妃的痴情以及致使他在756年退位的安史之乱，败坏了他的身后名。玄宗本名李隆基，在终结其祖母武则天统治的政变的余波中，这个名字第一次登上中国历史的舞台。武则天705年退位，约于二十年前被她废黜的中宗回归皇位。710年，中宗不幸被毒杀，该事可能乃其妻子所为，后者试图扶持她的一个幼子登基。身为被废黜的睿宗的第三子，李隆基当时还是楚王，在此关头他采取行动，带领军队帮助其父重掌大权。他的果断干预使他在皇位潜在继承者中的次序上升。712年，睿宗将皇位禅让给了时年28岁的这位皇子。

统治之初，玄宗颁布了一系列有力的行政和财政改革，使王朝趋于稳定。在一项著名的新政中，他试图允许史官比武周时期更自由地记录朝廷活动和讨论，从而令政府工作得到透明而仔细的监察。他在泰山上的活动将高调地呼应这一政策。经过最有影响力的大臣张说（667—731年）的劝说，玄宗恢复了几种已经废止的皇家礼仪，包括在长安城郊外祭坛举行的祭天仪式，该仪式旨在表明皇帝作为"天

---

[1] 唐玄宗的早期石碑包括以下几例：《王仁皎碑》，立于719年；《华山庙碑》，立于722年；《凉国长公主碑》，立于724年；《鄎国长公主碑》，立于725年。玄宗于724年颁布的政令被刊刻在四川的一方石碑之上，但无法确定石刻是否由玄宗授意而作。《書道全集》卷8《中國 唐Ⅱ》，图版90。参阅 [日] 西林昭一：《唐 玄宗 石臺孝經》，《書跡名品叢刊》第182—184册，东京：二玄社，1973年。750年，也即玄宗计划在华山行封禅的那一年，他将100件有关这一神圣山岳的碑铭的复本赐予包括颜真卿在内的多位重臣，它们可能属于拓片形式。参阅 Amy McNair, *The Upright Brush: Yan Zhenqing's Calligraphy and Song Literati Politics*, Honolulu: University of Hawaii Press, 1998, 145 n10（中文译本见 [美] 倪雅梅著，杨简茹译、祝帅校译：《中正之笔：颜真卿书法与宋代文人政治》，南京：江苏人民出版社，2018年）。

子"的地位。[1] 724年，在张说的领衔之下，自洛阳还都的玄宗朝官员开始上书，呼吁皇帝举行所有仪式中的至为神圣者——泰山上的封禅祭祀。

玄宗临朝以前，他的曾祖父太宗曾经筹划过行封禅，然未能实现。其后，尽管是在减损其神圣性的情况下，他的祖父母高宗和皇后武则天成功封禅。如果说有哪位唐朝帝王看起来具备举行封禅的资格的话，那只能是太宗，他使得帝国成为东亚的军事、政治和文化中心。即便如此，当631年朝中群臣第一次请求他进行这项祭仪时，太宗连连谢绝此事，他忧虑在前往泰山的路上会加重沿途百姓的负担。次年，史载"公卿百僚，以天下太平，四夷宾服，诣阙请封禅者，首尾相属"[2]。魏徵（580—643年）是太宗最信任的大臣，他承认太宗的成就，但告诫他封禅将使人民罹受苦难。在这样的建议下，皇帝再一次拒绝了封禅提议。[3]终于，637年，太宗在驳回了魏徵的再次反对后，命令朝中礼官开始考虑在泰山上举行祭祀的合适方法。在魏徵受任裁决了大量细节分歧之后，封禅祭祀的规程于641年编写完成，次年皇帝登临泰山的日期也已选定。太宗踏上了东进的旅程，然而一颗象征不祥的彗星的出现迫使他取消计划，并返回长安。648年，臣子们劝请他再度开展行封禅大典的尝试，但同样地，这次又落空了。唐太宗称，军事和财政上的压力，加之国境东北部的洪水，令该节点不宜作此计划。

尽管唐太宗从未实施封禅，但他在位期间的讨论却明晰了公认的举行仪式所需的条件：国家安定，外族臣服，祥瑞现世，收成上好，经济富足，以及统治者个人功绩与美德的其他体现。[4]太宗的继位者——体弱多病且多少显得意志不坚的高宗，从他父亲那里继承了一个强大、有序而繁盛的帝国。大臣们呈上请求，高宗

---

[1] Denis Twitchett, ed., *The Cambridge History of China*, Vol. 3, *The Sui and Tang*, Cambridge: Cambridge University Press, 1979, 387（中文译本见［英］崔瑞德编，中国社会科学院历史研究所西方汉学研究课题组译：《剑桥中国隋唐史：589—906年》，北京：中国社会科学出版社，1990年）. 关于郊祀的研究，参阅 Wechsler, *Offerings of Jade and Silk*, chap. 5。
[2]（宋）王钦若等编：《册府元龟》卷35，香港：中华书局，1960年，第385页。
[3] Wechsler, *Offerings of Jade and Silk*, 177-178.
[4] 同上。

先是依例表达自己尚不够格，而后做出举行封禅的决定。他在麟德二年（665年）十二月抵达泰山，随行人员包括一众皇亲国戚、高官、军兵、外使，以及最值得注意的人物——他的妻子武则天皇后。据《旧唐书》记载，武则天暗中催促高宗行封禅，并计划在仪式中为自己预留一个显要角色。[1]

乾封元年（666年）正月初一，高宗本人在山脚举行了祭祀昊天上帝的"封"天仪式，随后在山顶也完成了同样的仪式。[2]下山后，正当高宗行将举行"禅"地之礼时，武则天把握住了机会。高祖和太宗被定为"封"礼中的配享，他们的配偶则被定为"禅"礼中的配享。"禅"礼在一座名为社首山的山丘上进行，此地距离泰山之麓约3.2千米。[3]武则天提出，由于这里的配享均为女性，故而理应由她和其他宫廷女性参与祭礼的实施。高宗应允了妻子的请求，压下臣僚的反对声音。在将自己的供品呈给皇地祇之后，高宗退出武后和其他女性的祭祀场合。宦官撑起饰有纹绣的绸幕，把她们围蔽起来。此刻，武后成为中国历史上封禅行为女性参与者的第一人，在远处观看的官员们则在哂笑这一景象。[4]

上述做法固然令人惊异地背离传统，但是高宗在泰山上用到的书作沿袭了汉代建立的陈法。在"封"与"禅"的仪式里，帝王的祷辞都被刻在玉册之上，瘗埋于祭坛之下。[5]像秦始皇、汉武帝和光武帝一样，唐代君主也在泰山上留下记录其到访的石刻。这些纪念碑被置于"封"和"禅"的坛，以及高宗在仪式后接受群臣

---

[1]《旧唐书》卷23，第884页。
[2] 本文对唐高宗和武则天所行封禅仪式的描述，来自 Wechsler, *Offerings of Jade and Silk*, chap. 9。
[3] 梁父山是秦始皇、汉武帝和光武帝禅礼的地方。唐人选择了社首山而不是梁父山，因为他们相信社首山乃周代行禅礼之地。同上书，第182页。
[4] 同上书，第187页。
[5] 高宗所用玉册的文本不见于《旧唐书》记载。如先前的帝王祷辞一样，它似乎在祭祀时也是保密的。然而，其文本却出现在由姚铉（976—1020年）汇编的《唐文粹》里，见（宋）姚铉编:《唐文粹》卷31，《国学基本丛书》本，台北:商务印书馆，1967年，第574页。该文的法文译文见 Chavannes, *Le T'ai Chan*, 264。如沙畹所言，它的流传史是一个谜。

祝颂的坛等位置,其铭文无征于唐代史书,泰山上亦不见任何遗迹。[1]

后世史学家对高宗泰山之行的评价揭露出一个事实,即行封禅大典的君主所期许的达到资格与保持谦逊之间的恰当平衡似乎永远也做不到。在刘昫(887—946年)与其他《旧唐书》编纂者眼中,高宗"借文鸿业,仅保余位,封岱礼天,其德不类"[2]。在继任者看来,高宗退让于武后的强烈诉求,允许她和其他女性参与典礼,有损皇帝泰山之行的完美。

巫鸿认为,玄宗进行封禅的目的之一就是重新建立为武后扰乱的礼仪正统,同时彰示合法的唐代男性君主世系的回归。[3]然而,依照理想的模式,玄宗在同意选定日期前往泰山之前,不得不面对张说和其他大臣的多次提问。在一则提及封禅意图的文献中,他承认自己与先人相比仍有缺点;但是,当他审视整个帝国的状态时,又认为国运不凡:

> 今百谷有年,五材无眚,刑罚不用,礼义兴行,和气氤氲,淳风澹泊。蛮夷戎狄,殊方异类,重译而至者,日月于阙廷;奇兽神禽,甘露嘉醴,穷祥极瑞,朝夕于林薮。王公卿士,罄乃诚于中;鸿生硕儒,献其书

---

[1] 关于高宗在泰山上立起的石刻有多种不同说法。《旧唐书》记载,皇帝命人将石碑置于封禅祭坛及仪式结束后会见群臣处。《旧唐书》卷23,第888页。1111年,赵明诚游览泰山,将自己的名字刻在峰顶,他还录下题为《登封纪号文》的石刻铭文,包括分处两地的两则:一在山巅,是高宗亲自书写的摩崖大字,一在山麓,字体稍小一些。据赵明诚所述,后者几乎不为人知。(宋)赵明诚撰,金文明校证:《金石录校证》,上海:上海书画出版社,1985年,第441页。
1008年,宋真宗于泰山进行了"封"礼。他的顾问王钦若建议他书写一处石刻,布于唐高宗、玄宗石刻的东侧,尽管高宗石刻是否由其本人书写尚无定论。参阅(元)马端临:《文献通考》卷84,台北:新兴书局,1959年,第771页。高诲(活跃于16世纪20年代)于1523年游览了泰山,声称在山顶看见么宗摩崖及另一处石刻。他将后者辨识为一首颂诗,庆贺了666年高宗封禅后的群臣谒见一事。见(明)高诲:《游泰山记》,陈梦雷等编:《古今图书集成·方舆汇编》第184册,上海:中华书局,1934年,第34a页。但是高诲的记录值得怀疑,因《旧唐书》有载,帝王会见群臣之地以及纪念此事的石刻都位于山麓,而非峰岭。高诲提到,铭文已湮没于其他石刻和厚重苔藓的叠压。一件保存在岱庙的不寻常的石碑被称为"双束碑"或"鸳鸯碑",由两块石头组成,共用同一碑座和屋檐形碑首,年代约在高宗时期。此碑载有帝王献给泰山的神像与其他祭品的信息。参阅姜丰荣编:《泰山历代石刻选注》,第67—76页。
[2]《旧唐书》卷5,第112页。
[3] Wu Hung, "The Competing Yue."

于外。莫不以神祇合契，亿兆同心。[1]

有如先前每次准备封禅的过程，关于如何举行仪式众说纷纭。大部分参与争论的人达成一种共识——礼仪应当沿用太宗主持编写，并在高宗施行时经过微调的规范。即便如此，在"封"礼中皇帝应该先祭祀上天还是先燔烧供品，成了最难以解决的问题。张说快刀斩乱麻，指出该问题实际无关痛痒。在呈给玄宗的一份奏章中，他论述道："凡祭者，本以心为主，心至则通于天地，达于神祇。既有先燔、后燎，自可断于圣意，圣意所至，则通于神明。"[2] 张说还促成了一项"临时量事改摄"的原则，使得皇帝拥有酌情调整仪式细节的自由。张说的建议没有削减仪式的意义，而是提升了它们的政治分量。以往，礼制专家牢牢掌握着典礼象征意义的解释权及其实现过程。通过将权力从他们手中转移出来，张说使玄宗成为这件事毋庸置疑的主宰，同时把曾经的秘密仪式变为政治舞台上的公开行为。

礼仪方面的争论要么得到了解决，要么一直延续到泰山上正式典礼进行之时。玄宗从洛阳出发，队伍绵延数千米，规模远超唐高宗和武则天的行列。远远望去，队中成千上万的马匹按颜色分组排列，据称貌如成团的锦缎。虽然玄宗严令禁止增加不必要的民众负担，但是供养随驾队伍的压力仍然耗尽了沿途的乡里资源。[3] 725 年 12 月 16 日，玄宗到达泰山脚下。此前，他的旅行相当顺利，可此时忽然从东北方向刮来一阵强风，吹翻他们的帷帐，惊吓到皇室成员。张说从未错过任何将意外事件转化为政治资本的机会，他解释道，恶劣的天气不过是海神前来欢迎玄宗的表象。大风仿佛是得到指令一般，很快平息下来。而玄宗登上泰山的那个早晨，天朗气清。

由于玄宗不愿破坏山岳的神圣性，他仅在几个侍从的陪同下乘马出发。然而，

---

[1]《旧唐书》卷 23，第 892 页。
[2] 同上书，第 896 页。
[3] Denis Twitchett, ed., *The Cambridge History of China*, 3: 338. 本文对玄宗泰山之行的描述基于《旧唐书》卷 23，第 891—904 页。亦可参阅《册府元龟》卷 36，第 398—403 页。

整条路线沿途都布有卫兵，自下方望去，他们手中的火把就像前后相连直抵天穹的众星。为"封"礼而建的圆坛位于山顶的日观峰，四方均设台阶。[1] 在这个祭坛上，玄宗在其兄弟邠王和宁王的协助下，将肉和酒献给昊天上帝和配享的高祖之灵。祭坛的东南方有另一座建筑，其上堆着木柴，用以燔烧玉器和丝帛等供品。皇帝亲自点燃柴堆后，火焰燃起，在场群臣山呼"万岁"。他们的声音在山脚都能听见，可谓"声动天地"。[2] 第二天，玄宗用一套相似的礼仪，在社首山举行"禅"地之礼，以乃父睿宗为配享。第三天，皇帝会见随行群臣，接受他们的朝贺，以此结束在泰山的系列活动。

泰山书作和仪式

在埃德蒙·利奇（Edmund Leach）对仪式结构的研究中，他描述了参与者穿越精神感受的过渡区域的体验，而这一区域正是社会空间和超自然空间两种状态间的边界桥梁。[3] 玄宗在"封"礼前夜斋戒沐浴后，于次日登临泰山，此时的他实现了边界的穿越，被引导到山上，进入与昊天上帝和祖先魂灵进行仪式性神交的状态。皇帝与其臣僚借助精心准备的器具和服装，宣读或唱诵祷辞，乃至做出动作，以便在典礼期间达成并维持前述状态。

玄宗下山后，在社首山完成了"禅"礼，然后回到日常生活的空间世界里。但是他留在泰山上的书作，一如他的先辈置于此山的其他作品，在神圣与世俗的界域间保持着一种中间状态，成为永恒的开口，仿佛一扇半启之门。通过这扇门，皇

---

[1]《旧唐书》卷 23，第 900 页。Wechsler, *Offerings of Jade and Silk*, 186.
[2]《旧唐书》卷 23，第 899 页。
[3] Edmund Leach, *Culture and Communication: The Logic by Which Symbols Are Connected*, Cambridge: Cambridge University Press, 1976, 35（中文译本见［英］埃德蒙·利奇著，郭凡等译：《文化与交流》，上海：上海人民出版社，2000 年）。

帝与神灵世界能够持续沟通。玄宗借以到达这种中间状态的书作形式——玉册和石刻，与既往帝王所用的材料相同，不过他在这些媒介中调用文本的方法是全新的：他不仅公开展示刻于玉册的告天之辞，使之永载于其在位时期的史书记录，还将山岳本身转化成展示书法的巨大平面。

有如唐代帝陵祭礼中呈向皇室祖先的刻文玉册[1]，被玄宗带到泰山并用于封禅的玉册是皇帝和无形世界之间的一种交流方式。在历朝历代的许多场合下，人们相信某些文字讯息是从无形世界传递而来的。不可思议的预言文本常以玺印或石刻的形式出现，例如3世纪启迪孙皓改元并刻制《天发神谶碑》的"天玺"。[2]被认为有超自然来历的文字信息也出现在唐代历史的重要时刻。高祖建唐前不久，获呈一件青石龟，上有预言"李治万世"的神秘丹书。620年，另一件刻有"天下安，子孙兴，千万岁，千万叶"的石龟现世。[3]在太宗宣布高宗将继承其位后不久，人们发现一块有字的石头预言唐朝国祚绵长。太宗将其理解为上天认可他对继承人的选择，并在643年的郊祀中专门提到这一瑞兆。[4]武则天也得到过载有预言的石刻，此石688年现于洛水，但极有可能是她的侄子武承嗣伪造的。它无比顺应时势地写道："圣母临人，永昌帝业。"[5]

封禅祭祀期间埋在泰山的玉册指向书面交流的另一种途径，即从人的世界进入神的世界。[6]汉武帝首次行封禅时，就进行了玉册的瘗埋。从他开始，刻在礼仪物品上的文本一直都是保密的。但唐玄宗却在玉册入土之前，提出一个突兀的问题：

"玉牒之文，前代帝王何故秘之？"知章对曰："玉牒本是通于神明

---

[1] Wechsler, *Offerings of Jade and Silk*, 148.
[2] 见前文。
[3] 同上书，第65、71页。
[4] 同上书，第114页。
[5] Twitchett, ed., *The Cambridge History of China*, 3: 302.
[6] 关于旨在供神灵阅读的书写的起源，概要研究见 Olivier Venture, "L'écriture et la communication avec les esprits en Chine ancienne," *Bulletin of the Museum of Far Eastern Antiquities* 74 (2002), 35-65.

之意。前代帝王所求各异，或祷年算，或思神仙，其事微密，是故莫知之。"玄宗曰："朕今此行，皆为苍生祈福，更无秘请。宜将玉牒出示百僚，使知朕意。"[1]

根据玄宗的命令，刻好并填金的玉册被取出，展示给随驾泰山的群臣。最终，文本收入《旧唐书》：

> 有唐嗣天子臣某，敢昭告于昊天上帝。天启李氏，运兴土德。高祖、太宗，受命立极。高宗升中，六合殷盛。中宗绍复，继体丕定。[2]上帝眷祐，锡臣忠武。底绥内难，推戴圣父。恭承大宝，十有三年。钦若天意，四海晏然。封祀岱岳，谢成于天。子孙百禄，苍生受福。[3]

玉册得到展示后，和山脚下先行实施的"封"礼所使用的玉册被各自装盛在玉匮里，以金线系束、金泥封缄，泥上戳盖皇帝玺印。[4]玉匮又被放在石函中，亦封以金泥，盖以印文"天下同文"。[5]即使文献记载玄宗在"禅"礼中运用了相同流程，但我们并不知道他是否展示过献给地祇的玉册，玉册的文字也从未见载史料。

不过，在后来的数百年中，玄宗使用过的玉册和其他礼仪物品屡次出土于日观峰。每次发现后，这些器物都在当朝皇帝的旨意下被重新埋藏。1931年，一些士兵在清理社首山（又名蒿里山）上一座残塔的碎砾时，偶然找到了唐玄宗在

---

[1]《旧唐书》卷23，第898—890页。
[2] 此处采用沙畹的解释，认为"不"字实为刻错的"丕"字。见 Le T'ai Chan, 224 n1。
[3]《旧唐书》卷23，第899页。
[4] 译者注：此处提到山脚下先行施行的"封"礼，或是混淆了高宗和玄宗的祭祀程序。高宗先于山下"封祀"，再上山"登封"，而玄宗则是在皇帝本人于山上祭昊天上帝的同时，令群臣祀五天帝于山下。
[5] 书面文字的统一是光武帝列在纪念"封"礼的石碑上的功绩之一，见《后汉书·志第七 祭祀上》，第3166页。封禅祭祀期间将玉册刻字填金的做法，可能是唐高宗和武则天的发明，因为关于汉代帝王举行祭祀的文献里对此类装饰未着一字。《旧唐书》卷23，第885页。

图 4-16 唐玄宗"禅"礼玉册，725年，高 29.2 厘米，台北故宫博物院藏

"禅"礼中使用的玉册，和1008年最后一位举行封禅的皇帝宋真宗的玉册。[1]玄宗时期的玉册现藏台北故宫博物院，它们并非玉，而是白色良石，与一些唐代佛教造像的材质相同。每片长29.2厘米，共15片，刻有155字（图4-16）。该文本与泰山顶峰"封"礼中所埋玉册刻写的文本相呼应：

> 维开元十三年岁次乙丑十一月辛巳朔十一日辛卯，嗣天子臣隆基敢昭告于皇地祇：臣嗣守鸿名，膺兹丕运，率循地义，以为人极，夙夜祇若，汔未敢康。赖坤元降灵，锡之景祐，资植庶类，屡惟丰年，式展时巡，报功厚载。敬以玉帛、牺齐、粢盛、庶品，备兹瘗礼，式表至诚。

---

[1] 关于在泰山发现的刻文玉册，《故宫文物月刊》（台北，1992年，第9卷第10期）的一篇专题文章有所讨论。亦可参阅 Deng Shuping, "Two Sets of Jade Tablets in the Taipei Palace Museum," *Taipei Palace Museum Bulletin* 11, no. 6 (Jan.-Feb. 1977): 1-17。

睿宗大圣真皇帝配神作主,尚飨![1]

毋庸置疑,玄宗定会震惊于他埋下的其中一套玉册为现代劫掠者之手玷污,不过最初他展示"封"天玉册的决定还是消除了其部分神秘感。自秦始皇下令"封藏",汉武帝规定"封"礼"其事皆禁"开始,神秘感就一直笼罩着这些仪式。[2] 玄宗通过宣称他是为子民祈福,而非寻求长生不死或个人荣耀,回应了武则天的质疑。在武则天争取让女性参与祭祀的论辩中,她对先前的陈旧礼仪制度表示轻蔑,指出曾经号称出于社稷利益而行祭祀的帝王实际追求的是个人利益,也即获得永生等私欲。[3] 玄宗公开"封"天刻文玉册的行为不仅打消了所有对其私念的怀疑,还扩展了施行仪式的范围,准许当朝史官记录他的行为和话语。看起来有些矛盾的是,皇帝的开诚布公带来了绝对权力的增长,而非削减:正是玄宗,而不是其建言者,决定着政治和礼仪政策的实施。[4]

通过公开指向超自然读者的对话文本,玄宗赢得了文本所指向的力量的认可。祭祀过程中祥云汇集于山峰上方,引起"百辟及藩夷争前迎贺"[5]。"封"礼后一天,张说上报了更加奇异的瑞象:宇宙最高神灵太一送与皇帝神策。张说引用这条超自然讯息来说明一次循环业已完成,人民永宁即将到来。[6] 文献未能提供关于这一瑞兆的更多细节,但这份凭空降临的文书令玄宗俯身致谢。泰山祭祀的一个重要功能,就是用举行仪式和制作文本的方式把王朝的成就告知天地,因此上天理应也以文书回应这些行为。在"禅"礼后一天发布的公告中,玄宗提到上天赐予的文书,

---

[1] 感谢倪雅梅教授在笔者将玉册文本翻译成英文时给予帮助。节译版本见方闻和屈志仁(James C. Y. Watt)的专著。Wen C. Fong, and James C. Y. Watt, *Possessing the Past*, exhibition catalogue, New York: Metropolitan Museum of Art, Distributed by Harry N. Abrams, 1996, 102-103.
[2]《史记》卷28,第1367、1398页。
[3]《旧唐书》卷23,第886页。
[4] 许道勋和赵克尧在一部玄宗传记里认为,虽然张说可能曾经引导玄宗接纳相关政策,但最终体现出来的却是皇帝自身权力的巩固。许道勋、赵克尧:《唐玄宗传》,北京:人民出版社,1993年,第161—163页。
[5]《旧唐书》卷23,第900页。
[6] 同上书,第899页。

称之为"大篇",同时将这一征兆看作祭祀成功的标志。

玄宗泰山之行以授予此山"天齐王"的称号告终。接着,他和随驾人员造访了南边不远处的曲阜城,并在孔子故里举行了祭祀。他们在开元十三年(725年)十二月回到洛阳。此后,玄宗再也没有回到过泰山,但他没有结束与该地的密切关系,继续参与泰山书作的生产。次年七月,这位皇帝以序文和押韵的"铭"为形式撰写了一篇长文,题为《纪泰山铭》。[1] 这篇书法可能写在了纸张上,被遣送至泰山并刻于大观峰(图4-17)。[2] 不同于封禅典礼中提前准备好并作为祭仪预制物品的玉册,玄宗的铭文是一篇波澜壮阔的后记,总括了他取得的成就:

《纪泰山铭》　　御制御书

朕宅帝位,十有四载,顾惟不德,懵于至道[3],任夫难任,安夫难安。[4] 兹朕未知,获戾于上下,心之浩荡,若涉于大川。[5] 赖上帝垂休,先后储庆,宰衡庶尹,交修皇极,四海会同,五典敷畅[6],岁云嘉熟,人用大和。百辟佥谋,唱余封禅。谓孝莫大于严父[7],谓礼莫尊于告天,天

---

[1]《册府元龟》卷36,第402页。铭文末尾给出的日期是开元十四年九月,显然这是铭文的刻成时间。关于文学体裁"铭",参阅本书第一章。

[2] 铭文下部已被无数次的拓印及拓制者冬季的取暖用火毁伤。明代,叶彬重刻了其中的108个字。参阅崔秀国、吉爱琴:《泰岱史迹》,第53页。除了玄宗自撰的铭文以外,泰山上还立起另外三方碑,用以纪念他的到访:张说撰《封祀坛颂》[见(清)董诰编:《全唐文》卷221,上海:上海古籍出版社,1990年,第14a—18b页],源乾曜撰《社首坛颂》;苏颋撰《朝觐坛颂》。参阅《旧唐书》卷23,第904页。苏颋所作碑文明显用于标记玄宗在山麓会见群臣的地点,但有几种参考资料表明该碑刻于峰顶,由梁升卿书丹,位置靠近天子摩崖。明代,出自朱熹书法的四字辞句被福建官员林焯加于苏颋铭文之上。见崔秀国、吉爱琴:《泰岱史迹》,第53页。

[3](原著)英文译文基于Chavannes, Le T'ai Chan, 315-328,以及姜丰荣的注解(《泰山历代石刻选注》,第81—89页)。姜丰荣倾向于将铭文中韵文部分的每个短语都当作一个典故;相反,沙畹则较少对其翻译进行注解。笔者采取了介于二者之间的做法,把明确出自古代经典的字词做典故处理,它们的出处主要是《尚书》和《诗经》。就像《石门铭》的英译一样,遵循沙畹的先例,笔者并未通过格套化语言或精确的对仗来反映序文中的押韵对句。这些做法也保留在末尾的四言铭的翻译中。

[4] 这里暗指玄宗在其父睿宗重登皇位的过程中的角色。

[5] 典出《尚书》:"俾予一人,辑宁尔邦家,兹朕未知,获戾于上下,栗栗危惧,若将陨于深渊。"英文译文见Legge, trans., The Chinese Classics, 3: 188。

[6] 五种伦理道德关系("五典")指君臣、父子、兄弟、夫妻和朋友。

[7] 典出《孝经》:"孝莫大于严父。"《孝经引得》,哈佛燕京学社引得特刊第23号,台北:汉学研究资料及服务中心,1966年,第2页。

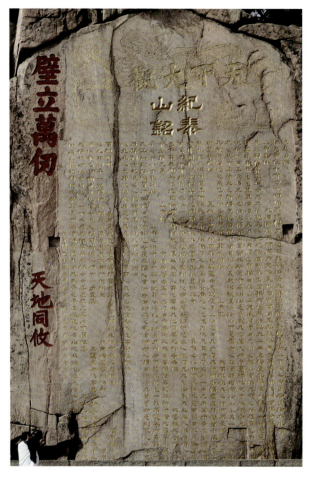

图 4-17 唐玄宗《纪泰山铭》,726 年,涂金石刻,通高 17.1 米,山东泰安市泰山,译者摄影

符既至,人望既积,固请不已,固辞不获。肆余与夫二三臣,稽虞典,绎汉制,张皇六师,震詟九宇。旌旗有列,士马无哗,肃肃邕邕,翼翼溶溶,以至于岱宗,顺也。

《尔雅》曰:"泰山为东岳。"《周官》曰:"兖州之镇山。"[1] 实惟天帝之孙,群灵之府。其方处万物之始,故称岱焉;其位居五岳之伯,故称宗

---

[1] 兖州乃泰山所在古代地理和行政单位。

焉。[1]自昔王者受命易姓，于是乎启天地，荐成功，序图录，纪氏号。朕统承先王，兹率厥典，实欲报玄天之眷命，为苍生之祈福，岂敢高视千古，自比九皇哉！故设坛场于山下，受群方之助祭；躬封燎于山上，冀一献之通神。斯亦因高崇天，就广增地之义也。

乃仲冬庚寅，有事东岳，类于上帝，配我高祖。在天之神，罔不毕降。粤翌日，禅于社首。侑我圣考，祀于皇祇。在地之神，罔不咸举。暨壬辰，觐群后。上公进曰："天子膺天符，纳介福。"群臣拜稽首，千万岁，庆答欢同，陈诚以德。大浑叶度，彝伦攸叙，三事百揆，时乃之功。万物由庚，兆人允植，列牧众宰，时乃之功。一二兄弟，笃行孝友，锡类万国，时惟休哉！我儒制礼，我史作乐，天地扰顺，时惟休哉！蛮夷戎狄，重译来贡，累圣之化，朕何慕焉。五灵百宝，日来月集，会昌之运，朕何感焉。凡今而后，儆乃在位，一王度，齐象法，摧旧章，补缺政，存易简，去烦苛。思立人极，乃见天则。於戏！天生蒸人，惟后时乂[2]，能以美利利天下，事天明矣；地德载物，惟后时相，能以厚生生万人，事地察矣。天地明察，鬼神著矣。

惟我艺祖文考，精爽在天，其曰："懿余幼孙，克享上帝。惟帝时若，馨香其下。"[3]丕乃曰："有唐氏文武之曾孙隆基，诞锡新命，缵戎旧业，永保天禄，子孙其承之。"余小子敢对扬上帝之休命，则亦与百执事尚绥兆人，将多于前功，而愍彼后患。一夫不获，万方其罪予；一心有终，上天其知我。朕维宝行三德，曰：慈、俭、谦。慈者，覆无疆之言；俭者，崇将来之训；自满者人损，自谦者天益。[4]苟如是，则轨迹易循，基构易

---

[1]关于"岱"作为泰山别称的意义，参阅 Paul W. Kroll, "Verses from on High: The Ascent of Tai Shan," *Toung Pao* 69, nos. 4-5 (1983): 229-230。
[2]典出《尚书》："惟天生民有欲，无主乃乱。"英文译文见 Legge, trans., *The Chinese Classics*, 3: 178。
[3]笔者对这一难解段落的释读，主要参考了姜丰荣编：《泰山历代石刻选注》，第 86 页。
[4]典出《尚书》："满招损，谦受益，时乃天道。"英文译文见 Legge, trans., *The Chinese Classics*, 3: 65。

守。磨石壁，刻金记，后之人听词而见心，观末而知本。

铭曰：维天生人[1]，立君以理。维君受命，奉天为子。代去不留，人来无已。德凉者灭，道高斯起。赫赫高祖，明明太宗[2]，爰革随政[3]，奄有万邦[4]。馨天张宇，尽地开封，武称有截[5]，文表时邕。高宗稽古，德施周溥，茫茫九夷，削平一鼓。礼备封禅，功齐舜禹。岩岩岱宗[6]，衎我神主[7]。中宗绍运，旧邦惟新。[8]睿宗继明[9]，天下归仁[10]。恭己南面[11]，氤氲化淳。告成之礼，留诸后人。缅余小子，重基五圣[12]，匪功伐高，匪德矜盛。钦若祀典，丕承永命，至诚动天，福我万姓。古封泰山，七十二君，或禅奕奕，或禅云云[13]，其迹不见，其名可闻。祗遹文祖[14]，光昭旧勋。方士虚诞，儒书龌龊，佚后求仙，诬神检玉。[15]秦灾风雨[16]，汉污编录[17]，德

---

[1] 典出本书第279页，注释[2]所引《尚书》同一段落。
[2] 此处对唐高祖和唐太宗的描述方式来自《诗经》第263篇《常武》中的一个段落："赫赫明明，王命卿士。"英文译文见 Legge, trans., *The Chinese Classics*, 4: 555（有所修改）。
[3] 注意，此处"随"字带有走之底，此为隋代开国皇帝去除的偏旁，他担忧该偏旁会为新王朝引来不祥。唐代统治者没有理由规避被他们击败的王朝的旧版国名称。参阅 Chavannes, *Le T'ai Chan*, 325 n1。
[4] 典出《诗经》第274篇《执竞》："自彼成康，奄有四方。"英文译文见 Legge, trans., *The Chinese Classics*, 4: 579。
[5] 典出《诗经》第304篇《长发》："相土烈烈，海外有截。"英文译文出处同上书，第640页。
[6] 典出《诗经》第300篇《閟宫》："泰山岩岩，鲁邦所詹。"英文译文出处同上书，第627页。
[7] 典出《诗经》第301篇《那》："奏鼓简简，衎我烈祖。"英文译文出处同上书，第631页。
[8] 此处暗指武则天统治结束之后的中宗复辟。
[9] 借助第三子即未来的玄宗的干预力量，唐睿宗在其兄长中宗被毒死后，成功地重掌皇位。
[10] 当被问及"仁"的定义时，孔子解释道："一日克己复礼，天下归仁焉。"英文译文见 Legge, trans., *The Chinese Classics*, 1: 250。
[11] 典出《论语》："子曰：'无为而治者，其舜也与！夫何为哉？恭己正南面而已矣。'"英文译文出处同上书，第295页（有所修改）。
[12] "五圣"指初唐的前五位皇帝，但不包括武则天。
[13] 《史记》卷28，第1361页。"奕奕"之名没有出现在司马迁列出的禅地场所中。沙畹认为，"奕奕"或即邿绎山（峄山），应劭指山该山系古代帝土行禅地仪式处。见 *Le T'ai Chan*, 327 n2。
[14] 典出《尚书》："今民将在祗遹乃文考。"英文译文见 Legge, trans., *The Chinese Classics*, 3: 385-386。
[15] 这里暗指秦始皇和汉武帝，以及他们出于追求个人长生目的而对封禅不甚光彩的利用。前代统治者保持文本的神秘性，而不是像玄宗那样在举行仪式时展示玉册告文。
[16] 秦始皇为行"封"礼而登泰山时，遇到了一场暴风雨，此事被后来的儒生们视作他不配封禅的征兆。他们还以此为据，认为秦始皇实际上没能成功完成礼仪。见《史记》卷28，第1367、1371页。
[17] 当汉光武帝面对举行封禅的请求时，他回应道，自己的德行尚不符合上天的要求，并且他担心污辱七十二位举行过祭典的古圣先王的序列。尽管如此，他最后还是改变主意，进行了封禅。见《后汉书·志第七 祭祀上》，第3161页。

未合天，或承之辱。道在观政，名非从欲。[1]铭心绝岩，播告群岳。大唐开元十四年岁在景寅九月乙亥朔十二日景戌建。[2]

玄宗的长篇文字既是一份充满政治和思想诉求的历史文献，又是宗教和孝道的展示。作为铭记其个人成就的纪念碑，《纪泰山铭》回顾了玄宗在位期间的政绩，而这恰恰是激起群臣请求他行封禅大典的缘起。文章通过列举皇室先辈之名并加以赞颂，还起到修正唐朝历史的作用。玄宗提到了太宗、高宗、中宗和他的父亲睿宗。祖母武则天的名字明显缺席，她曾废黜了上述皇帝中的后两位，而玄宗也仅以"绍运"二字暗寓中宗的复位。

巫鸿认为，玄宗封禅的动机之一是重申合法的唐代男性帝王世系，若此说成立，那么大观峰上的御制铭文应当被解读为反映这次正名行动的蔚然大观。[3]尽管序文是整篇文字里最长的部分，但是押韵的"铭"却承载着最核心的礼仪意义。它的四言辞句和古老用语，令人想起秦始皇和汉光武帝泰山石刻所用的语言形式，还有唐玄宗本人携至泰山的玉册上告天地之文的顿挫声调。引用诸如《诗经》《尚书》典故的密度，还标志着这篇文章高度格套化的写作方式，其华丽措辞与封禅礼仪的程式化行为相互呼应。据柯马丁所言，这种礼仪性文本的语言运用方式，在实际内容之外，还"保存和实现了宗教和社会传统的稳定性与连续性"[4]。玄宗希望借由泰山上的仪式和书作，使王朝得以巩固和延续。

---

[1]这是说明玄宗行禅礼的无私动机的另一种说法。
[2]此处"景"字乃是避"丙"字之讳，该字是唐高祖父亲名字的一部分。姜丰荣编：《泰山历代石刻选注》，第89页，注释182。
[3] Wu Hung, "The Competing Yue," 56.
[4] Martin Kern, "*Shi jing* Songs as Performance Texts: A Case Study of 'Chu Ci' (Thorny Caltrop)," *Early China* 25 (2000): 65. 感谢柯马丁教授允许笔者阅读这篇文章的稿本。

帝王之手

即便观者尚未读懂玄宗铭文的内容，它的体量也已经毫无疑问地表明这些文辞承载着弥足重要的信息。不过，造成壮观的视觉效果的不仅仅是每个字高约 16 厘米的硕大尺寸，抑或铭文的鸿篇巨制。像铁山上的《大集经》一样，玄宗的文字被框定在一个巨大的石碑意象中。为了营造这种效果，岩石崖壁表面被仔细地磨平，且在添加文字以前刻出了网格。在铭文阵列的上方，逐渐上收的尖顶区域为碑首提供了空间；这种外形使它在视觉上与周边未经加工的原石区分开来，和独立圭首石碑的顶部相似。中央四个大字"纪泰山铭"为这方模拟石碑的题目，每个字高 45 厘米。完成该设计后，在对应于独立石碑上端由两条或更多交缠在一起的龙占据的位置，一条龙盘踞在皇帝的篇章之上，躯体为卷云纹所围绕。龙下方的左右两边，云朵托起莲花形状的底座，上承蜡烛与可能属于盆景的物品（图 4-18）。"天下大观"四个大字叠压于龙身下半部，为明代增刻。

图 4-18 《纪泰山铭》碑首中的云龙图案，726 年，译者摄影

铁山距曲阜仅25千米,玄宗在举行泰山封禅后到访曲阜,那么玄宗石刻的设计是否受到铁山上模拟石碑的启发呢?及至唐代,大规模的刻经活动早已停止,没有证据表明当时有人对铁山刻经给予过丝毫关注,泰山上更为恢弘的《金刚经》甚至都无人提及。即便铁山刻经有可能为玄宗铭文提供原型,玄宗试图效法和超越的模范也更应该是唐代早期帝王的御制石碑。唐代最初三帝的统治时期——高祖、太宗、高宗三朝,以及武周时期,独立石碑"上升"到新的高度。超过5米的纪念碑高过了目前所知任何唐以前的石碑,屹立在皇家陵墓和陪葬墓前,或者与皇室关系紧密的祠庙中。初唐最大的石碑之一是一处长方形的巨石,高达6.3米,由武则天竖立于684年,为歌颂她的丈夫高宗而建造。这座纪念碑四面都刻有铭文,顶部覆有石质屋檐,高耸在高宗和武则天的乾陵前方(图4-19)。另一方有着同样高度的石碑是献给武则天的所谓《无字碑》,位居指向陵墓的神道的另一侧。[1]

图4-19　唐高宗和武则天陵墓前的《述圣纪碑》,684年,高6.3米,陕西乾县乾陵,陈立伟供图

武则天还是另一件巨型石刻《升仙太子碑》的捐资人和书写者。这方石碑高5.3米,由于书者的性别及宏大的体量,它实属不寻常的纪念物。它提醒人们,武则天曾经大胆地尝试重构中国的礼制地理。武则天将石碑不远处的嵩山指名为帝

---

[1]陕西省文物管理委员会:《唐乾陵勘查记》,《文物》1960年第4期,第53页。

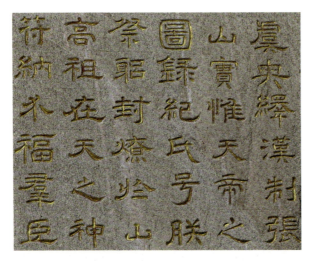

图 4—20 《纪泰山铭》涂金刻字细节，726 年，每字高约 16 厘米，山东泰安市泰山，陈立伟供图

国最重要的神圣山岳，并且于 695 年在这座山上举行了可视作封禅典礼的变体的仪式。[1] 毁坏该碑和其他由武则天下令制作的石刻，是抹掉它们所代表的宗教和思想污点的一种办法。不过，玄宗选择了另一条路径。他在泰山行封禅礼，去除了有关他祖母扰乱王朝和礼制秩序的历史记忆。与之相应的是，他刻在泰山之巅的《纪泰山铭》，胜利地宣示着他的统治和泰山祭祀在政治与思想上的合法性，其体积远超武则天在嵩山及其他神圣山川用以留下个人印记的石碑。

除了体量之外，玄宗的这件纪念性石刻在现存摩崖中显得特立独行的又一原因是，字口内填入金料——玄宗在铭文里已然提示读者注意这一点（图 4-20）。涂料在 1959 年和 1982 年两次得到了翻新，但黄金在千百年前就已经附着于石上。此事可由杜仁杰 1265 年的游记得到确认，他提到在泰山的唐代大型摩崖石刻中看见金子的痕迹。[2] 虽然这已经是最早的记载，但是某种金料很可能在 726 年文字刻完后不久便被涂于其上。

玄宗铭文饰以黄金，实际上接续了与书写本身一样古老的中国传统，即在铸造或雕刻的文字中填入颜料或贵重材料。在商代的甲骨文上，填进刻字的颜料使之

---

[1] 参阅 Wu Hung, "The Competing Yue," 56。
[2] （元）杜仁杰：《东平张宣慰登泰山记》，见姜丰荣编：《泰山历代石刻选注》，第 306 页；英文译文见 Chavannes, Le T'ai Chan, 349-353。

更加清晰易读，或者说，可能显现了其上的预言内容。[1]同样地，嵌在东周青铜钟铸铭里的细小金饰让文字更易于观看。与此同时，当这些器物在祭祀亡故先人之灵的仪式中奏响时，金子可以加强它们在视觉上的华彩，或许还能增进它们作为礼器的效力。填金文字甚至能赋予那些本来看似仅具纯实用功能的物品以礼仪意义，例如在东周时期有助于商业的金属通行凭证"节"。[2]在后世，颜料被添加到墓志和其他石刻文字上，这些石刻的表面有时还饰以黑漆。得益于发现为王莽未施行的封禅仪式而准备的玉牒，我们能够在与玄宗铭文相同的礼仪语境下观察镶嵌或着色文字的用法：如果王莽成功将这些玉牒带到泰山，突出文字的红色颜料就会与彩色的土丘结合在一起。该土丘是为"封"天之礼而筑的，构建出祭祀仪式中的五色象征体系。

嵌在玄宗铭文中的金料不仅使文字更易读也更引人注目，还以巨量规模复现了其泰山玉册对金料的运用，从而建立起两种书写形式之间的物质纽带，呼应着二者共有的礼仪价值。[3]据《旧唐书》记载，现已佚失的"封"天玉册饰有黄金，而且在1931年发现的玄宗"禅"地白石简册的刻文上仍能看到明显的涂金痕迹（见图4-16）。[4]由于册文在皇帝泰山之行前就已刻好，所以它对在大观峰的平滑表面

---

[1] David Keightley, *Sources of Shang History: The Oracle Bone Inscriptions of Bronze Age China*, Berkeley and Los Angeles: University of California Press, 1978, 54-56. 刻在一根老虎前腿骨上的商代甲骨文内嵌绿松石片。参阅Robert W. Bagley, "Anyang Writing and the Origin of the Chinese Writing System," in *The First Writing: Script Invention as History and Process*, ed. Stephen D. Houston, Cambridge: Cambridge University Press, 2004, 213。

[2] Lothar von Falkenhausen, "The E Jun Metal Tallies," in *Text and Ritual in Early China*, ed. Martin Kern, Seattle: University of Washington Press, 2006, 98-103。

[3] 填金是泰山封禅玉册的一个重要元素。遵循早至汉武帝时期的先例，系有金线的刻文玉牒被放在玉匮中。这些容器以金泥密封，其上盖有皇帝玺印，然后被置于石函中，石函也用金线和金泥来密封。见《旧唐书》卷23，第899页。有证据表明，为武则天准备的礼仪文书也用到了金。1982年，一份刻有双钩文字的金简发现于嵩山北侧山峰。这件奇特物品上的铭文带有对应700年七月初七的日期，是以武则天的口吻向嵩山神请求将其姓名从罪人行列中移除的祷辞。金简由她的使臣胡超投在嵩山的岩缝中。参阅James C. Y. Watt, et al., *China: Dawn of a Golden Age, 200-750 AD*., exhibition catalogue, New York: Metropolitan Museum of Art; New Haven: Yale University Press, 2004, 297. 在被称为"投龙"的仪式里，刻在金属或其他材料上的文句被投向岩石或水体，以龙为媒介向神灵世界传递信息。衡山出土过一件用于738年的投龙仪式的铜片，上载玄宗祷辞。参阅李零：《入山与出塞》，北京：文物出版社，2004年，第7页。亦可参阅Édouard Chavannes, "Le jet des dragons," in *Mémoires concernant l'Asie orientale*, ed. Émile Senard and Henri Cordier, Paris: Éditions Ernest Leroux, 1919, 3: 53-220。

[4] 宋真宗禅地玉册刻文中留存了更大面积的金料，见Wen C. Fong, and James C. Y. Watt, *Possessing the Past*, 55, pl. 16。

上大量涂金的行为而言是一种预示,或许也正是其灵感来源。在8世纪的大观峰,玄宗书作不但成为有史以来最大的帝王刻铭,而且是最为奢华者。

中国传统里君主登座的方式是面南而坐,玄宗的铭文亦朝向南方,我们甚至可以将它理解为这位皇帝自身的象征——崖面就如同统治者的面容,注视着他的领土。然而,玄宗和这座刻铭纪念碑之间最基本的纽带,乃是他亲手写下的独特隶书本身。对于习惯了阅读先前诸帝(包括武则天)笔墨的唐代观者而言,铭文视觉形式和书者帝王身份的联系是显而易见的。因而,玄宗选择以隶书书碑,也向他的读者们传达了微妙的审美和政治寓意。

汉朝覆亡后的3—4世纪,隶书应用于一些短命王国的石刻铭文。但在同一时期,楷书登场了,并且成为最流行的石刻书体。与隶书相比,楷书更加高挑直立,结体紧密且造型灵动。楷书起笔和收笔时的"藏锋"技巧,营造出笔画的圆润轮廓,而不是隶书中更加方硬或者开张的典型形状。初唐时期,宫廷书法家虞世南、欧阳询和褚遂良(596—658/659年)将北朝棱角分明、结构硬朗的书法形式与南方王羲之书体中柔软流畅的笔触融为一体。[1]这一融合诞生了楷书的经典范式,直到今天仍有书者模仿。我们看到,虽然唐太宗本人在碑铭上使用了行书,但绝大部分初唐铭文却是以在其朝中发展起来的极易阅读的端正楷书写成的。

根据《宣和书谱》(12世纪初汇编)对玄宗的记载,他推动古典字体复兴的行为正是对唐代朝廷中占主流的楷书字体做出的反应。当时的情形是,"(玄宗)初见翰苑书体狃于世习,锐意作章草八分,遂摆脱旧学"[2]。章草是一种汉代人使用的隶书简易写法,遗憾的是,该书体的玄宗书作无一存世。关于"八分"一词的准确含义,有多种不同的解释——《宣和书谱》的编纂者也发现该词的含义是随着时代不断变化的。[3]总的来说,"八分"指的是汉代隶书的经典形式,出现在《史晨碑》

---

[1] 郭德夫分析了唐代楷书的出现,见 Goldberg, "Court Calligraphy of the Early T'ang Dynasty"。
[2]《宣和书谱》,第3页。
[3] 同上书,第158页。

（图4-21）等书作中，以略呈方形的结构和开张、波磔的横画为特征。《宣和书谱》对"八分"和更常见的"隶书"一词的关系避而不谈，而是接着给出玄宗对此种书体感兴趣的一个依据：

> 然斯道高古，非世俗通行之书，以故阙然不讲久矣。唐开元年，时主恻然知隶字不传，无以秎式后学，乃诏作《字统》四十卷，专明隶书。[1]

包括撰写现已佚失的《字统》在内，玄宗复兴隶书的计划获得了其他书法家无法掌握的权力和资源支撑，但初唐时期对这种书体的忽视并非如《宣和书谱》所说的那样绝对。[2] 即使是在7世

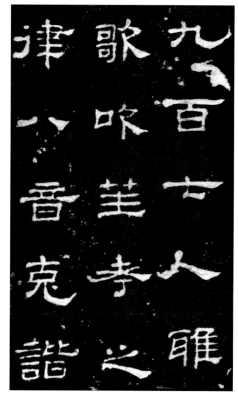

图4-21 《史晨碑》，169年，拓本局部，采自《書道全集》卷2《中國 漢》，图版100

纪唐代楷书如日中天的时候，仍有隶书碑铭不断出现。楷书大家欧阳询有时也写隶书，例如其631年的作品《房彦谦碑》。[3] 殷仲容（活跃于约650—674年）特擅隶书，任职于高宗及武周朝，曾为多位陪葬太宗昭陵的达官显贵书写墓碑铭文。[4] 殷仲容的书法展现出富有生气的波磔、张扬的斜捺以及朝向左下方的方钝撇尖，有

---

[1]《宣和书谱》，第17页。
[2] 刘涛：《书法谈丛》，北京：中华书局，1999年，第150—162页。
[3]《書道全集》卷7《中國 隋、唐I》，第163页，图版42—43。
[4] 殷仲容是颜真卿的舅祖，见 Amy McNair, *The Upright Brush*, 27-28。

如东汉、曹魏和西晋隶书刻铭的特点（图4-22）。在石碑之外，至少还有一处唐前期摩崖，即位于江苏花果山（传说中孙悟空的故乡）的719年崔逸（活跃于8世纪初）《东岩壁记》，铭文糅合了篆书和隶书。[1]

即便隶书在唐前期未被遗忘，玄宗作为一名书法家和捐资人也赋予这种书体以新的意义。如《宣和书谱》所述，关键之处在于这种书体与"世习"字体之间形成的对比。与玄宗《纪泰山铭》具有礼仪性质的古典文辞功能相似，书写铭文所用的隶书能够将其与日常用法区分开来。若以历史的眼光看待，这个结果遵循了曾让隶书成为新潮的相同逻辑。卫恒（卒于291年）在《四体书势》里解释，汉代隶书兴起之后，篆书仅在具有仪式或礼仪价值的物品上使用，例如符牌、玺印、旌旗和匾额。[2]碑额上的篆书也是如此，它们使得文字在视觉上具有复古格调或装饰

图4-22 殷仲容《李神符碑》，651年，拓本局部，采自《書道全集》卷8《中國 唐Ⅱ》，第187页

性。《西岳华山庙碑》立于165年，碑文主体以隶书呈现，位于碑顶的题额则是篆书（图4-23）。这就像当代报纸以古雅的哥特字母印刷的报头一样，足以赋予它所标记的正文一种复古而庄重的氛围。楷书一旦取代隶书成为最常用于公共书写的字体，隶书就会被"推后"，变成一种过时的书法模式；篆书在汉代被"古典化"

---

[1] 该石刻以一种兼容隶、篆特点的字体写成，署有崔逸的姓名，但是我们无法确认他是铭文的撰者还是书者，抑或二者皆是。见刘洪石：《唐宋风韵，绝壁生辉：花果山唐隶宋篆介绍》，《书法丛刊》1997年第4期，第49页。
[2]（晋）卫恒：《四体书势》，《历代书法论文选》，第15页。

图 4-23 《西岳华山庙碑》，165 年，拓本，采自《中国美术全集·书法篆刻编 卷 1 商周至秦汉书法》，图版 86

时产生的联想，同样会加诸唐隶之上。

玄宗的隶书带给铭文一种古老的韵味，这是楷书作品无法形成的。然而，皇帝对这种字体的运用不应当只是被看作审美选择：就像其他与统治者有关的事物那样，他的亲笔书作可以成为政治和思想信息之源。玄宗不但偏离"世习"，而且与皇室先辈的书体背道而驰。太宗在对王羲之的学习中发展出流畅优雅的行书，他的继承者也用这种书风，仿若唐代皇室的"馆阁体"一般。[1] 玄宗没有以这种风格着墨，而是偏爱笔画缓慢沉稳、结构井然有序的隶书。尽管贤明的唐太宗曾在石刻中运用行书，但是行书已不再是帝王书法合适的模范，因为它与篡夺皇权的武则天存在联系——她以行书字体写过其赞助的石刻铭文。如同玄宗封禅宣告了礼仪和王朝的合法性，他的书法标志着一个新起点，是能量丰沛的年轻君王知识和道德方面之独立性的视觉化身。玄宗的泰山石刻铭文对祖先加以颂扬，他的书法却使自己与先人及其执政形势的不足拉开距离。

颇为讽刺的是，至8世纪中叶，玄宗书作的复古效应被隶书的广泛传播冲淡了。此事由皇帝本人引起，用长安的一句古话来说，就是"城中好高髻，四方高一尺"。金石学家叶昌炽指出，玄宗朝的石碑半数为隶体铭文。[2] 在玄宗统治初期，他就开始实施对抗流行书法趣味的行动，为公共书写建立了新的正统观念。

正如其他所有帝王的御制纪念碑，《纪泰山铭》的意义终究源于书者的身份。玄宗并未直接在山岩上挥笔——为了完成书作而让皇帝攀上梯子或脚手架太过荒谬，由专业工匠勾描琢刻而成的铭文复刻了皇帝本人的笔迹。早期记载没有举出玄宗学习隶书的具体范本，不过他的文字结构使人想起宽博厚重的东汉碑铭。[3] 玄

---

[1] 据称，睿宗书法结合了篆书和隶书元素，尽管如此，现存的睿宗作品仍展现出源自王羲之书风的复杂运笔。同时，其矫饰的笔迹使人想起武则天书法里鸟形的点画。见《書道全集》卷8《中國 唐Ⅱ》，图版76。关于同样源自王羲之系统的玄宗行书，可见《書道全集》卷8《中國 唐Ⅱ》，图版90，92—93。
[2]（清）叶昌炽撰，韩锐校注：《语石校注》，北京：今日中国出版社，1995年，第43页。
[3] 关于玄宗书体的研究何传馨：《略谈唐玄宗禅地祇玉册的书法》，《故宫文物月刊》（台北，1992年，第9卷第10期），第26—32页；[日]西林昭一：《唐 玄宗 石臺孝經》。

图 4-24　唐玄宗《纪泰山铭》，726 年，拓本局部

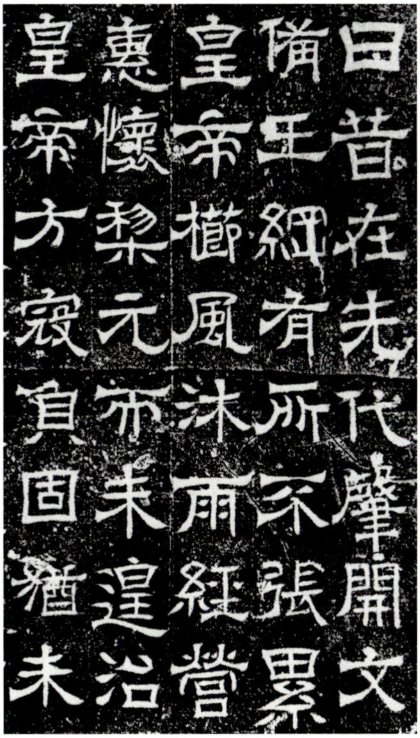

图 4-25　《皇帝三临辟雍碑》，278 年，拓本局部，采自《書道全集》卷 3《中國 三國、西晉、十六國》，图版 90

宗用内凹的笔画书写"口"旁的倾向，以及撇画末端的方钝写法（图 4-24）反映出他对 3 世纪石刻也有所了解，例如西晋的《皇帝三临辟雍碑》（图 4-25）。然而，玄宗对中锋圆笔的使用使其隶书有别于早期书作，还使之异于初唐隶书名家之作，如殷仲容笔迹即表现为棱角分明的更为锐利的形状。

虽然玄宗的"禅"地玉册未被具体认定为他的手笔，但是玉册上的隶书文字却与他的《纪泰山铭》有相似之处。不过，二者之间存在细微差别。玉册文字更为方整，也没有展现出与石刻一致的均匀的中锋运笔。在"子""名"等字中，向左下方运动的笔画末端带有尖钩；绞丝旁等其他元素则像楷书一样，结体紧密而末端

尖锐。《纪泰山铭》和玉册之间的风格差异,表明它们很可能是不同书者留下的手迹。尤为突出的是,玉册中撇画提向上方的尖钩(图4-26),相当接近史惟则(约活跃于712—750年)书法中的同一笔画(图4-27)。据说这位开元时期的书法家受到过玄宗的影响,精于隶书。

皇帝和史惟则二人书作的相似使我们注意到一条被反复引述的《纪泰山铭》评论。评论来自明代诗人、文学理论家王世贞(1526—1590年),他曾三次游历泰山。按照王世贞的说法,《纪泰山铭》乃是"燕许修其辞,韩史润其笔"[1]。"燕"即燕国公张说,是玄宗的首席建言者,曾陪同玄宗封禅泰山;"许"指许国公苏颋(670—727年),曾任同平

---

[1](明)王世贞:《弇州四部稿》,《四库全书》本,第6页。有关王世贞泰山之行的描述,见 Pei-yi Wu, "An Ambivalent Pilgrim to T'ai-shan in the Seventeenth Century," in *Pilgrims and Sacred Sites in China*, eds. Susan Naquin and Chün-fang Yü, Berkeley: The University of California Press, 1992, 65-88。

图4-26 唐玄宗"禅"礼玉册,725年,拓本局部,原石藏于台北故宫博物院(见图4-16)

图4-27 史惟则《大智禅师碑》,736年,拓本局部,采自《書道全集》卷8《中國 唐II》,图版110

章事,亦随驾泰山。"韩""史"则分别是韩择木(约活跃于712—750年)和史惟则,他们都是擅长隶书的书法家。王世贞似乎参考了年代更早但出处不明的文献,提出玄宗是否起用代笔人的问题,不仅涉及铭文撰写,还包括书法创作。皇帝确有可能这么做。窦蒙(约活跃于775年)注意到,玄宗统治时期的石碑曾由"当时院中学士"以皇帝书风摹勒。[1]在有能力模仿玄宗手迹的那群摹写者里,必然有皇帝能够委以重任,负责誊写长篇文字如《纪泰山铭》的书者,其间或许就有韩择木和史惟则。玄宗最具雄心的书法作品,745年刻在一组石头上的御注御书《石台孝经》(图4-28),几乎可以肯定是在助理书写人的帮助下完成的。[2]无论如何,皇

图4-28 唐玄宗《石台孝经》,745年,拓本局部,原石藏于西安碑林博物馆,采自《書道全集》卷8《中國 唐Ⅱ》,图版91

帝助手制作的都不是展示他们自我风格的独立作品。代笔人的工作要求书者抑制自己的书写习惯,来模仿皇帝的笔迹。就像一支握在玄宗手上的毛笔那样,助理书写人实际是玄宗意志的延伸,是依据皇帝的规范高效生产书作的工具。

---

[1](唐)窦臮撰,(唐)窦蒙注:《述书赋》,《历代书法论文选》,第254页;《宣和书谱》,第4页。
[2][日]西林昭一:《唐 玄宗 石臺孝經》,第128页。

是否有代笔人协助玄宗创作《纪泰山铭》，远不及在大观峰上宣称该纪念碑为"御制御书"刻铭重要。可以说，这件石刻已经成为天衣无缝的仪式的一部分，而担任仪式主角的乃是玄宗本人。是他，巡行至泰山并登临这座神圣山岳，燔烧供品，又按照自己的"圣意"微调了封禅仪式，而后致意天地神明。还是他，决意使铭文以自己的书风存世，永久地更改泰山的面貌。

第五章

余论

很少有人能像唐玄宗一样显著地改变泰山景观,然而,他也只是被吸引到这片神圣山峰之上的亿万游访者中的一员。[1]玄宗刻下宏伟石铭后的数百年间,泰山像磁石一样吸引着普通百姓,他们来这里寻求山中供奉的天帝和女神的庇佑;受过优等教育的士人旅者也以此为目的地,将宗教仪式、游赏美景或访古寻幽的乐趣结合起来。1628年前后来到泰山的张岱(1597—1689年)是一位出自书香世家的名门子弟。他是精英士人阶层里的旅行家,将大把闲暇时间用在了旅游上。张岱雇用牙家向导为他安排住宿以及乘轿上山的行程,不过,我们仍能从其游记中看到,他不得不与粗俗的香客共登泰山,且以一种近乎洁癖的态度漠然地避开他们。去往峰顶的道路沿途散布着众多古怪丑陋的乞丐,熟知艺术史的张岱把他们比作唐代绘画名家吴道子(约680—759年)笔下地狱场景中的人物。泰山上的其他景象也使张岱感到有辱于他的高雅品位:

> 山中两可恨者,乞丐其一;而又有进香姓氏,各立小碑,或刻之崖石,如"万代瞻仰""万古流芳"等字,处处可厌。乞丐者,求利于泰山者也;进香者,求名于泰山者也。泰山清净土,无处不

---

[1] 关于泰山朝圣的研究见 Brian R. Dott, *Identity Reflections: Pilgrimages to Mount Tai in Late Imperial China*, Cambridge, MA: Harvard University Asia Center, 2004。

受此二项人作践。则知天下名利人之作践世界也，与此正等。[1]

冒犯张岱的这些山间摩崖石刻，是中国大地上不断生长的书作网络的一环。在更早的时候，这种对自然地貌的持续形塑，已然发生于本书讨论过的其他场所中。至晚明时期，它们积蓄已久，并在近几个世纪里前所未有地遍布各处。

张岱并不是唯一对题写名胜加以抱怨的人——他同时代及之后的其他评论者也对此表现过厌恶，有人称之为"愚僧俗士之剥凿"[2]。尽管我们无法对那些憎恶铭文者的审美判断进行定量评估，但他们所反对的现象是非常真实的，因为只要游访中国几乎任意一处名山古迹都可证实这一点：目所能及之处皆是书作。

对这些无所不在的山野刻铭的批评，响应了过去不时出现的对加诸绘画之上的诗、题款和钤印的抱怨之声。不过，若是没有题跋者和盖印者的参与，没有这些在物质上改变了流传至其手的作品且影响后世观者对绘画图像的解读的人，中国艺术史将大为改变。同理，毫不夸张地说，若是缺少了覆于其上的层层累积的石刻文本，无数中国文化景观则会成为一片空白。如果剥除掉云峰山、铁山或泰山上的石刻铭文，这些充溢着重要意义的场所就会沉归到无法区分的自然整体当中，称美于其原始状态，却与人类的文化领域无涉。

若要完整叙述摩崖石刻的晚期历史，需要好几本书，不过我们可以在本书的

---

[1]（明）张岱：《岱志》，氏著：《琅嬛文集》，长沙：岳麓书社，1985年，第69页；英文译文见 Pei-yi Wu, "An Ambivalent Pilgrim to T'ai-shan in the Seventeenth Century," in *Pilgrims and Sacred Sites in China*, eds. Susan Naquin and Chün-fang Yü, Berkeley: The University of California Press, 1992, 77-78. 值得注意的是，张岱在游记中还严厉谴责了林焞，因为他在唐玄宗《纪泰山铭》旁苏颋所撰铭文之上刻了四个大字。Dott, *Identity Reflections*, 215.

[2]（清）方苞：《游雁荡记》，英文译文见 Richard E. Strassberg, trans., *Inscribed Landscapes: Travel Writing from Imperial China*, Berkeley and Los Angeles: University of California Press, 1994, 401. 对摩崖石刻的其他批评，见 Chou Chih-p'ing, *Yuan Hung-tao and the Kung-an School*, Cambridge and New York: Cambridge University Press, 1988, 108-109；Sewall Oertling, trans., *Painting and Calligraphy in the Wu-tsa-tsu: Conservative Aesthetics in Seventeenth-Century China*, Ann Arbor: Center for Chinese Studies, University of Michigan, 1997, 84. 感谢倪肃珊教授提醒笔者注意到塞沃尔·奥尔特林（Sewall Oertling）书中的段落。早在汉代，石刻与祠堂的捐资者就担心它们会遭到涂鸦的污损。见 Judith T. Zeitlin, "Disappearing Verses: Writing on Walls and Anxieties of Loss," in *Writing and Materiality in China: Essays in Honor of Patrick Hanan*, eds. Judith T. Zeitlin and Lydia H. Liu, with Ellen Widmer, Cambridge, MA: Harvard University Asia Center, 2003, 73.

结尾简单思考一下，探析前述早期至中古时期的中国石刻如何影响逐渐成型的题写自然界的庞大文化事业。为此现象发生的原因提供一个单一的解释，并不比阐明为何中国建筑基于柱与斗拱的模块化单位，为何山水在中国绘画中如此重要等主题，或者为何印刷术在中国而不是其他地方被发明来得容易。但是，我们可以剥离出至少三个相互关联的历史现象：士人文化在宋代的形成；同样发端于宋代，并在清代以另一种方式复兴的古物学与金石学；中国当政者们从未中断的、制作象征权力的壮观视觉符号的诉求。这些现象有力地形塑了11世纪以后的摩崖题刻史。

题名和题景

在我们已经探讨过的各个地点，文本累积并共同决定景观特征的过程都是不一样的。尽管如此，石门仍是一个很好的研究起点，因为那里的后期书法史是其他很多地方的石刻如何被书写和解读的缩影。6—11世纪，只有4则铭文刻记在石门附近，而在宋代的1095—1230年间，至少48则铭文被刻凿出来。绝大部分宋代题记与先前数个世纪刻在石门隧道内还有周围山崖上的文本完全不同，它们与道路营建或清官事迹无关，而是涉及文人雅士的旅行。隧道的西壁上有一个典型的例子：

范鼒、任沂孙、李揆，庆元丁巳重阳后一日来游。[1]

西壁的另一则石刻告诉我们：

□□赵宗齐，绍定庚寅，侍家舅令丞□□来。[2]

---

[1] 郭荣章编著：《石门石刻大全》，西安：三秦出版社，2001年，第52页。
[2] 同上书，第51页。

石门的某些宋代石刻提供了更多细节，涉及饮酒、野宴或游访者享受的其他乐趣。有的则相对简单，仅仅由一个姓名及"游"字或"来"字组合而成——这些词汇令人想起云峰山和天柱山上的简短刻铭，它们记录着郑道昭的自在漫游。在包含多个名字的石刻中，我们并不清楚是群体中的哪个人负责书写，尽管其成员之中就有书法家。

在金石学的类别中，石门的这些宋代简短文本会被归为"题名"。从更广义的层面来看，它们似乎属于"某某到此"的涂鸦这一更为普遍的类型。但是，产生它们的文化和社会语境使得这些石刻与西方人通常由"涂鸦"概念联想到的对象截然不同。据《格罗夫艺术词典》，涂鸦指的是"一种制度上非法的标记的排列，其中蕴含了试图建立某种逻辑结构的努力"[1]。石门的许多宋代石刻绝不是在制度上非法的，它们骄傲地显示着游访者担任的政府职务。崇宁五年（1106年）九月的一则铭文显示，府从事文玉恩和邑令鲜于翔参观了此地。[2]石门南边的一处1196年石刻记录了一次七人的外出活动，邑令张寅和县尉李师章与之同行，"载酒相从"。张寅和李师章出席的这场酒宴明显不是公务活动，但是他们名列位处公共空间的铭文，显示出当地政府对此的默许。

为何宋代的石门大量出现此类石刻？我们对这一时期褒斜道的状况知之甚少，尽管西边较远处的道路似乎有更多人通行。我们可以推测，是商业或军事行动将行旅者引导至石门，但有人穿过隧道的事实仍无法解释石刻的出现。如果想理解为何铭文会被刊刻在此与它们所写内容的本质，目光需要越过褒谷，来到恰在同时突然形成的摩崖石刻的热门开凿地——福州附近的鼓山（图5-1）。在这里，找不到一件宋以前的石刻，总计89处铭文均刊刻于1046—1249年间。如同石门的宋代石刻一样，它们由游山的简短记载组成，尽管有的包含了诗歌和多达五十字或更长的散

---

[1] Susan A. Philips, "Graffiti," Grove Art Online, Oxford University Press, 2005, 269（http://www.groveart.com/，2005年8月5日最后检索）.
[2]《石门石刻大全》，第50页。

图 5-1 鼓山题刻，约 1700—1900 年，福建福州市，著者摄影

图 5-2 浮山题刻，安徽枞阳县，潘安仪摄影

文。与之相似的还有各地发现的诸多宋代石刻，包括苏州郊外的虎丘、江苏镇江的焦山、安徽的浮山（图 5-2）、桂林的象鼻山和龙隐洞、湖北的三游洞，以及云峰山和泰山。[1]

我们从宋代石刻著录中可以觉察出来，题名石刻和对风景胜观的概述一下子流行了起来，令人想起东汉时期类型迥异的各种石刻铭文的激增。如我们所领会的那样，汉代石刻的数量骤然形成尖峰的现象可以与政治事件联系起来，有关事件使得石刻媒介成为一种间接表达反对意见以及公开表明石刻捐资者和被纪念者关系的重要手段。摩崖石刻在宋代迅速蔓延，也可以理解为与中国社会文化史的划时

---

[1] 这些地方的石刻铭文包括从纸本或绢本上转录的书法，以及与地点没有关联、仅用作观赏的美观书作。含可归到具体宋代作者名下的案例在内，它们必须被排除于文本牵涉其布列地点的宋代原作的列表。"原作"铭文大体可据文内明确提及所在地的语段辨识出来。

代变化相关。正是在这个时代，形成了一个或一批文化精英的新阶层，这类人通常被称为"士大夫"或"文人"，在英语中往往被宽泛地译作"literati"。用韩明士（Robert Hymes）的话来说，这些人"从北宋初期开始，依据自身与国家的关系将他们自己定义为一个群体，特别是在追求科考和仕途成功方面；到南宋中期，他们已经融入中国南部的地方乡里，作为土生土长且高度自我认可的精英而存在"[1]。这些人中只有一小部分能够经由参加宋朝官方开设的公职人员选聘考试步入社会生活。[2] 尽管如此，获得通过考试所必需的教育以及与官员有关的知识和文化成就，使得精英身份"更多地来自一种相互认可而非国家的授予"，并容许那些拥有这个身份的人"声明自己享有文化和准政治的权力，它独立于国家的金字塔形网络分配的权力"。[3]

书写宋代摩崖石刻的人，乃至名字出现在铭文里的人，毫无疑问可以被归类到文人阶层中：上至在鼓山留下铭文的宰相李纲（1083—1140年）、著名书法家及名臣蔡襄（1012—1067年）、哲学家朱熹（1130—1200年），下至题名石门的当地低层官员和未出仕者，也即韩明士所谓的"布衣文人"（lumpenliterati），他们的志向和兴趣都追随着同时代人的模式。据大量相关研究，渴望进入文人阶层的宋代人频繁地将他们自己和书画作品的创作、收藏与鉴定关联在一起；他们写诗、造园，开展私家历史研究，还针对范围广大的物质文化编写了系统的文本与著录。投身于此类嗜好之中的行为，正是韩明士所描述的"相互认可"的要素之一。

笔者认为，在宋代尤其是12和13世纪开始涌现的摩崖石刻，也可以被列入文人文化的典型表现。谁在参观名胜古迹？是那些在教育和文化方面已臻成熟，足

---

[1] Robert Hymes, "Social Change in Song China," in *The Cambridge History of China*, Vol. 5, *The Sung Dynasty, 960-1279*, Cambridge: Cambridge University Press, 2009, Part 2（中文译本见［英］崔瑞德、［美］史乐民编，中国社会科学院历史研究所西方汉学研究课题组译：《剑桥中国宋代史》，北京：中国社会科学出版社，2020年）. 非常感谢韩明士教授允许笔者阅读即将出版的这一章稿本。
[2] Peter K. Bol, "Song Intellectual History," in *The Cambridge History of China*, Vol. 5, *The Sung Dynasty, 960-1279*, Part 2. 非常感谢包弼德（Peter K. Bol）教授允许笔者阅读其即将出版的这一章稿本。
[3] 同上。

以享受这类远足的文人。通过在游访之地留下名字，他们向公众读者昭示自己对相关活动的参与，这些活动界定了他们的阶层，或是他们想要与之建立关系的阶层。我们知道，只有那些受过良好教育的上层精英才有机会接触到古代书画藏品，他们可以把题名或诗歌形式的评论附于其上，以证明他们的文化修为。不过，只要有一支毛笔以及少量可付给刻工的现钱，任何人都能在山岩间进行书写。摩崖石刻比石碑的制作更为廉价且方便，但同样耐久，还能彰显出书者无拘无束的独立性。尽管许多石刻书写在佛教寺院附近，例如鼓山石刻，但它们通常不是位于室内空间或频繁立起石碑的院子里，也不受制于主导着设置陵墓石刻纪念物的礼仪和堪舆规范。

中国近世王朝精英阶层的人员组成和经济结构并非一成不变，宋代文人的构成与后来朝代的也有所差别。为了继续使用"文人"这个含义模糊但能够被广泛理解的标签，我们必须澄清这一点。尽管如此，在宋代逐渐成型的文人文化特征延续到了帝制时代结束之后。[1] 这些特征中，就有题名于景的惯例。今天，全中国几乎没有任何一个号称"名胜"的地方是没有元代、明代或清代题名的。它们的格式和内容几乎与宋代题名完全一致，而且，这些题名会让一个地方声名鹊起。张岱对泰山上所见题名的反应，表明名胜之地为数众多的石刻会削弱它们作为精英文化产物的意义，至少在某些人的眼里是如此——如果当地普通官吏和附庸风雅的人也能在山岩上书写他们的名字，那么这种俗气的习惯还能维持什么样的精英地位呢？即便如此，这种风气一直存续至清朝灭亡之后。1916 年，哲学家、政治改革者和书法家康有为在泰山顶峰写下：

> 丙辰八月，偕郑浩、王觉、任邝、南嵩游泰山登绝顶，康有为。[2]

---

[1] Peter K. Bol, "Song Intellectual History," in *The Cambridge History of China*, Vol. 5, *The Sung Dynasty, 960-1279*, Part 2.
[2] 泰山文物局编：《泰山石刻大全》第 1 册，济南：齐鲁书社，1993 年，第 189 页。

图 5-3 "石枕",江苏苏州市虎丘,简·埃利奥特(Jane Elliott)摄影

这件 20 世纪早期的作品纪念了一次游访名胜的集体出行,沿用见于宋代文人刻铭的程式;若非能够辨认出具体的人物,乃至著名书法家的笔迹,这一铭文将会难以断代。

除了题名、关于观景的简述、饮酒以及怀古,古代中国晚期的石刻还包括其他种类。通过它们,刻铭者将游访的记忆和诗意的想象加诸风景。这些被称为"题景"的石刻,包含地点名称、诗词句段、景色赏评和观看指南。我们曾邂逅其中最为常见者即地名,如标识出石门附近"玉盆"和"石虎"(见图 1-25)的早期石刻,还有刻在石门的代表隧道名称的两个字。明清时期,商业和旅游的发展为各地名胜带来了前所未有的大量游人[1],拥有鲜活想象力且备有毛笔的游访者乐于在巨石奇岩上书写如"石枕"(图 5-3)"仙踪""龟岩"和"象鼻山"之类的名称。这类石刻通常附有选择这些奇异标签的游人之名,铭文指向自然地貌与真实或神灵人物、生物及事物之间构想出来的相似性。就像一面殖民者宣示领土所有权的旗帜一样,这些名称在风景中植入了权力,通过石刻文字的媒介将游访者进行想象的行为凝固下来。

惹恼了张岱的那类诗词短句是另一种"题景"的形式,它们在中国四处可见,

---

[1] 关于明代旅行的出色介绍,参阅 Timothy Brook, *The Confusions of Pleasure: Commerce and Culture in Ming China*, Berkeley and Los Angeles: University of California Press, 1998, 173-185(中文译本见[加]卜正民著,方骏、王秀丽、罗天佑译:《纵乐的困惑:明代的商业与文化》,桂林:广西师范大学出版社,2016 年); Susan Naquin, and Chün-fang Yü, eds., *Pilgrims and Sacred Sites in China*, Berkeley and Los Angeles: University of California Press, 1992。翻译成英文的游记见 Strassberg, trans., *Inscribed Landscapes*。文人的泰山旅行见 Dott, *Identity Reflections*, chap. 3。

尤其盛行于泰山。各式短语装点着泰山，如"天下奇观""松壑云深""一览众山小"。泰山上的另一类"题景"石刻则诱导了游人对风景的反应，促使人们"听泉"或"从此看山"。与此同时，李拔（1751年进士）在鼓山写下一则题铭，告诫疲惫的徒步旅行者"毋息半途"。[1] 除了告诉游人看什么和听什么之外，许多石刻还会对周围景色进行品评，判定苏州附近天平山的一处泉水是"吴中第一泉"或宣称泰山为"天下第一山"。泰山被迫与许多山岳分享该头衔，那些山上也出现完全相同的题铭。

山水间的阅读和书写

文人走进山水以留下题名的这一提法，没有解决一个基本的问题：他们如何选择游览地点呢？1113年和1196年的两处石刻暗示了至少一个有可能的答案。第一处石刻载于云峰山：

> 高邮钱岘，西洛冯维秬同游神山，读魏郑文公摩崖碑，因刻其后。政和三年十月晦日。[2]

第二处石刻镌于石门隧道的西壁：

> 庆元丙辰暮春止余三日，赵公茂、宋子志、张寿卿、宋咏道、□公

---

[1] 福州知府李拔在就任期间，于福州城及其周边留下众多摩崖石刻。有趣的是，李拔是四川犍为人，而犍为是本书第一章所述激发石门题记刊刻的杨氏家族的故事。或许存在某种与犍为有关的特质，使得当地人热衷于在石头上进行书写？

[2] 王思礼等编：《云峰刻石调查与研究》，济南：齐鲁书社，1992年，第31页。

茂二子符挨同来观汉刻，三酹于此。[1]

除了这两则铭文提供的信息，我们并不掌握这些游览了云峰山和石门的宋代文士的其他任何事迹。然而，他们的共同点在于，是同样的动机促成了铭文中描述的出行活动：两群人都为了寻找千百年前刻下的文字而在山水间旅行。若非石刻，他们将籍籍无名。不过，两则铭文中提到的这些人成功地将他们自己写进一个重要知识文化现象的历史中——宋代繁盛的金石学。

金石学在发现和解读石刻方面的意义，已经在全书各处有所提及；但"金与石的研究"产生的不仅仅是金石著录。如上述两个12世纪案例所显示的，对古代书作的兴趣引诱人们走进山水间，并刺激了与早期铭文相邻的新石刻的刻制。就像加在书画作品上的题跋一样，石刻题记和评语的积聚将古代文本嵌入一个鉴赏和阐释的框架中，主导了后来读者的反应。这些读者可以自由地把他们自己的石刻添加上去，置其于阅读与回应这种持续不断的二元对立统一之中。

古代石刻是地方历史的一部分，被指派到地方的宋代政府官员，往往会在履行职责的同时抽出时间进行古物研究。晏袤就是这样一位官员，他在12世纪晚期任职南郑县令期间研究了石门的铭文。第一次来到这个地方时，晏袤清理了漫长雨季过后滋生的苔藓，以便阅读隧道南端的《开通褒斜道》石刻。晏袤不仅释读了石门石刻，还亲自录文并加以注释。1194年，他直接在原铭文下方抄录了《开通褒斜道》的内容。在录文后面，他加上了一段"释文"以解释石门的历史，不过无意中犯了几个历史学错误，包括误认为隧道是早在公元前3世纪开通的，以及鄐君和杨孟文是一起建设褒斜道的同时代人物。[2] 尽管作为历史学家的晏袤是失败的，但

---

[1]《石门石刻大全》，第50页。
[2] 郭荣章：《石门摩崖刻石研究》，西安：陕西人民美术出版社，1985年，第33—34页。

图 5-4 晏袤《释〈开通褒斜道〉》局部,1194 年,总幅 2.7 米 × 2.2 米,原位于陕西汉中市石门,现藏于汉中市博物馆,郭荣章供图

他却是一位出色的书法家,擅长书写高古字体。[1]他的《开通褒斜道》录文以楷书写就,释文则使用隶书,包括《石门颂》中的非流行文字写法,书作充溢着一种斯文而古雅的气息(图 5-4)。[2]晏袤在其研究过的汉代石刻旁边刊刻下自己的铭文,他从而不再只是一个游客和读者:那些标记山水的文字,使他成为石门文本历史的参与者。

虽说金石学促进了寻访古老石刻和书写新作的兴趣,但晏袤的这篇具有学术性的释文仍是很罕见的案例。很少有石刻铭文涉及金石学家著作中常讨论的文字和历史问题。实际的情况是,就像古代建筑、废墟或山水风景一样,悠久的石刻成为沉思冥想的对象,能够激发人们做出主观反应,抒发在石上刻载的诗词和散文

---

[1] 关于宋代隶书,参阅 Harold Mok, "Seal and Clerical Scripts of the Sung Dynasty," in *Character and Context in Chinese Calligraphy*, ed. Cary Y. Liu et al., Princeton: The Art Museum, Princeton University, 1999, 174-198。
[2] 陕西汉中市褒斜石门研究会、汉中市博物馆编:《石门汉魏十三品》,西安:陕西人民美术出版社,1988 年。

中。[1]符合这种阅读与回应模式的一则北宋石刻位于泰山经石峪《金刚经》处:

> 莆阳陈国瑞子玉按学奉高,观石经谷,熟视笔画。字径尺余,非人所能。历千百年,曾不磨灭,岂非神物护持遗观者?政和丁酉春余一日。承议郎、知县事郑温恭勒石。[2]

陈国瑞的评论,被郑温恭记录了下来。该评论不仅是对阅读石刻行为的纪实,还以鲜活生动、富有感情的语言展现出对所见之物的理解,暗示这些巨大的经文石刻在数个世纪间一直受到神圣力量的护佑。

几百年后,崔应麒在泰山的同一个地方留下了诗句。这里有一条流过《金刚经》表面的小瀑布,被赋予"水帘"的名称。刻于1591年的崔应麒诗作写道:

> 晒经石上水帘泉[3],谁挽银河落半天?新月控钩朝挂玉,长风吹浪暮疑烟。梵音溅沫干还湿,曲涧流云断复连。选胜具觞恣幽赏,题诗愧乏笔如椽。[4]

崔应麒没有进行语言文字的考证或对于过去的哲学沉思,而是记录下他面对《金刚经》蔓延在山岳表面这一景象的感受;他也写到周围的风景,并且戏谑地表达了遗憾,即没有一支足够大的毛笔供他创作与经文体量相配的书作,这大体上可以理解为他意图效仿刻擘窠大字的想法。还有一点让这首诗别具一格,那就是崔应麒不像金石学家和鉴赏家一样,把注意力集中在作为书法作品的《金刚经》上;

---

[1] "怀古"类诗作以及关于古代遗迹的其他形式的作品,参阅 Stephen Owen, *Remembrances: The Experience of the Past in Classical Chinese Literature*, Cambridge, MA: Harvard University Press, 1986。
[2]《泰山石刻大全》第1册,第62页。
[3] "晒经石"指的是在清朗干燥的日子将经书或其他书籍放到户外,避免因潮湿而产生霉菌或其他损害的做法。
[4]《泰山石刻大全》第1册,第104页。

他写的是整体的景色，使得恒久不变的石刻文字与持续变化的瀑布之间的互动活跃了起来。[1]

有时，诗人兼古物学家们在研究古代铭文的同时，试图将它们转变为新事物。1891年，云峰山所在地掖县的县令魏起鹏（活跃于19世纪晚期）从《郑文公下碑》里集字并重新编排，创作了一首五言诗，将其刻在云峰山上。中间一段写道：

> 史籀及斯碑[2]，已随沧海易。邕繇精六书，真迹早散逸。独此数行字，全好如伊昔。爰细观遗文，叹为孝所积。[3]

其中提及更早的石刻，并融入魏起鹏对于献给郑道昭父亲之铭文的思考。魏起鹏在诗末的跋文中，声称他复制了《郑文公下碑》的每一个字（可能来自拓片），以新的次序重新组合它们，并刻了下来，以"更好地保存"[4]书作。这便意味着，假如《郑文公下碑》为时间之手侵蚀磨灭，云峰山的游访者可以转而求助于魏起鹏的文学才智和古物修养，得以重建对这处失落古迹的印象。

主礼者、皇家游客和同志

在摩崖石刻的历史中，宋代是一个革新时期；文人旅行者、山水爱好者和金石鉴赏家们虽在后来的数百年里发展出新的石刻类型，但是宋代的文化模式却塑造了

---

[1] 有的石刻抨击了在儒家和道教神圣山岳上刻佛经的行为，详见 Dott, *Identity Reflections*, 219-220。与达白安的断言相反，我们并不清楚在刻制《金刚经》的6世纪，泰山是否已经是一座"道教名山"。
[2] "籀"指的是一位书吏的名字，据传他在周宣王（前827/825—前782年在位）时期发明了籀体。李斯，传为秦始皇刻石的书者。
[3] 《云峰刻石调查与研究》，第35页。云峰山上还有一处无纪年的佚名摹刻《观海童诗》，而且看不出明显的刊刻原因，目的应当是保存郑道昭的诗作并展示摹写者的书法。
[4] 译者注：据《云峰刻石调查与研究》，原文应是描述铭文状态的"刻字保存较好"。

整部近世中国石刻史。然而，有一处宋代早期的摩崖石刻是其同类石刻的最后一件作品——一方命运不济的帝王纪念碑，它向我们表明人为污损对石刻文字的危害远比风雨侵蚀要严重得多。

面对契丹辽国在帝国北部边境的威胁，宋真宗在景德元年（1004年）与之订立盟约，约定每年给辽国送去礼物，并与契丹君主平起平坐。尽管盟约为双方都带来了相当多好处，但是真宗将"蛮夷"统治者视为亲属仍是一种挥之不去的耻辱。[1]在大中祥符元年（1008年）元旦，真宗的命运似乎有所好转。当时，一个用黄帛包裹的神秘书卷被发现悬挂于宫门屋角下——此事很可能是真宗的重要谋臣王钦若（962—1025年）所为。[2]此物被看作神灵世界的信件，皇帝称之为"天书"，它证明了宋朝统治的合法性，并预言其统治可以延续七百九十九代。[3]在其他祥瑞纷纷显现之后，王钦若说服皇帝到泰山举行封禅仪式。大中祥符元年十月，以玉辂载天书先行，真宗如期前往泰山进行祭祀，相关仪式沿袭了唐代所用礼仪的基本框架。

王钦若提议真宗在山上留下石刻，他注意到唐玄宗铭文东侧的崖壁是一处刻铭佳地，于是力劝皇帝创作"圣制"。真宗一开始拒绝了这个提议，显示出帝王在面对有关封禅典礼的一切事物时应有的谦逊，不过他最终还是完成了一篇冠以《登泰山谢天书述二圣功德之铭》这一宏伟标题的铭文。[4]在御书院的协助下，真宗手

---

[1] 关于宋辽关系，参阅 Wang Gungwu, "The Rhetoric of a Lesser Empire," in *China among Equals: The Middle Kingdom and Its Neighbors*, ed. Morris Rossabi, Berkeley and Los Angeles: University of California Press, 1983, 47-65；Tao Jing-shen, "Barbarians or Northerners: Northern Song Images of the Khitans," in *China among Equals: The Middle Kingdom and Its Neighbors*, 66-86。
[2] 本书对这些事件的描述参考了 Suzanne Cahill, "Taoism at the Sung Court: The Heavenly Text Affair of 1008," *Bulletin of Sung and Yüan Studies* 16 (1980): 23-44。
[3] 译者注：据《续资治通鉴长编》，写有预言的是帛，预言作"世七百，九九定"。
[4]（元）马端临：《文献通考》卷84，台北：新兴书局，1959年，第771页。亦可参阅（清）唐仲冕编：《岱览》，果克山房刻本，1807年，卷9，第19页；卷13，第3b—25a页。"二圣"指宋朝建立者宋太祖（960—976年在位）和第二位皇帝宋太宗（976—997年在位）。

迹被刻在王钦若选定的地方。[1]

且不论评价是否不公正,后来的中国历史学家都把宋真宗看作一个意志薄弱的懦夫:面对契丹人的恐吓,他被狡猾的谋臣操纵,他们伪造了"天书"并说服皇帝遵从其计划。[2]受到这类论调的影响,宋真宗的石刻没有被视为盛大皇家仪式的珍贵遗迹,而是只不过徒劳地展示着他的自大和软弱。[3]在铭文表面,这种轻视以物质形式呈现出来(图5-5)。明嘉靖时期(1522—1566年)该石刻开始受到破坏,几位当地官员将名字刻在宋真宗的铭文之上。翟涛(活跃于16世纪)与友僚同游泰山时,刻"德星岩"三大字于其上,对真宗石刻继续加以损伤。"德星岩"引用的是汉代典故,据称几位士人聚会之时,天上出现了瑞象。[4]翟涛等人的行为不仅毁坏了宋代皇帝的书迹,还开启了将这件纪念碑从历史记忆中抹除的过程:"德星岩"之名一出现,宋真宗书作所在地就获得了新的身份,人们继而用新名字称呼它。随着明清两代游人加刻如"天高与山齐""登峰造极"等铭文,真宗的字不断消失。[5]有一则无署名与纪年的刻铭,由"礼义廉耻"四字组成,也刻写在宋代铭

---

[1] 姜丰荣编:《泰山历代石刻选注》,青岛:青岛海洋大学出版社,1993年,第119—122页。真宗落款日期为"大中祥符元年十月二十七日",但据《玉海》(北京:文物出版社,1987年)卷98第27a页,铭文撰于次年五月,刻于十一月(译者注:根据《玉海》原注"明年五月戊午,内出御制书《登泰山谢天书述二圣功德铭》示宰相,命内侍赍付泰山刻之",以及后文写到的十一月皇帝幸曲阜并刻石于文宣王庙,可知著者混淆了两事)。在真宗封禅后接受百官朝贺的泰安城南某地,同样的铭文再次被刻在五块石头上,合为一通巨碑。由于碑面朝向北侧的泰山,它以"阴字碑"之名广为人知。1907年,仍在原处的碑石被沙畹拍摄下来。后来,该碑于1951年被毁,今天我们仅能借助拓片了解它。见 Édouard Chavannes, *Le T'ai Chan: Essai de monographie d'un culture Chinois*, Paris: Ernest Leroux, 1910, 100, fig. 26;姜丰荣编:《泰山历代石刻选注》,第199页。
[2] 持此类观点的一例见崔秀国、吉爱琴:《泰岱史迹》,济南:山东友谊出版社,1987年,第49—56页。不过,柯素芝(Suzanne Cahill)曾在其文中为真宗辩护,见"Taoism at the Sung Court: The Heavenly Text Affair of 1008," *Bulletin of Sung and Yüan Studies* 16 (1980): 23-44。
[3] 17世纪金石学家赵崡著作中的一个段落体现出人们对真宗及其石刻的典型评价:"帝既侈言天书之妄,复为太山之封,而作此铭。述太祖太宗以及其身,语多浮夸,文亦拖沓。正书仅能方正,无少钩磔。想帝亦不能办此,或王旦辈为之润色,而尹熙古之流握管耳。"(明)赵崡:《石墨镌华》卷5,《丛书集成初编》第1607册,北京:中华书局,1985年,第61页。
[4]《岱览》卷9,第18a页。铭文提到的名叫邵鸣岐的人于1562年在大观峰西侧留下一处书作。另一处翟涛所书摩崖石刻也在附近,刻于1564年。《泰山石刻大全》第1册,第96—97页。
[5] 同上书,第259、283页。

图 5-5　被破坏的宋真宗石刻，1008 年，山东泰安市泰山，陈立伟供图

文之上。这几个字包含讽刺之意，源自《管子》："然则礼义廉耻不立，人君无以自守也。"[1] "礼义廉耻"覆于宋真宗石刻之上，暗示着他的封禅祭祀与这四字所举美德毫不相关：那是一次受误导的行为，笼罩在与外敌的耻辱盟约的阴影中，通过捏造瑞象来赢得认可。

宋真宗是最后一位举行封禅祭祀的皇帝，也是 17 世纪前最后一位在泰山岩面上炫示书法的皇帝。或许是因为宋真宗石刻这一前车之鉴，为了避免出现自然区域无人监管的问题，后世帝王将其题字呈现在石碑和建筑纪念物中，置之于泰安岱庙或山间庙宇内。清代统治者回归宏伟的传统，除了石碑和牌匾，他们还在泰山的岩面上展示书法。泰山清代皇家石刻激增的现象在全国弥散开来，通过这

---

[1] 戴望编:《管子（附校正）》卷 3，《国学基本丛书简编》本，上海：商务印书馆，1934 年，第 44 页。

种政治象征形式，满族人向汉族臣民表明自身统治的合法性。已被反复研究的这一思想文化现象还体现在艺术收藏、书籍编纂、礼仪制度、帝王巡行等其他事业中。由此，满族人得以彰显他们对汉文化的掌握，即便他们在其他领域保留了显著的民族特征。[1]

仿效唐太宗及其后的帝王，康熙帝（1662—1722年在位）也把书法作为一种对臣民表明权力的手段，他是一位精力充沛的书法家。据康熙帝自己估算，他写下过数千件书法作品，用以赏赐给个人或寺庙。[2]用乔迅（Jonathan Hay）的话来讲，书法艺术"让满族皇帝得以塑造成汉文化文人形象，他们能同时创作书法本身和文本内容，而后者展现出了他写诗作词或引经据典的能力"[3]。乔迅指出，这位皇帝把笔迹范本渗透到整个帝国，预示了一个现代名人也会追求的现象，即利用无处不在的图像使个人或其象征物一直处于公众视野。[4]

1684年，康熙帝首次来到泰山，他登上山并在峰顶举行了仪式。这不是对"封"天之礼的重现，因为康熙帝认为那是虚张声势，可弃之不用；典礼以上古"柴望"祭祀为模范，据传圣王舜曾举行该仪式。巡行泰山途中，康熙帝挥毫写下"云峰"二字，命人将其刻在大观峰上唐玄宗铭文的西侧（图5-6）。在他看来，这两个大字可以"焜耀名山，与岱峰并永"[5]。

可是，早在康熙帝到来前，山顶上的所有书作被迫共享永恒之外的更多东西：泰山正变得越来越拥挤。明代书者不仅污损了真宗的石刻，还刻制了在康熙帝首登大观峰时可见的最大的文字。这些题铭包括："壁立万仞"，单字高75厘米，写于1560年；"天地同攸"，单字高45厘米，写于1536年；"弥高"，单字高60

---

[1]关于清代文化政策的研究，参阅Harold L. Kahn, *Monarchy in the Emperor's Eyes: Image and Reality in the Ch'ien-lung Reign*, Cambridge, Mass: Harvard University Press, 1971。
[2]Jonathan Hay, "The Kangxi Emperor's Brush-Traces: Calligraphy, Writing, and the Art of Imperial Authority," in *Body and Face in Chinese Visual Culture*, eds. Wu Hung and Katherine R. Tsiang, Cambridge, MA: Harvard University Asia Center, 2005, 318.
[3]同上书，第317页。
[4]同上书，第329页。
[5]中国第一历史档案馆编：《康熙起居注》第2册，北京：中华书局，1984年，第1239—1240页。

图 5-6 康熙帝所书"云峰",1684 年,高 1 米,山东泰安市泰山,著者摄影;康熙帝所书二字下方为乾隆帝 1748 年所写两首诗作

厘米，写于 1582 年。这类醒目的石刻改变了大观峰视觉和文本的历史：不同于唐宋皇帝的长篇礼仪铭文，明代文人和当地官员加刻的短语都是描述性的感叹，赞扬着泰山美景；这些短语唯一纪念的事件，是它们本身的诞生——被某人刻下的那个时刻。

承载帝王书迹的牌匾或单体石碑能够被保存在建筑物中，或通过其他方式与地位低下者的书作分开。与之不同的是，皇帝的摩崖石刻不得不与已经在泰山上占有一席之地的书作共享地理、历史和文本空间。康熙帝的二字铭刻尺寸巨大，上方嵌有石刻屋檐，或许都是为了重申帝王石刻的至高无上。即便如此，除非把其他铭文全部磨去，否则没有办法让康熙帝的书法免于被平民旅人的作品环绕。这一帝王刻铭并未宣称对神圣山岳的支配权或所有权，而是在一众石刻之间安居其位，就像泰山上一名被迫挤在市井游客中的贵族朝圣者。[1]

乾隆帝（1736—1795 年在位）比其他任何帝王来泰山的次数都多，他九次前往泰山，六次登上峰顶。正如每个熟悉乾隆帝文化成就的人都会预测到的那样，他留在山上的书迹也比以往任何一位帝王要多。确实，他的石刻数量超过其他所有游人：岱庙保存了 31 件石碑，山间建筑里也有 3 件，还有 8 处直接刻在山岩上的摩崖题刻。[2] 这些石刻大多是乾隆帝的诗作，或描绘沿途景色，或表达登山过程中的喜悦。其中两首诗创作于 1748 年的巡行中，很快被刻在其祖父康熙帝所书的"云峰"二字下方。作为一个孝顺至极的皇孙，乾隆帝在刻于附近的另一则铭文中也对其祖父大加称颂。[3]

泰山上仅次于《金刚经》的最大摩崖石刻，也是 1748 年乾隆帝到访时的产物。它占据了御风岩上一片 20 米 × 9 米的区域，位于朝阳洞东侧，是一首共 60 字的诗歌，单字高约 1 米。人们通常称之为《万丈碑》，天气晴好之际，从山脚下就能望

---

[1] 达白安将康熙石刻视作他对这座山岳统治权的标志，见 Dott, *Identity Reflections*, 173。
[2]《泰山石刻大全》第 1 册，第 127—146 页。据达白安统计，泰山上共有 43 处乾隆石刻，见 Dott, *Identity Reflections*, 311n100。笔者未能得出与之数量相符的结果。
[3]《泰山石刻大全》第 1 册，第 129—130 页；英文译文见 *Identity Reflections*, 191。

见那片磨平的岩面（图5-7）。该石刻惊人的效果不仅来自其尺寸，还源于所在位置。在这个地点，石工要把崖面打磨平整，刻上放大自乾隆帝御书原作的文字，只有利用梯架或绳索才能够得着。该作品题为《朝阳洞》，诗的内容与它标志帝王赏景之行的功能无关：尽管文字硕大，但它们与易于到达的观景点之间的距离使大多数游人难以看清内容。然而，即使是从很远的地方看去，也足以觉察到大量人力及其心血的痕迹：这座纪念碑映照出的不是书法之美或斐然文采，而是让一种巨大符号嵌进风景的权力。

《万丈碑》是乾隆帝最大的摩崖石刻，但它只是成百上千处出自其手、遍布全中国的铭文中的一员。他题写帝国域内山水的爱好，与他孜孜不倦地在内府所藏书画名作上大量题诗作跋的习惯类似，只不过前者发生在三维地理空间里。如达白安所说，此类视觉处理的作用在宏观与微观尺度中是一样的：就像御笔书迹和表明文

图5-7 乾隆帝"万丈碑"，1748年，20米×9米，山东泰安市泰山，陈立伟供图

化财产所有权的钤印一样，乾隆帝的景中题铭宣示着他对治下领土的控制。[1]这是很有说服力的论述，但也存在另一种可能，即乾隆帝的多处泰山石刻并不表示他掌握控制权，而是表示他有与文人保持同步的不懈决心，用以证明他自豪地掌握了后者的文化形式。泰山石刻的增加在康熙帝所写大字刻下时已经进展颇大，并在其皇孙当政之前的几十年不断持续。近世帝王在泰山上维持石刻最高地位的唯一方法，是在数量和尺寸上超越臣民的刻铭。无论《万丈碑》的景象以及乾隆帝的其他石刻是多么令人印象深刻，它们都提醒着我们，乾隆帝需要统筹所有听命于他的资源，以便控制泰山上缺乏监管的公共书作空间。

乾隆帝偶然发现一个方法，可引起人们对其石刻的注意，那就是用一则铭文来提示其他铭文的存在。1757年的泰山之行期间，他在登山途中的一个停留处写下自己先前一处石刻的跋语。位于壶天阁的这首诗如此写道：

> 迥阁昔经坐，今来无复登。攀跻缘未暇，揽结识吾曾。碧水自深涧，白云指上层。勒崖多旧句，历历可明征。[2]

该诗是关于其他石刻的题刻，指向其他文本的文本。如果秦始皇在又一次巡狩旅行中回到泰山，或许他会惊讶于一位帝王竟以诗歌这种有些轻浮的形式在泰山上留下标记；不过，秦始皇肯定能领会到乾隆帝诗中最后一行明确指出，同时泰山上所有帝王书作含蓄传达的重要信息：统治者经过了此处，而他旅行的痕迹一直留了下来。

乾隆是最后一位登临并题写泰山的皇帝，不过现代中国领导人曾仿效他在泰山及他处运用书法来促成某些意识形态问题的目标。高乐（Richard Curt Kraus）

---

[1] Dott, *Identity Reflections*, 188.
[2]《泰山石刻大全》第1册，第134页。

在他关于现代中国政治对书法之利用的著作中指出，毛泽东（1893—1976年）、周恩来（1898—1976年）、郭沫若（1892—1978年）以及其他中国共产党显要人物都热衷于书法。他们通过题赠书迹小样的方式，表明对某些组织和出版物的支持。[1]这些领导人在建筑和纪念物上留下题刻，在名山胜景间，游客们也能找到大量党内领导人的石刻书法作品。有的是革命标语，如"革命老人永垂不朽"[2]。但最受中国领导人欢迎的石刻书作种类是四行或八行诗歌以及一些感叹短句，它们或赞美景色，或引用令人心潮澎湃的历史典故。

领导人的书作出现在某地，不一定就说明他们实际到过那里。在不关切书写背景的情况下，地方官员通常挪用重要政治人物的书法，把它们制作成石刻或牌匾，展示在他们管辖的机构或地区。意料之中的是，如今国内可见的这类迁移之作，以毛泽东书法为基础的作品是数量最多的，它们激发了许多观者的热情与敬畏。[3]毛泽东从未到访过泰山，却有三则出自其手笔的铭文被刻在山坡上，其中没有一则直接提到这座山。最大者是一首关于长征的诗，作于1935年。1962年，毛泽东用他的行草书将这首诗誊写在一个手稿上，泰山的石刻就是根据该手稿刻成的（图5-8）。[4]毛泽东书作的光环本与泰山毫不相干，他从未涉足此处。然而他的泰山石刻打破了地点与书作之间的指示性联结，这是曾经主导着帝王石刻安置的原则。毛泽东的书法分布在登山途中位置显眼的巨石上，它们并不需要明确表达出"我曾在此处"。尽管有所含蓄，知道该书作是毛泽东的手笔，就已足够唤起人们对于他的记忆。

虽然没有一位继任毛泽东的党领导者形成了像他那般引人注目的书法风格，但他们延续着散布书作的做法，在包括泰山在内的一些公共地点展示它们。1991年，前总理李鹏（1928—2019年）的一件书作被刻在泰山峰顶，恰好位于唐代和

---

[1] Richard Curt Kraus, *Brushes with Power: Modern Politics and the Chinese Art of Calligraphy*, Berkeley and Los Angeles: University of California Press, 1991.
[2]《泰山石刻大全》第1册，第243页。
[3] 当主席为杂志书写的标题书法被复制到报纸上时，一位老农抚摸着这些字并激动地说："我感觉我在和毛主席握手。" Kraus, *Brushes with Power*, 104.
[4]《毛主席手书选集》，内部印刷，第205页。

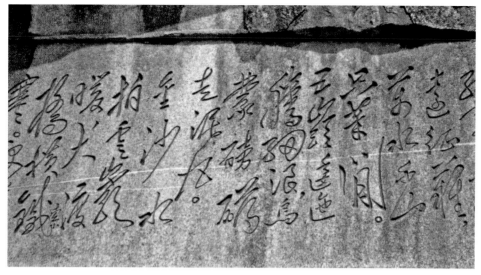

图 5-8　毛泽东所书《长征》，年代不详，基于 1962 年所书手迹，85 厘米×280 厘米，山东泰安市泰山，著者摄影

清代的帝王石刻西侧（图 5-9）。铭文敦促所有读到它的人"保护世界遗产，建设东岳泰山"。李鹏为"世界遗产"描绘的愿景指涉了泰山作为世界遗产的地位，该称号于 1987 年由联合国教科文组织（UNESCO）授予。很少有人把李鹏看作一位大书法家，但是其铭文的媒介，即泰山岩面，恰到好处地提示着世人，泰山的遗产得到了联合国教科文组织的认可和赞誉。同理，所有中国山水摩崖石刻的媒介都是其石刻文字遗产的一部分。

图 5-9　李鹏所书"保护世界遗产，建设东岳泰山"，1991 年，山东泰安市泰山，著者摄影

参考文献

中文文献

安廷山:《山东摩崖书刻艺术》,北京:新华出版社,1997年。

班固:《汉书》,北京:中华书局,1962年。

坂田玄翔(隆一):《四岳杂考》,收入山东石刻艺术博物馆、中国书法家协会山东分会编:《云峰刻石研究》,济南:齐鲁书社,1992年。

北岛信一:《北朝摩崖刻经与书经人安道壹》,收入山东石刻艺术博物馆编:《北朝摩崖刻经研究(续)》,香港:天马图书有限公司,2003年。

北京图书馆金石组编:《北京图书馆藏中国历代石刻拓本汇编》,100册,郑州:中州古籍出版社,1989年。

——等编:《房山石经题记汇编》,北京:书目文献出版社,1987年。

常璩撰,刘琳校注:《华阳国志校注》,成都:巴蜀书社,1984年。

陈大远、郭兴富主编:《岭南第一唐刻:龙龛道场铭》,香港:香港三昧书店,1993年。

陈梦雷等编:《古今图书集成》,上海:中华书局,1934年。

陈明达:《陈明达古建筑与雕塑史论》,北京:文物出版社,1998年。

陈奇猷注:《韩非子新校注》,上海:上海古籍出版社,2000年。

陈寿:《三国志》,北京:中华书局,1995年。

陈寅恪:《天师道与滨海地域之关系》,收入《陈寅恪文集之二:金明馆丛稿初编》,上海:上海古籍出版社,1980年。

陈元龙:《龙隐洞》,收入《广西通志》,《四库全书》本,1781年。

陈垣：《道家金石略》，北京：文物出版社，1988年。

陈兆复：《古代岩画》，北京：文物出版社，2002年。

出土文物展览工作组编：《"文化大革命"期间出土文物》，北京：文物出版社，1972年。

崔天勇、王仲义：《莱州市云峰山发现的北魏郑道昭刻石及其相关问题初探》，《书法丛刊》
2001年第3期。

崔秀国、吉爱琴：《泰岱史迹》，济南：山东友谊书社，1987年。

戴望编：《管子（附校正）》，《国学基本丛书简编》本，上海：商务印书馆，1934年。

董诰等编：《全唐文》，5册，上海：上海古籍出版社，1990年。

窦臮：《述书赋》，收入《历代书法论文选》，上海：上海书画出版社，1996年。

范晔：《后汉书》，北京：中华书局，1965年。

房玄龄等：《晋书》，北京：中华书局，1974年。

冯云鹏、冯云鹓编：《金石索》，《四库全书》本。

高景明、林剑鸣、张文立：《关中与汉中古代交通试探》，《成都大学学报（社会科学版）》
1989年第1期。

高天佑：《西狭摩崖石刻群研究》，兰州：兰州大学出版社，1999年。

高文、高成刚编：《四川历代碑刻》，成都：四川大学出版社，1990年。

——《中国画像石棺艺术》，太原：山西人民出版社，1996年。

高文：《汉碑集释》，开封：河南大学出版社，1985年。

顾恺之：《画云台山记》，收入俞剑华编：《中国画论类编》第1册，台北：河洛图书出版社，
1975年。

顾铁符：《西安附近所见的西汉石雕艺术》，《文物参考资料》1955年第11期。

《广西通志》，《四库全书》本。

郭荣章：《晋太康修栈道石刻厘正》，《成都大学学报（社会科学版）》1991年第2期。

——《石门摩崖刻石研究》，西安：陕西人民美术出版社，1985年。

——《石门十三品探踪述略》，收入陕西汉中市褒斜石门研究会、汉中市博物馆编：《石门汉
魏十三品》，西安：陕西人民美术出版社，1988年。

——《尊楗阁摩崖题记重见于时的点滴感悟》，《书法报》2004年10月11日。

——编著:《石门石刻大全》,西安:三秦出版社,2001年。

郭思编:《林泉高致》,俞剑华编:《中国画论类编》第2册。

郭一兵主编:《长江三峡工程水库水文题刻文物图集》,北京:科学出版社,1996年。

《汉唐壁画》,北京:外文出版社,1974年。

汉元:《汉〈石门颂〉在文学史文献学上的价值》,《成都大学学报(社会科学版)》1989年第1期。

何传馨:《略谈唐玄宗禅地祇玉册的书法》,《故宫文物月刊》第9卷第10期(台北,1992年)。

洪适:《隶释·隶续》,北京:中华书局,1985年。

侯旭东:《五、六世纪北方民众佛教信仰:以造像记为中心的考察》,北京:中国社会科学出版社,1998年。

胡新立:《山东邹县发现的北朝铜佛造像》,《考古》1994年第6期。

——《峄山五华峰北朝刻经题记考》,收入《北朝摩崖刻经研究(续)》。

——《邹县北朝摩崖刻经调查与研究》,收入中国书法家协会山东分会、山东石刻艺术博物馆编:《北朝摩崖刻经研究》,济南:齐鲁书社,1991年。

华人德:《中国书法史·两汉卷》,南京:江苏教育出版社,1999年。

黄邦红:《蜀道考察拾零》,《四川文物》1988年第1期。

黄荣春编著:《福州摩崖石刻》,福州:福建美术出版社,1999年。

黄易:《岱岩访古日记》,西泠印社聚珍版,1921年。

姜丰荣编:《泰山历代石刻选注》,青岛:青岛海洋大学出版社,1993年。

焦德森:《云峰刻石与郑道昭晚年的道教思想倾向》,收入《云峰刻石研究》。

金国永校注:《司马相如集校注》,上海:上海古籍出版社,1993年。

康有为:《广艺舟双楫》,收入《历代书法论文选》,上海:上海书画出版社,1996年。

赖非:《北朝佛教摩崖刻经概论》,收入刘正成等编:《中国书法全集·卷12 北朝摩崖刻经》,北京:荣宝斋出版社,2000年。

——《僧安刻经考述》,收入《北朝摩崖刻经研究(续)》。

——《刻经周围的寺院、僧人、经主》,收入氏著:《山东北朝佛教摩崖刻经调查与研究》,北京：科学出版社，2007年。

——《云峰刻石的成因与分布特点》，收入《云峰刻石研究》。

《礼记正义》，收入李学勤主编：《十三经注疏》，北京：北京大学出版社，1999年。

李百药：《北齐书》，北京：中华书局，1995年。

李炳中：《新发现〈何君尊楗阁刻石〉及考释》，《中国书法》2005年第1期。

李昉等编：《册府元龟》，12册，香港：中华书局，1960年。

李丰楙：《六朝道教与游仙诗的发展》，《中华学苑》第28期，1983年12月。

李零：《入山与出塞》，北京：文物出版社，2004年。

李学勤：《谈"张掖都尉棨信"》，《文物》1978年第1期。

——主编：《十三经注疏》，13卷，北京：北京大学出版社，1999年。

李延寿：《北史》，北京：中华书局，1974年。

李一：《环境艺术的创造：论北朝摩崖刻经》，收入《北朝摩崖刻经研究》。

李裕群：《北朝晚期石窟寺研究》，北京：文物出版社，2003年。

——《晋阳西山大佛和童子寺大佛的初步考察》，《文物季刊》1998年第1期。

《历代书法论文选》，上海：上海书画出版社，1996年。

令螽、下坡：《山东新发现的两汉碑石及有关问题》，收入中国书法家协会山东分会编：《汉碑研究》，济南：齐鲁书社，1990年。。

令狐德棻：《周书》，北京：中华书局，1971年。

刘洪：《连云港东西连岛发现我国最早的隶书界域刻石》，《中国文物报》1991年5月12日。

刘洪石：《唐宋风韵，绝壁生辉：花果山唐隶宋篆介绍》，《书法丛刊》1997年第4期。

刘慧：《泰山宗教研究》，北京：文物出版社，1994年。

刘景龙编著：《龙门二十品：碑刻与造像艺术》，北京：中国世界语出版社，1995年。

刘跂：《学易集》，《四库全书》本。

刘涛：《山东境内北朝摩崖刻经所见书写者的署名方式》，收入《北朝摩崖刻经研究（续）》。

——《书法谈丛》，北京：中华书局，1999年。

——《中国书法史·魏晋南北朝卷》，南京：江苏教育出版社，2002年。

刘勰著，周振甫注：《文心雕龙注释》，北京：人民文学出版社，1981年。

刘昫等:《旧唐书》,北京:中华书局,1975年。

刘永:《汉隶的发生和发展》,收入《汉碑研究》。

刘正成等编:《中国书法全集》,108卷,北京:荣宝斋出版社,1991年起。

路宗元编著:《文化泰山》,泰安:泰安市新闻出版局,1996年。

《论语引得》,哈佛燕京学社引得特刊第16号,台北:汉学研究资料及服务中心,1972年。

罗杰伟(Roger Covey):《北周拉梢寺艺术中的中亚主题》,收入巫鸿主编:《汉唐之间文化艺术的互动与交融》,北京:文物出版社,2001年。

罗新、叶炜:《新出魏晋南北朝墓志疏证》,北京:中华书局,2005年。

罗秀书撰,郭鹏校注:《褒谷古迹辑略校注》,西安:西安美术学院,1996年。

洛阳博物馆:《河南洛阳北魏元乂墓调查》,《文物》1974年第12期。

马端临:《文献通考》,台北:新兴书局,1959年。

马忠理:《邺都近邑北齐佛教刻经初探》,收入《北朝摩崖刻经研究》。

马子云:《碑帖鉴定浅说》,北京:紫禁城出版社,1986年。

《毛诗正义》,收入李学勤主编:《十三经注疏》。

《毛主席手书选集》,内部印刷。

米文平:《鲜卑石室的发现与初步研究》,《文物》1981年第2期。

《穆天子传》,《四部丛刊》本,上海:商务印书馆,1936年。

欧阳辅:《集古求真》,香港:中国书画研究会,1971年。

欧阳修:《集古录跋尾》,收入《欧阳文忠全集》,《四部备要》本,上海:中华书局,1936年。

欧阳詹:《栈道铭》,收入董诰等编:《全唐文》,台北:文友书店,1972年。

庞元济:《虚斋名画录》,上海,1909年。

彭定求等编:《全唐诗》,25册,北京:中华书局,1960年。

钱荫榆:《从摩崖刻石看中国文学的造型意识及美学思想》,收入乐黛云主编:《欲望与幻象:东方与西方》,南昌:江西人民出版社,1991年。

全根先、张有道编:《中国佛教文化大典》,5册,西宁:青海人民出版社,1999年。

《全后汉书》,收入严可均校辑:《全上古三代秦汉三国六朝文》,上海:中华书局,1958年。

容庚:《秦始皇刻石考》,《燕京学报》第17期(1935年6月)。

阮元：《山左金石志》，小琅嬛仙馆刻本，1797年。

山东石刻艺术博物馆、莱州市博物馆编：《云峰刻石全集》，济南：齐鲁书社，1989年。

山东石刻艺术博物馆、中国书法家协会山东分会编：《云峰刻石研究》，济南：齐鲁书社，1992年。

——《云峰诸山北朝刻石讨论会论文选集》，济南：齐鲁书社，1985年。

山东石刻艺术博物馆编：《北朝摩崖刻经研究（续）》，香港：天马图书有限公司，2003年。

山东石刻艺术博物馆编：《石颂》，济南。

山西省考古研究所、灵丘文物局：《山西灵丘北魏文成帝〈南巡碑〉》，《文物》1997年第12期。

山西省考古研究所、太原市文物管理委员会：《太原市北齐娄睿墓发掘简报》，《文物》1983年第10期。

陕西汉中市褒斜石门研究会、汉中市博物馆编：《石门汉魏十三品》，西安：陕西人民美术出版社，1988年。

陕西省考古研究所：《褒斜道石门附近栈道遗迹及题刻的调查》，《文物》1964年第1期。

陕西文物管理委员会：《唐乾陵勘察记》，《文物》1960年第4期。

沈约：《宋书》，北京：中华书局，1995年。

沈约著，陈庆元校笺：《沈约集校笺》，杭州：浙江古籍出版社，1995年。

施蛰存：《水经注碑录》，天津：天津古籍出版社，1987年。

《石门铭》，上海：上海书画出版社，1982年。

石衍丰：《道教宫观琐谈》，《四川文物》1986年第4期。

睡虎地秦墓竹简整理小组编：《睡虎地秦墓竹简》，北京：文物出版社，1978年。

司马迁：《史记》，北京：中华书局，1987年。

苏轼著，孔凡礼点校：《苏轼文集》，北京：中华书局，1986年。

孙诒让撰，孙启治点校：《墨子间诂》，北京：中华书局，1986年。

泰安市文物局编：《泰山石刻大全》，5卷，济南：齐鲁书社，1993年。

泰山风景名胜区管理委员会编：《中国泰山》，北京：文物出版社，1993年。

汤贵仁：《历代帝王与泰山》，济南：山东人民出版社，1987年。

唐寰澄编著:《中国古代桥梁》,北京:文物出版社,1987年。

唐仲冕编:《岱览》,果克山房刻本,1807年。

桐谷征一:《北齐大沙门安道壹刻经事迹》,收入《北朝摩崖刻经研究(续)》。

万光治:《汉代颂赞铭箴与赋同体异用》,《社会科学研究》1986年第4期。

王昶:《金石萃编》,《石刻史料新编》第1辑,台北:新文丰出版公司,1977年。

王大方:《阿拉善盟发现汉武帝时期石刻铭文》,《中国文物报》1994年9月18日。

王国维校,袁英光、刘寅生整理标点:《水经注校》,上海:上海人民出版社,1984年。

王化成编:《中国皇帝书画选》,香港:华文出版社,1990年。

王景芬、书杉编:《书法基础知识》,北京:解放军出版社,1988年。

王钧、阿涛:《四山摩崖刻经》,北京:知识出版社,1990年。

王世贞:《弇州四部稿》,《四库全书》本。

王思礼、赖非:《中国北朝佛教摩崖刻经》,收入《北朝摩崖刻经研究》。

王思礼等编:《云峰刻石调查与研究》,济南:齐鲁书社,1992年。

王象之:《舆地纪胜》,《续修四库全书》本,上海:上海古籍出版社,1996年。

王应麟编:《玉海》,6册,北京:文物出版社,1987年。

王壮弘:《碑帖鉴别常识》,上海:上海书画出版社,1985年。

卫恒:《四体书势》,收入《历代书法论文选》。

魏广平:《北朝石刻佛经概况及形成原因》,收入《北朝摩崖刻经研究(续)》。

魏收:《魏书》,北京:中华书局,1974年。

翁方纲:《两汉金石记》,收入《石刻史料新编》第1辑。

翁闿运:《论山东汉碑》,收入《汉碑研究》。

沃兴华:《敦煌文书中的勾填字》,《书法报》1992年11月11日。

萧统编,李善等注:《增补六臣注文选》,《四部善本新刊》本,台北:汉京文化事业有限公司,1980年。

《孝经引得》,哈佛燕京学社引得特刊第23号,台北:汉学研究资料及服务中心,1966年。

谢承仁主编:《杨守敬集》,13册,武汉:湖北人民出版社、湖北教育出版社,1997年。

星云大师等编:《佛光大辞典》,8册,高雄:佛光出版社,1989年。

熊承涤:《中国古代教育史料系年》,北京:人民教育出版社,1985年。

徐坚等:《初学记》,北京:中华书局,1962年。

徐宗文:《"辞""赋""颂"辨异》,《江海学刊》1984年第6期。

许道勋、赵克尧:《唐玄宗传》,北京:人民出版社,1993年。

许洪国:《安道壹其书其人》,收入刘正成等编:《中国书法全集·卷12 北朝摩崖刻经》。

许慎:《说文解字序》,收入崔尔平选编、点校:《历代书法论文选续编》,上海:上海书画出版社,1993年。

谢承仁主编:《杨守敬集》,13册,武汉:湖北人民出版社、湖北教育出版社,1997年。

《宣和书谱》,《中国书学丛书》本,上海:上海书画出版社,1984年。

严耕望:《秦汉地方行政制度》,《中国地方行政制度史》甲部,台北:"中研院"历史语言研究所,1990年。

颜之推撰,王利器集解:《颜氏家训集解》,北京:中华书局,1993年。

羊欣:《采古来能书人名》,收入《历代书法论文选》。

杨关林等编:《中国名胜词典》,上海:上海辞书出版社,1986年。

杨宽:《中国古代陵寝制度史研究》,上海:上海古籍出版社,1985年。

杨伟立:《褒斜道是蜀人走向关中、中原的通道》,《成都大学学报(社会科学版)》1989年第1期。

杨衒之撰,周祖谟校释:《洛阳伽蓝记校释》,北京:中华书局,1963年。

姚卫群:《佛教般若思想发展源流》,北京:北京大学出版社,1996年。

姚铉编:《唐文粹》,《国学基本丛书》本,台北:商务印书馆,1967年。

叶昌炽撰,韩锐校注:《语石校注》,北京:今日中国出版公司,1995年。

叶程义编:《汉魏石刻文学考释》,台北:新文丰出版公司,1997年。

殷光明:《敦煌市博物馆藏三件北凉石塔》,《文物》1991年第11期。

应劭撰,王利器校注:《风俗通义校注》,北京:中华书局,1981年。

尤丽(Lis Jung):《北朝六世纪邺城近畿与泰峄山区石刻佛经之关系》,杭州:中国美术学院硕士学位论文,2002年。

俞黎华:《〈石颂〉初探》,收入《北朝摩崖刻经研究》。

于书亭:《〈天柱山铭〉析疑》,《书法研究》2000 年第 1 期。

——《郑道昭与"白云堂"》,收入《云峰刻石研究》。

——《郑道昭与四山刻石》,北京:人民美术出版社,2004 年。

—— 编著:《云峰、天柱诸山北朝刻石》,北京:人民美术出版社,1990 年。

俞剑华编:《中国画论类编》,台北:河洛图书出版社,1975 年。

曾毅公:《石刻考工录》,北京:书目文献出版社,1987 年。

《战国策逐字索引》,收入刘殿爵、陈方正编:《先秦两汉古籍逐字索引丛刊》,香港:商务印书馆,1992 年。

张宝玺主编:《甘肃石窟艺术·雕塑编》,兰州:甘肃美术出版社,1994 年。

张传玺:《释"邮亭驿置徒司空,褒中县官寺"》,《考古与文物》1980 年第 4 期。

张从军:《郑道昭书法历史地位之浅见》,收入《云峰刻石研究》。

张岱:《岱志》,收入氏著:《琅嬛文集》,长沙:岳麓书社,1985 年。

张广存:《〈铁山刻经颂〉识读并校注》,收入《北朝摩崖刻经研究(续)》。

——《山东北朝摩崖刻经若干事实的考索》,未刊本。

张国淦:《历代石经考》,台北:鼎文书局,1972 年。

张总:《北朝至隋山东佛教艺术查研新得》,收入巫鸿主编:《汉唐之间的宗教艺术与考古》,北京:文物出版社,2000 年。

——《山东碑崖刻经经义内涵索探》,收入《北朝摩崖刻经研究(续)》。

赵超:《古代墓志通论》,北京:紫禁城出版社,2003 年。

——《古代石刻》,北京:文物出版社,2001 年。

——《汉魏南北朝墓志汇编》,天津:天津古籍出版社,1992 年。

——《中国古代石刻概论》,北京:文物出版社,1997 年。

赵崡:《石墨镌华》,《丛书集成初编》本,北京:中华书局,1985 年。

赵凯球:《魏晋南北朝时期山东佛教概说》,《文史哲》1994 年第 3 期。

赵明诚撰,金文明校证:《金石录校证》,上海:上海书画出版社,1985 年。

中国第一历史档案馆编:《康熙起居注》,3 册,北京:中华书局,1984 年。

中国古代书画鉴定组编:《中国古代书画图目》,24 卷,北京:文物出版社,1986—2001 年。

中国科学院考古研究所编:《三门峡漕运遗迹（黄河水库报告考古之一）》,北京:科学出版社,1959年。

《中国美术全集·书法篆刻编》,北京:人民美术出版社,1986—1989年。

《中国美术全集·雕塑编》,北京:人民美术出版社,1988年。

中国社会科学院考古研究所、日本奈良国立文化财研究所:《汉长安城桂宫四号建筑遗址发掘简报》,《考古》2002年第1期。

中国书法编辑组编:《龙门二十品》,北京:文物出版社,1980年。

中国书法家协会山东分会、山东石刻艺术博物馆编:《北朝摩崖刻经研究》,济南:齐鲁书社,1991年。

中国书法家协会山东分会编:《汉碑研究》,济南:齐鲁书社,1990年。

中国文物研究所、甘肃省文物考古研究所编:《敦煌悬泉月令诏条》,北京:中华书局,2001年。

《中文大辞典》,10册,台北:中国文化研究所,1982年。

舟子:《羊祉与〈石门铭〉初考三题》,《文博》1989年第3期。

周锦屏:《连岛西汉界域刻石及其书法价值》,《书法丛刊》1997年第4期。

《周礼注疏》,收入李学勤主编:《十三经注疏》。

周谦:《中华石文化与泰山石》,济南:山东大学出版社,1992年。

《周易引得》,哈佛燕京学社引得特刊第10号,台北:汉学研究资料及服务中心,1973年。

《诸葛亮集》,北京:中华书局,1974年。

《庄子引得》,哈佛燕京学社引得特刊第20号,哈佛燕京学社,1947年。

日文文献

北岛信一:《北朝摩崖経と筆者安道壹》,《墨》第 157 号（2002 年 8 月）。

草森绅一:《「永平」の心：北魏「石門銘」誕生の秘密》,收入石川九杨编:《書の宇宙 卷 7：石に刻された文字・北朝石刻》,东京：二玄社,1997 年。

常盘大定、关野贞:《中国仏教史蹟》,6 册,东京：佛教史迹研究会,1925—1931 年。

道端良秀:《中国の石仏と石経》,东京：法藏馆,1972 年。

高楠顺次郎、渡边海旭等编:《大正新脩大藏経》,100 册,东京：大正一切経刊行会,1922—1934 年。

吉川忠夫:《「靜室」考》,《東方學報》第 59 册（1987 年 3 月）。

牛丸好一:《摩崖を学ぶ》,收入《東洋芸林論叢：中田勇次郎先生頌寿記念論集》,东京：平凡社,1985 年。

秋月观瑛编:《道教と宗教文化》,东京：平河出版社,1987 年

松井如流:《漢 西狭頌》,《書跡名品叢刊》第 28 册,东京：二玄社,1960 年。

《書跡名品叢刊》,东京：二玄社,1958—1990 年。

桐谷征一:《北齐大沙門安道壹の刻経事跡》,《大崎學報》第 158 期（2002 年 3 月）。

——《中國北齐期における摩崖・石壁刻経の成立》,收入胜吕信静博士古稀记念论文集刊行会编:《勝呂信静博士古稀記念論文集》,东京：山喜房佛书林,1996 年。

西林昭一:《唐 玄宗 石臺孝經》,《書跡名品叢刊》第 182—184 册,东京：二玄社,1973 年。

相川政行:《鄒城市鐵山「大集経」題刻と「石頌」の研究》,《立正大学文学部研究紀要》第 20 号（2004 年 3 月）。

永田英正编:《漢代石刻集成》,2 册,京都：同朋舍,1994 年。

御手洗胜:《古代中國の神々：古代傳説の研究》,东京：创文社,1984 年。

中田勇次郎编:《書道全集》,26 卷,东京：平凡社,1954—1961 年。

——编:《書道藝術》,24 卷,东京：中央公论社,1971—1973 年。

中田勇次郎等:《智永 鄭道昭》,收入中田勇次郎编:《書道藝術》,东京：中央公论社,1971—1973 年。

塚本善隆:《中国仏教史研究・北魏篇》,东京：弘文堂书房,1942 年。

西文资料

Abe, Stanley. "A Fifth-Century Chinese Buddhist Cave Temple." *Ars Orientalis* 20 (1990): 1-31.

——. *Ordinary Images*. Chicago: University of Chicago Press, 2002.

Asselin, Mark Laurent. "'A Significant Season'—Literature in a Time of Endings: Cai Yong and a Few Contemporaries." Ph.D. diss., University of Washington, 1997.

Assmann, Jan. "Ancient Egypt and the Materiality of the Sign." in *Materialities of Communication*, eds. Hans Ulrich Gumbrecht and K. Ludwig Pfeiffer, trans. William Whobrey, 15-31. Stanford: Stanford University Press, 1994.

Bagley, Robert W., ed., *Ancient Sichuan: Treasures from a Lost Civilization*. Seattle: Seattle Art Museum, 2001.

——. "Anyang Writing and the Origin of the Chinese Writing System." in *The First Writing: Script Invention as History and Process*, ed. Stephen D. Houston. Cambridge: Cambridge University Press, 2004, 190-249.

Bai, Qianshen. *Fu Shan's World: The Transformation of Chinese Calligraphy in the Seventeenth Century*. Cambridge, MA: Harvard University Asia Center, 2003.

Barbieri-Low, Anthony J. *Artisans in Early Imperial China*. Seattle: University of Washington Press, 2007.

——. "Carving out a Living: Stone Monument Artisans during the Eastern Han Dynasty." in *Recarving China's Past: Art, Archaeology, and Architecture of the "Wu Family Shrines,"* by Cary Y. Liu, Michael Nylan, and Anthony J. Barbieri-Low, 485-511. Princeton: Princeton University Art Museum; New Haven: Yale University Press, 2005.

——. "The Organization of Imperial Workshops during the Han Dynasty." Ph.D. diss.,

Princeton University, 2001.

Barnard, Noel. "The Nature of the Ch'in 'Reform of Script' as Reflected in Archaeological Documents Excavated under Conditions of Control." in *Ancient China: Studies in Early Civilization*, eds. David T. Roy and Tsien Tsuen-hsiu, 181-213. Hong Kong: Chinese University Press, 1978.

Beningson, Susan L., and Cary Y. Liu. *Providing for the Afterlife: "Brilliant Artifacts" from Shandong*. exhibition catalogue. New York: China Institute in America, 2005.

Bielenstein, Hans. *The Bureaucracy in Han Times*. Cambridge and New York: Cambridge University Press, 1980.

——. "An Interpretation of the Portents in the Ts'ien *Han Shu*." *Bulltin of the Museum of Far Eastern Antiquities* 22 (1950): 127-144.

——."Later Han Inscriptions and Dynastic Biographies: A Historiographical Comparison." in *Zhongyang yanjiuyuan guoji Hanxue huiyi lunwenji, Lishi kaogu ji* (Papers from the international symposium on sinology at Academia Sinica, history and archaeology section), 571-586. Taipei: Academia Sinica, 1981.

Bierman, Irene A. *Writing Signs: The Fatimid Public Text*. Berkeley and Los Angeles: University of California Press, 1998.

Billeter, Jean François. *The Chinese Art of Writing*. Geneva: Skira; New York: Rizzoli, 1990.

Bokenkamp, Stephen R. *Early Daoist Scriptures*. Berkeley and Los Angeles: University of California Press, 1997.

——. "The Yao Boduo Steles as Evidence for the 'Dao-Buddhism' of the Early Lingbao Scriptures." *Cahiers d'Extrême-Asie* 9 (1996-1997): 55-67.

Bol, Peter K. "Song Intellectual History." in *The Cambridge History of China*, Vol. 5, *The Sung Dynasty, 960-1279*, Part 2. Cambridge: Cambridge University Press, 2009.

Boltz, William G. *The Origin and Early Development of the Chinese Writing System*. American Oriental Series 78. New Haven: American Oriental Society, 1994.

Boucher, Daniel. "The *Pratītyasamutpādagāthā* and Its Role in the Medieval Cult of Relics." *Journal of the International Association of Buddhist Studies* 14, no.1 (1991): 1-27.

Brashier, Kenneth Edward. "Evoking the Ancestor: The Stele Hymn of the Eastern Han Dynasty (25-220 C.E.)." Ph.D. diss., Cambridge University, 1997.

———. "Longevity like Metal and Stone: The Role of the Mirror in Han Burials." *T'oung Pao* 81 (1995): 201-229.

———. "The Spirit Lord of Baishi Mountain: Feeding the Deities or Heeding the *Yinyang*." *Early China* 26-27 (2001-2002): 159-231.

———. "Text and Ritual in Early Chinese Stelae." in *Text and Ritual in Early China*, ed. Martin Kern, 249-284. Seattle: University of Washington Press, 2006.

Brook, Timothy. *The Confusions of Pleasure: Commerce and Culture in Ming China*. Berkeley and Los Angeles: University of California Press, 1998.

Brown, Miranda. *The Politics of Mourning in Early China*. Albany: State University of New York Press, 2008.

———. "Men in Mourning: Ritual, Human Nature, and Politics in Warring States and Han China, 453 B.C.-A.D. 220." Ph.D. diss., University of California, Berkeley, 2002.

———. "The Wu Stelae in Context: Can We Trust Them? How Should We Read Them and Why We Should Care." To be published.

Bujard, Marianne. "Le culte de Wangzi Qiao ou la longe carrière d'un immortel." *Études chinoises* 19 (2001): 115-158.

Cahill, Suzanne. "Taoism at the Sung Court: The Heavenly Text Affair of 1008." *Bulletin of Sung and Yüan Studies* 16 (1980): 23-44.

——. "The Word Made Bronze: Inscriptions on Medieval Chinese Bronze Mirrors." *Archives of Asian Art* 39 (1986): 62-70.

Campany, Robert Ford. "Notes on the Devotional Uses and Symbolic Functions of *Sūtra* Texts as Depicted in Early Chinese Buddhist Miracle Tales and Hagiographies." *Journal of the International Association of Buddhist Studies* 14, no. 1 (1991): 28-72.

——. *Strange Writing: Anomaly Accounts in Early Medieval China.* Albany: State University of New York Press, 1996.

Carter, Paul. *The Road to Botany Bay: An Exploration of Landscape and History.* Chicago: University of Chicago Press, 1987.

Caswell, James O. *Written and Unwritten: A New History of the Buddhist Caves at Yungang.* Vancouver: University of British Columbia Press, 1988.

Chappell, David Wellington. "Early Forebodings of the Death of Buddhism." *Numen* 27, no.1 (June 1980): 122-154.

Chartier, Roger. *Forms and Meanings: Texts, Performances, and Audiences from Codex to Computer.* Philadelphia: University of Pennsylvania Press, 1995.

Chavannes, Édouard. "Le jet des dragons." in *Mémoires concernant l'Asie orientale*, eds. Émile Senard and Henri Cordier, 3: 53-220. Paris: Éditions Ernest Leroux, 1919.

——. *Mission archéologique dans la China septentrional*e. 13 vols. Paris: Imprimerie nationale, 1913.

——. *Le T'ai Chan: Essai de monographie d'un culture chinois.* Paris: Ernest Leroux, 1910.

Chaves, Jonathan. "The Legacy of Ts'ang Chieh: The Written Word as Magic." *Oriental*

Art, n.s., 23, no. 2 (Summer 1977): 200-215.

Ch'en, Kenneth K.S. *Buddhism in China: A Historical Survey*. Princeton: Princeton University Press, 1964.

———. "Inscribed Stelae during the Wei, Chin, and Nan-ch'ao." in *Studia Asiatica: Essays in Asian Studies in Felicitation of the Seventy-fifth Anniversary of Professor Ch'en Shou-yi*, ed. Laurence G. Thompson. San Francisco: Chinese Materials Center, Inc., 1975, 75-84.

Cheng, Bonnie. "Fabricating Life out of Death: Sixth-Century Funerary Monuments and the Negotiation of Cultural Traditions." Ph.D. diss., University of Chicago, 2003.

Chou Chih-p'ing. *Yuan Hung-tao and the Kung-an School*. Cambridge and New York: Cambridge University Press, 1988.

Chu, Hui-liang. "The Chung Yu (A.D. 151-230) Tradition: A Pivotal Development in Sung Calligraphy." Ph.D. diss., Princeton University, 1990.

Cohn, W. "The Deities of the Four Cardinal Points in Chinese Art." *Transactions of the Oriental Ceramic Society* 18 (1940-1941): 61-75.

Connery, Christopher Leigh. *The Empire of the Text*. Lanham, MD: Rowan and Littlefield Publishers, 1998.

Conze, Edward, trans., *The Perfection of Wisdom Sutra in Eight Thousand Lines and Its Verse Summary*. Bolinas: Four Seasons Publications, 1973.

Davis, Richard S. "A Stone Sarcophagus of the Wei Dynasty." *Bulletin of the Minneapolis Institute of Arts* 37, no. 23(June 1948): 110-116.

de Crespigny, Rafe. "Political Protest in Imperial China: The Great Proscription of the Later Han." *Papers on Far Eastern History*, no. 1 (Mar. 1975): 1-36.

Deng Shuping. "Two Sets of Jade Tablets in the Taipei Palace Museum." *Taipei Palace*

Museum Bulletin 11, no. 6 (Jan.-Feb. 1977): 1-17.

Derrida, Jacques. *The Truth in Painting*. trans. Geoff Bennington and Ian McLeod. Chicago: University of Chicago Press, 1987.

Dott, Brian R. *Identity Reflections: Pilgrimages to Mount Tai in Late Imperial China*. Cambridge, MA: Harvard University Asia Center, 2004.

Dubbs, Homer H., trans., *The History of the Former Han Dynasty*. 2 vols. Philadelphia: American Council of Learned Societies, 1944.

Ebrey, Patricia. "Later Han Stone Inscriptions." *Harvard Journal of Asiatic Studies* 40, no. 2 (Dec. 1980): 325-353.

——. "Toward a Better Understanding of the Later Han Upper Class." in *State and Society in Early Medieval China*, ed. Albert E. Dien, 49-72. Stanford: Stanford University Press, 1990.

Erickson, Susan. "Boshanlu—Mountain Censers of the Western Han Period: A Topological and Iconographical Analysis." *Archives of Asian Art* 45(1992): 6-28.

Falkenhausen, Lothar von. "The E Jun Metal Tallies." in *Text and Ritual in Early China*, ed. Martin Kern, 79-123. Seattle: University of Washington Press, 2006.

——. "Issues in Western Zhou Studies." *Early China* 18 (1993): 139-226.

Fong, Mary H. "Antecedents of Sui-Tang Burial Practices in Shaanxi." *Artibus Asiae* 51, no.3/ 4 (1991): 147-198.

Fong, Wen C., and James C.Y.Watt. *Possessing the Past: Treasures from the Taipei Palace Museum*. exhibition catalogue. New York: Metropolitan Museum of Art, 1996. Distributed by Harry N. Abrams.

Fong, Wen C., et al., *Images of the Mind: Selections from the Edward L. Elliott and John B. Elliott Collections of Chinese Painting and Calligraphy at the Art Museum, Princeton University*. Princeton: Princeton Uiversity Art Museum, 1984.

Freedberg, David. *The Power of Images: Studies the History and Theory of Responses*. Chicago: University of Chicago Press, 1989.

Fried, Michael. "Art and Objecthood." *Artforum* 5 (June 1967): 12-23.

Galt, Howard S. *A History of Chinese Educational Institutions*. London: Arthur Probsthain, 1951.

Gernet, Jacques. *Buddhism in Chinese Society: An Economic History from the Fifth to the Tenth Century*. trans. Franciscus Verellen. New York: Columbia University Press, 1995.

Goldberg, Stephen J. "Court Calligraphy of the Early T'ang Dynasty." *Artibus Asiae* 49, nos. 3/4 (1988-1989): 189-237.

Goody, Jack. *The Logic of Writing and the Organization of Society*. Cambridge: Cambridge University Press, 1986.

Grapard, Alan. "The Textualized Mountain—Enmountained Text: The *Lotus Sutra* in Kunisaki." in *The Lotus Sutra in Japanese Culture*, eds. George J. Tanabe Jr. and Willa Jane Tanabe, 159-190. Honolulu: University of Hawaii Press, 1989.

Hahn, Thomas. "The Standard Taoist Mountain and Related Features of Religious Geography." *Cahiers d'Extrême-Asie* 4 (1988): 145-156.

Harris, William V. *Ancient Literacy*. Cambridge, MA: Harvard University Press, 1989.

Harrison, Robert Pogue. *The Dominion of the Dead*. Chicago: University of Chicago Press, 2003.

Harrist, Robert E., Jr. "Eulogy on Burying a Crane: A Ruined Inscription and Its Restoration." *Oriental Art*, Autumn 1998, 2-10.

——. "A Letter from Wang Hsi-chih and the Culture of Calligraphy." in *The Embodied Image: Chinese Calligraphy from the John B. Elliott Collection*, by Robert E. Harrist Jr. and Wen C. Fong, 241-259. Princeton: The Art Museum, Princeton

University; New York: Abrams, 1999.

———. "Mountains, Rocks, and Picture Stones: Forms of Visual Imagination in China." *Orientations*, Dec. 2003, 39-45.

———. "Reading Chinese Calligraphy." in *The Embodied Image: Chinese Calligraphy from the John B. Elliott Collection*, by Robert E. Harrist Jr. and Wen C. Fong, 3-27. Princeton: The Art Museum, Princeton University; New York: Abrams, 1999.

———. "Reading Cloud Peak Mountain: Writing, Landscape, and Representation in Sixth-Century China." in *Between Han and Tang*, eds. Wu Hung and Katherine Tsiang, 535-568. Beijing: Cultural Relics Publishing House, 2004.

———. "Record of the Eulogy on Mt. Tai and Imperial Autographic Monuments of the Tang Dynasty." *Oriental Art* 46, no. 2 (2000): 68-79.

———. "The Virtual Stele on Tieshan and the Monumental Sutras of Shandong Province." *Oriental Art* 49, no. 4 (2004): 2-13.

Hart, James A. "The Speech of Prince Chin: A Study of Early Chinese Cosmology." in *Explorations in Early Chinese Cosmology*, ed. Henry Rosemont Jr., 35-65. Chico, CA: Scholars Press, 1976.

Hay, Jonathan. "The Kangxi Emperor's Brush-Traces: Calligraphy, Writing, and the Art of Imperial Authority." in *Body and Face in Chinese Visual Culture*, eds. Wu Hung and Katherine R. Tsiang, 311-334. Cambridge, MA: Harvard University Asia Center, 2005.

Henderson, John B. *The Development and Decline of Chinese Cosmology*. New York: Columbia University Press, 1984.

Hightower, James R. "The *Wen Hsüan* and Genre Theory." *Harvard Journal of Asiatic Studies* 20, nos. 3/4 (Dec. 1957): 512-533.

Ho, Judy Chungwa. "The Twelve Calendrical Animals in Tang Tombs." in *Ancient Mortuary Traditions of China: Papers on Chinese Ceramic Funerary Sculptures*, ed. George Kuwayama, 60-83. Los Angeles: Los Angeles County Museum of Art, 1991.

Hodge, Robert, and Gunther Kress. *Social Semiotics*. Cambridge: Polity Press, 1988.

Holzman, Donald. "Immortality-Seeking in Early Chinese Poetry." in *The Power of Culture: Studies in Chinese Cultural History*, ed. Willard Peterson et al., 103-118. Hong Kong: Chinese University Press, 1994.

——. *Immortals, Festivals, and Poetry in Medieval China*. Variorum Collected Studies Series. Aldershot: Ashgate Publishing Co., 1998.

——. *Landscape Appreciation in Ancient and Early Medieval China*. Xinzhu, Taiwan: Program for Research on Intellectual-Cultural History, College of Humanities and Social Sciences, Taipei Tsing Hua University, 1996.

Howard, Angela. "Buddhist Cave Sculpture of the Northern Qi Dynasty: Shaping a New Style, Formatting New Iconographies." *Archives of Asian Art* 49 (1996): 7-25.

——. "Liang Patronage of Buddhist Art in the Gansu Corridor during the Fourth Century and the Transformation of a Central Asian Style." in *Between Han and Tang: Religious Art and Archaeology in a Transformative Period*, ed. Wu Hung. Beijing: Cultural Relics Publishing House, 2000, 235-275.

Hsieh, Chiao-min, and Jean Kan Hsieh. *China: A Provincial Atlas*. New York: Simon and Schuster, 1995.

Hsü, Eileen Hsiang-ling. "Six-Dynasties *Xiejing* Calligraphy." *East Asian Library Journal* 9, no. 2 (Autumn 2000): 46-111.

——. "The Xiaonanhai Cave-Chapels: Images of Deeds and Aspirations." Ph.D. diss., Columbia University, 1999.

Hucker, Charles O. *A Dictionary of Official Titles in Imperial China*. Stanford: Stanford University Press, 1985.

Huntington, John C. "The Iconography and Iconology of the 'Tan Yao' Caves at Yungang." *Oriental Art*, n.s., 32, no. 2 (1986): 142-160.

Hurvitz, Leon, trans., *Scripture of the Lotus Blossom of the Fine Dharma*. New York: Columbia University Press, 1976.

Hymes, Robert. "Social Change in Song China." in *The Cambridge History of China*, Vol. 5, *The Sung Dynasty, 960-1279*, Part 2. Cambridge: Cambridge University Press, 2009.

Inagaki Hisao, trans., in collaboration with Harold Stewart. *The Three Pure Land Sutras: A Study and Translation from the Chinese*. Kyoto: Nagata bunshodo, 1994.

Jackson, J. B. "The Order of a Landscape: Reason and Religion in Newtonian America." in *The Interpretation of Ordinary Landscapes: Geographic Essays*, ed. D. W. Meining, 153-163. New York and Oxford: Oxford University Press, 1979.

Jakobson, Roman. "Shifters, Verbal Categories, and the Russian Verb." in *Selected Writings*, 2: 131-147. The Hague: Mouton, 1962-1988.

Jettmar, Karl, ed., *Antiquities of Northern Pakistan: Report and Studies*. Vol. 1, *Rock Inscriptions in the Indus Valley*. Mainz: Verlag Philipp von Zabern, 1989.

Jettmar, Karl, and Thewalk Volker. *Between Gandhara and the Silk Roads: Rock Carvings along the Karakorum Highway; Discoveries by German-Pakistani Expeditions, 1979-1984*. Mainz: Verlag Philipp von Zabern, 1987.

Juliano, Annette. *Teng-hsien: An Important Six Dynasties Tomb*. Artibus Asiae Supplementum 37. Ascona: Artibus Asiae Publishers, 1980.

Juliano, Annette, and Judith Lerner. *Monks and Merchants*. exhibition catalogue. New York: Asia Society, 2001.

Kahn, Harold L. *Monarchy in the Emperor's Eyes: Image and Reality in the Ch'ien-lung*

Reign. Cambridge, Mass.: Harvard University Press, 1971.

Kaltenmark, Max, trans., *Le Lie-sien tchouan: Biographies, Legendaries*. Beijing: Centre d'etudes sinologiques de Pekin, 1953.

Kamitsuka, Yoshiko. "Lao-tzu in Six Dynasties Taoist Sculpture." in *Lao-tzu and the Tao-te-ching*, eds. Livia Kohn and Michael Lafargue, 63-85. Albany: State University of New York Press, 1998.

Kant, Immanuel. *Critique of Judgement*. trans. James Creed Meredith. Oxford: Oxford University Press, 1952.

Kao, Yu-kung. "Chinese Lyric Aesthetics." in *Words and Images: Chinese Poetry, Calligraphy, and Painting*, eds. Alfreda Murck and Wen C. Fong, 47-90. New York: Metropolitan Museum of Art, 1991.

Karlgren, Bernhard. "Early Chinese Mirror Inscriptions." *Bulletin of the Museum of Far Eastern Antiquities* 6, no. 215 (1934): 9-74.

Keightley, David. *Sources of Shang History: The Oracle Bone Inscriptions of Bronze Age China*. Berkeley and Los Angeles: University of California Press, 1978.

Keppie, Lawrence. *Understanding Roman Inscriptions*. Baltimore: Johns Hopkins University Press, 1991.

Kern, Martin. *Die Hymnen der chinesischen Staatsopfer*. Stuttgart: Franz Steiner Verlag, 1997.

——. "The Performance of Writing in Western Zhou China." in *The Poetics of Grammar and the Metaphysics of Sound and Sign,* eds. Sergio La Porta and David Shulman, 109-175. Leiden: E. J. Brill, 2007.

——. "Ritual, Text, and the Formation of the Canon: Historical Transitions of *wen* in Early China." *Toung Pao* 87 (2001): 43-91.

——. "*Shi jing* Songs as Performance Texts: A Case Study of 'Chu Ci' (Thorny Caltrop)."

Early China 25 (2000): 49-111.

———. *The Stele Inscriptions of Ch'in Shih-huang: Text and Ritual in Early Chinese Imperial Representation*. American Oriental Series 85. New Haven: American Oriental Society, 2000.

———, ed., *Text and Ritual in Early China*. Seattle: University of Washington Press, 2006.

———. "Western Han Aesthetics and the Genesis of the *Fu*." *Harvard Journal of Asiatic Studies* 63, no. 2 (Dec. 2003): 383-437.

Kieschnick, John. *The Impact of Buddhism on Chinese Material Culture*. Princeton: Princeton University Press, 2003.

Klimburg-Salter, Deborah E. *The Kingdom of Bamiyan: Buddhist Art and Culture of the Hindu Kush*. Naples: Instituto universitario orientale, 1989.

Kloetzli, Randy. *Buddhist Cosmology, from Single World System to Pure Land: Science and Theology in the Images of Motion and Light*. Delhi: Motilal Banarsidass, 1983.

Knechtges, David R., trans. and annotator., *Wen xuan, or Selections of Refined Literature*. 3 vols. Princeton: Princeton University Press, 1982-1996.

Kohn, Livia, ed., *Daoism Handbook*. Leiden: E. J. Brill, 2000.

———. "A Home for the Immortals: The Layout and Development of Medieval Daoist Monasteries." *Acta Orientalia Academiae Scientiarum Hungaricae* 53, nos. 1-2 (2000): 79-106.

———. "Immortal Parents and Universal Kin: Family Values in Medieval Daoism." in *Filial Piety and Chinese Thought and History*, eds. Alan K. L. Chan and Sor-hoon Tan, 91-109. London and New York: Rout ledge Curzon, 2004.

———, ed., *The Taoist Experience: An Anthology*. Albany: State University of New York Press, 1993.

Kraus, Richard Curt. *Brushes with Power: Modern Politics and the Chinese Art of Calligraphy*. Berkeley and Los Angeles: University of California Press, 1991.

Krauss, Rosalind E. "In the Name of Picasso." in *The Originality of the Avant-Garde and Other Modernist Myths*, 23-40. Cambridge, MA: MIT Press, 1986.

——. "Notes on the Index," Parts 1 and 2. in *The Originality of the Avant-Garde and Other Modernist Myths*, 196-219. Cambridge, MA: MIT Press, 1986.

Kroll, Paul W. "Verses from on High: The Ascent of Tai Shan." *T'oung Pao* 69, nos. 4-5 (1983): 223-260.

Lagerwey, John. *Taoist Ritual in Chinese Society and History*. New York: Macmillan Publishing Co., 1987.

——. "Taoist Ritual Space and Dynastic Legitimacy." *Cahiers d'Extrême-Asie* 9(1995): 87-94.

Lau, D. C., trans., *Mencius*. London: Penguin Books, 1970.

Lay, M. G. *Ways of the World: A History of the World's Roads and the Vehicles That Used Them*. New Brunswick, NJ: Rutgers University Press, 1992.

Leach, Edmund. *Culture and Communication: The Logic by Which Symbols Are Connected*. Cambridge: Cambridge University Press, 1976.

Leban, Carl. "Managing Heaven's Mandate: Coded Communication in the Accession of Cao Pei, A.D. 220." in *Ancient China: Studies in Early Civilizations*, eds. David T. Roy and Tsuen-hsuin Tsien, 315-342. Hong Kong: Hong Kong University Press, 1978.

Ledderose, Lothar. "Aesthetic Appropriation of Ancient Calligraphy in Modern China." in *Chinese Art, Modern Expression*, eds. Maxwell K. Hearn and Judith G. Smith, 234-235. New York: Metropolitan Museum of Art, 2001.

——. "The Earthly Paradise: Religious Elements in Chinese Landscape Art." in *Theories of the Arts in China*, eds. Susan Bush and Christian Murck, 165-183. Princeton: Princeton University Press, 1983.

——. *Mi Fu and the Classical Tradition of Chinese Calligraphy*. Princeton: Princeton University Press, 1979.

——. "Ein Programm für den Weltuntergang: Die steinerne Bibliothek eines Klosters bei Peking." *Heidelberger Jahrbücher* 36 (1992): 15-33.

——. "Some Taoist Elements in the Calligraphy of the Six Dynasties." *Toung Pao* 70 (1984): 246-278.

——. *Ten Thousand Things: Module and Mass Production in Chinese Art*. A. W. Mellon Lectures in the Fine Arts, 1998. Bollingen Series 46. Princeton: Princeton University Press, 2000.

——. "Thunder Sound Cave." in *Between Han and Tang: Visual and Material Culture in a Transformative Period*, ed. Wu Hung, 235-260. Beijing: Cultural Relics Publishing House, 2003.

Lefebvre, Henri. *The Production of Space*. trans. Donald Nicholson-Smith. Oxford: Blackwell Publishers, 1991.

Legge, James, trans., *The Chinese Classics*. 3d ed. 5 vols. Hong Kong: Hong Kong University Press, 1960.

——, trans., *Travels of Fa-hsien: A Record of Buddhistic Kingdoms, Being an Account by the Chinese Monk Fa-hsien of His Travels in India and Ceylon (A.D. 399-414) in Search of Buddhist Books of Discipline*. Oxford, 1886.

Levy, Howard S. "Yellow Turban Religion and Rebellion at the End of Han." *Journal of the American Oriental Society* 76, no. 4 (1956): 214-227.

Lewis, Mark Edward. "The *Feng* and *Shan* Sacrifices of Emperor Wu of the Han." in *State and Court Ritual in China*, ed. Joseph P. McDermott, 50-80. Cambridge:

Cambridge University Press, 1999.

———. *Writing and Authority in Early China*. Albany: State University of New York Press, 1999.

Li Ji, trans. and ed., *The Travel Diaries of Hsu Hsia-k'o (1586-1641)*. Hong Kong: Chinese University Press, 1974.

Lippiello, Tiziana. *Auspicious Omens and Miracles in Ancient China: Han, Three Kingdoms, and Six Dynasties*. Monumenta Serica Monograph Series 39. Sankt Augustin: Monumenta Serica Institute, 2001.

Little, Stephen. *Realm of the Immortals: Daoism in the Arts of China*. Cleveland: Cleveland Museum of Art, 1988.

———. *Taoism and the Arts of China*. Chicago: Art Institute of Chicago, 2000.

Liu, Cary Y., "Reconfiguring the 'Wu Family Shrines.'" in *Recarving China's Past: Art, Archaeology, and Architecture of the "Wu Family Shrines,"* by Cary Y. Liu, Michael Nylan, and Anthony J. Barbieri-Low, 561-581. Princeton: Princeton University Art Museum; New Haven: Yale University Press, 2005.

Liu, Cary Y., Michael Nylan, and Anthony J. Barbieri-Low. *Recarving China's Past: Art, Archaeology, and Architecture of the "Wu Family Shrines."* Princeton: Princeton University Art Museum; New Haven: Yale University Press, 2005.

Liu, Wu-chi, and Irving J. Lo, trans. and eds., *Sunflower Splendor*. Garden City, NJ, and New York: Anchor Books, 1975.

Liu Yang. "The Origins of Daoist Iconography." *Ars Orientalis* 31 (2001): 31-64.

Loewe, Michael. *A Biographical Dictionary of the Qin, Former Han and Xin Periods (221 BC-AD 24)*. Leiden: Brill, 2000.

———. *Records of Han Administration*. 2 vols. New York: Routledge-Curzon, 2002.

———. *Ways to Paradise: The Chinese Quest for Immortality*. London: George Allen and

Unwin, 1979.

———. "Wood and Bamboo Administrative Documents of the Han Period." in *New Sources of Early Chinese History: An Introduction to the Reading of Inscriptions and Manuscripts*, ed. Edward L. Shaughnessy, 161-192. Berkeley: Society for the Study of Early China and Institute of East Asian Studies, 1997.

Lopez, Donald S., Jr., ed., *Religions of China in Practice*. Princeton: Princeton University Press, 1996.

Lu, Hui-wen. "A New Imperial Style of Calligraphy: Stone Engravings in Northern Wei Luoyang, 449-534." Ph.D. diss., Princeton University, 2003.

Lu, Lis Jung, and Lu Dadong. "The 'Eastern Shaqiu Nunnery Inscription' and the Calligraphy of Seng'an Daoyi: A Comparative Annalysis," *Zurich Studies in the History of Art, Georges Bloch Annual* 2006/07, 13/14 (2009): 270-291.

Magnin, Paul. *La vie et l'oeuvre de Huisi* (515-577). Paris: École française d'Extrême-Orient, 1979.

Mair, Victor H. *Painting and Performance: Chinese Picture Recitation and Its Indian Genesis*. Honolulu: University of Hawaii Press, 1988.

Major, John. "Topography and Cosmology in Early Han Thought: Chapter Four of the *Huai-nan-tzu*." Ph.D. diss., Harvard University, 1973.

Mather, Richard. "K'ou Ch'ien-chih and the Taoist Theocracy at the Northern Wei Court, 425-451." in *Facets of Taoism*, eds. Holmes Welch and Anna Seidel, 103-122. New Haven: Yale University Press, 1979.

Mattos, Gilbert L. *The Stone Drums of Ch'in*. Nettetal: Steyler Verlag—Wort und Werk, 1988.

McKenzie, D. F. *Bibliography and the Sociology of Texts*. Cambridge: Cambridge University Press, 1999.

McNair, Amy. "Engraved Calligraphy in China: Recension and Reception." *Art Bulletin* 77, no. 1 (Mar. 1995): 106-114.

———. *The Upright Brush: Yan Zhenqing's Calligraphy and Song Literati Potics.* Honolulu: University of Hawaii Press, 1998.

Metz, Christian. "The Perceived and the Named." trans. Steven Feld and Shari Robertson. *Studies in Visual Communication* 6, no. 3 (Fall 1980): 56-68.

Miller, Tracy G. "Water Sprites and Ancestor Spirits: Reading the Jinci." *Art Bulletin* 86 (Mar. 2004): 6-30.

Mino, Katherine R. Tsiang. "Bodies of Buddhas and Princes at the Xiangtangshan Caves: Image, Text, and *Stūpa* in Buddhist Art of the Northern Qi Dynasty (550-577)." Ph.D. diss., University of Chicago, 1996.

Mitchell, W. J. T. "Imperial Landscape." in *Landscape and Power*, ed. W. J. T. Mitchell, 5-34. Chicago: University of Chicago Press, 1994.

Mizuno, Kōgen. *Buddhist Sutras: Origin, Development, Transmission.* Tokyo: Kōsei Publishing Co., 1982.

Mok, Harold. "Seal and Clerical Scripts of the Sung Dynasty." in *Character and Context in Chinese Calligraphy*, ed. Cary Y. Liu et al., 174-198. Princeton: The Art Museum, Princeton University, 1999.

Mu Soeng, trans., *The Diamond Sutra: Transforming the Way We Perceive the World.* Boston: Wisdom Publications, 2000.

Munakata, Kiyohiko. *Sacred Mountains in Chinese Art.* exhibition catalogue. Urbana: University of Illinois Press, 1991.

Naquin, Susan, and Chün-fang Yü, eds., *Pilgrims and Sacred Sites in China.* Berkeley and Los Angeles: University of California Press, 1992.

Nattier, Jan. *Once Upon a Future Time: Studies in a Buddhist Prophecy of Decline.*

Berkeley: Asian Humanities Press, 1991.

Needham, Joseph, et al., *Science and Civilization in China.* Vol. 4, *Physics and Physical Technology.* Part 3: *Civil Engineering and Nautics.* Cambridge: Cambridge University Press, 1971.

Nickel, Lukas, ed., *Return of the Buddha: The Qingzhou Discoveries.* exhibition catalogue. London: Royal Academy of Arts, 2002.

Nylan, Michael. "Addicted to Antiquity." in *Recarving China's Past: Art, Archaeology, and Architecture of the "Wu Family Shrines,"* by Cary Y. Liu, Michael Nylan, and Anthony J. Barbieri-Low, 513-559. Princeton: Princeton University Art Museum; New Haven: Yale University Press, 2005.

——. "Calligraphy, the Sacred Text, and the Test of Culture." in *Character and Context in Chinese Calligraphy*, ed. Cary Y. Liu et al., 17-77. Princeton: The Art Museum, Princeton University, 1999.

——. "The Legacies of the Chengdu Plain." in *Ancient Sichuan: Treasures from a Lost Civilization*, ed. Robert W. Bagley, 309-325. Seattle: Seattle Art Museum, 2001.

Nystrand, Martin, with contributions by Margaret Himley and Anne Doyle. *The Structure of Written Communication: Studies in Reciprocity between Writers and Readers.* New York: Academic Press, 1986.

Oertling, Sewall, trans., *Painting and Calligraphy in the Wu-tsa-tsu: Conservative Aesthetics in Seventeenth-Century China.* Ann Arbor: Center for Chinese Studies, University of Michigan, 1997.

Olson, David. *The World on Paper*: *The Conceptual and Cognitive Implications of Writing and Reading.* Cambridge: Cambridge University Press, 1994.

Owen, Stephen, trans., *Anthology of Chinese Literature.* New York: W. W. Norton, 1996.

——. *Remembrances: The Experience of the Past in Classical Chinese Literature.*

Cambridge, MA: Harvard University Press, 1986.

Paludan, Ann. *The Chinese Spirit Road: The Classical Tradition of Stone Tomb Statuary.* New Haven: Yale University Press, 1991.

Peirce, Charles S. "Logic as Semiotic: The Theory of Signs." in *Philosophical Writngs of Peirce*, 98-119. New York: Dover Publications, 1955.

Philips, Susan A. "Graffiti." Grove Art Online. Oxford University Press, 2005. http://www.groveart.com/ (accessed Aug. 5, 2005).

Pirazzoli-t'Serstevens, Michèle. *The Han Civilization of China.* trans. Janet Seligman. Oxford: Phaidon, 1982.

Pokora, Timoteus, trans., *Hsin-lun (New Treatise) and Other Writings by Huan T'an (43 B.C.-28 A.D.).* Ann Arbor: Center for Chinese Studies, University of Michigan, 1975.

Poo, Mu-chou. *In Search of Personal Welfare: A View of Ancient Chinese Religion.* Albany: State University of New York Press, 1998.

Powers, Martin J. *Art and Political Expression in Early China.* New Haven: Yale University Press, 1991.

Proser, Adriana G. "Moral Characters: Calligraphy and Bureaucracy in Han China." Ph.D. diss., Columbia University, 1995.

Pulleybank, Edwin G. *Lexicon of Reconstructed Pronunciation in Early Middle Chinese, Late Middle Chinese, and Early Mandarin.* Vancouver: University of British Columbia Press, 1991.

Rawson, Jessica. "Creating Universes: Cultural Exchange as Seen in Tombs in Northern China between the Han and Tang Periods." in *Between Han and Tang: Cultural and Artistic Interaction in a Transformative Period*, ed. Wu Hung, 113-149. Beijing: Cultural Relics Publishing House, 2001.

———. "The Eternal Palaces of the Western Han: A New View of the Universe." *Artibus Asiae* 59, nos. 1/2 (1999): 5-58.

———, ed., *Mysteries of Ancient China: New Discoveries from the Early Dynasties*. New York: George Braziller, 1996.

———. "The Origins of Chinese Mountain Painting." *Proceedings of the British Academy* 117 (2001): 1-48.

———. "The Power of Images: The Model Universe of the First Emperor and Its Legacy." *Historical Research* 75, no. 188 (May 2002): 123-154.

Rhie, Marilyn M. *Early Buddhist Art of China and Central Asia*. 2 vols. Leiden: E. J. Brill, 1999.

Robinet, Isabelle. *Taoism: Growth of a Religion*. trans. Phyllis Brooks. Stanford: Stanford University Press, 1997.

———. "The Taoist Immortal: Jester of Light and Shadow, Heaven and Earth." *Journal of Chinese Religions* 13/14 (1985): 87-106.

———. "Visualization and Ecstatic Flight." in *Taoist Meditation and Longevity Techniques*, ed. Livia Kohn, 159-191. Ann Arbor: Center for Chinese Studies, University of Michigan, 1989.

Ruitenbeek, Klaas. *Chinese Shadows: Stone Reliefs, Rubbings, and Related Works of Art from the Han Dynasty (206 BC-AD 220) in the Royal Ontario Museum*. Toronto: Royal Ontario Museum, 2002.

Sage, Steven F. *Ancient Sichuan and the Unification of China*. Albany: State University of New York Press, 1992.

Sampson, Geoffrey. *Writing Systems: A Linguistic Introduction*. Stanford: Stanford University Press, 1985.

Sandström, Gösta E. *Tunnels*. New York: Holt, Rinehart and Winston, 1963.

Schama, Simon. *Landscape and Memory*. New York: Knopf, 1995.

Schapiro, Meyer. "On Some Problems in the Semiotics of Visual Art: Field and Vehicle in Image-Signs." in *Theory and Philosophy of Art: Style, Artist, and Society Selected Papers*, 1-32. New York: George Braziller, 1994.

Schipper, Kristofer. "Taoism: The Story of the Way." in *Taoism and the Arts of China*, ed. Stephen Little, 33-55. Chicago: Art Institute of Chicago, 2000.

——. *The Taoist Body*. trans. Karen C. Duval. Berkeley and Los Angeles: University of California Press, 1993.

Schopen, Gregory. *Bones, Stones, and Buddhist Monks: Collected Papers on the Archaeology, Epigraphy, and Texts of Monastic Buddhism in India*. Honolulu: University of Hawaii Press, 1997.

——. "The Phrase 'sa pṛthivīpradeśaś caityabhūto bhauet' in the *Vajracchedikā*: Notes on the Cult of the Book in Mahayana." *Indo-Iranian Journal* 17, nos. 3-4 (Nov.-Dec. 1975): 147-181.

Seidel, Anna. "Imperial Treasures and Taoist Sacraments: Taoist Roots in the Apocrypha." in *Tantric and Taoist Studies in Honor of R. A. Stein*, ed. Michel Strickman, 291-371. Brussels: Institut belge de hautes études chinoises, 1981.

——. "Traces of Han Religion in Funerary Texts in Tombs." in *Dōkyō to shūkyō bunka* (Daoism and Religious Culture), ed. Akizuki Kan'ei, 678-714. Tokyo: Hirakawa shuppan, 1987.

Shaughnessy, Edward L., ed., *New Sources of Early Chinese History: An Introduction to the Reading of Inscriptions and Manuscripts*. Berkeley: Society for the Study of Early China and Institute of East Asian Studies, 1997.

——. *Sources of Western Zhou History: Inscribed Bronze Vessels*. Berkeley and Los Angeles: University of California Press, 1991.

Shen, Hsüeh-man. "Entering the Unattainable Country of Lanka." Paper presented at the conference "Chinese Stone Inscriptions for Eternity," July 12-14, 2004, University of Heidelberg.

——. "Realizing the Buddha's *Dharma* Body during the *Mofa* Period: A Study of Liao Buddhist Relic Deposits." *Artibus Asiae* 61, no. 2 (2001): 263-303.

Shih, Vincent Yu-chung, trans., *The Literary Mind and the Carving of Dragons: A Study of Thought and Pattern in Chinese Literature*. New York: Columbia University Press, 1959.

Soothill, William, and Lewis Hodous. *A Dictionary of Chinese Buddhist Terms*. Reprint, Delhi: Motilal Banarsidass Publishers, 1997.

Soper, Alexander Coburn. "Imperial Cave-Chapels of the Northern Dynasties: Donors, Beneficiaries, Dates." *Artibus Asiae* 28 (1966): 241-270.

——. *Literary Evidence for Early Buddhist Art in China*. Ascona, Switzerland: Artibus Asiae Publishers, 1959.

——. "Northern Liang and Northern Wei in Kansu." *Artibus Asiae* 21, no. 2 (1958): 131-164.

——. *Textual Evidence for the Secular Arts of China in the Period from Liu Sung through Sui (A.D. 420-618)*. Ascona, Switzerland: Artibus Asiae Publishers, 1967.

Spiro, Audrey. "How Light and Airy: Upward Mobility in the Realm of Immortals." *Taoist Resources* 2, no. 2 (Nov. 1990): 43-69.

——. "Shaping the Wind: Taste and Tradition in Fifth-Century South China." *Ars Orientalis* 21 (1991): 95-117.

Starr, Kenneth. *Black Tigers*. Seattle: University of Washington Press, 2008.

Steuber, Jason. "Wang Ziqiao and the Literary Themes of Time and Immortality in Chinese Art." M. A. thesis, University of Kansas, 1996.

Stewart, Susan. *On Longing: Narratives of the Miniature, the Gigantic, the Souvenir, the Collection*. Durham, NC: Duke University Press, 1993.

Strassberg, Richard E., trans., *Inscribed Landscapes: Travel Writing from Imperial China*. Berkeley and Los Angeles: University of California Press, 1994.

Strickman, Michel. "On the Alchemy of Tao Hung-ching." in *Facets of Taoism: Essays in Chinese Religion*, eds. Holmes Welch and Anna Seidel, 123-192. New Haven: Yale University Press, 1979.

Sullivan, Michael. *The Birth of Landscape Painting in China*. Berkeley and Los Angeles: University of California Press, 1962.

Tao Jing-shen. "Barbarians or Northerners: Northern Song Images of the Khitans." in *China among Equals: The Middle Kingdom and Its Neighbors*, ed. Morris Rossabi, 66-86. Berkeley and Los Angeles: University of California Press, 1983.

Teiser, Stephen F. *The Scripture of the Ten Kings and the Making of Purgatory in Medieval Chinese Buddhism*. Kuroda Institute Studies in East Asian Buddhism 9. Honolulu: University of Hawaii Press, 1994.

Thomsen, Rudi. *Ambition and Confucianism: A Biography of Wang Mang*. Aarhus, Denmark: Aarhus University Press, 1988.

Thorp, Robert L. "Mountain Tombs and Jade Burial Suits: Preparation for Eternity in the Western Han." in *Ancient Mortuary Traditions of China: Papers on Chinese Ceramic Funerary Sculpture*, ed. George Kuwayama, 26-39. Los Angeles: Los Angeles County Museum of Art, 1991.

Tonami, Mamoru. *The Shaolin Monastery Stele on Mount Song*. trans. P. A. Herbert. Kyoto: Instituto italiano di cultura scuola di studi sull'Asia orientale, 1990.

Tseng, Lillian Lan-ying. "Retrieving the Past, Inventing the Memorable: Huang Yi's Visit to the Song-Luo Mountains." in *Monuments and Memory, Made and Unmade*, eds. Robert S. Nelson and Margaret Olin, 37-58. Chicago: University of Chicago Press, 2003.

——. "Visual Replication and Political Persuasion: The Celestial Image in Yuan Yi's Tomb." in *Between Han and Tang: Visual and Material Culture in a Transformative Period*, ed. Wu Hung, 377-417. Beijing: Cultural Relics Publishing House, 2003.

Tsiang, Katherine R. "Embodiments of Buddhist Texts in Early Medieval Chinese Visual Culture." in *Body and Face in Chinese Visual Culture*, eds. Wu Hung and Katherine R. Tsiang, 49-78. Cambridge, MA: Harvard University Asia Center, 2005.

——. "Monumentalization of Buddhist Texts in the Northern Qi Dynasty: The Engravings of Sūtras at the Xiangtangshan Caves and Other Sites in the Sixth Century." *Artibus Asiae* 56, no. 3/4 (1996): 233-261.

Tsien, Tsuen-hsuin. *Written on Bamboo and Silk: The Beginnings of Chinese Books and Inscriptions*. 2d ed. Chicago: University of Chicago Press, 2004.

Tuan, Yi-fu. *Space and Place: The Perspective of Experience*. Minneapolis: University of Minnesota Press, 1977.

Twitchett, Denis, ed., *The Cambridge History of China*. Vol. 3, *The Sui and Tang*. Cambridge: Cambridge University Press, 1979.

Venture, Olivier. "L'écriture et la communication avec les esprits en Chine ancienne." *Bulletin of the Museum of Far Eastern Antiquities* 74 (2002): 35-65.

Wang, Eugene Y. "Coffins and Confucianism—The Northern Wei Sarcophagus in the Minneapolis Institute of Arts." *Orientations*, June 1999, 56-64.

——. "Refiguring: The Visual Rhetoric of the Sixth-Century Northern Wei 'Filial Piety' Engravings." in *Gu Kaizhi and the Admonitions Scroll*, ed. Shane McCausland,

108-121. London: British Museum Press, 2003.

———. *Shaping the Lotus Sutra: Buddhist Visual Culture in Medieval China*. Seattle: University of Washington Press, 2005.

———. "Watching the Steps: Peripatetic Vision in Medieval China." in *Visuality before and beyond the Renaissance: Seeing as Others Saw*, ed. Robert S. Nelson, 116-142. Cambridge: Cambridge University Press, 2000.

———. "What Do Trigrams Have to Do with Buddhas? The Northern Liang Stupas as a Hybrid Spatial Model." *Res: Anthropology and Aesthetics* 35 (Spring 1999): 71-92.

Wang Gungwu. "The Rhetoric of a Lesser Empire." in *China among Equals: The Middle Kingdom and Its Neighbors*, ed. Morris Rossabi, 47-65. Berkeley and Los Angeles: University of California Press, 1983.

Wang Yi-t'ung, trans., *A Record of Buddhist Monasteries in Lo-yang by Yang Hsüan-chih*. Princeton: Princeton University Press, 1984.

Ware, James R., trans., *Alchemy, Medicine, and Religion in the China of 320 A.D.: The Nei P'ien of Ko Hung (Pao-p'u tzu)*. Cambridge, MA: MIT Press, 1966.

Watson, Burton, trans., *Records of the Grand Historian of China*. 2 vols. New York: Columbia University Press, 1961.

———, trans., *The Complete Works of Chuang Tzu*. New York: Columbia University Press, 1968.

Watt, James C. Y., et al., *China: Dawn of a Golden Age, 200-750 AD*. exhibition catalogue. New York: Metropolitan Museum of Art; New Haven: Yale University Press, 2004.

Wechsler, Howard J. *Mirror to the Son of Heaven: Wei Cheng at he Court of T'ang T'ai-tsung*. New Haven: Yale University Press, 1974.

———. *Offerings of Jade and Silk: Ritual and Symbol in the Legitimation of the T'ang Dynasty*. New Haven: Yale University Press, 1985.

Weld, Susan R. "The Covenant Texts from Houma and Wenxian." in *New Sources of Early Chinese History: An Introduction to the Reading of Inscriptions and Manuscripts*, ed. Edward L. Shaughnessy, 125-160. Berkeley: Society for the Study of Early China and Institute of East Asian Studies, 1997.

Wheatley, Paul. *Pivot of the Four Quarters: A Preliminary Enquiry into the Origins and Character of the Ancient Chinese City*. Chicago: Aldine Publishing Co., 1971.

Wilkinson, Endymion. *Chinese History: A Manual*. Cambridge, MA: Harvard University Asia Center, 1998.

Williams, Calle. "Monument son Bronze: Roman Legal Documents on Bronze Tablets." *Classical Antiquity* 6, no. 1 (Apr. 1987): 163-183.

Wong, Dorothy C. *Chinese Steles: Pre-Buddhist and Buddhist Use of This Symbolic Form*. Honolulu: University of Hawaii Press, 2004.

Woodhead, A. G. *The Study of Greek Inscriptions*. 2d ed. Cambridge: Cambridge University Press, 1981.

Wu Hung. "The Competing Yue: Sacred Mountains as Historical and Political Monuments." Paper presented at the conference "Mountains and the Cultures of Landscape in China," Jan. 14-16, 1993, University of California, Santa Barbara.

———. *Monumentality in Early Chinese Art and Architecture*. Stanford: Stanford University Press, 1995.

———. "On Rubbings." in *Writing and Materiality in China: Essays in Honor of Patrick Hanan*, eds. Judith T. Zeitlin and Lydia H. Liu, with Ellen Widmer, 29-72. Cambridge, MA: Harvard University Asia Center, 2003.

———. *The Wu Liang Shrine: The Ideology of Early Chinese Pictorial Art*. Stanford:

Stanford University Press, 1989.

Wu, Pei-yi. "An Ambivalent Pilgrim to T'ai-shan in the Seventeenth Century." in *Pilgrims and Sacred Sites in China*, ed. Susan Naquin and Chün-fang Yü, 65-88. Berkeley: The University of California Press, 1992.

Xu, Jay. "Bronze at Sanxingdui." in *Ancient Sichuan: Treasures from a Lost Civilization*, ed. Robert W. Bagley, 59-151. Seattle: Seattle Art Museum, 2001.

Yu, David, trans., *History of Chinese Daoism*. Vol. 1. Lanham, MD: University Press of America, 2000.

Zeitlin, Judith T. "Disappearing Verses: Writing on Walls and Anxieties of Loss." in *Writing and Materiality in China: Essays in Honor of Patrick Hanan*, eds. Judith T. Zeitlin and Lydia H. Liu, with Ellen Widmer, 73-132. Cambridge, MA: Harvard University Asia Center, 2003.

Zeitlin, Judith T., and Lydia H. Liu, with Ellen Widmer, eds., *Writing and Materiality in China: Essays in Honor of Patrick Hanan*. Cambridge, MA: Harvard University Asia Center, 2003.

Zeng, Youhe. *A History of Chinese Calligraphy*. Hong Kong: Hong Kong University Press, 1993.

Zhang Zong. "The Qingzhou Region: A Centre of Buddhist Art in the Sixth Century." in *Return of the Buddha: The Qingzhou Discoveries*, ed. Lukas Nickel, 44-53. exhibition catalogue. London: Royal Academy of Arts, 2002. Distributed in United States and Canada by Harry N. Abrams.

Zürcher, Erik. *The Buddhist Conquest of China*. 2 vols. Leiden: E. J. Brill, 1959.

原版致谢

本书的研究始于 1998 年夏天的中国行。我和我的妻子在此次及后来的旅途中遇到的学者、朋友和亲人使我的工作能顺利完成。因此，我必须首先感谢这些杰出的人们。

在北京，正当我有需要的时候，故宫博物院的施安昌先生借给我一本重要的书。中央美术学院的刘涛教授在这些年里也为我提供过研究材料和好的建议。北京大学的杨辛教授分享了他关于泰山的渊博知识，为我安排第一次前往泰山的旅行。中国社会科学院的张总教授分享过许多佛教知识，与其同在一个机构的罗炤教授则在我们前往云居寺参观时热情地担当向导。老友孟克文和姜斐德（Chris and Freda Murck）夫妇多次在已经成为他们的家的北京热情地款待我们。

在青岛，我妻子的叔叔卢宗由先生协助我抵达云峰山。迟女士开车送我们到那里，她的女儿甜甜与我们一起爬山。莱州的李市长待我们有如贵宾，并陪同我们去其他山岭。在之后的一次考察里，青岛大学的伦纳德（Leonard Wang）先生带领我参观了崂山。

本研究得以顺利完成，离不开位于济南的山东石刻艺术博物馆。我在那里遇见了我所知最优秀的学者之一赖非先生，他对所有形式的石刻书法都拥有超群的知识。他成为我家庭的挚友，我们期待着将来还会有许多次会面。在博物馆里，焦德森馆长耐心地鼓励我，并在几次考察中帮助我推进研究。张广存先生慷慨地分享了他的知识，并赠予我一份即将出版的文稿。在山东省中国青年旅行社的魏广平先生的协助下，我有幸同来自中国和日本的学者一起参加两次意义非凡的考察之旅。

在泰安，泰安市博物馆（岱庙）馆长刘慧先生告知我有关泰山石刻的重要信息，并赠予我一本他的著作，事实证明这本书是很有价值的资料。邹城市文物局的胡新立局长担当了出色的东道主，我们一起去了铁山及其他山岭，他的儿子胡明澈确保我免于摔倒。

苏州大学图书馆的华人德先生是一位优秀的书法家和学者，他邀请我与妻子到他家中，向我们介绍了苏州地区的学者，这些信息十分有用。

在杭州，我很荣幸地见到了汉中市博物馆前馆长郭荣章先生。郭先生是全世界最重要的石门石刻专家，他提出了非常高明的意见，而且将关键的研究资料寄给我。他还提供了出现在本书插图中的一些珍贵的石刻照片。博物馆的现任馆长冯岁平先生慷慨地安排了一次灵岩寺之行，这让我的妻子、儿子与我终身难忘。

尤丽（Lis Jung Lu）和鲁大东两位才华横溢的年轻学者居住在杭州，他们也为我提供了关键信息和极好的彩色照片。

在福州考察期间，我的岳母卢彬芳照顾了所有家人，一如她在纽约时所做的那样。我妻子的叔辈王荃先生在去鼓山和许多其他地点的旅途中不知疲倦地陪伴我们，还帮我找到了出版于本地且无法从其他地方获得的一些书籍。刘湘如先生是一位福州历史专家，他也帮我找到部分材料，并带我在这座他熟知的城市里四处参访。

在2002年和2005年到中国的研究考察期间，我有幸与三位来自日本的学者见面，他们的论著在本书中多次被引用，同时，我非常重视他们的建议。他们分别是桐谷征一教授、相川政行教授和坂田玄翔教授。坂田教授慷慨地赠予我一批极好的照片，本书第二章的不少插图就出自其间。

在我研究摩崖石刻的过程中，我曾从海德堡大学雷德侯（Lothar Ledderose）教授的著作里得到灵感，他对石刻书法的研究为包括我在内的其余人树立起很高的标准。我同样珍视他的友情和建议。在我写作的不同阶段，杰西卡·罗森（Jessica Rawson）教授热心地从牛津大学的工作中抽出时间来阅读本书所有章节，提出极具启发性的建议并多次鼓励我。白谦慎教授也阅读了书稿并提供了重要见解。本书的很多观点最先形成于我在普林斯顿大学读研究生的时候，主要是在我的老师方闻（Wen C. Fong）教授的研讨课上。我深深感激他。

司美茵（Jan Stuart）和倪肃珊（Susan Nelson）亦师亦友，若是没有她们的编辑建议，我很可能便放弃了。倪雅梅（Amy McNair）教授和汪悦进（Eugene Y. Wang）教授读了整本书稿，通过睿智的互动令其增色。在最后关头，柯马丁（Martin Kern）教授与戴梅可（Michael Nylan）教授仔细审阅了一段译文并纠正了许多错误。余下的谬误无疑由我个人造成。阿部贤次（Stanley Abe）教授、杨晓山教授、于君方教授以及何恩之（Angela Howard）教授阅读并纠正了稿本中的部分错误。蒋人和（Katherine R. Tsiang）对本书第三章贡献颇大。我还要感谢欧阳瑞（Raoul Birnbaum）、卜寿珊（Susan Bush）、伊佩霞（Patricia Ebrey）、巫鸿（Wu Hung）、郭继生（Jason Kuo）、柳扬、雷德侯、谢柏轲（Jerome Silbergeld）以及太史文（Stephen F. Teiser），他们邀请我在三个不同大洲以会议论文和演讲的方式发表部分研究。潘安仪教授也邀请过我进行讲座，并发给我很好的石刻照片。包弼德（Peter K. Bol）教授和韩明士（Robert Hymes）教授慨允我阅读他们即将出版的《剑桥中国宋代史》里的章节。而思沃格夫妇（Jane and Leo Swergold）的友情和良好判断亦是我著书生活中的重要组成部分。

在该研究的不同阶段，我有幸获得雷之波（Zeb Raft）、张晨（音）、维克多·梁（Victor Leung）、许曼、帕特里克·普拉多（Patric Plado）以及马建树（音）的协助。我的学生薛磊和陈立伟也以各种方式帮助了我，比如提供他们在中国旅行考察时拍摄的绝佳照片。

在哥伦比亚大学，我有幸成为理查德·布瑞林特（Richard Brilliant）教授和大卫·罗桑（David Rosand）教授的同事，多年来他们对该课题具有持续兴趣。

作为艺术史与考古学系的同仁，同时也是忠实的朋友，斯蒂芬·穆雷（Stephen Murray）、约瑟夫·康纳斯（Joseph Connors）、希拉里·巴隆（Hilary Ballon）、乔纳森·克拉里（Jonathan Crary）和巴里·伯格多尔（Barry Bergdoll）在各方面都给予我很多帮助。同样是在哥大，我非常感谢系主任凯瑟琳·亚特拉基斯（Kathryn Yatrakis）及主任助理玛格丽特·埃德索尔（Margaret Edsall），她们安排了及时的资助来支持本书出版。擅长计算机技术的皮拉尔·彼得斯（Pilar Peters）、凯莱布·史密斯（Caleb Smith）、朱丽叶·周（Juliet Chou）和罗密欧·吉隆（Romeo Giron）让我能够附上使讨论更加清晰的图表，对此深表谢意。

我在中国的研究得到美国国家人文基金会和大都会艺术博物馆远东艺术部支持。

在华盛顿大学出版社出版该书的最大乐事之一，是获得与洛利·海格曼（Lorri Hagman）再次并肩工作的机会，她既是一位好编辑，又是一位冷静、耐心的益友。我也很感谢帕梅拉·布鲁顿（Pamela Bruton）、玛丽莲·特鲁布拉德（Marilyn Trueblood）和迈克尔·达克沃斯（Michael Duckworth），在出版的各个方面他们都提供了极好的建议。我还要感谢约翰·史蒂文森（John Stevenson），他在设计方面的敏锐眼光和独到品位使这本书赏心悦目。

本书献给我的妻子卢薇之以及我们的儿子Jack（韩通）。我多么希望可以将对他们的爱以大字形式刻写于每一座山的顶峰。

译后记

韩文彬先生的著作 The Landscape of Words: Stone Inscriptions from Early and Medieval China 由华盛顿大学出版社于 2008 年出版，曾获得 2010 年度"列文森中国研究书籍奖"殊荣。十余年来，该书受到国内外学界的关注和推重，然而，虽见零散的中文节译和缩译，惜无完整的译本面世。有鉴于此，北京大学出版社策划了该书中文版的翻译。正式的翻译工作始自 2019 年初，从最早的试译到校对，我们未曾料想到，整体时间跨度远远超出了计划。

中文版力求保持原著原貌，并适应中文读者的阅读习惯。为辅助材料梳理与内容研读，译者对书中所涉山东石刻进行了重点考察。经过实地探访，译者更新了一些实拍图像，同时也尝试替换了其他部分配图。在编排版面时，原著彩图被移入正文。中文版略去了历史朝代表、汉英术语表、英文索引等，石刻、文献录文均采用汉语原句。译者参照原著附录及相关资料校订了录文，并订正了书中散见的少许明显的表述偏差或错误。对于著者引用的当时未发表的文献，译者尽量补充了后续出处。特别的是，原著排版时有几处文字脱漏，经过著者的帮助，译者弥补了这一缺憾。

值得说明的是，近几年，中国古代摩崖文字研究趋于兴盛。针对韩文彬先生的英文原著，国内新见系列评述，试列举几例。陈文波《历史现场内外的公共性和互文性》阐发并审思了该书关注的公共摩崖石刻与原生环境的关系（《中国书法》2020 年第 9 期）；孙正军《近十年来中古碑志研究的新动向》提及该书论证了摩崖石刻的景观意义（《史学月刊》2021 年第 4 期）；朱法荣《泰山摩崖帝王书写与空间政治》肯定该书的跨学科视角，分析了其对空间理论的运用（《泰山学院学报》2022 年第 2 期）；薛龙春《点缀山林：摩崖石刻与胜迹的塑造》反思了海外学者研究摩崖文字的地理景观学方法，强调题刻的自足性和历时性（《北京大学学报》2023 年第 3 期）。

  关于翻译本书的过程，需要诚挚地感谢韩文彬先生的支持，责任编辑赵阳先生的推动与付出，鸣谢薛磊、郑岩、贺西林、李星明、林伟正、徐胭胭、陶金、邵彦、胡新立、于薇、赵燕刚等老师和朋友的帮助或鼓励，尤其是薛磊先生提出的对汉译书名的润色（改"刻石"为"铭石"）。尽管译校周期较长，限于译者的能力和精力，中文版必然存在一定程度的曲解和错讹，这些情况概由译者负责。

王 磊 霍司佳

2023 年秋